Backen
leicht und gut das ganze Jahr

Unipart-Verlag · Stuttgart

Backen
leicht und gut das ganze Jahr

Das neue Bild-Backbuch
mit über 400 Rezepten farbig abgebildet

Zu diesem Buch

Zahlreiche Umfragen haben ergeben, daß das häusliche Backen wieder modern geworden ist: In 90% aller Haushalte kommt Selbstgebackenes auf den Tisch, davon in mehr als 30% sogar regelmäßig jede Woche. Doch mit solch trockenen Zahlen geben sich Statistiker noch nicht zufrieden; sie forschen auch nach den Gründen. Den meisten der Befragten schmeckt selbstgebackener Kuchen einfach besser, man liebt den unwiderstehlichen Duft, der beim Backen durch das Haus zieht. Bei anderen steht der Stolz am gelungenen Werk an erster Stelle. Und wieder andere backen, weil's preiswerter ist als fertig gekaufter Kuchen.

Aber all diese begeisterten Hobbybäckerinnen und -bäcker haben eines gemeinsam: die Freude am Selberbacken, die Kreativität beim Formen und Gestalten, beim Verzieren und Dekorieren. Hinzu kommt, daß Backen heute leichter und sicherer geworden ist als zu Großmutters Zeiten: Gleichbleibend erstklassige Zutaten, elektrische Haushaltsgeräte und unkomplizierte Herde sorgen ebenso dafür wie »backsichere« Kuchenformen, zahlreiche Back-Hilfsmittel und nicht zuletzt vorgefertigte Teige und Teigzutaten der Nahrungsmittelindustrie. Viele Gründe sprechen also für das Selberbacken, und sicherlich gibt es noch weit mehr als die hier genannten. Eine große Rolle spielen auch Lob und Anerkennung, die man stets

für neue Kuchen, Torten und Gebäckstücke aus der eigenen Küche bekommt. Dieses Buch will Ihnen dabei helfen! Bei der Auswahl der Rezepte wurden klassische und völlig neue, einfache und aufwendige, schnelle und langwierige miteinander kombiniert. Eine klare Gliederung nach Teigarten und Backanlässen soll Ihnen dabei einen schnellen Überblick geben. Selbstverständlich finden Sie aber auch alle Rezepte zusätzlich in alphabetischer Reihenfolge. Jedes Rezept wurde ausschließlich für dieses Buch erarbeitet, gebacken und fotografiert, so daß Sie in jedem Fall

schon vor Beginn der Arbeit wissen, wie ihr Kuchen aussehen wird. Natürlich fehlen Rezepte für Pralinen und Konfekt, Brote und herzhaftes Gebäck ebensowenig wie

Inhalt

solche, die ohne Ofen »gebacken« werden, denn in vielen Appartements und Kleinwohnungen gibt's leider nur ein paar Kochplatten, jedoch keinen Backofen. Ganz bewußt wurde in diesem Buch auf Kalorien- und Joule-Angaben verzichtet: Wer gern gut und üppig bäckt, soll sich die Freude nicht durch ein schlechtes Gewissen verderben lassen. Butter, Zucker,

Sahne, Cremes, Schokolade, Rosinen und so vieles andere sind einfach sehr gehaltvoll, aber gerade sie bestimmen Güte und Wohlgeschmack. Und gerade darum sollte man auf sie nicht verzichten. Doch auch an schlankheitsbewußte Süßschnäbel und Diabetiker wurde in einem kleinen Kapitel gedacht. Weiter zeigt Ihnen ein Sonderteil – exakt für alle Teigarten –welche Arbeitsabläufe aufeinander folgen müssen und was jeweils dabei zu beachten ist. Variationsmöglichkeiten werden dabei ebenso aufgeführt wie Anleitungen zum Formen, Verzieren sowie zum Frischhalten und auch zum Einfrieren. Außerdem erfahren Sie Wissenswertes über Herde, Backformen, Geräte, Fachausdrücke, Zutaten, Hilfsmittel und so vieles mehr. Kurz: Mit diesem Buch wird Ihre Back-Freude stets von Erfolg gekrönt sein.

Hinweise zum Gebrauch des Buches

Wird Schale von Zitrusfrüchten verwendet, handelt es sich immer um unbehandelte Früchte. Da die Herdtypen der einzelnen Hersteller häufig Unterschiede aufweisen, sollten Sie die in den Rezepten angegebenen Werte stets mit denen Ihres Backofens abstimmen

Abkürzungen

EL	= gestrichener Eßlöffel	dl	= Deziliter
TL	= gestrichener Teelöffel	cl	= Zentiliter
Msp	= Messerspitze	kg	= Kilogramm
l	= Liter	g	= Gramm

Mürbeteig

*Wenn er sanft
auf der Zunge zerfällt
und dabei ganz zart
nach leicht
gebräunter Butter schmeckt,
ist er goldrichtig*

Ananascreme-Schiffchen

250 g Mehl
1 Ei, 1 Prise Salz
60 g Zucker
abgeriebene Schale von ½ Zitrone
100 g Butter
Mehl zum Ausrollen
Butter zum Einfetten
gemahlene Mandeln zum Ausstreuen

Für die Füllung
¼ l kalte Milch
20 g Zucker, 1 Prise Salz
10 g Speisestärke oder Vanille-Puddingpulver
3 Eigelb, 1 Eiweiß
4 Ananasringe aus der Dose (ca. 100 g)
2 EL Crème fraîche
150 g Ananas- oder Aprikosenmarmelade, 40 g gestiftelte Mandeln
Puderzucker zum Bestäuben

Für den Teig das Mehl auf die Arbeitsfläche geben, in die Mitte eine Mulde drücken und das Ei mit dem Salz hineingeben. Den Zucker darüberstreuen und die Butter in Flöckchen auf den Rand setzen. Alle Zutaten mit einem Messer bröselig hacken, dann schnell zu einem glatten Teig verkneten. Zugedeckt mindestens 30 Minuten im Kühlschrank ruhen lassen.
In der Zwischenzeit die Füllung zubereiten. Dazu die Milch (etwas zurücklassen) mit Zucker und Salz in einem Topf aufkochen. Die Speisestärke oder das Puddingpulver mit den Eigelb und der übrigen Milch verquirlen und in die kochende Milch rühren. Unter weiterem Rühren aufkochen lassen, dann vom Herd nehmen und abkühlen. Dabei hin und wieder umrühren, damit keine Haut entsteht. Eiweiß schnittfest schlagen und zusammen mit den gut abgetropften, in kleine Stückchen geschnittenen Ananas und Crème fraîche unter die Creme ziehen.
Den Teig auf der schwach bemehlten Arbeitsfläche ausrollen und 10–12 eingefettete und mit Mandeln ausgestreute Schiffchen-Formen damit auskleiden. Die Teigböden dabei mehrfach mit einer Gabel einstechen. Die Creme einfüllen, glattstreichen und die Schiffchen (auf einem Backblech oder einem engen Kuchendraht) in den auf 200 Grad (Gas Stufe 3) vorgeheizten Ofen auf die untere bis mittlere Schiene schieben und etwa 30 Minuten backen lassen. Dabei nach der halben Garzeit die Oberflächen abdecken oder den Herd auf Unterhitze schalten. Ananas- oder Aprikosenmarmelade glattrühren, die fertigen Schiffchen aus dem Ofen nehmen und aus den Formen lösen. Die Oberflächen mit der Marmelade bestreichen und mit den Mandeln bestreuen. Die Schiffchen auf einem Kuchendraht auskühlen lassen und nur ganz leicht mit Puderzucker bestäuben.

Weintraubentorte

200 g Mehl
je 1 Prise Salz und geriebene Muskatnuß
1 Päckchen Vanillinzucker
50 g Zucker
150 g Quark, 125 g Butter
Butter zum Einfetten
Semmelbrösel zum Ausstreuen

Für den Belag
je 600 g blaue und grüne Weintrauben
⅛ l trockener Weißwein
⅛ l Wasser
1 Stückchen Zitronenschale ca. 2 cm lang
1 Päckchen klarer Tortenguß

Für den Teig das Mehl mit Salz, Muskatnuß, Vanillinzucker und Zucker mischen, auf die Arbeitsfläche geben und in die Mitte eine Mulde drücken. Den Quark hineingeben und die Butter in Flöckchen darauf verteilen. Alle Zutaten sehr schnell miteinander verkneten, zu einer Kugel formen und für 1–2 Stunden zugedeckt in den Kühlschrank legen.
Anschließend eine Obstkuchenform einfetten und ausstreuen und den Teig darin ausrollen. Den Boden mehrfach mit einer Gabel einstechen und 20–25 Minuten in dem auf 200 Grad (Gas Stufe 3) vorgeheizten Ofen auf mittlerer Schiene backen. Auf einen Kuchendraht stürzen, wieder umdrehen und auskühlen lassen. Die Weintrauben waschen und sehr gut abtrocknen. Die Beeren von den Stielen lösen, halbieren, entkernen und nach Wunsch auch häuten. Die Trauben dicht nebeneinander auf dem kalten Tortenboden anrichten. Dazu entweder mit den blauen Früchten in die Mitte der Torte eine große Traube legen und mit den hellen Trauben die Zwischenräume füllen. Oder auch abwechselnd grüne und blaue Kreise legen.
Den Wein mit Wasser (etwas zurücklassen), Zucker und Zitronenschale in einem Topf aufkochen. Den Tortenguß mit dem übrigen Wasser verquirlen und hineinrühren. Einmal aufkochen lassen, die Zitronenschale herausnehmen und den Guß gleichmäßig über die Trauben verteilen. Fest werden lassen und die Torte erst danach anschneiden.

Kiwi-Himbeer-Torteletts

150 g Mehl
100 g gemahlene Mandeln
1 Prise Salz, 1 Ei
70 g Zucker, 125 g Butter

Für den Belag
½ Paket tiefgekühlte Himbeeren (150 g)
60 g Zucker, Saft von 1 Zitrone
4 Kiwis
Wasser zum Auffüllen
1 Glas (2 cl) Himbeergeist
1 Päckchen klarer Tortenguß

Mehl mit Mandeln und Salz mischen und mit Ei, Zucker und Butter verkneten. 30 Minuten kühlen, dann 8 Tortelettförmchen damit auskleiden und die Böden einstechen. Im auf 200–220 Grad (Gas Stufe 3–4) vorgeheizten Ofen auf der Mittelschiene 15–20 Minuten backen. Auf einem Kuchendraht auskühlen lassen.
Die Himbeeren, mit Zucker und Zitronensaft gemischt, auftauen lassen, auf einem Sieb abtropfen und die Flüssigkeit dabei auffangen.
Die Kiwis schälen, halbieren und jeweils in die Mitte der Torteletts legen. Die Himbeeren dicht drumherum verteilen. Den Saft mit Wasser und Himbeergeist zu ¼ l auffüllen und den Tortenguß nach Packungsaufschrift damit zubereiten. Über die Torteletts verteilen und fest werden lassen.

Mürbeteig

Nußecken

200 g Mehl, 1 Prise Salz
60 g gemahlene Haselnüsse
70 g Zucker, 1 Ei
125 g gekühlte Butter

Außerdem
3 EL Sahne, 150 g Butter
175 g Zucker, 3 EL Honig
250 g blättrige Haselnüsse
1 Becher Kuvertüre (100 g)

Mehl mit Salz, Haselnüssen und Zukker mischen und auf die Arbeitsfläche geben. In die Mitte eine Mulde drükken und das Ei hineingeben. Die Butter in Flöckchen auf den Rand streuen. Alle Zutaten bröselig hacken, zum Teig verkneten und für etwa 30 Minuten in den Kühlschrank legen. Auf einem ungefetteten Backblech ausrollen und die Sahne darauf verstreichen. Die Butter mit Zucker und Honig unter Rühren erhitzen, bis alles geschmolzen ist. Die Haselnüsse unterrühren, einmal aufkochen lassen und leicht abgekühlt auf dem Teig verstreichen. 15–20 Minuten im auf 200–220 Grad (Gas Stufe 3–4) vorgeheizten Ofen backen. Noch heiß in Dreiecke schneiden und diese auf einem Kuchendraht auskühlen lassen. Die Kuvertüre schmelzen und die Ekken mit den Spitzen hineintauchen.

Nußringe

250 g Mehl, 100 g Zucker
1 Prise Salz
1 Päckchen Vanillinzucker
1 Ei, 100 g gekühlte Butter
Mehl zum Ausrollen
Butter zum Einfetten

Außerdem
400–450 g Haselnüsse
100 g Zucker, 1 EL Honig
1 Glas (2 cl) Cognac oder Weinbrand
1 Becher Kuvertüre (100 g)

Das gesiebte Mehl mit Zucker, Salz, Vanillinzucker, Ei und Butter wie im o. g. Rezept verkneten und kühlen. Die Haselnüsse auf einem trockenen Blech für etwa 10 Minuten in den auf 200 Grad (Gas Stufe 3) vorgeheizten Ofen schieben, dann in ein Tuch schütten und die braunen Häutchen abreiben. Die Nüsse abkühlen lassen. Den Teig auf der schwach bemehlten Arbeitsfläche 3–4 mm dick ausrollen und Ringe (außen 7 cm und innen 3 cm Durchmesser) ausstechen. Auf ein mit gefetteter Alufolie belegtes Blech legen.
Zucker mit Honig und Weinbrand unter Rühren langsam schmelzen lassen, leicht abgekühlt mit einem Pinsel auf die Teigringe verstreichen. Die Nüsse dicht nebeneinander daraufsetzen und noch einmal mit der Zuckermasse bestreichen (sollte sie hart geworden sein, kurz im Wasserbad verflüssigen). 10–15 Minuten auf der Mittelschiene des auf 200 Grad (Gas Stufe 3) vorgeheizten Ofens backen, von der Folie lösen und abkühlen.
Die Kuvertüre im heißen Wasserbad schmelzen und die Nußringe auf der Unterseite damit bestreichen.

Hinweis Um zu verhindern, daß die Nüsse herunterrutschen, können Sie zum Backen Spiegeleier-Ringe um die Plätzchen legen.

Geknotete Küchlein

400 g Mehl, 50 g gemahlene Mandeln
1 Prise Salz, 1 Ei
1 Eigelb, 4 EL saure Sahne
1 Fläschchen Bittermandelöl
100 g Zucker, 100 g gekühlte Butter
Mehl zum Ausrollen
150 g Puderzucker, 3 TL Zitronensaft
2 EL weißer Rum

Mehl mit Mandeln und Salz mischen und in die Mitte eine Mulde drücken. Ei mit Eigelb, saurer Sahne und Bittermandelöl hineingeben, den Zucker darüberstreuen und die Butter in Flöckchen darauf verteilen. Alles bröselig hacken und zu einem glatten Mürbeteig kneten. Zugedeckt 1 Stunde kühlen. Auf der leicht bemehlten Arbeitsfläche knapp 1 cm dick ausrollen und in etwa 20 cm lange, 1 cm breite Streifen schneiden. Jeden Streifen vorsichtig zu einem Knoten verschlingen und jeweils mit etwas Abstand auf ein mit Alufolie bedecktes Blech legen. 10–15 Minuten auf der mittleren Schiene des auf 200 Grad (Gas Stufe 3) vorgeheizten Ofens backen. Die Knoten auf einem Kuchendraht auskühlen lassen. Den Puderzucker mit Zitronensaft und Rum zum Guß verrühren. Die Knoten damit überziehen und den Guß fest werden lassen.

Schwarzwälder Torteletts

375 g getrocknete Birnen
300 g Mehl
1 Prise Salz, 1 Ei
75 g Zucker, 150 g Butter

Außerdem
2 Glas (je 2 cl) Birnengeist
45 g Zucker
1 Päckchen Vanillinzucker
1 Msp gemahlener Zimt
50 g gehackte Haselnüsse
2–3 Tropfen Bittermandelöl
Butter zum Einfetten
Mehl zum Ausrollen
1 EL Speisestärke
⅛ l Milch, ⅛ l Sahne
⅛ l Crème fraîche, 1 Ei

Die Birnen über Nacht, mit Wasser bedeckt, quellen lassen. Am nächsten Tag aus Mehl, Salz, Ei, Zucker und Butter wie gewohnt einen Mürbeteig kneten und zugedeckt etwa 10 Minuten kühlen.
Indessen die Birnen gut abtropfen lassen und sehr fein hacken oder im Mixer pürieren. 1 Glas Birnengeist zusammen mit Zucker, Vanillinzucker, Zimt, Nüssen und Bittermandelöl untermischen. Ca. 15 Brioche-Formen oder Tortelett-Förmchen mit hohem Rand (je nach Größe) mit Butter sorgfältig einfetten und den Teig auf der schwach bemehlten Arbeitsfläche in ca. 15 Portionen teilen. Leicht flachdrücken und die Torteletts damit auskleiden. Den Boden mehrfach einstechen und die Birnenfüllung hineingeben, so daß die Formen nicht ganz gefüllt sind.
Speisestärke mit restlichem Birnengeist, Milch, Sahne, Crème fraîche und dem Ei verrühren, auf die Füllung gießen und die Törtchen 15–20 Minuten auf der mittleren Schiene des auf 200 Grad (Gas Stufe 3) vorgeheizten Ofens backen. Die Torteletts vorsichtig aus den Formen lösen und auskühlen lassen.

Mandel-Krümeltorte mit Kirschen

300 g Mehl, 100 g gemahlene Mandeln
1 Prise Salz
abgeriebene Schale von ½ Zitrone
150 g Zucker, 250 g Butter
750 g entsteinte Sauerkirschen
Puderzucker zum Bestäuben

Mehl mit Mandeln, Salz, Zitronenschale und Zucker vermischen und die Butter in Flöckchen darüberstreuen. Alle Zutaten mit einem Messer bröselig hacken und den Teig mit möglichst gekühlten Händen (kalt abgespült und abgetrocknet) nur so lange kneten, bis er bröselig ist und sich alle Zutaten miteinander vermischt haben. Dabei sollte stets schnell gearbeitet werden, denn die Butter darf nicht zu warm werden.
Die Hälfte des Teiges in den Kühlschrank stellen, die andere in eine Springform (Durchmesser 26 cm) geben, glattdrücken und dabei einen kleinen Rand formen. Die Sauerkirschen (Früchte aus dem Glas vorher sehr gut abtropfen lassen) darauf verteilen und den restlichen Teig aus dem Kühlschrank nehmen. In Krümeln oder Streuseln über die Früchte streuen und auf die mittlere Schiene des auf 180–200 Grad (Gas Stufe 2–3) vorgeheizten Ofens schieben und 60–70 Minuten backen lassen. Auf einem Kuchendraht mit etwas Puderzucker bestäuben und erkalten lassen. Nach Wunsch mit Vanillinzucker gesüßte Schlagsahne oder Crème fraîche dazu reichen.

Tip

Wenn Sie's sehr süß mögen, können Sie die Sauerkirschen vor der Verwendung ein wenig zuckern. Jedoch müssen sie danach sehr gut abtropfen, da sonst der Boden durchweichen könnte. Um dieses zu verhindern, können Sie auch Backoblaten zwischen Teig und Früchte legen, die Sie genau nach Packungsaufschrift verwenden. Auch eine dünne Schicht Semmelbrösel oder zerdrückte Löffelbiskuits verhindern das Durchweichen weitgehend.

Variationen

Krümeltorte auf dem Blech: Verwenden Sie von allen Zutaten die doppelte Menge, rollen Sie gut eine Hälfte des Teiges auf dem Blech aus und arbeiten Sie weiter, wie oben gezeigt.

Krümeltorte mit Schokolade: Streuen Sie wenige Minuten vor Ende der Garzeit grob geraspelte Schokolade oder Schokoladenstreusel über die obere Teigschicht; sie sollen zwar gerade eben schmelzen, aber noch nicht völlig zerlaufen.

Krümeltorte mit Obstmischungen: Verwenden Sie statt der Kirschen mal eine Mischung aus Erdbeeren und Rhabarber, Erdbeeren und Stachelbeeren, Süß- und Sauerkirschen, Aprikosen und Himbeeren oder Äpfeln und Birnen. Und wenn Sie gerade mal kein frisches Obst zur Hand haben, greifen Sie auf tiefgekühltes oder auf Dosenware zurück. Diese Früchte müssen jedoch stets gut abgetropft werden (tiefgekühlte vorher dazu auftauen).

Obstkuchen mit Gitter

250 g Mehl
je 1 Prise Salz und gemahlener Zimt
1 Ei
abgeriebene Schale von ½ Zitrone
100 g Zucker
125 g Butter
Butter zum Einfetten
Mehl zum Ausrollen
Semmelbrösel zum Ausstreuen
200 g Aprikosenmarmelade
500 g Stachelbeeren
1 Eigelb
2 EL Sahne

Mehl mit Salz und Zimt mischen und auf die Arbeitsfläche sieben. In die Mitte eine Mulde drücken und das Ei mit der abgeriebenen Zitronenschale hineingeben. Den Zucker darüber verteilen und die in Flöckchen geteilte Butter auf den Rand setzen. Mit einem Messer alle Zutaten bröselig hakken und mit gekühlten Händen schnell zu einem glatten Teig verkneten. Zugedeckt für etwa 1 Stunde in den Kühlschrank legen, dann knapp zwei Drittel des Teiges auf dem gut gefetteten Springformboden (Durchmesser 26 cm) gleichmäßig ausrollen. Vom restlichen Teig etwas abnehmen und auf der bemehlten Arbeitsfläche zu einer etwa 1 cm dicken Rolle formen. In die Springform geben und zu einem 2 cm hohen Rand an den Boden drücken. Die glattgerührte Aprikosenmarmelade auf dem Teig verstreichen und die vorbereiteten Stachelbeeren (siehe Hinweis rechts) daraufgeben. Den übrigen Teig wieder auf der Arbeitsfläche ausrollen und zu 10 Streifen ausradeln. Oder mit der Hand zu dünnen, langen Rollen drehen und diese gitterartig über die Stachelbeeren verteilen. Die Teigränder gut andrücken. Das Eigelb mit der Sahne verquirlen und die Teigstreifen damit bestreichen. Die Torte in den auf 200 Grad (Gas Stufe 3) vorgeheizten Ofen auf die mittlere Schiene stellen. 35–45 Minuten backen, dann auf einen Kuchendraht gleiten und erkalten lassen.
Mit gesüßter Schlagsahne und/oder Kugeln bzw. Würfeln von Vanilleeis servieren. Oder auch Crème fraîche mit Vanillinzucker dazu reichen.

Tip

Verrühren Sie die Aprikosenmarmelade doch mal mit ein wenig Aprikosenschnaps oder -likör oder verwenden Sie statt der Aprikosenmarmelade Himbeergelee und geben Sie dann etwas Himbeergeist hinzu.

Hinweis Für diese Torte können Sie frische und auch konservierte Stachelbeeren verwenden; frische Beeren werden gewaschen und von Blüten- und Stengelansätzen befreit. Danach sollte man sie ein paarmal mit einer Nadel einstechen, dann platzen sie nicht so leicht. Werden konservierte Stachelbeeren verwendet, sollten Sie unbedingt darauf achten, daß sie gut abgetropft sind, sonst wird der Teigboden weich.

Variation

Selbstverständlich können Sie für den Obstkuchen mit Gitter auch andere Früchte verwenden, wie etwa Äpfel, Birnen, Kirschen oder Rhabarber.

Mürbeteig

Käsekuchen

250 g Mehl, 1 Prise Salz
1 Msp Backpulver
4 hartgekochte Eigelb
1 rohes Eigelb
150 g gekühlte Butter
60 g Zucker
60 g gemahlene Mandeln
abgeriebene Schale von ½ Zitrone
4–5 EL Weißwein
Butter zum Einfetten
Semmelbrösel zum Ausstreuen

Für die Füllung
40 g Mehl
¼ l Milch
1 Prise Salz
1 Vanilleschote
80 g Rosinen
2–3 Glas (je 2 cl) Rum
80 g Butter
100 g Zucker
6 Eigelb
1 kg Speisequark
200 g Crème fraîche
3–4 Tropfen Bittermandelöl
Saft von ½ und abgeriebene Schale von 1 Zitrone
6 Eiweiß

Für den Teig das Mehl, mit Salz und Backpulver gemischt, auf die Arbeitsfläche sieben und in die Mitte eine Mulde drücken. Die hartgekochten Eigelb durch ein Sieb hineinstreichen, das rohe Eigelb zufügen und die Butter in Flöckchen auf dem Rand verteilen. Zucker, Mandeln und Zitronenschale darüber verteilen. Alle Zutaten mit einem Messer bröselig hacken, dann zu einem glatten Teig kneten. Dabei tropfenweise den Wein zufügen. Den Teig zur Kugel formen und etwa ½ Stunde im Kühlschrank ruhen lassen. Danach eine gefettete, mit Bröseln ausgestreute Form (Durchmesser ca. 24 cm) damit auskleiden und einen etwa 4 cm hohen Rand formen.
Während der Teig ruht, die Füllung zubereiten. Dazu das Mehl mit etwas kalter Milch verquirlen und die übrige Milch mit Salz, dem ausgeschabten Vanillemark und der »leeren« Vanilleschote zum Kochen bringen. Die Mehl-Milch-Mischung hineinrühren und einmal aufkochen lassen. Leicht abkühlen, dann die Vanilleschote herausnehmen.
Die Rosinen in heißem Wasser waschen und in einem Küchentuch trockenreiben. Mit dem Rum begießen und zugedeckt quellen lassen.
Butter mit Zucker und Eigelb schaumig rühren, dann nach und nach Quark und Crème fraîche zufügen und die Mehlmischung löffelweise hineingeben. Dabei schlagen, bis eine lockere, schaumige Masse entsteht. Mit Bittermandelöl, Zitronensaft und -schale würzen und die trockengetupften Rosinen zugeben.
Eiweiß zu schnittfestem Schnee schlagen und zum Schluß locker unterheben. In die ausgekleidete Form geben, glattstreichen und auf die Unterschiene des auf 220–230 Grad (Gas Stufe 4) vorgeheizten Ofens schieben.
60–70 Minuten backen lassen, und – wenn nötig – nach der halben Backzeit mit Pergamentpapier abdecken, damit die Oberfläche nicht zu dunkel wird. In der Form ein paar Minuten ausdampfen lassen, dann zum völligen Erkalten auf einen Kuchendraht gleiten lassen.

Holländische Birnenschnitten

500 g Mehl
1 Prise Salz
2 kleine Eier
abgeriebene Schale von ½ Zitrone
1 Msp gemahlener Zimt
175 g Zucker
250 g Butter
Butter zum Einfetten
Semmelbrösel zum Bestreuen

Für die Füllung
2000 g reife, aber nicht zu weiche Birnen
60 g Butter
8 EL Wasser
200 g Zucker
1 EL gemahlener Zimt
200–220 g geriebener alter Gouda oder Edamer
Mehl zum Ausrollen
2 Eigelb zum Bestreichen

Für den Teig das Mehl mit Salz mischen, auf die Arbeitsfläche geben und eine Mulde in die Mitte drücken. Die Eier zusammen mit der Zitronenschale und dem Zimt hineingeben, den Zucker darüberstreuen und die Butter in Flöckchen auf dem Rand verteilen. Alle Zutaten mit einem Messer bröselig hacken, dann schnell von außen nach innen zu einem glatten Teig kneten. Für etwa 1 Stude in den Kühlschrank legen.
Ein Backblech mit hohem Rand (oder eine Fettpfanne) mit Butter einfetten und mit Semmelbröseln bestreuen. Etwa ⅔ des Teiges darin ausrollen und für etwa 10 Minuten auf die mittlere Schiene des auf 200 Grad (Gas Stufe 3) vorgeheizten Ofens schieben und leicht vorbacken, ohne den Boden jedoch stark zu bräunen.
In der Zwischenzeit die Füllung zubereiten. Dazu die Birnen schälen, entkernen und in Schnitze teilen. Mit der Butter, dem Wasser und etwa 3 EL Zucker weich dünsten und anschließend zu Püree zerdrücken. Vom Herd nehmen, den übrigen Zucker (bis auf 3 EL) mit dem Zimt und dem Käse hineinrühren und diese Mischung etwas abkühlen lassen.
Den vorgebackenen Boden aus dem Ofen nehmen, die Birnenmischung darauf verteilen und glattstreichen. Den restlichen Teig auf der leicht bemehlten Arbeitsfläche dünn ausrollen, in Streifen schneiden und diese dicht nebeneinander auf die Birnenmasse legen.
Die Oberfläche mit verquirltem Eigelb bestreichen und mit dem restlichen Zucker bestreuen. Wieder in den heißen Ofen auf die mittlere Schiene schieben und weitere 45 Minuten backen. Abkühlen lassen und danach in gleichmäßige Rechtecke oder Quadrate schneiden.

Tip

Sehr geschickte »Bäcker(innen)« können die obere Teigplatte auch im ganzen auflegen, doch sollte man dann für den Teigboden nur etwa die Hälfte verwenden. Wer sich's aber etwas leichter machen möchte, kommt mit den Teigstreifen sicherlich immer gut zurecht.

Rumtopf-Marzipan-Kuchen

350 g Mehl, 2 Eier
1 Prise Salz, 125 g Zucker
150 g Butter
Mehl zum Ausrollen
Butter oder Margarine zum Einfetten
Semmelbrösel zum Ausstreuen

Für die Füllung
100 g Mandelmakronen
200 g Rumtopffrüchte mit ihrer Flüssigkeit
300 g Marzipan-Rohmasse
50 g Butter, 100 g Zucker
2 Eigelb, 1 Prise Salz
½ Fläschchen Bittermandelöl
2 Eiweiß, 30 g Mehl

Für die Verzierung
300 g Puderzucker
1 TL Zitronensaft
1–2 Tropfen rote Speisefarbe

In das Mehl eine Mulde drücken, Eier und Salz hineingeben, den Zucker darüberstreuen und die Butter in Flöckchen auf dem Rand verteilen. Alle Zutaten bröselig hacken, dann schnell von außen nach innen zu einem glatten Teig verkneten. Zur Kugel formen und zugedeckt etwa 30 Minuten im Kühlschrank ruhen lassen. Den Teig danach auf der bemehlten Arbeitsfläche ausrollen und eine gefettete, mit Bröseln ausgestreute Kastenform (Länge etwa 25 cm) mit ⅔ des Teiges auskleiden.
Während der Teig ruht, die Makronen in einer Plastiktüte mit der Teigrolle fein bröselig zerdrücken.
Die Rumtopffrüchte abtropfen lassen, die Flüssigkeit dabei auffangen und die Bröselmasse mit 4–5 EL davon beträufeln. Marzipan-Rohmasse mit Butter schaumig rühren und dabei nach und nach Zucker, Eigelb, Salz und Bittermandelöl hinzufügen. Rühren, bis sich der Zucker gelöst hat, dann die eingeweichte Bröselmasse untermischen. Eiweiß zu schnittfestem Schnee schlagen, auf die Marzipancreme gleiten lassen und das Mehl darübersieben. Alles locker mit den Rumtopffrüchten (Kirschen vorher entsteinen) unterheben und in die vorbereitete Teigform füllen. Den restlichen Teig als Deckel auflegen und die Ränder gut andrücken. Auf die untere Schiene des auf 220 Grad (Gas Stufe 4) vorgeheizten Ofens schieben und etwa 50 Minuten backen. Dabei nach 15 Minuten die Temperatur auf 180 Grad (Gas Stufe 2) reduzieren.
Den Kuchen ein paar Minuten in der Form ausdampfen lassen, dann auf einen Kuchendraht stürzen.
Puderzucker mit Zitronensaft und tropfenweise hinzugefügtem Wasser zu einem dickflüssigen Guß verrühren. Weiterrühren, bis er schaumig und weiß-glänzend ist. Etwa ⅘ dieser sehr dickflüssigen Masse auf dem abgekühlten Kuchen glattstreichen.
Den restlichen Guß mit roter Speisefarbe einfärben und in eine aus Pergamentpapier gefaltete Spritztüte (siehe Seite 335) geben. Im Abstand von gut 1 cm quer zum Kuchen gleichmäßige Linien ziehen und nur sekundenlang antrocknen lassen. Mit einem Messer dreimal abwechselnd in Hin- und Rück-Richtung ziehen, damit ein Muster entsteht. Den Guß trocknen lassen und den Kuchen erst danach in Scheiben aufteilen.

Tarte au citron

250 g Mehl
abgeriebene Schale von 1 Zitrone
1 Prise Salz, 1 Ei
125 g Zucker, 125 g Butter
Butter zum Einfetten
Semmelbrösel zum Ausstreuen
etwa 1 kg getrocknete Erbsen oder Bohnen zum Blindbacken

Für die Füllung
5 Blatt weiße Gelatine
200 g Butter
320 g Zucker
5 Eier
Saft von 4 Zitronen
abgeriebene Schale von 2 Zitronen

Für die Verzierung
1–2 Zitronen
120 g Zucker, 4 EL Wasser

Für den Teig Mehl mit Zitronenschale, Salz, Ei, Zucker und der gekühlten, in Flöckchen geteilten Butter zu einem glatten Mürbeteig kneten und zugedeckt für etwa 1 Stunde in den Kühlschrank legen.
Anschließend eine gefettete und mit Bröseln ausgestreute Springform (Durchmesser 26 cm) damit auskleiden. Den Boden mehrfach mit einer Gabel einstechen und die getrockneten Erbsen oder Bohnen darin verteilen (siehe Seite 332). Im auf 200 Grad (Gas Stufe 3) vorgeheizten Ofen auf der mittleren Schiene etwa 25 Minuten backen. Die Hülsenfrüchte herausschütten und den Kuchen auf einem Draht auskühlen lassen.
Für die Füllung die Gelatine in kaltem Wasser nach Vorschrift quellen lassen. Die Butter mit Zucker, Eiern, Zitronensaft und -schale in einer Metallschüssel verquirlen und ins heiße, aber nicht kochende Wasserbad stellen. Mit dem elektrischen Handrührer schaumig schlagen, bis der Zucker gelöst und die Masse schön locker ist. Dabei darf sie aber keinesfalls kochen. Die Gelatine ausdrücken und unter weiterem Schlagen in der heißen Creme auflösen. Die Creme unter gelegentlichem Schlagen abkühlen lassen und, kurz bevor sie fest zu werden beginnt, in den Tortenboden füllen und in etwa 3 Stunden im Kühlschrank schnittfest werden lassen.
Die Zitronen unter heißem Wasser abbürsten, abtrocknen und in sehr dünne Scheiben schneiden.
Zucker mit Wasser in einem Topf erhitzen, die Zitronenscheiben darin kurz aufkochen, herausnehmen und den Zuckerguß sirupartig einkochen lassen.
Die Zitronenscheiben auf die Tortenoberfläche legen und mit dem leicht abgekühlten Guß alles gleichmäßig überziehen. Diesen völlig fest werden lassen und dann erst die Torte anschneiden.

Tip

Tarte à l'orange erhalten Sie, wenn Sie die Zitronen (Saft und Schalen) jeweils durch Orangen ersetzen. In diesem Fall kann die Füllung zusätzlich mit etwas Orangenlikör parfümiert werden. Und selbstverständlich können Sie nach diesem Rezept auch in kleinen Formen Tartelettes au citron oder à l'orange backen.

Mürbeteig

Vanillekipferl

275 g Mehl
100 g gemahlene Mandeln
1 Prise Salz
1 Vanillinschote
1 Eigelb
80 g Puderzucker
4 Päckchen Vanillinzucker
200 g Butter
Mehl zum Formen
1–2 EL Zucker zum Wenden

Mehl mit Mandeln, Salz und dem ausgeschabten Vanillemark mischen. Eigelb, Puderzucker, 1 Päckchen Vanillinzucker und die gekühlte Butter in kleinen Flöckchen zufügen und alles bröselig hacken. Dann schnell zu einem glatten Teig kneten und 2–3 Stunden kühl stellen.
Portionsweise auf der schwach bemehlten Arbeitsfläche zu Kipferln formen, d. h. etwa 5 cm lange und 1 cm dicke »Würstchen« drehen, die an den Enden spitz zulaufen. Hörnchenähnlich zusammenbiegen und auf ein ungefettetes Backblech legen. Etwa 15 Minuten auf der mittleren Schiene des auf 180 Grad (Gas Stufe 2) vorgeheizten Ofens backen.
Den restlichen Vanillinzucker mit dem Zucker mischen. Die gebackenen Kipferl sofort vom Blech lösen. Ganz vorsichtig die noch heißen Kipferl im Zucker-Vanillinzucker-Gemisch wenden und auf einem Kuchendraht auskühlen lassen.

Hinweis Als zusätzliche Garnierung kann man die Enden der Kipferl nach dem Erkalten in flüssige Schokolade tauchen.

Ischler Törtchen

150 g Mehl
150 g gemahlene Mandeln
1 Ei, 1 Prise Salz
80 g Zucker
175 g Butter
Mehl zum Ausrollen
Butter zum Einfetten
2 Päckchen Vanillinzucker
30 g Puderzucker
60 g Himbeergelee
2 EL Himbeergeist

Mehl mit Mandeln mischen, in die Mitte eine Mulde drücken und Ei mit Salz hineingeben. Zucker und die in Flöckchen geteilte Butter zufügen und alles zum Mürbeteig kneten.
Etwa 1 Stunde in den Kühlschrank legen, dann auf der schwach bemehlten Arbeitsfläche etwa 3 mm dick ausrollen und runde Plätzchen mit gewelltem Rand (Durchmesser etwa 4 cm) ausstechen. Dann dieselbe Menge gleichgroßer Ringe (Breite etwa 1 cm) ausstechen und beides auf dem leicht gefetteten Blech in 15–20 Minuten goldgelb backen. Dazu auf die mittlere Schiene des auf 200 Grad (Gas Stufe 3) vorgeheizten Ofens schieben.
Plätzchen und Ringe sofort ablösen und die Ringe mit der Oberseite in den mit Vanillinzucker gemischten Puderzucker tauchen.
Himbeergelee mit Himbeergeist glattrühren und die Plätzchen damit bestreichen. Die Ringe (Zuckerseite nach oben) aufsetzen und leicht andrücken.

Mürbe Marzipan-Plätzchen

250 g Mehl
60 g Marzipan-Rohmasse
200 g gekühlte Butter
40 g Zucker
Mehl zum Formen
Zucker zum Bestreuen
Butter zum Einfetten

Mehl auf die Arbeitsfläche geben und das in kleine Brösel zerteilte Marzipan zufügen. Die gut gekühlte Butter in Flöckchen darauf verteilen und alles mit Zucker bestreuen. Mit einem Messer bröselig hacken und danach schnell zu einem glatten Teig verkneten. Etwa 30 Minuten im Kühlschrank ruhen lassen. Dann eine Teighälfte auf der nur leicht bemehlten Arbeitsfläche 1–1½ cm dick ausrollen und 6 × 2 cm große Streifen schneiden. Mit einer Gabel mehrfach Muster einstechen, mit Zucker bestreuen und auf ein gefettetes Blech legen. Nochmal etwa 20 Minuten kühlen, dann im auf 150 Grad (Gas Stufe 1) vorgeheizten Ofen auf der mittleren Schiene etwa 25 Minuten backen, jedoch nicht dunkel werden lassen.
Die zweite Teighälfte ebenfalls ausrollen, mit einem runden Förmchen oder einem Glas Plätzchen ausstechen (im Bild Seite 18/19 ganz unten rechts in der Ecke), mit dem Messerrücken Viertel einkerben, aber nicht durchschneiden, und die Oberfläche wieder mit einer Gabel einstechen. Der Rand kann dabei jeweils leicht eingedrückt oder eingekerbt werden. Diese Plätzchen auch mit Zucker bestreuen, auf ein gefettetes Blech setzen, kühlen und, wie oben angegeben, backen. Alle Marzipan-Plätzchen sofort vom Blech lösen und auf einen Kuchendraht legen.

Mandelbrötchen

200 g Mehl
70 g gemahlene Mandeln
je 1 Prise Salz und gemahlener Zimt
65 g feiner Zucker oder Puderzucker
1 Eigelb, 125 g Butter
Mehl zum Formen
1 Eigelb zum Bestreichen
100 g abgezogene Mandeln

Mehl mit den Mandeln, Salz, Zimt und Zucker mischen und mit dem Eigelb und der gekühlten Butter zu einem glatten Mürbeteig verkneten. Zugedeckt 2–3 Stunden im Kühlschrank ruhen lassen, dann auf der bemehlten Arbeitsfläche zu etwa walnußgroßen Kugeln rollen und diese dabei etwas oval drehen. Mit verquirltem Eigelb bestreichen. In der Mitte jeweils einen kleinen Schnitt anbringen und einen Mandelkern hineinstellen. Leicht andrücken. Die Brötchen auf einem ungefetteten Blech im auf 200 Grad (Gas Stufe 3) vorgeheizten Ofen auf Mittelschiene etwa 20 Minuten backen und sofort vom Blech lösen.

Schwarzweißgebäck

250 g Mehl
1 Prise Salz
100 g Puderzucker
150 g gekühlte Butter
ca. 20 g Kakao
Mehl zum Formen
1 Eiweiß

Mehl mit Salz und Puderzucker mischen, die gut gekühlte Butter in Flöckchen darauf verteilen und alles mit einem Messer bröselig hacken. Dann sehr schnell zu einem glatten Teig kneten. Eine Teighälfte mit dem Kakao verkneten und beide Teige für mindestens 2 Stunden in den Kühlschrank legen, denn der Teig ist sehr zart und weich. Danach beide Teige auf der leicht bemehlten Arbeitsfläche etwa ½ cm dick ausrollen und zu verschiedenen Mustern »zusammenlegen«. Zum Beispiel zu **Schnecken:** Dazu wird eine helle (oder eine dunkle) Platte auf die Arbeitsfläche gelegt, dünn mit verquirltem Eiweiß bestrichen und eine dunkle (oder eine helle) darauf leicht angedrückt. Beide Teigplatten zusammen aufrollen und in etwa ½ cm dicke Scheiben schneiden. Sehr beliebt ist auch das **Schachbrettmuster,** wobei jeweils drei helle und drei dunkle Teigstreifen abwechselnd im Muster übereinandergeschichtet und anschließend in einer hellen oder einer dunklen Teigplatte eingewickelt werden. Auch hier müssen alle Teigstreifen und die zum Einwickeln verwendete Teigplatte mit Eiweiß bestrichen werden, damit sie sich beim Backen nicht voneinander trennen. Ganz einfach sind die **eingewickelten Teigblöcke,** bei denen jeweils ein heller (oder dunkler) Teig zu langen, runden oder rechteckigen Strängen geformt wird, die man anschließend jeweils in einen andersfarbigen Teig einwickelt. Ebenfalls in Scheiben schneiden und auf einem ungefetteten Blech backen. Für sämtliche Teigreste eignen sich die **Marmorplätzchen:** Drücken Sie dabei beide Teige, leicht knetend, zusammen, so daß ein Marmormuster entsteht. Formen Sie ihn ebenfalls zur Rolle und schneiden Sie Scheiben daraus.
Gebacken werden alle Schwarzweißgebäckstücke auf einem ungefetteten Blech auf der Mittelschiene des auf 180–200 Grad (Gas Stufe 2–3) vorgeheizten Ofens. Sofort nach dem Backen müssen sie vorsichtig vom Blech gelöst und abgekühlt werden.

Hinweis Dieser äußerst fettreiche Teig muß auch während des Formens immer kühl gehalten werden.

Sahne-Halbmonde

250 g Mehl, 1 Prise Salz
1 Msp Backpulver
5 EL saure Sahne
200 g gut gekühlte Butter
Mehl zum Ausrollen
1 Eigelb, 2 EL Sahne oder Milch
60 g blättrige Mandeln, 50 g Zucker
Butter zum Einfetten

Mehl mit Salz und Backpulver mischen, die Sahne in die Mitte geben und die in Flöckchen geteilte Butter darauf verteilen. Alles sehr schnell zu einem glatten Teig kneten und für 2–3 Stunden in den Kühlschrank legen. Portionsweise herausnehmen und auf der leicht bemehlten Arbeitsfläche etwa 3 mm dick ausrollen. Kleine Halbmonde ausstechen und mit dem mit der Sahne oder Milch verquirlten Eigelb bestreichen. Dabei sollten die Teigränder möglichst frei bleiben, sonst »blättert« der Teig nicht genug. Mandeln und Zucker mischen und die Oberfläche damit bestreuen oder die bestrichene Oberfläche kurz eintauchen. Die Halbmonde auf ein gefettetes Blech legen und etwa 15 Minuten auf der Mittelschiene des auf 200 Grad (Gas Stufe 3) vorgeheizten Ofens backen. Sofort ablösen und auf einem Kuchendraht auskühlen lassen.

Ingwersterne

300 g Mehl
100 g sehr fein gehackte oder gemahlene Walnüsse, 1 Ei
je 1 Prise Salz, gemahlener Ingwer und geriebene Muskatnuß
100 g Zucker
50 g eingelegte Ingwerpflaumen
200 g Butter
Mehl zum Ausrollen
Butter zum Einfetten

Für die Verzierung
200 g Zartbitter-Schokolade
20 g Kokosfett, eingelegte oder kandierte Ingwerpflaumen

Mehl mit Nüssen, Ei, Gewürzen und Zucker mischen. Die Ingwerpflaumen abtropfen lassen, sehr fein hacken und zusammen mit der Butter darunterkneten. Den Teig etwa 1 Stunde kühlen, dann auf der bemehlten Arbeitsfläche etwa 4 mm dick ausrollen und kleine Sterne ausstechen. Auf dem gefetteten Blech in den auf 220 Grad (Gas Stufe 4) vorgeheizten Ofen auf die mittlere Schiene schieben und 10–15 Minuten backen. Sofort vom Blech lösen und auf einem Kuchengitter abkühlen lassen.
Die Schokolade zerbröckeln und zusammen mit dem Kokosfett bei sanfter Hitze oder im Wasserbad schmelzen. Die Herzen damit überziehen und sofort mit in feine Streifchen geschnittenen Ingwerpflaumen bestreuen. Die Glasur fest werden lassen.

Vanillezöpfchen

500 g Mehl
65 g Zucker
3 hartgekochte Eigelb
1 frisches Ei
5–6 EL Cognac oder Weinbrand
150 g Butter
Mehl zum Formen
Butter zum Einfetten
1 Eigelb
2 EL Sahne
3–4 EL Vanillinzucker

Mehl mit Zucker mischen und auf die Arbeitsfläche geben. In die Mitte eine Mulde drücken, die durch ein feines Sieb gestrichenen Eigelb mit dem frischen Ei und dem Cognac oder Weinbrand hineingeben und die Butter auf dem Rand verteilen. Alles zu einem glatten Teig kneten und zugedeckt mindestens 30 Minuten im Kühlschrank ruhen lassen.
Portionsweise herausnehmen und auf der bemehlten Arbeitsfläche zu makkaronidicken Teigstreifen rollen. Je 3 Streifen zu etwa 5 cm langen Zöpfen flechten und auf ein eingefettetes Backblech geben. Eigelb mit Sahne verquirlen, die Zöpfchen damit bestreichen und mit Vanillinzucker dick bestreuen.
Auf der mittleren Schiene des auf 200 Grad (Gas Stufe 3) vorgeheizten Ofens etwa 15 Minuten backen. Sofort vom Blech lösen und auf einem Kuchengitter abkühlen lassen.

Französische Zwetschgentorte

200 g Mehl
1 Prise gemahlener Zimt
1 Prise Salz, 1 Ei
1 EL kaltes Wasser
1 EL Himbeergeist
100 g gekühlte Butter
Mehl zum Ausrollen

Für die Füllung
1–1,5 kg Zwetschgen
50 g Mandelmakronen
2 Eiweiß, 1 Prise Salz
1 TL Zitronensaft
100 g Zucker
125 g gemahlene Mandeln
125 g rotes Johannisbeergelee
1–2 EL Himbeergeist

Für den Teig das Mehl mit Zimt und Salz mischen und auf die Arbeitsfläche geben. In die Mitte eine Mulde drücken und das Ei mit Wasser und Himbeergeist hineingeben. Die Butter in Flöckchen auf den Rand streuen. Mit einem Messer alle Zutaten bröselig hacken und schnell zu einem glatten Teig verkneten. Zugedeckt im Kühlschrank mindestens 1 Stunde ruhen lassen. Danach auf der schwach bemehlten Arbeitsfläche zu einer gleichmäßigen Platte ausrollen und eine Springform (Durchmesser 26 cm) damit auskleiden. Dabei einen etwa 3 cm hohen Rand formen und den Boden mehrfach einstechen. Im auf 200 Grad (Gas Stufe 3) vorgeheizten Ofen auf der Mittelschiene etwa 20 Minuten vorbacken.
In der Zwischenzeit die Zwetschgen waschen, abtrocknen, entstielen, nur an einer Längsseite aufschneiden und entsteinen. Danach die Hälften der Länge nach einschneiden, damit sie sich beim Backen nicht zusammenziehen können.
Die Makronen in einen Plastikbeutel geben und mit der Teigrolle zu sehr feinen Bröseln zerdrücken. Eiweiß mit Salz und Zitronensaft zu schnittfestem Schnee schlagen und dabei nach und nach den Zucker einrieseln lassen. Die Mandeln zusammen mit den zerbröselten Makronen locker unterheben und diese Masse auf dem vorgebackenen Teig verteilen. Glattstreichen und die Zwetschgen dachziegelartig dicht nebeneinander hineinsetzen.
Erneut in den vorgeheizten Ofen schieben und bei gleicher Temperatur weitere 20–25 Minuten backen. Kurz vor Ende der Backzeit das Johannisbeergelee mit dem Himbeergeist glattrühren.
Den Kuchen aus dem Ofen nehmen und noch sehr heiß mit dem Gelee bestreichen.
Abkühlen und das Gelee wieder fest werden lassen. Erst dann in 12 Stücke zerschneiden.

Variation

Verwenden Sie statt der Mandeln doch einmal gemahlene Haselnüsse und würzen Sie die Füllung statt mit Zitronensaft mit etwas Orangensaft. Dann können Sie zusätzlich auch etwas abgeriebene Schale einer unbehandelten Orange zufügen.

Apfeltorte mit Sahneguß

250 g Mehl
1 Ei, 1 Prise Salz
125 g Zucker
125 g Butter oder Margarine
Mehl zum Ausrollen
30 g Semmelbrösel
750 g säuerliche Äpfel

Für den Guß
4 Eigelb, 100 g Puderzucker
4 Eiweiß, 1 Prise Salz
abgeriebene Schale von ½ Zitrone
¼ l Sahne, 20 g Butter
60 g gemahlene Wal- oder Haselnüsse

In das gesiebte Mehl eine Mulde drücken. Ei und Salz hineingeben, den Zucker darüberstreuen und die Butter oder Margarine in Flöckchen auf dem Mehlrand verteilen. Mit einem Messer alle Zutaten bröselig hakken, dann schnell von außen nach innen zu einem glatten Teig kneten. Zu einer Kugel formen und etwa 30 Minuten im Kühlschrank ruhen lassen. Auf der leicht bemehlten Arbeitsfläche ausrollen und eine Springform (26 cm Durchmesser) damit auskleiden. Dabei einen etwa 3 cm hohen Rand formen. Den Boden mehrfach mit einer Gabel einstechen und mit den Semmelbröseln bestreuen.
Die Äpfel schälen, vierteln und entkernen. Dicht nebeneinander auf die Bröselschicht legen.
Für den Guß die Eigelb mit etwa der halben Puderzuckermenge sehr schaumig schlagen. Eiweiß mit der Hälfte des übrigen Puderzuckers schnittfest schlagen und mit Salz und abgeriebener Zitronenschale würzen. Auf die Eigelbcreme gleiten lassen. Die Sahne mit dem restlichen Puderzucker ebenfalls steif schlagen und beides locker unter die Eigelbcreme ziehen.
Die Butter schmelzen, aber nicht stark erhitzen. Auf Handwärme abkühlen lassen und in einem dünnen Strahl unter vorsichtigem Rühren zufließen lassen. Dabei darf jedoch keinesfalls lange gemischt werden, sonst verliert die schaumige Masse ihre lockere Struktur. Die gemahlenen Nüsse darunterheben und die Masse gleichmäßig über die Äpfel gießen. Glattstreichen und in den auf 200 Grad (Gas Stufe 3) vorgeheizten Ofen auf die Mittelschiene stellen. Etwa 45 Minuten backen lassen. Danach etwa 10 Minuten in der Form abkühlen, dann auf einen Kuchendraht gleiten und völlig erkalten lassen. Mit Vanillinzucker gesüßte Sahne oder Crème fraîche dazu reichen.

Hinweis Die Apfelsorte können Sie nach dem jeweiligen Marktangebot bestimmen. Besonders gut schmecken dazu würzigere Sorten mit fein-herber Säure, wie zum Beispiel Boskop, Cox Orange, Berlepsch und Glockenapfel. Jedoch eignen sich auch Granny Smith, die ja während des ganzen Jahres angeboten werden.

Tip

Mischen Sie die Äpfel doch mal mit sorgfältig gewaschenen und getrockneten Rosinen oder geben Sie grob gehackte oder in Scheiben geschnittene kandierte, rote Kirschen dazu. Das sieht nicht nur gut aus, sondern schmeckt auch köstlich.

Weintrauben-Torte

300 g Mehl, 1 Prise Salz
80 g saure Sahne
100 g Zucker, 150 g Butter
Mehl zum Ausrollen

Außerdem
1 Päckchen Vanille-Puddingpulver
¼ l Milch, 1 Prise Salz
400–500 g kernlose Weintrauben
3 Eier, 150 g Zucker
100 g gemahlene Mandeln
80 g Marzipan-Rohmasse

Für den Teig das Mehl auf die Arbeitsfläche geben und in die Mitte eine Mulde drücken. Salz und saure Sahne hineingeben und den Zucker zusammen mit der in Flöckchen geteilten Butter darauf verteilen. Alle Zutaten schnell bröselig hacken und zu einem glatten Teig verkneten. Zur Kugel formen und gut 1 Stunde zugedeckt im Kühlschrank ruhen lassen. Danach auf der nur schwach bemehlten Arbeitsfläche zu einer runden Platte ausrollen und eine Springform (Durchmesser 26 cm) damit auskleiden. Dabei einen etwa 3 cm hohen Rand formen und den Boden mehrfach mit einer Gabel einstechen. Auf der mittleren Schiene des auf 200 Grad (Gas Stufe 3) vorgeheizten Ofens etwa 20 Minuten vorbacken.
In der Zwischenzeit das Puddingpulver mit etwas kalter Milch verquirlen und die restliche Milch mit der Prise Salz zum Kochen bringen. Das Puddingpulver am Herdrand unter Rühren hineingießen und unter weiterem Rühren aufkochen lassen. Den Topf dann vom Herd nehmen und den Flammeri unter gelegentlichem Umrühren abkühlen lassen.
Den Boden herausnehmen und die Temperatur auf 180 Grad (Gas Stufe 2) herunterschalten.
Die Trauben waschen, abtrocknen und die Beeren von den Stielen lösen.
Die Eier mit dem Zucker schaumig schlagen, die gemahlenen Mandeln und die zerbröselte Marzipan-Rohmasse unterrühren. Löffelweise den etwas abgekühlten Flammeri unterziehen und diese Mischung auf dem inzwischen leicht abgekühlten, vorgebackenen Teigboden glattstreichen. Die Weintrauben gleichmäßig auf der Oberfläche verteilen und den Kuchen auf die mittlere oder die zweite Schiene von unten in den Ofen schieben. Etwa 80 Minuten backen lassen, dann die Form aus dem Ofen nehmen und den Kuchen kurze Zeit ausdampfen lassen. Anschließend auf einen Kuchendraht gleiten und völlig auskühlen lassen.

Tip

Sollten Sie keine kernlosen Weintrauben bekommen, empfiehlt es sich, die Kerne vorher herauszulösen, denn sie schmecken leicht bitter und nehmen der Torte ihr feines Aroma.
Selbstverständlich können Sie aber auch statt der Trauben andere Früchte verwenden. Gut eignen sich alle Beeren, entsteinte Kirschen und Mirabellen. Bei sehr saftreichen Früchten kann man Backoblaten zwischen Teig und Füllung legen (nach Packungsaufschrift), um zu verhindern, daß der Boden zu stark durchweicht.

Cranberry-Torte

250 g Mehl, 1 Ei
1 Prise Salz, 80 g Zucker
1 Päckchen Vanillinzucker
100 g gekühlte Butter
Butter oder Margarine zum Einfetten
Semmelbrösel zum Ausstreuen

Für die Füllung
ca. 500 g Cranberries
5 Eiweiß, 1 Prise Salz
300 g Zucker, 1 TL Zitronensaft
150 g gemahlene Mandeln
30 g Speisestärke
1 Prise gemahlener Zimt
Puderzucker zum Bestäuben

In das gesiebte Mehl eine Mulde drücken. Ei und Salz hineingeben und mit dem Zucker und Vanillinzucker bestreuen. Die Butter in Flöckchen auf dem Rand verteilen und alle Zutaten mit einem Messer hacken, bis sie bröselig und gut gemischt sind. Nun von außen nach innen schnell einen glatten Mürbeteig kneten, zu einer Kugel formen und etwa 30 Minuten im Kühlschrank ruhen lassen.

Indessen eine Springform (Durchmesser 26 cm) einfetten und mit Semmelbröseln ausstreuen.
Den Teig dann in der Form ausrollen und dabei einen etwa 3 cm hohen Rand formen. Im auf 200 Grad (Gas Stufe 3) vorgeheizten Ofen auf der mittleren Schiene etwa 10 Minuten vorbacken. In der Zwischenzeit die Cranberries in kaltem Wasser waschen, gut abtropfen lassen oder besser in einem Tuch abtrocknen. Eiweiß mit Salz schnittfest schlagen und dabei nach und nach den Zucker einrieseln lassen. Ganz zum Schluß den Zitronensaft zufügen. Die Mandeln mit Speisestärke und gemahlenem Zimt mischen und mit den Beeren locker unter den Eischnee heben. Auf dem vorgebackenen Boden glattstreichen, mit Puderzucker bestäuben. Sofort auf der unteren oder mittleren Schiene noch etwa 30 Minuten backen.

Hinweis Die Cranberries – eine amerikanische Zuchtform der Preiselbeeren – werden während der Wintermonate bei uns in fast allen Supermärkten angeboten. Ihr frisches, leicht säuerlich-herbes Aroma harmoniert vorzüglich mit der Baiser-Mandelmasse und dem knusprigen Mürbeteig. Wollen Sie diese Torte im Sommer backen, können Sie Johannisbeeren (oder auch Heidel- und Preiselbeeren) verwenden. Die Zuckermenge richtet sich dann stets nach Reife und Süße der Früchte.

Variationen

Beeren-Mandel-Torte: Ersetzen Sie lediglich 50 bis 100 g des Mehls durch fein geriebene Mandeln und arbeiten Sie weiter, wie oben angegeben.

Beeren-Haselnuß-Torte: Der Teig ist derselbe wie im ersten Rezept. Schlagen Sie für die Füllung 3 Eigelb mit ca. 100 g Zucker und dem Saft einer halben Zitrone sehr schaumig und 3 Eiweiß mit ca. 50 g Zucker und 1 Päckchen Vanillinzucker schnittfest. Heben Sie diese Eiweißmasse zusammen mit 150 g gemahlenen Haselnüssen und 500 g vorbereiteten Beeren unter die Eigelbcreme und backen Sie, wie im Rezept beschrieben.

Rührteig

*Saftig muß er sein,
locker und schön porig,
der Deutschen
liebster Sonntagskuchen*

Marzipan-Gugelhupf mit Marsala

300 g weiche Butter
200 g Marzipan-Rohmasse
2–3 Glas (je 2 cl) Marsala (italienischer Dessertwein)
125 g Zucker
1 Päckchen Vanillinzucker
5 Eigelb
1 Fläschchen Bittermandelöl
150 g Mehl, 50 g Speisestärke
1 TL Backpulver
100 g fein gehackte Mandeln
5 Eiweiß, 1 Prise Salz
Butter zum Einfetten
Semmelbrösel zum Ausstreuen

Außerdem
1 Eiweiß, 300 g Puderzucker
1 Glas (2 cl) Marsala

Die Butter schaumig rühren und dabei nach und nach das zerbröselte Marzipan zufügen. Ein paar Tropfen Marsala zugießen, damit die Masse geschmeidiger wird. Weiterrühren, bis diese Buttermischung schaumig ist und dabei nach und nach den Zucker und Vanillinzucker wechselweise mit den Eigelb zugeben. So lange rühren, bis der Zucker gelöst und der Teig schaumig ist. Mit dem Bittermandelöl aromatisieren. Mehl mit Speisestärke und Backpulver sieben und zusammen mit den gehackten Mandeln und dem restlichen Marsala unter den Teig rühren. Eiweiß mit Salz zu schnittfestem Schnee schlagen und zum Schluß locker unterheben.
Eine Gugelhupfform einfetten und mit Semmelbröseln ausstreuen. Den Teig darin glattstreichen und im auf 180–200 Grad (Gas Stufe 2–3) vorgeheizten Ofen 60–70 Minuten backen. Kurze Zeit in der Form ausdampfen lassen, dann auf einen Kuchendraht stürzen und erkalten lassen.
Eiweiß mit Puderzucker und Marsala in eine Schüssel geben und mit dem Handrührgerät zum Guß verschlagen. Den Kuchen damit überziehen und den Guß trocknen lassen.

Hinweis Fein zerbröselte Zwiebäcke (statt der Semmelbrösel) eignen sich ausgezeichnet zum Ausstreuen der Kuchenform.

Saure-Sahne-Gugelhupf mit Schokolade

100 g Kuvertüre oder bittere Schokolade
Butter zum Einfetten
Semmelbrösel zum Ausstreuen
200 g weiche Butter
200 g Zucker
abgeriebene Schale von 1 Zitrone
1 Prise Salz
5 Eier
1 TL Instant-Kaffeepulver
200 g Mehl
1 TL Backpulver
1/16 l saure Sahne
1 EL Crème fraîche
2 EL Rum
2 EL Kakao
40 g blättrige Mandeln
Puderzucker zum Bestäuben

Die Kuvertüre oder Schokolade sehr fein hacken oder grob raffeln. Eine große Gugelhupfform (Durchmesser ca. 20 cm) mit Butter einfetten und mit Semmelbröseln ausstreuen.
Die Butter in einer Schüssel cremig rühren, dann nach und nach den Zucker, die Zitronenschale, Salz und die Eier zugeben. Rühren, bis der Zucker gelöst und die Masse sehr schaumig ist. Instant-Kaffeepulver hineinmischen. Das Mehl mit dem Backpulver darübersieben, saure Sahne und Crème fraîche zugeben und alles unterrühren. Den Teig anschließend in zwei Hälften teilen, eine Hälfte mit dem Rum, Kakao und der Kuvertüre oder Schokolade mischen und die andere Hälfte mit den Mandeln vermengen.
Die Hälfte des hellen Teiges in die Form geben, den ganzen Schokoladenteig darauf verteilen und mit dem restlichen hellen Teig bedecken. Nun mit einer Gabel spiralförmig durch alle drei Teigschichten ziehen, damit ein hübsches Marmormuster entsteht. Den Kuchen auf der unteren Schiene des auf 180–200 Grad (Gas Stufe 2–3) vorgeheizten Ofens 50–60 Minuten backen. Nur kurz in der Form ausdampfen lassen, dann auf einen Kuchendraht stürzen und nach dem Erkalten mit Puderzucker bestäuben.
Mit Kakao und Vanillinzucker geschlagene Sahne schmeckt gut dazu.

Gewürz-Gugelhupf mit Früchten

200 g weiche Butter, 200 g Zucker
1 Prise Salz, 3 Eier
1 Prise geriebene Muskatnuß
je 1 Msp gemahlener Kardamom und Zimt
Saft und abgeriebene Schale von 1 Zitrone, 1/8 l Sahne
100 g Rosinen
100 g Korinthen
50 g Zitronat
500 g Mehl
1 Päckchen Backpulver
1 Glas (2 cl) Cognac oder Weinbrand
Butter zum Einfetten
Semmelbrösel zum Ausstreuen
Puderzucker zum Bestäuben

Die Butter in einer Schüssel cremig rühren, dann nach und nach Zucker, Salz, Eier und die Gewürze zufügen. Zitronensaft und -schale ebenfalls unterrühren. Sobald sich alle Zutaten miteinander verbunden haben und der Zucker anfängt, sich zu lösen, nach und nach unter ständigem Rühren die Sahne hineingießen und so lange weiterrühren, bis der Zucker völlig aufgelöst und der Teig sehr cremig ist. Die Rosinen und Korinthen in einem Sieb unter heißem Wasser waschen und in einem Tuch trockenreiben. Das Zitronat sehr fein würfeln und mit den Früchten mischen, das Mehl mit dem Backpulver sieben.
Die Früchte zusammen mit dem Mehl und dem Cognac oder Weinbrand unter den Teig rühren. Eine große Gugelhupfform einfetten und mit den Bröseln ausstreuen. Den Teig einfüllen, glattstreichen und auf der unteren Schiene des auf 180–200 Grad (Gas Stufe 2–3) vorgeheizten Ofens 50–60 Minuten backen. Nach kurzem Ausdampfen auf einen Kuchendraht stürzen, kalt mit Puderzucker bestäuben.

Tip

Statt mit Puderzucker können Sie diesen Gugelhupf sehr gut mit aufgelöster Schokolade oder Kuvertüre überziehen. Und auch ein Puderzucker-Cognac-Guß paßt prima dazu.

Versunkene Apfeltorte

150 g Butter oder Margarine
150 g Zucker
1 Päckchen Vanillinzucker
1 Prise Salz
2–3 Tropfen Bittermandelöl
2 Eier
200 g Mehl
1 gehäufter TL Backpulver
125 g gemahlene Mandeln
Butter oder Margarine zum Einfetten
Semmelbrösel zum Ausstreuen
etwa 1 000 g säuerliche Äpfel (je nach Größe der einzelnen Früchte)
Saft von 1 Zitrone
60 g Korinthen
1 Beutelchen gestiftelte Mandeln (40 g)
Puderzucker zum Bestäuben

Die Butter oder Margarine in einer Schüssel mit einem Holzlöffel oder dem Handrührgerät cremig rühren, bis sie zu »knirschen« beginnt.
Nach und nach den Zucker zusammen mit Vanillinzucker, Salz und Bittermandelöl im Wechsel mit den Eiern zufügen. Den Teig rühren, bis er sehr schaumig und der Zucker aufgelöst ist. Mehl mit Backpulver mischen und auf den Teig sieben, die gemahlenen Mandeln zufügen und alles schnell unterrühren.
Eine Springform (28 cm Durchmesser) sorgfältig mit Butter oder Margarine einfetten und mit Semmelbröseln ausstreuen. Den Teig einfüllen und die Oberfläche glattstreichen.
Die Äpfel schälen, der Länge nach halbieren und entkernen. Die Oberseiten ein paarmal tief ein-, aber nicht durchneiden und mit Zitronensaft bestreichen. Die Äpfel nun mit der glatten Schnittseite nach unten dicht nebeneinander auf den Teig legen.
Die Korinthen in heißem Wasser kurz, aber gründlich waschen und in einem Tuch trockenreiben. Zusammen mit den Mandelstiften über die Äpfel verteilen. Den Kuchen auf die untere Schiene des auf 180 Grad (Gas Stufe 2) vorgeheizten Ofens schieben und in 75–80 Minuten goldbraun backen. Herausnehmen, auf einen Kuchendraht gleiten lassen und noch heiß nicht zu dünn mit Puderzucker übersieben.

Hinweis Reichen Sie doch einmal leicht gesüßte Schlagsahne oder auch eiskalte Crème fraîche dazu, mit Vanillemark oder -zucker aromatisiert.

Variationen

Verwenden Sie statt der gemahlenen Mandeln doch mal gemahlene Hasel- oder Walnüsse und statt der Mandelstifte blättrige Haselnüsse oder grob gehackte Walnüsse. Und auch mit Birnen anstelle der Äpfel schmeckt diese Torte ganz vorzüglich.

Tip

Die Versunkene Apfeltorte eignet sich ausgezeichnet, um auf Vorrat hergestellt zu werden. Backen Sie wie gewohnt, doch verwenden Sie möglichst leichte Aluformen. Lassen Sie die Torte darin sehr gründlich auskühlen und frieren Sie sie, in Folie gewickelt, ein. Vor dem Servieren muß sie nur auftauen und kann noch einmal sehr kurz aufgebacken werden.

Linzer Torte

250 g Butter
150 g Zucker
1 Päckchen Vanillinzucker
1 Prise Salz
2 Eigelb
150 g gemahlene Mandeln
abgeriebene Schale von ½ Zitrone
250 g Mehl
Butter oder Margarine zum Einfetten
Mehl zum Ausrollen und Bestäuben
1 Glas Himbeer- oder Johannisbeermarmelade (450 g)
1 Eigelb zum Bestreichen

Die Butter in einer Schüssel sahnig rühren, bis sie zu »knirschen« beginnt. Dann nach und nach den Zukker mit Vanillinzucker, die Prise Salz und die Eigelb einrühren. Weiterrühren, bis die Masse sehr schaumig ist und sich der Zucker gelöst hat. Die Mandeln zusammen mit der abgeriebenen Zitronenschale untermischen und das Mehl auf den Teig sieben. Nun schnell darunterarbeiten, erst rühren, dann kneten und den Teig in zwei Hälften teilen. Eine Springform mit Pergamentpapier auslegen, mit Butter oder Margarine einfetten und mit Mehl bestäuben. Die Hälfte des Teiges darauf verteilen und glattdrücken oder ausrollen.
Den übrigen Teig auf die mit Mehl bestäubte Arbeitsfläche geben und knapp ⅓ davon zu einer Rolle formen, um die Teigplatte legen und als Rand andrücken.
Die Marmelade glattrühren und auf dem Tortenboden verstreichen. Den restlichen Teig zur Platte ausrollen, in Streifen schneiden und diese gitterartig auf die Marmelade legen. Dabei die Ränder leicht andrücken. Alle Teigteile mit verquirltem Eigelb bestreichen und die Torte auf der unteren Schiene des auf 180 Grad (Gas Stufe 2) vorgeheizten Ofens 60–65 Minuten backen.
Auf einen Kuchendraht gleiten und auskühlen lassen.

Variation

Die Wiener Patisserie kennt eine zweite Linzer Torte: 175 g sehr fein zerdrückte Biskuitbrösel werden mit jeweils 175 g Butter, Puderzucker und gemahlenen Mandeln sowie 80–100 g Mehl gemischt und auf die Arbeitsfläche gegeben. In die Mitte eine Mulde drücken, 2 Eier zusammen mit abgeriebener Schale von 1 Zitrone, je 1 Prise Salz, gemahlenem Zimt und gemahlener Nelke hineingeben und alles mit etwa ½ TL Backpulver verarbeiten. Ebenfalls ausrollen, mit Marmelade füllen und mit dem Teiggitter belegen. Mit verquirltem Ei bestreichen und zum Schluß mit Mandelstiften bestreuen.

Tip

Will man Linzer Schnitten backen, rollt man einen Teil des Teiges auf dem Blech aus und arbeitet dann weiter wie beim obigen Rezept. Es sollte jedoch darauf geachtet werden, daß der Teig nicht zu weich ist. Man kann ihn dazu vor dem Ausrollen im Kühlschrank fest werden lassen oder auch notfalls ein wenig Mehl zusätzlich darunterkneten.

Obst-Beignets

50 g weiche Butter
1 Päckchen Vanillinzucker
1 Eigelb, 1 Becher Sahne (150 g)
250 g Mehl, ⅛ l Milch
2 Eiweiß, 1 Prise Salz
500 g vorbereitete Früchte (z. B. Apfel- oder Ananasringe, Birnen- oder Pfirsichschnitze, entstielte Erdbeeren o. ä.)
Pflanzenfett oder Öl zum Fritieren
Zucker und Zimt zum Wenden

Butter mit Vanillinzucker, Eigelb und Sahne schaumig rühren, gesiebtes Mehl und Milch unterrühren und den Teig etwa 15 Minuten ruhen lassen. Eiweiß mit Salz zu schnittfestem Schnee schlagen und das Fritierfett auf 175–180 Grad erhitzen. Den Eischnee locker unter den Teig ziehen und die vorbereiteten Früchte portionsweise darin wenden. Sofort in das heiße Fett geben und schwimmend goldbraun backen. Das dauert je nach Friteuse und Fruchtart 5–8 Minuten. Die Portionen jeweils auf einer dicken Lage Haushaltspapier abfetten lassen und in Zimt-Zucker wenden.

Amerikaner

100 g Butter
100 g Zucker
1 Prise Salz
1 Päckchen Vanillinzucker
2 Eier
1 Glas (2 cl) Rum
350 g Mehl
1 Päckchen Backpulver
4 EL Milch
Butter oder Margarine zum Einfetten
150 g Puderzucker
2 EL Zitronensaft oder Rum

Die Butter schaumig rühren und dabei nach und nach Zucker, Salz, Vanillinzucker, Eier und den Rum zufügen (oder alles zusammen mit dem Elektrorührer verarbeiten). Das Mehl mit Backpulver mischen, sieben und abwechselnd mit der Milch unter den Teig rühren; er muß recht fest bleiben. Ein Backblech einfetten und mit zwei Eßlöffeln oder einem Spritzbeutel (ohne Tülle) im großen Abstand 16–20 Teigtupfer daraufsetzen. Sofort auf die mittlere Schiene des auf 180–200 Grad (Gas Stufe 2–3) vorgeheizten Ofens schieben und in 10–15 Minuten hellbraun backen.
Auf einem Kuchendraht abkühlen lassen. Den gesiebten Puderzucker mit Zitronensaft oder Rum zum Guß verrühren. Die Unterseiten der Amerikaner damit bestreichen und trocknen lassen.

Hinweis Wer Fettgebackenes liebt, kann das »Amerikaner«-Rezept entsprechend verändern: Die Mehlmenge auf 500 g erhöhen, wobei gut die Hälfte wie oben eingerührt, der Rest aber untergeknetet wird, außerdem das Backpulver auf höchstens 1 TL reduzieren und auf die Milch völlig verzichten. Den Teig nach dem Kneten etwa 30 Minuten ruhen lassen, dann auf bemehlter Fläche 3–4 mm dick ausrollen und in 10 mal 3 cm große Streifen schneiden. In der Mitte einen etwa 7 cm langen Schnitt anbringen und ein Ende hindurchziehen. Im auf 175–180 Grad erhitzten Pflanzenfett oder Öl in ca. 5 Minuten rundherum goldbraun fritieren. Auf Haushaltspapier abfetten lassen und dick mit Puderzucker bestäuben.

Rehrücken

100 g Zartbitter-Schokolade
150 g Butter, 150 g Zucker
1 Prise Salz, 6 Eigelb, 6 Eiweiß
100 g gemahlene Mandeln
70 g Biskuitbrösel, 30 g Mehl
Butter oder Margarine zum Einfetten
Semmelbrösel zum Ausstreuen
50 g Marzipan-Rohmasse
30 g Puderzucker, 1 EL Cognac
50 g gestiftelte Mandeln
125 g Kuvertüre

Die Schokolade zerbröckeln und im warmen, nicht heißen Wasserbad schmelzen, dann auf Handwärme abkühlen lassen.
Butter mit Zucker, Salz und Eigelb sehr schaumig rühren, nach und nach die Schokolade zufügen.
Eiweiß zu schnittfestem Schnee schlagen und auf die Teigmasse geben. Mandeln, Brösel und Mehl gemischt locker unterrühren.
Eine Rehrückenform (mit »Rückgrat-Rille« in der Wölbung) einfetten und mit Bröseln ausstreuen. Den Teig darin glattstreichen und 55–60 Minuten im auf 200 Grad (Gas Stufe 3) vorgeheizten Ofen auf der unteren Schiene backen.
Dann auf einen Kuchendraht stürzen. Marzipan-Rohmasse mit Puderzucker und Cognac verkneten, zu einer langen Rolle formen und in die Rille legen. Leicht andrücken und den Rehrücken mit den Mandelstiften spicken. Die Kuvertüre im warmen Wasserbad schmelzen und den Rehrücken damit überziehen.

Hohlhippen

125 g Butter, 125 g Zucker
1 Prise Salz
Schale von ½ Zitrone, 2 Eier
250 g Mehl, ca. ⅛ l Milch
Butter oder Margarine zum Einfetten

Butter mit Zucker, Salz, abgeriebener Zitronenschale und den Eiern schaumig rühren. Nach und nach abwechselnd Mehl und Milch zufügen. Der Teig darf nicht zu fest werden, er soll einem Eierkuchenteig ähneln. Zugedeckt etwa 30 Minuten ruhen lassen, damit das Mehl quellen kann. Ein Backblech mit Pergamentpapier belegen und mit Hilfe einer Schablone oder eines Glases 5–6 Kreise (im Durchmesser von 5 cm) nicht zu dicht nebeneinander – der Teig läuft beim Backen – aufzeichnen und den Teig portionsweise darauf verstreichen.
Im auf 200 Grad (Gas Stufe 3) vorgeheizten Ofen auf der Mittelschiene 4–6 Minuten backen.
Die Plätzchen sofort vom Blech lösen und – noch heiß! – über einem dünnen Rundholz oder einem dicken Holzlöffelstiel rund formen. Sobald sich der Teig der neuen Form angepaßt hat, die Rollen herunterschieben und, senkrecht in Gläser gestellt, ganz auskühlen lassen.

Tip

Beim Formen der Hohlhippen dürfen immer nur kleine Teigmengen verarbeitet werden, denn die Plätzchen lassen sich nur rollen, solange sie noch heiß und weich sind.

Stachelbeerkuchen mit Makronenhaube

150 g Butter oder Margarine
150 g Zucker
1 Prise Salz
abgeriebene Schale von ½ Zitrone
½ TL gemahlener Zimt
3 Eier
250 g Mehl
30 g Speisestärke
1 TL Backpulver
Butter zum Einfetten
50 g Semmelbrösel
30 g gemahlene Haselnüsse oder Mandeln

Für den Belag
750 g frische oder 1 000 g konservierte Stachelbeeren
6 Eiweiß
2 Prisen Salz
300 g Zucker
2 Päckchen Vanillinzucker
1 TL Zitronensaft
2 kräftige Prisen gemahlener Zimt
500 g gemahlene Haselnüsse oder Mandeln

Für den Teig die Butter oder Margarine zimmerwarm werden lassen und in einer Schüssel weißschaumig rühren. Dabei nach und nach den Zucker mit Salz, Zitronenschale und Zimt sowie den Eiern zufügen. Rühren, bis der Teig sehr schaumig und der Zucker vollkommen aufgelöst ist.
Mehl mit Speisestärke und Backpulver mischen und über den Teig sieben. Schnell, aber gründlich untermischen und den Teig auf einem mit Butter eingefetteten Blech gleichmäßig verstreichen. Dabei an den offenen Rand des Bleches eine extra-dicke Alufolie hochknicken, damit der Teig beim Backen nicht herunterlaufen kann.
Die Semmelbrösel mit den gemahlenen Haselnüssen oder Mandeln mischen und auf dem Teig verstreuen.
Die Stachelbeeren in kaltem Wasser waschen und gut abtropfen lassen. Stiel- und Blütenansätze mit einer Schere abschneiden und die Beeren in einem Tuch trockentupfen. Anschließend nach Wunsch mehrfach mit einer Gabel oder einer dicken Nadel einstechen, damit die Früchte beim Backen nicht zu sehr aufplatzen. Danach gleichmäßig auf der Bröselmischung verteilen.
Im auf 200 Grad (Gas Stufe 3) vorgeheizten Ofen etwa 20 Minuten auf der mittleren Schiene backen.
In der Zwischenzeit die Eiweiß mit Salz in eine völlig fettfreie Schüssel geben und steif schlagen. Dabei nach und nach reichlich ⅔ des Zuckers und den Vanillinzucker einstreuen. Weiterschlagen, bis diese Masse schnittfest und zäh ist. Den Zitronensaft zufügen und alles noch einmal kräftig durchschlagen. Danach den restlichen Zucker zusammen mit dem Zimt und den gemahlenen Haselnüssen oder Mandeln locker unter die Baisermasse ziehen.
Den vorgebackenen Kuchen aus dem Ofen nehmen und die Nußbaisermasse gleichmäßig darauf verstreichen. Wieder in den heißen Ofen schieben, wobei die Temperatur auf 220 Grad (Gas Stufe 4) hochgeschaltet werden kann, und weitere 10–15 Minuten backen.
Den Kuchen danach auf dem Blech auskühlen und dabei den Guß nachtrocknen lassen.
Anschließend ablösen und in Rechtecke oder Quadrate (bzw. Rhomben) aufschneiden.
Der Stachelbeerkuchen mit Nußbaiserhaube sollte möglichst frisch serviert werden, denn bei längerem Stehen weichen die Früchte leicht durch und auch die Baiserhaube »zieht leicht Feuchtigkeit«, das heißt, sie wird etwas zäh.

Tip

Wenn Rührteig mit einem Obstbelag auf dem Blech gebacken wird, kann es passieren, daß er leicht am Blech kleben bleibt. Um dieses zu verhindern, kann man das Blech mit gefettetem Pergament oder Alufolie auslegen, was das spätere Ablösen erleichtert. Jedoch hilft auch sehr oft eine Lage Obstkuchenoblaten (Fertigprodukt), die genau nach Packungsaufschrift zwischen Teig und Früchten eingelegt werden. Sie verhindern das Durchweichen, ohne jedoch das reine Fruchtaroma zu verändern.

Variationen

Stachelbeerkuchen mit Nuß-Sahneguß: Schlagen Sie statt der Eischneemasse ¼ l Sahne steif und süßen Sie sie mit etwa 100 g Zucker und 1–2 Päckchen Vanillinzucker. Heben Sie zum Schluß 1 Eigelb und 100 g gemahlene Mandeln, vermischt mit 30 g Speisestärke, darunter. Schlagen Sie das Eiweiß schnittfest, ziehen Sie es sehr locker unter die Masse und streichen Sie sie – wie oben angegeben – auf die Beeren. Backen Sie diese Mischung etwa 5 Minuten kürzer bzw. legen Sie ein Blatt Pergamentpapier darüber, wenn sie zu schnell bräunen sollte. In jedem Fall ist es bei diesem Rezept anzuraten, alle Blechränder mit hochgefalzter Alufolie zu verstärken, damit der sehr leichte Guß nicht herunterlaufen kann.

Stachelbeerkuchen mit Kokosbaiser: Mischen Sie statt der gemahlenen Haselnüsse oder Mandeln Kokosraspeln unter die Baisermasse und ersetzen Sie den Vanillinzucker in diesem Fall durch ein paar Tropfen Bittermandelöl oder etwas gemahlenen Zimt.

Stachelbeertorte mit Nußbaiser: Halbieren Sie die Mengen von Teig, Belag und Baisermasse und geben Sie alles – wie oben – in eine gefettete, mit Bröseln oder sehr fein gehackten Nüssen oder Mandeln ausgestreute Springform.

Anstelle von Stachelbeeren können Sie nach den hier angegebenen Rezepten natürlich auch andere säurereiche Früchte »unter die Makronenhaube bringen«. Je nach Jahreszeit bieten sich dazu Rhabarberstückchen, Sauerkirschen, Johannisbeeren, Cranberries wie auch nicht zu süße, in Scheiben oder Schnitze geteilte Äpfel und Birnen (beide geschält und entkernt) ganz besonders an.

Hinweis Besonders würzig wird die Baisermasse, wenn Sie einen Teil der Nüsse oder Mandeln durch sehr fein gehacktes Zitronat oder Orangeat ersetzen oder auch ein paar sehr fein gewürfelte, in Rum oder Cognac getränkte Rosinen darunterheben.

Mandarinen-Quark-Torte

125 g Butter
125 g Zucker, 2 Eier
1 Prise Salz
abgeriebene Schale von ½ Zitrone
125 g Mehl, 1 TL Backpulver
Butter oder Margarine zum Einfetten
Semmelbrösel zum Ausstreuen

Für die Füllung
8 Blatt weiße Gelatine
3 Eigelb
150 g Zucker
2 Päckchen Vanillinzucker
Saft von ½ Zitrone
500 g Quark
1 Dose Mandarinen (380 ml)
¼ l Sahne
3 Eiweiß
Puderzucker zum Bestäuben

Für den Teig die Butter in einer Schüssel cremig rühren. Nach und nach Zucker, Eier, Salz und abgeriebene Zitronenschale zufügen und rühren, bis die Masse sehr schaumig und der Zucker gelöst ist.
Mehl mit Backpulver darübersieben und gründlich unterrühren. Eine Springform (Durchmesser 26 cm) mit Butter und Margarine einfetten und mit Semmelbröseln ausstreuen. Den Teig einfüllen, glattstreichen und auf der mittleren Schiene des auf 180–200 Grad (Gas Stufe 2–3) vorgeheizten Ofens etwa 35 Minuten backen. Auf einen Kuchendraht stürzen und auskühlen lassen.
Danach die dünne Torte vorsichtig einmal waagerecht durchschneiden und eine Platte in 12 oder 16 Tortenstücke aufteilen.
Die ganze Platte auf einen Tortenteller geben, den Springformrand wieder drumherum schließen und einen Streifen Pergamentpapier an den Rand legen.
Für die Füllung die Gelatine in kaltem Wasser einweichen.
Eigelb mit Zucker, Vanillinzucker und Zitronensaft mischen, den Quark zugeben und alles verrühren. Die Mandarinen auf einem Sieb abtropfen lassen und den Saft auffangen. Den Saft nach und nach in die Quarkmasse gießen und rühren, bis der Zucker geschmolzen und die Masse schön cremig ist. Die Gelatine ausdrücken und nach Packungsaufschrift auflösen. Unter weiterem Rühren abkühlen lassen – sie muß dieselbe Temperatur wie die Quarkmasse haben – und darunterrühren. In den Kühlschrank stellen. Sahne und Eiweiß getrennt schnittfest schlagen und erst, wenn die Quarkcreme zu gelieren beginnt, locker darunterziehen.
Die Mandarinen nach Wunsch einmal halbieren und ebenfalls unter die Füllung mischen. In den Springformrand füllen, glattstreichen und die Tortenstücke der Reihe nach darauflegen. Bis zum Servieren in mindestens 3 Stunden im Kühlschrank schnittfest werden lassen.
Danach mit Puderzucker bestäuben, den Springformrand und das Papier abnehmen.

Hinweis Das In-Stücke-Schneiden der oberen Teigplatte empfiehlt sich bei allen mit Sahne oder Creme gefüllten Torten, denn man kann sie ohne großen Druck in Stücke teilen. Dadurch kann die Füllung niemals herausquellen.

Früchtebrot

125 g Sultaninen
125 g Korinthen
125 g getrocknete Feigen
60 g Zitronat
60 g Orangeat
2 Glas (je 2 cl) Rum
3 Eier
125 g Zucker
abgeriebene Schale von ½ Zitrone
je 1 Prise gemahlener Zimt und Nelken
100 g gehackte Mandeln
100 g gehackte Haselnüsse
125 g Mehl
½ Päckchen Backpulver
Butter oder Margarine zum Einfetten

Sultaninen und Korinthen unter heißem Wasser waschen und in einem Tuch trockenreiben. Feigen, Zitronat und Orangeat sehr fein würfeln und mit den gewaschenen Früchten mischen. Mit dem Rum begießen und zugedeckt quellen lassen.
Die Eier schaumig schlagen, nach und nach Zucker, Zitronenschale, die Gewürze sowie die Mandeln und Nüsse zufügen. Das Mehl mit Backpulver mischen, sieben und zusammen mit den in Rum gequollenen Früchten unterrühren.
Eine Kastenform (Länge 30 cm) mit Pergamentpapier auslegen und einfetten. Den Teig darin glattstreichen und auf der unteren Schiene im auf 180 Grad (Gas Stufe 2) vorgeheizten Ofen etwa 50 Minuten backen. Aus der Form stürzen, das Papier abziehen und den Kuchen abkühlen lassen.

Rundes Mandelbrot

350 g Sultaninen, 100 g Zitronat
2 Glas (je 2 cl) Cognac oder Weinbrand
250 g Butter
250 g Farinzucker, 6 Eier
350 g Mehl, 1 TL Backpulver
1 Prise Salz
70 g gemahlene Mandeln
Butter oder Margarine zum Einfetten
100 g abgezogene Mandeln
3 EL Zucker, 2 EL Wasser

Die Sultaninen unter heißem Wasser waschen und in einem Tuch trockenreiben. Das Zitronat fein würfeln und zusammen mit dem Cognac unter die Sultaninen mischen.
Die Butter schaumig rühren und dabei nach und nach den Zucker und die Eier zufügen. Rühren, bis der Zucker gelöst und die Masse sehr schaumig ist. Mehl, Backpulver und Salz mischen, darübersieben und unterrühren. Die Mandeln zusammen mit den im Alkohol gequollenen Früchten untermischen. Eine Springform (Durchmesser 22 cm) einfetten, den Teig darin glattstreichen und mit den abgezogenen Mandeln verzieren. Etwa 80 Minuten auf der unteren Schiene des auf 180 Grad (Gas Stufe 2) vorgeheizten Ofens backen. Kurz vor Ende der Backzeit Zucker und Wasser in einem kleinen Topf kochen, bis die Flüssigkeit völlig geklärt ist. Das fertig gebackene Mandelbrot aus dem Ofen nehmen, vorsichtig aus der Form lösen und auf einem Kuchendraht mit dem Zuckerguß bestreichen.

Hinweis Wenn Früchte- und Mandelbrot nach dem völligen Auskühlen in Alufolie gewickelt werden, bleiben sie bis zu 4 Wochen frisch.

Sachertorte

100 g abgezogene Mandeln
200 g Zartbitter-Schokolade
180 g weiche Butter, 180 g Zucker
8 Eigelb, 220 g Mehl
8 Eiweiß, 1 Prise Salz
Butter zum Einfetten
Semmelbrösel zum Ausstreuen

Außerdem
200 g Aprikosenmarmelade
200 g Zartbitter-Schokolade
⅛ l Wasser, 120 g Zucker

Die Mandeln zweimal durch die Mandelmühle drehen. Die Schokolade zerbröckeln und im heißen, aber nicht kochenden Wasserbad unter Rühren schmelzen. Aus dem heißen Wasser nehmen und unter gelegentlichem Umrühren auf Handwärme abkühlen lassen.
Die Butter in einer Schüssel sehr schaumig rühren, nach und nach den Zucker einstreuen und die Eigelb zufügen. So lange rühren, bis der Zucker völlig gelöst und die Masse sehr schaumig ist.
Das Mehl mit den Mandeln mischen und unter den Teig rühren.
Eiweiß mit einer Prise Salz zu schnittfestem Schnee schlagen, locker unterziehen, aber nicht rühren.
Eine Springform (Durchmesser 26 cm) einfetten und mit Semmelbröseln ausstreuen. Den Teig einfüllen, glattstreichen und auf die untere Schiene des auf 180 Grad (Gas Stufe 2) vorgeheizten Ofens schieben. 80–90 Minuten backen, herausnehmen und den Springformrand abnehmen. Die Torte auf einen Kuchendraht stürzen und über Nacht auskühlen lassen.
Am nächsten Tag zweimal waagerecht durchschneiden. Die Marmelade in einem kleinen Topf unter Rühren erwärmen, bis sie glatt ist. Leicht abgekühlt knapp ⅓ auf dem unteren Boden verstreichen, den zweiten auflegen, ebenfalls mit knapp ⅓ der Marmelade bedecken und die dritte Teigplatte aufsetzen. Die restliche Marmelade auf Rand und Oberfläche verteilen und antrocknen lassen.
Indessen die Schokolade zerbröckeln und zusammen mit Wasser und Zucker unter Rühren schmelzen und anschließend 5–10 Minuten kochen lassen, bis die Glasur recht dickflüssig ist. Dabei muß in jedem Fall ständig gerührt werden, denn die Schokolade brennt leicht an.
Die Glasur unter weiterem Rühren abkühlen lassen, bis sie anfängt, fest zu werden und eine leichte Haut bildet. Die Sachertorte auf der Oberfläche und am Rand dick damit überziehen und die Glasur fest werden lassen.

Hinweis Steif geschlagene, nur sehr schwach gesüßte Sahne, Crème fraîche oder auch Vanilleeis schmekken hervorragend zu Sachertorte.

Tip

Wenn Sie ein stärkeres Mandelaroma wünschen, können Sie die Form statt mit Semmelbröseln mit gemahlenen Mandeln ausstreuen oder auch gemahlene Mandeln unter die Semmelbrösel mischen.

Frankfurter Kranz

4 Eier
ca. 250 g Butter, ca. 250 g Zucker
1 Fläschchen Bittermandelöl
ca. 250 g Mehl
Butter oder Margarine zum Einfetten
Semmelbrösel zum Ausstreuen

Für Füllung und Verzierung
3 Eiweiß, 150 g Zucker
1 EL Pektin-Fruchtsäure-Mischung (Gelfix), 250 g Butter
1 Würfel (25 g) Kokosfett
150 g Krokant
16 Beleg- oder Cocktailkirschen

Für den Teig zuerst die Eier (mit den Schalen) abwiegen und exakt dieselbe Menge an Butter, Zucker und Mehl abmessen.
Die Butter in einer Schüssel cremig rühren, dabei nach und nach den Zukker und die Eier hinzufügen. Weiterrühren, bis der Zucker gelöst und die Masse sehr schaumig ist. Mit dem Bittermandelöl aromatisieren, das Mehl darübersieben und untermischen.
Eine Savarin- oder Kranzkuchenform sorgfältig mit Butter oder Margarine einfetten und mit den Semmelbröseln ausstreuen. Den Teig darin glattstreichen und auf der unteren Schiene des auf 170–180 Grad (Gas Stufe 2) vorgeheizten Ofens 60–70 Minuten backen. Auf einen Kuchendraht stürzen und auskühlen lassen.
Für die Füllung die Eiweiß in eine Schüssel geben, etwas Zucker mit der Fruchtsäure-Pektin-Mischung vermengen und zufügen. Nun schlagen, bis die Masse schnittfest wird. Dann nach und nach ⅔ des Zuckers einstreuen. Kräftig durchschlagen, den restlichen Zucker locker unterheben. Die Butter zusammen mit dem weichen, zimmerwarmen Kokosfett sehr schaumig rühren, dann nach und nach den Eischnee darunterziehen.
Den Kranzkuchen zweimal waagerecht durchschneiden, zwischen die Lagen je ⅓ der Creme streichen und wieder zusammensetzen. Von dem letzten ⅓ der Creme etwas abnehmen und in einen Spritzbeutel mit Sterntülle geben. Die restliche Creme auf der Oberfläche und den Rändern verteilen und schön glattstreichen. Rundherum dick mit Krokant bestreuen und auf der Oberfläche 16 Stücke markieren. Jedes Stück mit einem Buttercremetupfer verzieren und jeweils eine Kirsche daraufsetzen. Bis zum Servieren kühl stellen.

Tip

Selbstverständlich können Sie den Frankfurter Kranz auch – wie im klassischen Vorbild – mit echter Buttercreme (aus gleichen Teilen Butter und Zucker) oder mit einer Buttercreme, die zur Hälfte aus Vanilleflammeri und zur anderen Hälfte aus gesüßter, schaumiger Butter besteht, füllen. Jedoch ist das hier angegebene Rezept kalorienmäßig etwas entschärft. Außerdem hat es den Vorteil, daß diese Creme sehr locker und voluminös ist und zudem länger frisch bleibt.

Hinweis Zusätzlich können Sie die Buttercreme mit ein paar Tropfen Rum oder Cognac abschmecken, dann wird sie noch würziger.

Baumkuchen

250 g Butter, 200 g Zucker
2 Päckchen Vanillinzucker, 5 Eier
100 g Speisestärke, 150 g Mehl
75 g fein gemahlene, abgezogene Mandeln, 2 EL Rum
Butter oder Margarine zum Einfetten

Für Füllung und Verzierung
150 g Marzipan-Rohmasse
75 g Puderzucker, 2 EL Rum
200 g Kuvertüre
2 EL gehackte Pistazien

Die Butter sehr cremig rühren. Den Zucker mit Vanillinzucker und Eiern nach und nach zufügen und diese Masse mit dem elektrischen Rührgerät etwa zwei Minuten auf höchster Stufe schlagen. Speisestärke mit Mehl sieben und mit den Mandeln unterziehen. Zuletzt den Rum zugeben.
Eine Springform (Durchmesser 26 cm) gut fetten und 3 EL Teig darin ausstreichen. Im auf 180 Grad (Gas Stufe 2) vorgeheizten Ofen auf der mittleren Schiene in etwa 7 Minuten goldbraun backen. Herausnehmen und eine neue, dünne Teigschicht daraufstreichen und wieder backen. Diesen Vorgang wiederholt man, bis der Teig zur Hälfte aufgebraucht ist. In jedem Fall muß der Teig so dünn aufgestrichen werden, daß aus der halben Teigmenge 7–9 Schichten gebacken werden können. Wenn alle Schichten gebacken sind, den Rand mit einem Messer lösen und den Kuchen aus der Form nehmen. Mit einem Glas von etwa 5 cm Durchmesser aus dem noch warmen Kuchen in der Mitte einen Kamin ausstechen.
Die Form reinigen und sehr gut abtrocknen. Dann erneut einfetten und den restlichen Teig auf dieselbe Weise verarbeiten. Auch bei diesem Kuchen einen Kamin ausstechen.
Für die Füllung die Marzipan-Rohmasse mit dem Puderzucker in eine Schüssel geben und mit dem Rum zu einer glatten Masse verkneten. Auf der leicht mit Puderzucker bestäubten Arbeitsfläche glatt ausrollen, zu einem Streifen formen und diesen glatt auf den ersten Kuchen legen. Den zweiten Kuchen aufsetzen und ein wenig andrücken.
Die Kuvertüre im Wasserbad lösen und den Kuchen damit überziehen. Ein wenig antrocknen lassen und dann mit Pistazien bestreuen.

Tip

Den herausgestochenen Teil können Sie in kleine Dreiecke schneiden, ebenfalls mit Kuvertüre überziehen und nach dem Festwerden als Kleingebäck servieren.

Hinweis Dieser Kuchen eignet sich auch hervorragend, um in Kleinbackformen abgebacken zu werden, denn in diesem Fall können Sie zwei Formen gleichzeitig in den Ofen schieben. Teilen Sie dann die Marzipanmischung entsprechend, so daß sie jeweils zwischen zwei »fertigen« Kuchen eine Marzipanschicht haben, die sie zusammenhält. Und wenn Sie's noch etwas üppiger mögen, überziehen Sie den fertigen Kuchen vor dem Glasieren mit Aprikosenmarmelade.

Aprikosen-Torteletts

80 g Butter oder Margarine
80 g Zucker
1 Prise Salz, 2 Eier
abgeriebene Schale von ½ Zitrone
250 g Mehl
½ Päckchen Backpulver
4 EL kalte Milch
Butter oder Margarine zum Einfetten
Semmelbrösel zum Ausstreuen
3 EL Aprikosenmarmelade
1 Dose Aprikosen (850 ml)
1 Päckchen klarer Tortenguß
3 EL Kokosraspeln

Für den Teig die Butter cremig rühren und dabei nach und nach den Zucker zusammen mit Salz und den Eiern zugeben. Die Zitronenschale untermischen und so lange rühren, bis der Zucker völlig gelöst und der Teig schaumig ist. Das Mehl, mit Backpulver gemischt, darübersieben und zusammen mit der Milch unterrühren. Kleine Tortelettsformen einfetten und mit Semmelbröseln ausstreuen. Den Teig etwa 1 cm hoch einfüllen und die Oberflächen mit einem angefeuchteten Messer glattstreichen. Die Tortelettformen auf einem großen Kuchengitter oder auf dem Backblech auf die mittlere Schiene des auf 180 Grad (Gas Stufe 2) vorgeheizten Ofens schieben und 15–20 Minuten backen. Die Torteletts sofort auf einen Kuchendraht stürzen, die Förmchen abnehmen und die Törtchen auskühlen lassen.
Die Aprikosenmarmelade in einem Töpfchen bei sanfter Hitze glattrühren und wieder etwas abkühlen lassen. Anschließend die Innenseiten der Torteletts damit bestreichen.
Die Aprikosen auf einem Sieb abtropfen lassen und dabei den Saft auffangen. Die Früchte nach Wunsch etwas zerkleinern und die Torteletts damit üppig belegen. Den Saft abmessen und den Tortenguß nach Packungsaufschrift damit zubereiten. Vorsichtig auf die Früchte verteilen und dabei darauf achten, daß kein Guß an den Rändern herunterläuft. Sobald diese Schicht anfängt, an der Oberfläche fest zu werden, die Kokosraspeln gleichmäßig darüberstreuen und den Guß völlig fest werden lassen.

Variationen

Noch feiner wird dieser Rührteig, wenn Sie ihn nur mit 200 g Mehl und 50 g gemahlenen Mandeln oder Haselnüssen zubereiten. In diesem Fall sollten Sie die Oberflächen auch mit Mandeln oder Nüssen verzieren. Anstelle der Aprikosen können Sie jedes beliebige Obst verwenden. Lassen Sie die Früchte aus der Dose immer gut abtropfen und verwenden Sie die Flüssigkeit für den Tortenguß. Bei frischem Obst können Sie den Guß aus einer Wein-Wasser-Zucker-Mischung und dem Pulver herstellen.

Tip

Wenn Sie die Tortelettförmchen einmal nicht sorgfältig eingefettet und ausgestreut haben, kann es passieren, daß die Torteletts »kleben«. Stürzen Sie sie dann auf einen Kuchendraht und befeuchten Sie die Böden der Förmchen außen mit kaltem Wasser, dann lösen sie sich leichter.

Biskuitteig

Seine Vielfalt reicht von duftig-lockeren Kekschen bis zu üppig gefüllten Torten

Biskuitteig

Biskuitrolle mit Kastaniencreme

5 Eigelb, 5 EL kaltes Wasser
125 g Zucker
1 Päckchen Vanillinzucker
5 Eiweiß, 1 Prise Salz
150 g Mehl, Butter zum Einfetten
Zucker zum Bestreuen

Für Füllung und Verzierung
6 Blatt weiße Gelatine
1 Dose geschälte Kastanien (ca. 220 g)
1 Dose Kastanienpüree (ca. 425 g)
2–3 Glas (je 2 cl) Cognac oder Weinbrand
⅜ l Sahne, 1 Prise Salz
100 g Zucker, 1 Vanilleschote
30 g Kakao, 50–100 g Kuvertüre
2 Päckchen blättrige Mandeln (je 40 g)

Die Eigelb mit dem Wasser in eine Schüssel geben und mit dem elektrischen Handrührgerät sehr schaumig schlagen. Nach und nach etwa ⅔ des Zuckers und den Vanillinzucker einstreuen und schlagen, bis dieser völlig gelöst und die Masse dickschaumig und weißlich ist.
Eiweiß mit Salz zu schnittfestem Schnee schlagen, dann langsam den restlichen Zucker einrieseln lassen. Auf die Eigelbcreme geben und das Mehl darübersieben. Alles locker unterheben, jedoch nicht rühren.
Ein Backblech mit Pergament- oder Backtrennpapier belegen, dieses am offenen Rand hochfalzen und dann mit Butter einfetten. Den Teig darauf glattstreichen und den Biskuit in 10–12 Minuten auf der mittleren Schiene des auf 200–220 Grad (Gas Stufe 3–4) vorgeheizten Ofens goldgelb backen lassen.
Ein Küchentuch mit Zucker bestreuen, die Biskuitplatte daraufstürzen. Das Papier mit kaltem Wasser bepinseln, abziehen und die Teigplatte zusammen mit dem Tuch aufrollen. Auskühlen lassen.
Die Gelatine in kaltem Wasser einweichen, die Kastanien abtropfen lassen und 12 zur Verzierung beiseite legen. Die übrigen Früchte im Mixer pürieren und das Kastanienpüree aus der Dose zusammen mit etwas Cognac oder Weinbrand und etwa ⅛ l Sahne zufügen. Salz, Zucker, das ausgeschabte Vanillemark und den Kakao unterrühren.
Die Gelatine ausdrücken und nach Vorschrift auflösen. Unter Rühren in die Kastaniencreme geben und diese im Kühlschrank gelieren lassen.
Die übrige Sahne steif schlagen, die Kuvertüre im Wasserbad schmelzen und die Kastanien damit überziehen. Die Glasur fest werden lassen.
Sobald die Kastaniencreme beginnt, steif zu werden, die Sahne unterheben und die Biskuitrolle wieder auseinanderrollen. Etwa ⅔ der Creme darauf verstreichen und die Rolle wieder aufwickeln. Mit der übrigen Creme bestreichen und die Kastanien in der Mitte auflegen. Die Mandeln in einer trockenen Pfanne unter vorsichtigem Wenden goldgelb rösten und, leicht abgekühlt, auf die Rolle streuen.

Hinweis Zum Überziehen der Kastanien benötigen Sie nur sehr wenig Kuvertüre. Lösen Sie trotzdem etwas mehr davon auf als nötig. Der Überzug wird dann gleichmäßiger. Sie können die wieder fest gewordenen Reste ja später noch verwenden.

Schoko-Biskuitrolle mit Mandarinen

5 Eigelb
6 EL kaltes Wasser
150 g Zucker
1 Päckchen Vanillinzucker
1 EL Instant-Kaffeepulver
6 Eiweiß
1 Prise Salz
70 g Mehl
40 g Speisestärke
50 g Kakao
1 Msp Backpulver nach Wunsch
Butter zum Einfetten
Zucker zum Bestreuen

Für Füllung und Verzierung
1 Dose Mandarin-Orangen (ca. 310 g)
Weißwein zum Auffüllen
9 Blatt weiße Gelatine
3 Eigelb
125 g Zucker
Saft von 1 Zitrone
3 Eiweiß, 1 Prise Salz
¼ l Sahne
1 Päckchen Sahnefestiger
1 Glas (2 cl) Mandarinen- oder Orangenlikör

Eigelb mit Wasser in eine Schüssel geben und mit dem elektrischen Handrührgerät verschlagen. Dabei nach und nach etwa ⅔ des Zuckers und das Kaffeepulver einrieseln lassen. Schlagen, bis beides gelöst und die Masse dickschaumig und weißlich ist.
Eiweiß mit Salz schnittfest schlagen, den restlichen Zucker einstreuen und auf die Eigelbcreme geben. Mehl mit Speisestärke, Kakao und nach Wunsch etwas Backpulver mischen und darübersieben. Alles locker unterheben und auf einem mit gefettetem (am offenen Rand hochgefalzten) Pergament- oder Backpapier belegten Backblech verstreichen. Sofort im auf 200–220 Grad (Gas Stufe 3–4) vorgeheizten Ofen auf der Mittelschiene etwa 12 Minuten backen.
Die Teigplatte auf ein dick mit Zucker bestreutes Tuch stürzen, das Papier anfeuchten, abziehen und die Platte mit dem Tuch einrollen. Danach völlig auskühlen lassen.
Für die Füllung 12 oder 16 Mandarin-Orangen aus der Dose nehmen, den Rest im Mixer pürieren und dabei die Dosenflüssigkeit zufügen. In einen Meßbecher gießen und mit Wein auf ⅜ l auffüllen. Die Gelatine im kalten Wasser einweichen.
Eigelb mit Zucker, Zitronensaft und dem nach und nach zugefügten Mandarinenpüree schaumig schlagen, bis sich der Zucker gelöst hat.
Die Gelatine nach Vorschrift auflösen, untermischen und im Kühlschrank gelieren lassen.
Indessen Eiweiß mit Salz schnittfest und die Sahne mit dem Festiger steif schlagen.
Sobald die Creme beginnt, fest zu werden, ⅔ der Sahne und den Eischnee unterheben und mit dem Likör abschmecken. Die Rolle auseinanderdrehen, mit der Creme füllen und wieder zusammenrollen. Die restliche Sahne in Tupfern auf die Oberfläche spritzen und mit den übrigen Mandarin-Orangen verzieren.

Hinweis Selbstverständlich können Sie diese Biskuitrolle vor dem Servieren noch mit Puderzucker bestäuben oder auch einen Teil der Sahne zurücklassen, um diese vor dem Verzieren rund um die Rolle zu streichen.

Möhrentorte

250 g Möhren
6 Eigelb, 150 g Zucker
½ Zitrone, 4 Orangen
je 1 Msp gemahlene Nelken und Zimt
200 g gemahlene Haselnüsse
200 g gemahlene Mandeln
30 g Mehl
1 TL Backpulver
6 Eiweiß, 1 Prise Salz
3 EL Kirschwasser
Butter oder Margarine zum Einfetten
Semmelbrösel zum Ausstreuen
200 g Aprikosenmarmelade
1 Eiweiß
250 g Puderzucker

Die Möhren schaben und abspülen oder mit einer harten Bürste unter kaltem Wasser gründlich abschrubben. Abtrocknen und auf einer feinen Gemüsereibe in hauchdünne Streifchen raffeln. Die Eigelb schaumig schlagen und dabei nach und nach etwa ⅔ des Zuckers einstreuen. Weiterschlagen, bis die Masse weißschaumig und sehr cremig ist.
Die Zitrone und die Orangen unter heißem Wasser waschen, abtrocknen und die Schale von der Zitronen- und einer Orangenhälfte abreiben. Zusammen mit Nelken und Zimt unter den Teig schlagen. Die Nüsse mit Mandeln, Mehl und Backpulver mischen. Das Eiweiß mit Salz zu schnittfestem Schnee schlagen und dabei den übrigen Zucker einrieseln lassen. Den Eischnee, die Möhren und die Nußmischung auf die Eigelbcreme geben, einen Eßlöffel Kirschwasser zufügen und alles sehr schnell und sehr locker unterheben.
Eine Springform (Durchmesser 26 cm) einfetten und mit Bröseln ausstreuen. Den Teig einfüllen, glattstreichen und sofort in den auf 180 Grad (Gas Stufe 2) vorgeheizten Ofen auf die untere Schiene schieben.
60–70 Minuten backen.
Auf einen Kuchendraht stürzen, die Springform abnehmen und die Torte auskühlen lassen.
Die Aprikosenmarmelade glattrühren und mit einem Eßlöffel Kirschwasser parfümieren. Oberfläche und Rand der Torte damit bestreichen und antrocknen lassen.
Das Eiweiß in einer Schüssel verschlagen und nach und nach den Puderzucker und das restliche Kirschwasser darunterrühren, bis ein recht dicker, stark glänzender Guß entsteht. Die Möhrentorte damit gleichmäßig überziehen und am Rand tropfenförmig herunterlaufen lassen. Auch diese Schicht antrocknen lassen.
Kurz bevor sie an der Oberfläche fest wird, die Schalen der restlichen Orangen auf einer groben Gemüsereibe in feinen Streifen abschaben. Diese Streifchen als Verzierung auf den Rand streuen und den Guß völlig fest werden lassen.

Tip

Statt mit Orangenschale können Sie die Tortenoberfläche auch mit kleinen Marzipanmöhren verzieren. Sie können sie in Feinkostgeschäften kaufen.
Übrigens schmeckt die Torte nach 1–2 Tagen Ruhezeit ganz besonders aromatisch.

Schokoladen-Buttercreme-Torte mit Walnüssen

6 Eigelb
6 EL Wasser
150 g Zucker
1 Päckchen Vanillinzucker
2–3 Tropfen Bittermandelöl
6 Eiweiß
1 Prise Salz
150 g Mehl
100 g gemahlene Walnüsse
Butter zum Einfetten

Für Füllung und Verzierung
80 g Zartbitter- oder Vollmilch-Schokolade
3 Eiweiß
150 g Zucker
1 EL Pektin-Fruchtsäure-Mischung (Gelfix)
250 g Butter
25 g Kokosfett
je 1 Glas (2 cl) Cognac und Mandellikör
12 Walnußhälften

Für den Teig Eigelb mit Wasser in einer Schüssel schaumig schlagen und dabei nach und nach ⅔ des Zuckers, den Vanillinzucker und das Bittermandelöl zufügen. Schlagen, bis die Masse dickschaumig und der Zucker gelöst ist.
Eiweiß mit Salz und dem restlichen Zucker schnittfest schlagen und auf die Eigelbcreme gleiten lassen. Mehl mit den Walnüssen mischen und ebenfalls daraufgeben. Alles sehr lokker unterheben und in eine nur am Boden gefettete, mit Pergamentpapier ausgelegte Springform (Durchmesser 26 cm) füllen. Auf der unteren Schiene des auf 180 Grad (Gas Stufe 2) vorgeheizten Ofens 50–60 Minuten backen. Auf einen Kuchendraht geben und (möglichst bis zum nächsten Tag) auskühlen lassen.
Für Füllung und Verzierung die Schokolade zerbrechen und im heißen, nicht kochenden Wasserbad unter Rühren schmelzen lassen. Danach wieder auf Handwärme abkühlen.
Eiweiß in eine Schüssel geben. Etwas Zucker mit der Pektin-Fruchtsäure-Mischung vermengen und unter Rühren in das Eiweiß streuen. Schlagen, bis es schnittfest ist. Dann unter weiterem Schlagen nach und nach den restlichen Zucker einstreuen.
Butter zusammen mit dem Kokosfett sehr schaumig rühren und danach sehr langsam – löffelweise – den Eischnee und zum Schluß die flüssige Schokolade darunterziehen. Mit Cognac und Mandellikör abschmecken und bis zum Verwenden kühl stellen.
Die ausgekühlte Torte zwei- bis dreimal waagerecht durchschneiden und mit etwa ⅔ der Creme füllen. Die Hälfte der übrigen Creme auf Rand und Oberfläche glattstreichen. Die restliche Masse in einen Spritzbeutel mit Sterntülle geben und die Tortenoberfläche damit und mit Walnußhälften verzieren.

Tip

Wer für diese Torte lieber einen dunklen Biskuit backen möchte, kann etwa 40 g Mehl durch Kakao ersetzen und/oder etwas fein geriebene oder handwarme, im Wasserbad geschmolzene Schokolade darunterziehen.

Charlotte royal

4 Eiweiß, 1 Prise Salz
130 g Zucker
1 Päckchen Vanillinzucker
4 Eigelb, 150 g Mehl
1 Msp Backpulver
Butter zum Einfetten
Zucker zum Bestreuen

Außerdem
1 Glas (450 g) Johannisbeer-, Himbeer- oder Kirschgelee
8 Blatt weiße Gelatine
Saft von 2 Zitronen
Saft von 1 Orange
Weißwein zum Auffüllen
3 Eigelb, 100 g Zucker
2 EL Armagnac oder Rum
3 Eiweiß, 1 Prise Salz
⅜ l Sahne
1 Päckchen Sahnefestiger
Cocktail- oder Belegkirschen

Eiweiß mit Salz zu schnittfestem Schnee schlagen, d. h. ein Schnitt mit dem Messer muß auch Sekunden später noch deutlich sichtbar sein. Erst dann nach und nach Zucker und Vanillinzucker einrieseln lassen. Dabei ständig weiterschlagen, bis die Masse sehr fein und stark glänzend ist. Die Eigelb leicht verquirlen und daraufgeben. Mehl und Backpulver mischen und darübersieben. Alles locker unterheben und ein mit gefettetem, am vorderen Rand hochgefaltetem Pergament- oder Backpapier ausgelegtes Backblech damit bestreichen. Sofort im auf 200–220 Grad (Gas Stufe 3–4) vorgeheizten Ofen auf der Mittelschiene etwa 12 Minuten backen. Dann auf ein mit Zucker bestreutes Tuch stürzen, das Papier anfeuchten, abziehen und das inzwischen glattgerührte Gelee auf der heißen Teigplatte verstreichen. Diese mit Hilfe des Tuches aufrollen und auskühlen lassen.
Die Gelatine in kaltem Wasser einweichen und quellen lassen.
Den Zitronen- und Orangensaft mit Weißwein auf gut ¼ l auffüllen.
Eigelb mit dem Zucker und einem Teil dieser Flüssigkeit in eine Schüssel geben und so lange schaumig schlagen, bis der Zucker gelöst ist. Dann die restliche Weinmischung und den Armagnac oder Rum zufügen und die nach Packungsaufschrift aufgelöste Gelatine untermischen. Im Kühlschrank gelieren lassen. Indessen die Eiweiß mit der Prise Salz schnittfest und die Sahne mit dem Sahnefestiger steif schlagen.
Sobald die Creme beginnt, fest zu werden, d. h. »Straßen zu ziehen« (siehe Seite 334), ¾ der Sahne und den Eischnee unterheben. Diese Masse noch einmal für ein paar Minuten in den Kühlschrank stellen. Nun sehr schnell die ausgekühlte Biskuitrolle in dünne Scheiben schneiden und eine glatte Schüssel mit möglichst rundem Boden damit auskleiden. Die Creme hineingeben, glattstreichen und die übrigen Biskuitscheiben als Deckel darauflegen. Nun noch einmal für 4–5 Stunden in den Kühlschrank stellen und schnittfest werden lassen.
Vor dem Servieren die Charlotte auf eine runde Platte stürzen (dazu kann die Form sekundenlang in heißes Wasser getaucht werden) und die restliche Sahne mit einem Spritzbeutel in Tupfern auf dem oberen Rand verteilen. Die Cocktail- oder Belegkirschen abtropfen lassen und als Verzierung aufsetzen.

Schokolade-Birnen-Charlotte

8 Blatt weiße Gelatine
100 g Vollmilch-Schokolade
100 g Zartbitter-Schokolade
4 Eigelb, 70 g Zucker
1–2 EL Instant-Kaffeepulver
¼ l Milch
2 Glas (je 2 cl) Birnengeist
1 kleine Dose Birnen (425 g)
4 Eiweiß, 1 Prise Salz
⅜ l Sahne
30–35 Löffelbiskuits (je nach Form)
1 EL Puderzucker
Borkenschokolade zum Verzieren

Die Gelatine in kaltem Wasser einweichen. Die gesamte Schokolade reiben oder sehr fein hobeln.
Die Eigelb in einer Schüssel verquirlen, den Zucker zusammen mit Instant-Kaffeepulver und der Milch daruntermischen und die Schüssel in ein heißes, aber nicht kochendes Wasserbad stellen. Mit dem elektrischen Handrührgerät auf höchster Stufe schlagen, bis die Masse weißschaumig und cremig ist und sich der Zukker gelöst hat. Die Gelatine ausdrükken und unter weiterem Schlagen in der heißen Creme auflösen. Die Schüssel aus dem heißen Wasserbad nehmen und in ein kaltes stellen. Nun weiterschlagen, bis die Creme etwa auf Handwärme abgekühlt ist. Erst jetzt den Birnengeist untermischen und die Creme zum Gelieren in den Kühlschrank stellen.
Die Birnen sehr gut abtropfen lassen, dann in winzige Stückchen schneiden und noch einmal auf Haushaltspapier trockentupfen. Eiweiß mit Salz in einer und die Hälfte der Sahne in einer zweiten Schüssel sehr steif schlagen.
Sobald die Creme beginnt, »Straßen zu ziehen« (siehe Seite 334), Eischnee, Sahne und Birnen unterheben.
Die Löffelbiskuits so kürzen, daß sie exakt so lang sind wie die Seitenwände einer runden, völlig glatten Form. Die abgeschnittenen Stückchen auf dem Boden verteilen und die langen Löffelbiskuits mit der runden Seite nach außen senkrecht an den Rand der Form stellen. Die Creme einfüllen und die Charlotte für etwa 3 Stunden in den Kühlschrank stellen.
Kurz vor dem Servieren die restliche Sahne steif schlagen, mit dem Puderzucker süßen und in einen Spritzbeutel mit kleiner Sterntülle geben.
Die Charlotte aus der Form auf eine Platte stürzen, die Oberfläche mit kleinen Sahnetupfern bedecken und mit der Borkenschokolade verzieren.

Hinweis Das Einfüllen der Creme verlangt in der Tat etwas Konzentration: Erstens muß es so schnell gehen, daß die Creme noch nicht völlig geliert, zum anderen dürfen die Löffelbiskuits nicht herunterrutschen. Kleiner Trick: Lassen Sie die Creme in einer glatten Schüssel gelieren, halten Sie diese sekundenlang in heißes Wasser und stürzen Sie die Charlottenmasse auf eine Platte. Kürzen Sie nun die Löffelbiskuits, tauchen Sie sie jeweils mit der glatten Seite in Birnengeist und kleben Sie sie so an den Rand. Die Endstückchen ebenfalls auf der Oberfläche verteilen und alles mit Sahne und Schokolade verzieren.

Schwarzwälder Kirschtorte

6 Eigelb, 4 EL Wasser
180 g Zucker, 6 Eiweiß
1 Prise Salz, 100 g Mehl
30 g Speisestärke, 50 g Kakao
100 g gemahlene Mandeln
Butter zum Einfetten
Mehl zum Bestäuben

Für Füllung und Verzierung
500 g entsteinte Sauerkirschen aus dem Glas
⅛ l Kirschsaft (auch aus dem Glas)
2 TL Speisestärke
3 Glas (je 2 cl) Kirschwasser
1 Päckchen Vanillinzucker
1 EL Puderzucker
1 Päckchen Sahnefestiger
½–¾ l Sahne
grob gehobelte Schokolade

Für den Teig die Eigelb mit dem Wasser schaumig schlagen und dabei nach und nach etwa ⅔ des Zuckers einrieseln lassen. Schlagen, bis der Zucker völlig gelöst und die Masse dickschaumig und weiß ist.
Eiweiß mit Salz zu schnittfestem Schnee schlagen, den restlichen Zucker einstreuen und den Schnee auf die Eigelbcreme gleiten lassen.
Mehl mit Speisestärke und Kakao mischen, auf die Eigelbcreme sieben und die Mandeln zufügen. Alles sehr locker unterheben.
Eine Springform (Durchmesser 26 cm) mit Butter nur am Boden einfetten und mit Mehl ausstäuben. Den Teig einfüllen und die Oberfläche glattstreichen. Sofort auf die untere Schiene des auf 180 Grad (Gas Stufe 2) vorgeheizten Ofens schieben und 50–60 Minuten backen.
Den Rand der Form lösen, den Kuchen auf einen Kuchendraht stürzen und den Boden ebenfalls abnehmen. Die Torte nun möglichst bis zum nächsten Tag auskühlen lassen.
Die Kirschen auf einem Sieb mit einer Schüssel darunter abtropfen lassen und 12 oder 16 Früchte zum Verzieren beiseite legen. Vom aufgefangenen Saft ⅛ l abmessen und in einem kleinen Topf zum Kochen bringen. Die Speisestärke mit etwas weiterem Kirschsaft verquirlen und unter Rühren in den kochenden Saft gießen. Kräftig aufkochen lassen, die Kirschen hineingeben und den Topf vom Herd nehmen.
Die Torte zweimal waagerecht durchteilen und den unteren Boden mit etwa 1 Glas Kirschwasser beträufeln. Sobald die Kirschen abgekühlt sind und der Guß beginnt, fest zu werden, auf dem Boden verteilen.
Vanillinzucker mit Puderzucker und Sahnefestiger vermengen. Die Sahne steif schlagen und dabei die Zuckermischung einstreuen. Etwas Sahne auf die Kirschschicht streichen, den zweiten Boden auflegen und auch mit einem Glas Kirschwasser beträufeln. Dick mit Sahne bestreichen und den dritten Boden auflegen. Nur leicht andrücken und mit dem restlichen Kirschwasser tränken. Von der restlichen Sahne etwas abnehmen und in einen Spritzbeutel mit Sterntülle geben. Die übrige Sahne auf Oberfläche und Rand der Torte verteilen, sorgfältig glattstreichen und alles mit der Schokolade bestreuen.
12 oder 16 Stücke markieren, auf jedes einen dicken Sahnetupfer spritzen und jeweils eine Kirsche aufsetzen.

Punschtorte

150 g Butter
9 Eier, 250 g Zucker
Saft und abgeriebene Schale von ½ Zitrone, 1 Prise Salz
150 g Mehl, 50 g Speisestärke
Butter zum Einfetten
Mehl zum Bestäuben

Für Füllung und Verzierung
1 Orange, Saft von ½ Zitrone
70 g Zucker, 3 EL Wasser
6 EL Weißwein oder Madeira
5 EL Arrak oder Rum
200 g Marzipan-Rohmasse
350 g Puderzucker
½ Glas Orangen- oder Aprikosenmarmelade (ca. 225 g)
1 Eiweiß
40 g Bitterschokolade oder Kuvertüre
12 kandierte Veilchen oder andere Zuckerblüten
2 Beutel blättrige Mandeln (je 40 g)

Die Butter bei sanfter Hitze schmelzen und wieder auf Handwärme abkühlen lassen.
Die Eier in einer Schüssel verquirlen und in ein heißes, aber nicht kochendes Wasserbad stellen. Unter ständigem Schlagen den Zucker zusammen mit Zitronensaft und -schale sowie Salz einstreuen und schlagen, bis die Masse sehr cremig und weißschaumig ist. Die Schüssel aus dem Wasserbad nehmen und schlagen, bis die Biskuitmasse kalt ist.
Mehl, mit Speisestärke gemischt, daraufsieben und locker unterheben. Dabei die abgekühlte, aber noch flüssige Butter im dünnen Strahl zugießen.
Eine Springform (Durchmesser 28 cm) am Rand mit Pergamentpapier auslegen, am Boden einfetten und mit Mehl bestäuben. Den Teig einfüllen und sofort auf die untere Schiene des auf 180 Grad (Gas Stufe 2) vorgeheizten Ofens schieben. Etwa 60 Minuten backen, dann auf einen Kuchendraht stürzen und möglichst bis zum nächsten Tag auskühlen lassen.
Die Orange unter heißem Wasser waschen, abtrocknen und von einer Hälfte die Schale hauchdünn abschälen. Zusammen mit dem Saft aus beiden Hälften, Zitronensaft, Zucker, Wasser, Wein und Arrak kochen, bis der Zucker völlig gelöst und die Flüssigkeit klar ist. Den Punsch ohne die Orangenschale abkühlen lassen.
Marzipan-Rohmasse mit 100 g Puderzucker verkneten, ausrollen und zwei Platten in Tortengröße ausschneiden. Die Torte zweimal waagerecht durchteilen und alle drei Platten mit dem Punsch tränken. Eine Marzipanplatte auf den ersten Boden setzen, mit etwas glattgerührter Marmelade bestreichen, die nächste Platte auflegen, ebenfalls bestreichen und die dritte Platte aufsetzen. Oberfläche und Rand mit der restlichen Marmelade bestreichen und die zweite Marzipanplatte aufsetzen, leicht andrücken.
Eiweiß mit dem restlichen Puderzucker zu einem sehr dicken Guß verschlagen und auf der Oberfläche verteilen. Die Schokolade oder Kuvertüre schmelzen, in eine Pergamenttüte (siehe Seite 335) geben und von der Mitte aus spiralförmig auf den gerade fest werdenden weißen Guß spritzen. Die Glasur sofort (siehe Seite 335) verziehen und jedes Stück mit einem Veilchen belegen. Die Mandelblättchen nun an den Rand drücken.

Spanische Vanilletorte

100 g Butter
300 g Marzipan-Rohmasse
5 Eigelb, 1 Ei
150 g Zucker
2 Vanilleschoten
5 Eiweiß, 1 Prise Salz
100 g Mehl, 100 g Speisestärke
50 g sehr fein gewürfelte oder grob geraffelte Bitterschokolade
30 g gehackte Mandeln
30 g sehr fein gewürfeltes Zitronat
Butter zum Einfetten
gemahlene Mandeln zum Ausstreuen
1 Glas Aprikosenmarmelade (450 g)
2½ Becher Kuvertüre, 4 EL Sahne
2 EL gehackte Pistazien

Die Butter bei sanfter Hitze schmelzen und wieder auf Handwärme abkühlen, jedoch nicht mehr fest werden lassen. Marzipan in winzige Würfelchen teilen und zusammen mit Eigelb, Ei und dem Zucker sehr schaumig schlagen. Die Vanilleschoten der Länge nach aufschlitzen, das Mark herausschaben und unter die Eigelbcreme geben. Weiterschlagen, bis der Zucker gelöst und eine dickschaumige Masse entstanden ist.
Eiweiß mit Salz zu schnittfestem Schnee schlagen und auf die Eigelbcreme geben. Mehl mit Speisestärke darübersieben und alles locker unterheben. Zum Schluß die flüssige Butter zusammen mit Schokolade, Mandeln und Zitronat unterziehen.
Eine konische Form (ersatzweise eine Margareten- oder Rosettenform) einfetten und mit Mandeln ausstreuen. Den Teig darin glattstreichen und im auf 180 Grad (Gas Stufe 2) vorgeheizten Ofen etwa 45 Minuten auf der unteren Schiene backen.
Auf einen Kuchendraht stürzen und auskühlen lassen.
Die Aprikosenmarmelade glattrühren, wozu sie ein wenig erwärmt werden kann. Die Torte damit überziehen und die Aprikotur etwas antrocknen lassen.
2 Becher Kuvertüre im heißen, aber nicht kochenden Wasserbad schmelzen und leicht abgekühlt auf Oberfläche und Rand der Torte verstreichen. Die Glasur fest werden lassen.
Die restliche Kuvertüre fein würfeln und die Sahne in einem Töpfchen aufkochen. Die Kuvertüre unter Rühren darin schmelzen und völlig erkalten lassen. Nun die Masse schaumig rühren und in einen Spritzbeutel mit kleiner Sterntülle geben. Den Rand der Oberfläche mit Tupfern bespritzen und diese mit den Pistazien bestreuen. Bis zum Servieren kalt stellen.

Tip

Die Spanische Vanilletorte eignet sich sehr gut zum Einfrieren. Dazu wird sie nach dem völligen Erkalten in Folie oder einen großen Einfrierbeutel gepackt und in den Gefrierer gelegt. Vor dem Servieren sollte sie langsam bei Zimmertemperatur auftauen und sich erwärmen, denn eiskalt kann sich ihr Aroma nicht entfalten. Erst danach sollten Sie sie mit Aprikosenmarmelade und Kuvertüre überziehen und verzieren, denn die Schokoladenmasse bekommt beim Einfrieren und Auftauen leicht helle Wasserflecken und bröckelt leicht ab.

Falsche Mandeltorte

400 g getrocknete weiße Bohnen
kaltes Wasser zum Einweichen
1 Vanilleschote
50 g Rosinen
Mehl zum Bestäuben
5 Eigelb
3 EL Mandel- oder Vanillelikör
250 g Zucker
1 Päckchen Vanillinzucker
1 Päckchen Backpulver
5 Eiweiß, 1 Prise Salz
1 Beutel gehackte Mandeln (40 g)
Butter oder Margarine zum Einfetten
Semmelbrösel zum Ausstreuen
1 Eigelb, 1–2 EL Sahne

Die Bohnen (wenn nötig, verlesen) in eine große Schüssel geben und, etwa zweifingerhoch mit kaltem Wasser bedeckt, über Nacht quellen lassen. Am nächsten Tag zusammen mit dem Einweichwasser in einen Topf geben, die Vanilleschote aufschlitzen, das Mark und die »leere« Schote zu den Bohnen geben und diese in etwa 45 Minuten weich kochen. Oder die Bohnen zusammen mit dem Wasser und der Vanille im Dampfdruck-Kochtopf in etwa 15 Minuten (je nach Gebrauchsanweisung) garen.
Die Bohnen nun ohne die Vanilleschote auf ein Sieb schütten, sehr gut abtropfen und ausdampfen lassen und durch ein Sieb passieren.
Die Rosinen unter heißem Wasser waschen und in einem Tuch völlig trocken reiben. Anschließend mit etwas Mehl bestäuben. Die Eigelb mit dem Likör in einer Schüssel verquirlen und unter ständigem Schlagen mit dem elektrischen Handrührgerät nach und nach den Zucker und den Vanillinzucker einstreuen. Schlagen, bis der Zucker gelöst und die Masse weißschaumig und recht dick ist.
Die abgekühlten, passierten Bohnen zusammen mit dem Backpulver unterrühren. Eiweiß mit Salz zu schnittfestem Schnee schlagen, locker unter den Teig heben und zum Schluß die mit Mehl bestäubten Rosinen und die Mandeln darunterziehen.
Eine Springform (Durchmesser 26 cm) sorgfältig einfetten und mit Bröseln ausstreuen. Den Teig einfüllen, glattstreichen und sofort auf der zweiten Schiene von unten oder auf der mittleren Schiene des auf 200 Grad (Gas Stufe 3) vorgeheizten Ofens etwa 90 Minuten backen.
Eigelb mit der Sahne verquirlen und die Tortenoberfläche, etwa 15 Minuten vor Ende der Backzeit beginnend, mehrmals damit bestreichen, damit sie goldbraun werden kann.
Die Torte nach dem Backen etwa 3 Minuten in der Form ausdampfen lassen, dann auf einen Kuchendraht gleiten und erkalten lassen.

Hinweis Die Rosinen müssen bei diesem Rezept sehr gut abgetrocknet und mit Mehl bestäubt werden, damit beim Backen nicht alle nach unten rutschen, sondern gleichmäßig im Teig verteilt bleiben.

Tip

Wenn Sie bei dieser Torte ein stärkeres Mandelaroma wünschen, können Sie den Teig zusätzlich mit etwas Bittermandelöl aromatisieren.

Biskuitteig

Schoko-Biskuits mit Nougat

3 Eigelb
1 EL kaltes Wasser
160 g Zucker
1 Päckchen Vanillinzucker
3 Eiweiß
1 Prise Salz
80 g Mehl
40 g Speisestärke
40 g Kakao
1 Msp Instant-Kaffeepulver
Butter zum Einfetten
Mehl zum Bestäuben
250 g Nougat
Puderzucker zum Bestäuben

Die Eigelb und Eiweiß – wie im Rezept Löffelbiskuits – getrennt schaumig bzw. steif schlagen und den Eischnee auf die Eigelbmasse gleiten lassen. Das Mehl mit der Speisestärke, dem Kakao und dem Instant-Kaffeepulver mischen, darübersieben und locker zusammen mit dem Eischnee unter die Eigelbcreme heben.
Wie bei Löffelbiskuits auf das vorbereitete Blech spritzen und ebenfalls 18–20 Minuten bei 180 Grad (Gas Stufe 2) backen. Auf einem Kuchendraht auskühlen lassen.
Nun die Nougatmasse verrühren, bis sie streichfähig ist, und die glatten Unterseiten der Hälfte der Schoko-Biskuits dick damit bestreichen. Die andere Hälfte mit der glatten Fläche daraufsetzen und leicht andrücken. Für etwa 10 Minuten in den Kühlschrank stellen (oder für 5 Minuten in den Gefrierer), damit das Nougat wieder fest wird, dann auf der Oberseite mit Puderzucker dünn bestäuben.

Anis-Biskuits

1 EL Anissamen
2 Eier
1 EL kaltes Wasser
1 TL Zitronensaft
140 g Zucker
175 g Mehl
Butter zum Einfetten
Mehl zum Bestäuben
Zucker und Anissamen zum Bestreuen

Anissamen im Mörser nicht zu grob zerstoßen.
Die Eier in eine Metallschüssel geben, das Wasser und den Zitronensaft darunterquirlen und die Schüssel ins heiße, aber nicht kochende Wasserbad stellen. Mit dem elektrischen Handrührgerät auf höchster Schaltstufe diese Mischung zu einer dickschaumigen, weißen Masse aufschlagen und dabei nach und nach den Zucker einstreuen. Das Wasserbad darf dabei jedoch nicht zu heiß werden, damit das Ei nicht ausflocken kann. Die Schüssel herausnehmen und die Masse so lange weiterschlagen, bis sie handwarm ist. Das Mehl daraufsieben und den zerstoßenen Anis zufügen. Alles locker, aber gründlich unterheben.
Ein Backblech mit Pergament- oder Backtrennpapier belegen, einfetten und mit Mehl bestäuben.
Die Biskuitmasse in einen Spritzbeutel mit glatter Tülle (Durchmesser etwa 2 cm) geben und im Abstand von 5–6 cm etwa walnußgroße Tupfer auf das Blech spritzen. Sparsam mit Anis und etwas üppiger mit dem Zucker bestreuen und das Blech bzw. Papier etwas schräg halten, damit der überschüssige Zucker und Anis herunterrutschen können.
Die Biskuits nun etwa 1 Stunde bei Zimmertemperatur antrocknen lassen, wobei sie etwas zerlaufen, an der Oberfläche jedoch eine leichte Kruste bekommen. Dann im auf 180 Grad (Gas Stufe 2) vorgeheizten Ofen etwa 15 Minuten backen.
Sofort vom Blech bzw. Papier ablösen und auf einem Kuchendraht auskühlen lassen.

Variation

Piment-Biskuits mit Mohn: Bereiten Sie den Teig nach dem oben genannten Rezept zu und ersetzen Sie den Anis durch ½ TL gemahlenen Piment. Spritzen Sie den Teig danach auf das genauso vorbereitete Blech und streuen Sie anstelle von Anis und Zukker eine Mischung von Mohn und Zucker darüber. Backen Sie die Plätzchen wie gewohnt und lassen Sie sie ebenfalls auf einem Kuchendraht abkühlen.

Löffelbiskuits

3 Eigelb, 1 EL kaltes Wasser
160 g Zucker
1 Päckchen Vanillinzucker
3 Eiweiß, 1 Prise Salz
100 g Mehl, 50 g Speisestärke
Butter zum Einfetten
Mehl zum Bestäuben
sehr feiner Zucker oder Puderzucker zum Besieben

Die Eigelb mit dem Wasser in eine Schüssel geben und verquirlen. Mit dem elektrischen Handrührgerät bei höchster Schaltstufe sehr schaumig schlagen und dabei nach und nach die Hälfte des Zuckers und den Vanillinzucker einrieseln lassen. Weiterschlagen, bis der Zucker gelöst und die Masse weißschaumig und recht dick (cremig) ist. Die Eiweiß mit der Prise Salz in einer zweiten Schüssel zu schnittfestem Schnee schlagen und erst dann nach und nach den restlichen Zucker einstreuen.
Den Eischnee auf die Eigelbcreme gleiten lassen und das Mehl zusammen mit der Speisestärke darübersieben. Sehr locker, aber gründlich unterheben und die Masse in einen Spritzbeutel mit glatter Tülle (Durchmesser etwa 1 cm) geben.
Ein Backblech mit Pergament- oder Backtrennpapier belegen und mit Butter einfetten, dann mit Mehl leicht bestäuben. Im Abstand von 5–6 cm etwa 8 cm lange, an beiden Enden ein wenig verdickte Biskuits auf das Papier spritzen. Die verdickten Enden bekommt man dadurch, daß man beim Ansetzen der Spritztülle einen Augenblick wartet, bevor man den Teig der Länge nach spritzt, und am anderen Ende dadurch, daß man den Spritzbeutel mit einer leichten Drehung nach oben abzieht. Die Biskuits ganz leicht mit dem Zucker besieben und diesen etwa 2 Minuten antrocknen lassen. Dann das Papier bzw. das Backblech ein wenig schräg halten, daß der neben den Löffelbiskuits liegende Zucker herunterrieseln kann. Einen Pinsel in kaltes Wasser tauchen, das Wasser abschütteln und die winzigen, noch verbleibenden Wassertröpfchen über die gezuckerten Biskuits sprühen. Dadurch kann beim

Backen ein Teil des Zuckers verkleben, wodurch sich sehr feine, zarte Bläschen bilden.
Die Löffelbiskuits 18–20 Minuten im auf 180 Grad (Gas Stufe 2) vorgeheizten Ofen backen, sofort vom Papier lösen und auf einem Kuchendraht nebeneinanderliegend (niemals übereinander) abkühlen lassen.

Variationen

Löffelbiskuits mit Schokolade: Einen Becher Kuvertüre im Wasserbad schmelzen lassen. Dann die Löffelbiskuits mit beiden Enden kurz hineintauchen und die Schokolade wieder fest werden lassen.

Gefüllte Löffelbiskuits: Wieder einen Becher Kuvertüre schmelzen lassen und etwa 50 g Pistazien hacken. Die glatten Unterseiten aller Löffelbiskuits recht üppig mit der Schokolade bestreichen und dick mit den gehackten Pistazien bestreuen. Erst wenn die Schokolade beginnt, fest zu werden, je zwei Biskuits zusammensetzen.

Bunte Löffelbiskuits: Die Löffelbiskuits wie im oben genannten Rezept auf das vorbereitete Blech spritzen und statt des gesiebten Zuckers kleinperligen Buntzucker darüberstreuen. Wie gewohnt backen.

Biskuit-Omeletts mit Beeren

3 Eigelb, 2 EL Wasser
70 g Zucker
1 Eiweiß, 1 Prise Salz
50 g Mehl, 20 g Speisestärke
Butter zum Einfetten
Mehl zum Bestäuben

Für Füllung und Verzierung
½ Paket tiefgekühlte Heidelbeeren (150 g)
¼ l Sahne
3–4 EL Crème de cassis (schwarzer Johannisbeerlikör)
1–2 Päckchen Vanillinzucker
2 TL Zucker
1 Päckchen Sahnefestiger
Puderzucker zum Bestäuben

Die Eigelb mit dem Wasser in einer Schüssel schaumig schlagen und dabei nach und nach die Hälfte des Zuckers einrieseln lassen.
Eiweiß mit Salz in einer anderen Schüssel zu schnittfestem Schnee schlagen und dabei den restlichen Zucker einstreuen. Auf die Eigelbcreme gleiten lassen, das Mehl zusammen mit der Speisestärke darübersieben und alles locker unterheben.
Ein Backblech mit Pergamentpapier belegen. Etwa handtellergroße Kreise mit genügend Abstand darauf aufzeichnen, diese mit Butter einfetten und mit Mehl bestäuben.
Die Biskuitmasse entweder mit einem Löffel oder mit einem Spritzbeutel (glatte Tülle) gleichmäßig in diese Kreise verteilen und im auf 220 Grad (Gas Stufe 4) vorgeheizten Ofen in 8–10 Minuten goldgelb backen lassen.
Die Biskuits sofort vom Papier ablösen und auf einem Kuchendraht zur Hälfte zusammenklappen. Diese Arbeit muß sehr schnell vorgenommen werden, denn der Teig bricht, sobald er erkaltet.
Die gefalteten Biskuits abkühlen und die Heidelbeeren auftauen lassen.
In der Zwischenzeit die Füllung zubereiten. Dazu die Sahne steif schlagen und den Crème de cassis zusammen mit dem Vanillinzucker nach und nach untermischen. Den Zucker mit dem Sahnefestiger vermengen, unter weiterem Schlagen einstreuen und diese Mischung in einen Spritzbeutel mit großer Sterntülle geben.
Die Omeletts vorsichtig aufklappen und die Sahne in dicken Spiralen hineinspritzen. Die Heidelbeeren abtropfen lassen, darauf verteilen und die Omeletts wieder zusammenklappen. Mit Puderzucker bestäuben und sofort servieren.

Variationen

Biskuit-Omeletts mit Orangen-Schokolade: Bevor die Omeletts gebacken werden, sollten Sie die Füllung zubereiten. Dazu 1 Tafel Zartbitter-Schokolade zerbröckeln und zusammen mit ⅜ l Sahne bei sehr sanfter Hitze unter ständigem Rühren schmelzen lassen. Abkühlen und für mindestens 2 Stunden in den Kühlschrank stellen. Die Omeletts dann, wie oben beschrieben, backen und zusammengefaltet abkühlen lassen.
2 Orangen sehr sorgfältig schälen und dabei sämtliche weißen Häutchen entfernen. Nun mit einem scharfen Messer die einzelnen Filets aus ihren Häuten lösen, entkernen und beiseite legen. Die Schokoladen-Sahne aus dem Kühlschrank nehmen und wie gewöhnliche Sahne steif schlagen. Mit 1–2 EL Orangenlikör abschmekken und in einen Spritzbeutel mit großer Sterntülle füllen.
In großen Spiralen oder Tupfern in die vorsichtig aufgeklappten Omeletts spritzen und die Orangenstückchen (die nach Wunsch noch einmal halbiert werden können) hineinlegen. Ein Blatt Pergamentpapier in 1 cm breite Streifen schneiden und diese kreuzweise über die Omeletts decken, so daß zwischendurch noch etwas Biskuit zu sehen ist. Die Omeletts nun mit Kakao bestäuben und einen Teil der Papierstreifen abnehmen, so daß wieder ein Teil Biskuitmasse zu sehen ist. Nun alles mit Puderzucker bestäuben und dabei versuchen, die »Kakao-Stellen« nicht zu stark zu bedecken. Zum Schluß auch die letzten Papierstreifen vorsichtig entfernen und die Omeletts nun sofort servieren.

Biskuit-Omeletts mit Kiwi-Eiskrem: Die Omeletts wie gewohnt backen und zusammengefaltet abkühlen lassen. 300 g Vanille-Eiskrem zugedeckt ein wenig antauen lassen. 2 Kiwis schälen und in kleine Stückchen teilen. Zusammen mit dem gerade weich werdenden Eis in den Mixer geben. Alles zu einer glatten Masse verschlagen, mit 1–2 TL weißem Rum abschmecken und in einen Spritzbeutel mit Sterntülle geben. Diesen entweder nochmal für kurze Zeit in den Gefrierer legen oder die vorsichtig aufgeklappten Omeletts sofort damit füllen. Eine weitere Kiwi schälen, in Scheiben schneiden, diese mehrfach teilen und die Stücke als Verzierung in die Eismasse stecken. Die Oberflächen der Omeletts mit Puderzucker bestäuben. Sofort zu Tisch bringen, denn die Omeletts werden ebenso schnell weich, wie das Eis zerläuft.

Nußbiskuitschnitten ohne Mehl

6 Eigelb
200 g Zucker
1 Msp gemahlener Zimt
6 Eiweiß
1 Prise Salz
1 TL Zitronensaft
200 g gemahlene Haselnüsse
80 g geriebene Zartbitter-Schokolade
Butter zum Einfetten

Für Füllung und Verzierung
36 Haselnüsse
250 g Zartbitter-Schokolade
25 g Kokosfett (1 Würfelchen)
½ l Sahne
2 Päckchen Vanillinzucker

Für den Teig Eigelb mit ⅔ des Zuckers dickschaumig schlagen. Dabei den Zimt einmischen. Eiweiß mit Salz und dem restlichen Zucker schnittfest schlagen und zum Schluß den Zitronensaft untermischen. Auf die Eigelbcreme gleiten lassen und die Haselnüsse zusammen mit der geriebenen Schokolade sehr locker unterheben.
Ein Backblech mit Pergamentpapier auslegen und dabei das Papier am offenen Rand hochfalzen, damit der Teig beim Backen nicht herunterlaufen kann. Das Papier einfetten und den Teig darauf verstreichen.
Auf die mittlere Schiene des auf 200 Grad (Gas Stufe 3) vorgeheizten Ofens schieben und etwa 25 Minuten backen. Auf einen Kuchendraht stürzen, das Papier abziehen und die Teigplatte erkalten lassen.
Danach die Ränder glattschneiden und die Platte quer in vier Streifen, dann jeden Streifen in 6 Stücke schneiden.
Während der Biskuit abkühlt, die Haselnüsse für etwa 10 Minuten auf einem trockenen Kuchenblech in den auf 200 Grad (Gas Stufe 3) vorgeheizten Ofen schieben. Auf ein Küchentuch schütten und mit dem Tuch die braune Haut abreiben. Die Nüsse dann abkühlen lassen.
Die Schokolade zusammen mit dem Kokosfett in kleine Stückchen teilen und im heißen Wasserbad schmelzen lassen. Die Nüsse darin wenden, auf einem engen Kuchendraht erkalten und den Überzug fest werden lassen.
Die restliche Schokolade auf die Hälfte der Teigstücke gießen, glattstreichen und an den Rändern etwas heruntertropfen lassen.
Die Sahne mit dem Vanillinzucker steif schlagen, in einen Spritzbeutel mit Sterntülle geben und etwa ¾ davon als Füllung auf die unbestrichenen Teigstücke spritzen. Die mit Schokolade überzogenen Stücke darauflegen und die Oberflächen jeweils mit drei Tupfern der restlichen Sahne bespritzen. Jeweils eine Haselnuß aufsetzen und die Schnitten möglichst frisch servieren.

Ananas-Weincreme-Torteletts

4 Eiweiß
1 Prise Salz
175 g Zucker
Saft und abgeriebene Schale von ½ Zitrone
4 Eigelb
125 g Mehl
50 g Speisestärke
Butter oder Margarine zum Einfetten
Zucker zum Bestreuen

Für Füllung und Verzierung
6 Blatt weiße Gelatine
2 Eier
60 g Zucker
⅛ l Ananassaft (aus der Dose)
¼ l trockener Weißwein
1 Glas (2 cl) weißer Rum
⅛ l Sahne
1 Päckchen Vanillinzucker
1½ Dosen Ananas (je ca. 360 g)
1 Päckchen weißer Tortenguß
ca. 16 Kaiser- oder Cocktailkirschen
gehackte Pistazien zum Bestreuen

Für den Teig die Eiweiß mit Salz schnittfest schlagen. Nach und nach den Zucker einstreuen und zum Schluß Zitronensaft und -schale zufügen. Verquirltes Eigelb einmischen und das mit Speisestärke gemischte Mehl darübersieben. Alles locker unterheben.
Ein Backblech mit Pergamentpapier auslegen und mit Butter oder Margarine einfetten. Das Papier am offenen Rand des Blechs hochfalzen. Den Teig darauf verstreichen und im auf 200 Grad (Gas Stufe 3) vorgeheizten Ofen ca. 15 Minuten backen.
Auf ein mit Zucker bestreutes Tuch stürzen, das Papier mit kaltem Wasser bestreichen, sofort abziehen und den Teig auskühlen lassen. Sobald er nicht mehr dampft, aber noch weich ist, ananasringgroße (Durchmesser ca. 8 cm) runde Plätzchen ausschneiden. Das geht am besten mit der leeren, gut gereinigten Ananasdose. Dabei sollte darauf geachtet werden, daß möglichst wenig »Verschnitt«, d. h. Reste vom Teig übrigbleiben. Alle Reste danach leicht zerkleinert wieder auf das ungefettete Backblech geben, im 200 Grad (Gas Stufe 3) heißen Ofen 10–15 Minuten rösten und erkalten lassen. Anschließend in einer Plastiktüte mit der Teigrolle zu feinen Bröseln zerdrücken.
Für die Creme die Gelatine in kaltem Wasser einweichen. Eier mit Zucker, Ananassaft und Weißwein in eine Schüssel geben und im heißen, nicht kochenden Wasserbad zu einer dicklichen, weißen Creme schlagen. Vom Herd nehmen und die ausgedrückte Gelatine unter weiterem Schlagen darin auflösen. Den Rum untermischen und die Creme zum Gelieren in den Kühlschrank stellen. Sobald sie »Straßen zieht« (siehe Seite 334), die Sahne mit dem Vanillinzucker steif schlagen und locker unter die Creme heben.
Die Creme auf den runden Biskuitplätzchen verstreichen und leicht erstarren lassen. Dann sofort jeweils eine sehr gut abgetropfte und trockengetupfte Ananasscheibe darauflegen. Den Tortenguß nach Packungsaufschrift mit dem übrigen Ananassaft aus der Dose oder mit Wasser bzw. Weißwein zubereiten und nach leichtem Abkühlen die Ananasscheiben damit überziehen. Dabei die Ränder ebenfalls damit bestreichen und diese sofort mit den Bröseln bestreuen.
In die Mitte jeder Ananasscheibe eine abgetropfte Kirsche legen und um jede Kirsche einen zierlichen Kranz aus gehackten Pistazien streuen. Die Torteletts dann bis zum Servieren kalt stellen.

Schachbrett-Torte Fürst-Pückler-Art

Für den hellen Teig
70 g Butter, 4 Eigelb
3 EL Wasser, 125 g Zucker
4 Eiweiß, 1 Prise Salz
150 g Mehl
Butter zum Einfetten

Für den dunklen Teig
50 g Zartbitter-Schokolade
20 g Butter, 4 Eigelb
3 EL Wasser, 125 g Zucker
4 Eiweiß, 1 Prise Salz
150 g Mehl, 2–2½ EL Kakao
1 Msp Backpulver
Butter zum Einfetten

Für Füllung und Verzierung
450 g Butter
300 g Puderzucker
1 Prise Salz, 2 Eigelb
1½ Glas (3 cl) Himbeergeist
2 EL Erdbeermarmelade
rote Speisefarbe
50 g Zartbitter-Schokolade
80 g blättrige Mandeln
8 frische, gleichgroße Erdbeeren

Die Butter schmelzen und wieder auf Handwärme abkühlen lassen.
Eigelb mit Wasser und etwa ⅔ des Zuckers schaumig, Eiweiß mit Salz und dem restlichen Zucker zu sehr festem Schnee schlagen. Das Mehl auf die Eigelbcreme sieben und zusammen mit dem Eischnee locker unterheben. Zum Schluß die Butter vorsichtig untermischen. Eine Springform (Durchmesser 26 cm) mit Pergamentpapier auslegen, am Boden einfetten und den Teig darin etwa 25 Minuten auf der mittleren Schiene des auf 200 Grad (Gas Stufe 3) vorgeheizten Ofens backen.
Für den dunklen Teig die Schokolade zusammen mit der Butter schmelzen und ebenfalls abkühlen lassen. Eigelb und Eiweiß wie oben verarbeiten und das Mehl vor dem Sieben mit Kakao und Backpulver mischen. Die Schokoladen-Butter-Mischung ebenfalls locker unter den Teig heben. Wie den hellen Boden backen und beide getrennt auf Kuchendrähten (möglichst über Nacht) auskühlen lassen.
Beide Tortenböden dann einmal waagerecht halbieren und mit Hilfe von großen Ausstechformen oder Schablonen in je vier immer kleiner werdende Ringe schneiden.
Die Butter mit Puderzucker und Salz schaumig rühren, bis Zucker und Salz gelöst sind. Dabei Eigelb und Himbeergeist zufügen. Gut die Hälfte der Buttercreme abnehmen und mit der glattgerührten und durch ein Sieb gestrichenen Marmelade sowie 1–2 Tropfen Speisefarbe rosa färben.
Abwechselnd je zwei helle und dunkle Biskuitringe ineinandersetzen, mit Creme bestreichen und die nächsten Ringe im Wechsel aufsetzen. So fortfahren, bis alle Teigringe sowie die Creme verbraucht sind. Etwa ⅔ der zurückbehaltenen Creme auf Rand und Oberfläche der Torte glatt verstreichen. Die Schokolade schmelzen, abgekühlt unter die restliche Creme mischen und nochmals kühlen.
Rand und Oberfläche der Torte mit den blättrigen Mandeln bedecken, 16 Stücke darauf markieren und jedes mit einem Schokocreme-Tupfer verzieren. Die geputzten Erdbeeren längs halbieren und auf die Tupfer setzen.
Die Torte bis zum Servieren kühlen.

Wickeltorte

Für den Unterlegboden
100 g Mehl
50 g gemahlene Mandeln
40 g Zucker, 70 g Butter

Für den Biskuitteig
5 Eigelb, 5 EL Wasser
125 g Zucker
5 Eiweiß, 1 Prise Salz
1 Päckchen Vanillinzucker
60 g Mehl
60 g Speisestärke, 50 g Kakao
Butter zum Einfetten
Zucker zum Bestreuen

Für Füllung und Verzierung
¾ l Sahne
2 Päckchen Vanillinzucker
1 EL Zucker
2 Päckchen Sahnefestiger
1 kleines Glas Preiselbeermarmelade
3 EL Preiselbeeren aus dem Glas

Für den Unterlegboden alle Zutaten sehr schnell miteinander verkneten und für etwa 30 Minuten zugedeckt kühlen.

Eine Springform (Durchmesser 26 cm) mit Pergament- oder Backpapier auslegen und den Teig darin ausrollen, ohne einen Rand zu bilden. Den Boden mehrfach mit einer Gabel einstechen und auf der mittleren Schiene des auf 200 Grad (Gas Stufe 3) vorgeheizten Ofens 15–20 Minuten backen. Anschließend auf einem Kuchendraht auskühlen lassen.
Für den Biskuit die Eigelb mit Wasser schaumig schlagen und dabei nach und nach etwa ⅔ des Zuckers einstreuen. Sobald diese Masse sehr schaumig und der Zucker gelöst ist, den Eischnee mit Salz, dem restlichen Zucker und Vanillinzucker steif schlagen und auf die Eigelbcreme gleiten lassen. Mehl mit Speisestärke und Kakao darübersieben und alles locker unterheben, auf ein mit gefettetem Pergamentpapier belegtes Blech streichen und das Papier am offenen Rand hochfalzen. Auf der mittleren Schiene bei gleicher Temperatur 10–15 Minuten backen.
Die Teigplatte sofort auf ein mit Zukker bestreutes Küchentuch stürzen, das Papier anfeuchten und abziehen. Den Teig mit dem Tuch einrollen und auskühlen lassen.
Die Sahne mit Vanillinzucker, Zucker und Sahnefestiger steif schlagen und etwa ⅔ davon vorsichtig mit der Preiselbeermarmelade vermischen (siehe Hinweis).
Die Biskuitrolle wieder auseinanderwickeln, mit der Masse bestreichen und der Länge nach in 5 cm breite Streifen schneiden . Einen der Streifen wieder zusammenrollen und senkrecht in die Mitte des Unterlegbodens stellen. Die übrigen Teigstreifen vorsichtig drumherumwickeln. Den äußeren Rand mit einem Teil der übrigen Sahne bestreichen und den Rest mit einem Spritzbeutel in kleinen Tupfern auf die Oberfläche verteilen. Die Preiselbeeren sorgfältig trockentupfen, darüberstreuen und die Torte möglichst bald servieren.

Hinweis Um zu verhindern, daß die Sahne beim Mischen mit der Marmelade ihre duftige Konsistenz verliert, empfiehlt es sich, die Marmelade vorher glattzurühren und dann löffelweise unterzuheben.

Brandteig

Erst beim Backen plustert sich der zähe Teig zu luftig-zarten Gebilden auf

Brandteig

Eberswalder Spritzkuchen

¼ l Wasser, 1 Prise Salz
1 EL Zucker
1 Päckchen Vanillinzucker
80 g Butter oder Margarine
200 g Mehl, 5–6 Eier
Öl zum Bestreichen
Öl, Plattenfett oder Schmalz zum Fritieren
200 g Puderzucker, 3–4 EL Rum

Für den Teig das Wasser zusammen mit Salz, Zucker und Vanillinzucker in einen Topf geben. Die Butter oder Margarine, in Flöckchen geteilt, zufügen. Erhitzen, bis sich das Fett gelöst hat und die Flüssigkeit aufkocht. Sobald die Flüssigkeit aufsprudelt, den Topf vom Herd nehmen und das gesiebte Mehl auf einmal – nicht nach und nach – hineinschütten. Sehr schnell mit einem Holzlöffel zu einem dicken Brei verrühren und den Topf wieder auf den Herd stellen. Unter ständigem, kräftigem Rühren erhitzen, bis sich ein völlig glatter Kloß und am Topfboden eine feine weißliche Haut gebildet haben. Den Teig jetzt in eine Schüssel geben und sofort 1 Ei hineinrühren. Dabei muß wieder sehr schnell gearbeitet werden, da sonst das Eiweiß fest werden und weiße Stippen im Teig bilden könnte. Den Teig nun ruhen und abkühlen lassen, bis er Handwärme erreicht hat. Jetzt nach und nach die Eier zufügen. Dabei darf jeweils nur 1 Ei hineingegeben werden, das sofort verrührt wird, bis es sich völlig mit dem Teig verbunden hat. Erst dann darf das nächste Ei folgen. Sobald das 5. Ei untergearbeitet ist, sollten Sie die Teigprobe machen: Heben Sie mit dem Holzlöffel etwas Teig heraus und prüfen Sie, ob er in langen, stark glänzenden Spitzen herunterhängt. Hat er diese Konsistenz bereits erreicht, können Sie auf das 6. Ei ganz oder zur Hälfte verzichten. Bei der Zugabe eines halben Eies verquirlen Sie vorher das Eiweiß mit dem Dotter. Danach sollte sofort mit dem Rühren aufgehört werden, da der Teig sonst leicht seine Luftigkeit verliert und nicht mehr schön aufgehen kann. Den Teig nun sofort in einen Spritzbeutel mit großer Sterntülle füllen. Pergamentpapier in 12 cm große Quadrate schneiden und einölen.
Mit dem Spritzbeutel Kreise mit einem Innendurchmesser von etwa 4 cm daraufspritzen (sollte keine große Sterntülle vorhanden sein, können Sie mit einer mittleren Tülle auch 2–3 Kreise übereinanderspritzen).
Zwischenzeitlich das Fritierfett in einem Topf erhitzen, bis es 180 Grad erreicht hat. Nun jeweils 2–4 Spritzkuchen gleichzeitig garen. Dazu die Pergamentquadrate an den Ecken fassen und die Kuchen davon in das heiße Fett gleiten lassen. Sobald sie an der Unterseite goldbraun sind, die Spritzkuchen mit einem Schaumlöffel wenden und auf der zweiten Seite ebenfalls ausbacken. Kurz abtropfen und auf einer dicken Lage Haushaltspapier abfetten lassen. Auf diese Weise sämtliche Spritzkuchen ausbacken. Dabei sollten Sie stets darauf achten, daß niemals zu viele Teigstücke gleichzeitig im Fett sind, denn sie gehen beim Backen etwas auf.
Zum Schluß den Puderzucker sieben und mit dem Rum zu einem glatten Guß verrühren. Die Spritzkuchen damit überziehen.

Variationen

Anstelle von Vanillinzucker können Sie auch abgeriebene Schale von ½ Zitrone in den Teig mischen. Dann empfiehlt es sich, auch Zitronensaft für den Guß zu verwenden.
Für Spritzkuchen Wiener Art bereiten Sie den Teig statt mit Wasser mit Milch zu und bestäuben die fertigen Spritzkuchen mit Puderzucker.

Tip

Auch wenn Sie kein Fritierthermometer besitzen, können Sie die Hitze des Fritierfettes prüfen. Halten Sie den Stiel eines Holzlöffels (kein Plastik!) hinein. Sobald sich kleine Bläschen bilden, können Sie mit dem Fritieren beginnen. Oder legen Sie ein Stückchen trockenes Brot hinein. Wenn es sich schnell bräunt, hat das Fett die richtige Temperatur.

Rosinen-Mandel-Krapfen

¼ l Wasser, 1 Prise Salz
75 g Butter oder Margarine
170 g Mehl, 4–5 Eier
100 g Rosinen
2 Glas (je 2 cl) Rum, Portwein oder Cognac
80 g gehackte Mandeln
Öl, Plattenfett oder Schmalz zum Fritieren
Puderzucker zum Bestäuben

Aus Wasser, Salz, Fett und Mehl wie im o. g. Rezept einen Brandteig zubereiten, diesen in eine Schüssel geben und das 1. Ei sofort unterrühren. Den Teig wie gewohnt ruhen und abkühlen lassen. In der Zwischenzeit die Rosinen in heißem Wasser waschen und in einem Tuch trocken reiben, mit dem Rum, Portwein oder Cognac begießen und quellen lassen, bis die restlichen Eier mit dem Teig vermischt wurden.
Anschließend die Rosinen zusammen mit dem nicht eingezogenen Alkohol und den gehackten Mandeln untermischen und das Fritierfett auf 180 Grad erhitzen.
Mit einem in das heiße Fett getauchten Eßlöffel Krapfen abstechen und portionsweise unter einmaligem Wenden im heißen Fett schwimmend goldbraun ausbacken. Mit einem Schaumlöffel herausnehmen und auf Haushaltspapier abfetten lassen.
Kurz vor dem völligen Abkühlen rundherum dick mit Puderzucker bestäuben oder auch darin wenden und sofort nach dem Abkühlen zu Tisch bringen.

Variationen

Wenden Sie die Rosinen-Mandel-Krapfen nach dem Abfetten statt in Puderzucker mal in einem Gemisch aus Vanillinzucker und Zucker oder verwenden Sie auch einmal Zimt-Zucker.
Und wenn Sie die Krapfen etwas »fruchtiger« lieben, mischen Sie 1–2 geraffelte Äpfel in den Teig.
Oder ersetzen Sie die Rosinen doch einfach durch kleingeschnittene, in Zwetschgenwasser gequollene Backpflaumen.

Flockentorte mit Exoten und Sahne

⅛ l Wasser, 1 Prise Salz
50 g Butter
100 g Mehl
2–3 Eier (je nach Größe)
Butter oder Margarine zum Einfetten
Mehl zum Bestäuben

Für Füllung und Verzierung
½ l Sahne
1 Päckchen Vanillinzucker
1 Kleinstdose Guaven
2 Scheiben Ananas (frisch oder aus der Dose)
1 kleine Netzmelone
2 Kiwis, 1 Orange
Puderzucker zum Bestäuben

Wasser mit Salz und Butter in einem Topf zum Kochen bringen, vom Herd nehmen und das Mehl auf einmal hineinschütten. Wieder auf den Herd stellen und unter Rühren so lange erhitzen, bis sich ein Kloß und am Topfboden eine weiße Haut gebildet hat. Den Topf vom Herd nehmen, den Teig in eine Schüssel geben und sofort 1 Ei unterrühren. Bis auf Handwärme abkühlen lassen und nacheinander die übrigen Eier zufügen. Rühren, bis der Teig in langen, stark glänzenden Zapfen am Löffel hängt. Dann aufhören zu rühren. Einen Springformboden (Durchmesser 26 cm) einfetten und mit Mehl bestäuben. ⅓ des Teiges darauf verstreichen und auf der mittleren Schiene des auf 220 Grad (Gas Stufe 4) vorgeheizten Ofens ca. 20 Minuten backen. Auf einem Kuchendraht abkühlen lassen und nacheinander zwei weitere Böden backen. Ebenfalls abkühlen lassen.
Die Sahne steif schlagen, mit Vanillinzucker süßen und einen Teil davon in einen Spritzbeutel mit Sterntülle geben.
Die Dosenfrüchte abtropfen lassen, die Guaven in dünne Schnitze, die Ananas in kleine Stücke schneiden. Die Melone halbieren, entkernen und das Fruchtfleisch mit einem Kartoffelausstecher in kleinen Kugeln herauslösen. Die Kiwis schälen und in Scheiben schneiden. Die Orange schälen, filetieren und entkernen. ¼ der Sahne auf einem der Böden verstreichen und mit der Hälfte der gemischten Früchte – mit Ausnahme der Orangenfilets und ein paar Melonenkugeln – darauf verteilen. Alles mit Sahne überstreichen, den zweiten Boden auflegen und ebenso bedekken. Den dritten Boden auflegen und mit Puderzucker übersieben. Am Rand rundherum Sahnetupfer aufspritzen und mit den Orangenschnitzen und den übrigen Melonenkugeln verzieren. Die Torte möglichst bald zu Tisch bringen, denn durch längeres Stehen weichen die Böden.

Hinweis Sie können den dritten Boden der Flockentorte auch in kleine Stückchen – die Flocken – zerkrümeln und auf die letzte Sahneschicht streuen. Sie läßt sich in diesem Fall leichter schneiden, wozu Sie aber stets am besten ein elektrisches Messer oder ein sehr scharfes Sägemesser verwenden sollten, damit die Füllung nicht herausgedrückt wird.

Gefüllter Brandteigring mit Mandeln

¼ l Wasser, 75 g Butter
1 Prise Salz, 150 g Mehl
1 TL Backpulver
3–4 Eier (je nach Größe)
Butter oder Margarine zum Einfetten
Mehl zum Bestäuben

Für Füllung und Verzierung
300 g tiefgekühlte Himbeeren
2 Glas (je 2 cl) Rum oder Cognac
½ l Sahne
2 Päckchen Vanillinzucker
80 g blättrige Mandeln
125 g Puderzucker

Wasser mit Butter und Salz in einem Topf aufkochen, vom Herd nehmen und das mit dem Backpulver gemischte Mehl auf einmal hineinschütten. Die Masse auf dem Herd unter Rühren erhitzen, bis sich ein Kloß und am Topfboden eine weiße Haut gebildet hat. Den Teig in einer Schüssel sofort mit dem ersten Ei verrühren und auf Handwärme abkühlen lassen. Nacheinander die übrigen Eier zufügen. Der Teig hat die richtige Konsistenz, wenn er stark glänzend, in langen Zapfen am Löffel hängt. Ein Backblech mit Butter oder Margarine einfetten und mit Mehl bestäuben. Den Teig in einen Spritzbeutel mit sehr großer, glatter Tülle geben und einen dicken Ring (Durchmesser ca. 26 cm) auf das Blech spritzen. Auf der mittleren Schiene des auf 220 Grad (Gas Stufe 4) vorgeheizten Ofens in 30–40 Minuten goldbraun backen. Herausnehmen und den Ring sofort mit einer Schere waagerecht durchschneiden. Beide Hälften auskühlen lassen. Indessen für die Füllung die Himbeeren mit Rum oder Cognac begossen in einer Schüssel zugedeckt auftauen lassen. Auf einem Sieb abtropfen lassen und die Flüssigkeit dabei auffangen. Die Sahne steif schlagen, süßen, die abgetropften Himbeeren locker untermischen und den Ring damit füllen. Die Mandeln sehr schnell in einer trockenen Pfanne goldbraun werden und dann auf einem Teller abkühlen lassen. Den Puderzucker mit aufgefangenem Himbeersaft zu einem dickflüssigen Guß verrühren. Auf der Oberfläche des Rings verteilen und gleichmäßig mit den Mandeln bestreuen.

Tip

Füllen Sie den Brandteigring doch einmal mit einer Schokoladencreme: Dazu 100 g feine Vollmilchschokolade und 50 g Zartbitterschokolade mit 20 g Butter bei sanfter Hitze unter Rühren schmelzen und leicht abkühlen lassen. 3 Eigelb mit 100 g Zucker und ein paar Tropfen heißem Wasser zu einer dickschaumigen, weißlichen Masse schlagen. Diese unter die Schokolade mischen und abkühlen lassen. 3 Eiweiß mit Salz zu schnittfestem Schnee und ¼ l Sahne sehr steif schlagen. Beides unter die Creme heben, sobald diese beginnt, wieder fest zu werden. Den Brandteigring damit füllen und die Oberfläche mit Puderzucker und/oder Kakao bestäuben.

Brandteig

Orangen-Quark-Torte

¼ l Wasser, 1 Prise Salz
50 g Butter, 150 g Mehl
4–5 Eier (je nach Größe)
Butter oder Margarine zum Einfetten
Mehl zum Bestäuben

Für Füllung und Verzierung
6 Blatt weiße Gelatine
250 g Sahnequark
⅛ l frisch gepreßter Orangensaft
1 Ei, getrennt
ca. 100 g Zucker (nach Geschmack)
1 Päckchen Vanillinzucker
Orangenlikör zum Parfümieren
1 Prise Salz, ¼ l Sahne
2 Päckchen Vanillinzucker
1 Orange
Borkenschokolade zum Bestreuen

Wasser mit Salz und Butter in einem Topf zum Kochen bringen. Den Topf vom Herd nehmen und das Mehl auf einmal hineinschütten. Wieder auf den Herd stellen und so lange rühren, bis sich ein Kloß und am Topfboden eine weiße Haut gebildet hat. Den Teig dann sofort in eine Schüssel geben und unmittelbar danach 1 Ei unterrühren. Bis auf Handwärme abkühlen lassen. Dann nacheinander die übrigen Eier unterrühren und jeweils das folgende Ei erst dann zugeben, wenn das vorhergehende sich völlig mit dem Teig vermischt hat. Bevor das fünfte Ei untergerührt wird, sollten Sie die Teigprobe machen. Heben Sie mit dem Löffel etwas Teig heraus. Bleibt er in langen, stark glänzenden Spitzen am Löffel hängen, können Sie auf das letzte Ei verzichten, ist dies noch nicht der Fall, müssen Sie es ganz oder teilweise untermischen. Danach bitte sofort aufhören zu rühren, sonst verliert der Teig seine Luftigkeit und kann beim Backen nicht mehr stark genug aufgehen. Ein Backblech einfetten und mit Mehl bestäuben. In der Mitte mit Hilfe eines Springformbodens einen Kreis (Durchmesser 26 oder 28 cm) markieren und den Brandteig in einen Spritzbeutel mit großer Sterntülle geben. Auf dieser Kreislinie mit geringem Abstand Windbeutel aufspritzen; sie sollen sich beim Aufgehen berühren und so aneinanderbacken. Auf der mittleren Schiene des auf 200–220 Grad (Gas Stufe 3–4) vorgeheizten Ofens 25–30 Minuten backen und den Ofen dabei während der ersten 15–20 Minuten nicht öffnen. Den noch warmen Kuchen einmal waagrecht durchschneiden.
Für die Füllung die Gelatine nach Packungsaufschrift in kaltem Wasser einweichen und quellen lassen. Den Quark mit Orangensaft, Eigelb, Zukker und Vanillinzucker so lange rühren, bis die Masse cremig und der Zucker gelöst ist. Mit dem Orangenlikör parfümieren. Die Gelatine nach Aufschrift auflösen und etwas abkühlen lassen. Ein paar Löffel der Orangencreme unterrühren, dann die gesamte Gelatinemischung unter kräftigem Rühren in den übrigen Quark mischen. In den Kühlschrank stellen und gelieren lassen. Eiweiß mit Salz zu schnittfestem Schnee schlagen und sobald die Creme beginnt, fest zu werden, unterheben. Diese Masse auf den unteren Tortenkranz streichen und den zweiten auflegen. Die Sahne mit dem übrigen Vanillinzucker steif schlagen und in einen Spritzbeutel mit Sterntülle geben. Die Orange schälen, filetieren und entkernen. Die Filets nach Wunsch noch einmal durchschneiden. Jeden Windbeutel mit einem Sahnetupfer und mit Orangenstückchen belegen. Die Borkenschokolade zerbröselt darüber verteilen.

Windbeutel

¼ l Wasser, 1 Prise Salz
75 g Butter, 175 g Mehl
4–5 Eier (je nach Größe)
Butter oder Margarine zum Einfetten
Mehl zum Bestäuben

Für Füllung und Verzierung
½ bis ¾ l Sahne
2–3 Päckchen Vanillinzucker
1 Päckchen Sahnefestiger
Puderzucker zum Bestäuben

Wasser mit Salz und Butter in einem Topf zum Kochen bringen vom Herd nehmen und das Mehl auf einmal hineinschütten. Wieder auf den Herd stellen und rühren, bis sich ein Kloß und am Topfboden eine weiße Haut gebildet hat. Den Teig sofort in eine Schüssel geben, 1 Ei unterrühren und alles bis auf Handwärme abkühlen lassen. Dann nacheinander die übrigen Eier einarbeiten. Den Teig in einen Spritzbeutel mit großer Sterntülle füllen. Ein Backblech einfetten und dünn mit Mehl bestäuben. Nun mit dem Spritzbeutel etwa eigroße Tupfer mit genügend großem Abstand aufspritzen und auf die mittlere Schiene des auf 220 Grad (Gas Stufe 4) vorgeheizten Ofens schieben und in 20–25 Minuten backen. Die Windbeutel sofort mit einer Schere aufschneiden. Nebeneinanderliegend völlig ausdampfen und erkalten lassen. Erst danach füllen.
Dazu die Sahne mit Vanillinzucker und Sahnefestiger steif schlagen, in einen Spritzbeutel mit Sterntülle füllen und die Unterteile der Windbeutel damit üppig füllen. Die Deckel aufsetzen und alles gleichmäßig mit Puderzucker bestäuben.

Brandteig-Schwäne

¼ l Wasser, 1 Prise Salz
75 g Butter, 175 g Mehl
4–5 Eier (je nach Größe)
Butter oder Margarine zum Einfetten
Mehl zum Bestäuben

Für Füllung und Verzierung
½ bis ¾ l Sahne
2–3 Päckchen Vanillinzucker
1 Päckchen Sahnefestiger
Puderzucker zum Bestäuben

Den Brandteig wie im Rezept Windbeutel zubereiten und etwa ¾ dieser Masse in einen Spritzbeutel mit großer Sterntülle geben. Ein Backblech einfetten und mit Mehl bestäuben. Jeweils mit genügend Abstand nebeneinander längliche, an einem Ende spitz zulaufende Windbeutel auf das Blech spritzen. Den restlichen Brandteig in einen Spritzbeutel mit glatter, dünner Tülle füllen und damit die Köpfe und Hälse auf das Blech spritzen. Dazu jeweils (ebenfalls mit genügend Abstand) leicht verlängerte Fragezeichen »schreiben«, die am oberen Ende (dem Beginn des Fragezeichens) etwas dicker sein können als unten; das ist der Kopf. Achten Sie dabei stets auf die gleiche Anzahl von Rümpfen und Köpfen bzw. Hälsen. Körper und Hälse bzw. Köpfe sollten Sie am besten auch getrennt abbacken, denn sie haben unterschiedliche Garzeiten. Die Körper benötigen 20–25 Minuten, während bei den Hälsen – je nach Stärke – 15–20 Minuten genügen. Beide werden auf die mittlere Schiene des auf 220 Grad (Gas Stufe 4) vorgeheizten Ofens geschoben. Nach dem Backen Hälse und Körper sofort vom Blech lösen und auf einem Kuchendraht auskühlen lassen. Die Körper dazu vorher einmal waagerecht halbieren und die Oberteile einmal längs teilen; das werden die Flügel. Erst unmittelbar vor dem Servieren die Sahne mit Vanillinzucker und Sahnefestiger steif schlagen und in einen Spritzbeutel mit Sterntülle geben. Die unteren Körperhälften der Schwäne damit reichlich füllen, die Flügel etwas schräg in die Sahne drücken und die Hälse zum Schluß am runden Ende der Körper ebenfalls in der Sahne befestigen. Die Vögel zum Schluß mit Puderzucker bestäuben und dann möglichst sofort servieren.

Eclairs Liebesknochen

¼ l Wasser, 1 Prise Salz
75 g Butter, 150 g Mehl
4–5 Eier (je nach Größe)
Butter oder Margarine zum Einfetten
Mehl zum Bestäuben

Für Füllung und Verzierung
4 Blatt weiße Gelatine
4 Eigelb
1 Päckchen Vanillinzucker
100 g Zucker
1 Prise Salz
⅜ l Sahne, ⅛ l Milch
1 Glas (2 cl) weißer Rum
150 g Puderzucker
2–3 EL Wasser
2 TL Instant-Kaffeepulver

Aus Wasser, Salz, Butter und Mehl wie im Rezept Windbeutel angegeben, einen Brandteig zubereiten und in einen Spritzbeutel mit großer Sterntülle geben. Ein Backblech einfetten und mit Mehl bestäuben und mit etwas Abstand etwa fingerlange Streifen, die sich in der Mitte leicht verjüngen, aufspritzen. Auf der mittleren Schiene des auf 220 Grad (Gas Stufe 4) vorgeheizten Ofens 20–25 Minuten backen, vom Blech lösen und sofort mit einer Schere einmal waagerecht teilen. Getrennt auf einem Kuchendraht vollkommen auskühlen lassen.
Für die Füllung die Gelatine nach Packungsaufschrift einweichen und quellen lassen. Eigelb mit Vanillinzucker, Zucker, Salz, ⅛ l Sahne und der Milch leicht schaumig schlagen. Die Schüssel in ein heißes, aber nicht kochendes Wasserbad stellen und so lange weiterschlagen, bis der Zucker gelöst und die Creme weiß und dicklich ist. Die Gelatine ausdrücken und in der heißen Creme unter weiterem Schlagen auflösen. Danach abkühlen und gelieren lassen. Die restliche Sahne steif schlagen und zusammen mit dem Rum locker unterheben, sobald die Masse beginnt, Straßen zu ziehen. Nochmal kurz kühlen, dann in einen Spritzbeutel mit Sterntülle geben, die Unterteile der Eclairs damit füllen, die Oberteile aufsetzen. Puderzucker mit Wasser und Kaffeepulver zu einem dickflüssigen Guß verrühren, die Eclairs damit überziehen und trocknen lassen.

Brandteig-Haselnußtörtchen

Für die Füllung
1 Päckchen Schokoladen-Puddingpulver, ⅜ l Milch
⅛ l Sahne
1 Prise Salz, 40 g Zucker
1 Vanilleschote
1 Eigelb
2–3 EL Cognac oder Weinbrand

Außerdem
¼ l Wasser, 1 Prise Salz
75 g Butter
je 70 g Mehl und Speisestärke
4–5 Eier (je nach Größe)
100 g gemahlene Haselnüsse
Butter oder Margarine zum Einfetten
Mehl zum Bestäuben
1 Eigelb zum Bestreichen
Puderzucker zum Bestäuben

Für die Füllung das Schokoladen-Puddingpulver mit etwas Milch anrühren. Die restliche Milch zusammen mit Sahne, Salz, Zucker und dem ausgeschabten Vanillemark in einem Topf zum Kochen bringen. Das angerührte Puddingpulver nach Packungsaufschrift unterrühren und aufkochen lassen. Den Topf vom Herd nehmen, das Eigelb mit Cognac oder Weinbrand und etwas von dem Pudding (der eigentlich ein Flammeri ist) verquirlen. Unter kräftigem Rühren in den Flammeri gießen und diesen wieder kurz erhitzen, aber nicht kochen lassen. Vom Herd nehmen und abkühlen lassen, bis er nur noch lauwarm, aber noch nicht völlig fest geworden ist.
Zwischenzeitlich das Wasser mit Salz und Butter in einem Topf aufkochen. Mehl mit Speisestärke mischen, sieben und auf einmal in die kochende, vom Herd genommene Flüssigkeit schütten. Den Topf wieder auf den Herd stellen und so lange rühren, bis sich ein Kloß und am Topfboden eine weiße Haut gebildet hat. Den Teig sofort in eine Schüssel geben und 1 Ei unterrühren. Bis auf Handwärme abkühlen lassen, dann nach und nach die übrigen Eier und nach dem dritten Ei wechselweise die gemahlenen Haselnüsse unterrühren. Auch hier muß der Teig in langen, stark glänzenden Zapfen am Löffel hängen. Den Teig in einen Spritzbeutel mit großer Sterntülle geben. Ein Backblech einfetten und mit Mehl bestäuben. Mit dem Spritzbeutel etwa handtellergroße Kreise aufspritzen und die Schokoladenmasse jeweils in der Mitte verteilen. Die Ringe mit verquirltem Eigelb bestreichen und auf der Mittelschiene des auf 220 Grad (Gas Stufe 4) vorgeheizten Ofens 20–25 Minuten backen. Die Törtchen kurz ausdampfen lassen und noch heiß vom Blech lösen. Auf einen Kuchendraht legen und kurz vor dem völligen Erkalten mit Puderzucker bestäuben.

Windbeuteltorte mit Nuß-Sahne

Für den Boden
100 g Mehl
25 g Zucker, 50 g Butter
2 EL gemahlene Haselnüsse
Butter oder Margarine zum Einfetten

Für den Brandteig
¼ l Wasser, 75 g Butter
1 Prise Salz, 150 g Mehl
4–5 Eier
abgeriebene Schale von 1 Zitrone
Butter oder Margarine zum Einfetten
Mehl zum Bestäuben

Für Füllung und Verzierung
½ l Sahne
1 EL Zucker
1 Päckchen Vanillinzucker
1 Msp gemahlener Zimt
2 Päckchen Sahnefestiger
100 g gemahlene Haselnüsse
Puderzucker zum Bestäuben

Für den Boden das Mehl auf die Arbeitsfläche sieben, Zucker, die in Flöckchen geteilte Butter und die gemahlenen Nüsse zufügen und alles sehr schnell zu einem glatten Teig kneten. Auf einem gefetteten Springformboden (Durchmesser 28 cm) ausrollen, mehrfach mit einer Gabel einstechen und auf der Mittelschiene des auf 200 Grad (Gas Stufe 3) vorgeheizten Ofens ca. 15 Minuten backen. Auskühlen lassen.
Für den Brandteig Wasser mit Butter und Salz in einem Topf aufkochen, den Topf vom Herd nehmen und das Mehl auf einmal hineinschütten. Wieder auf den Herd stellen und rühren, bis sich ein Kloß und am Topfboden eine weiße Haut gebildet hat. Den Teig in eine Schüssel geben und sofort das erste Ei unterrühren. Auf Handwärme abkühlen lassen, dann nach und nach die übrigen Eier und die abgeriebene Zitronenschale zufügen. Zur Hälfte in einen Spritzbeutel mit großer, glatter Tülle und zum anderen Teil in einen Beutel mit kleiner, glatter Tülle geben. Ein Backblech einfetten, mit Mehl bestäuben und in der Mitte einen Kreis von 26–27 cm Durchmesser markieren. Darauf mit der dicken Tülle einen Ring spritzen. Mit der kleinen Tülle 13 Kügelchen danebenspritzen und alles in den auf 220 Grad (Gas Stufe 4) vorgeheizten Ofen auf die mittlere Schiene schieben. Die Kugeln nach 15–20 Minuten herausnehmen, den Ring 20–25 Minuten backen, abkühlen lassen.
Die Sahne mit Zucker, Vanillinzucker, Zimt und Sahnefestiger steif schlagen, einen Teil davon dünn auf den Mürbeteigboden streichen und den Brandteigring daraufsetzen. Die übrige Sahne in einen Spritzbeutel mit Sterntülle geben, den Innenraum des Ringes damit füllen und auf den Ring 12 Tupfer setzen. Jeweils mit einem Windbeutelchen belegen und alles mit Puderzucker bestäuben.

Hinweis Noch aufwendiger wird diese Torte, wenn Sie die kleinen Windbeutelchen nach dem Backen seitlich aufschneiden und nach dem Auskühlen ebenfalls mit der aromatisierten Schlagsahne füllen oder sie mit flüssiger Kuvertüre überziehen.

Windbeutel-Traube

⅛ l Wasser, 1 Prise Salz
40 g Butter, 60 g Mehl
40 g Speisestärke
2–3 Eier (je nach Größe)
Butter oder Margarine zum Einfetten
Mehl zum Bestäuben

Für die Füllung
4 Blatt weiße Gelatine
2 Eigelb, 60–70 g Zucker
⅛ l frisch gepreßter Orangensaft
Saft und abgeriebene Schale von ½ Zitrone
3–4 EL Orangenlikör oder Cognac
2 Eiweiß, 1 Prise Salz
1 kleiner Becher Sahne (100 g)

Für die Fertigstellung
250 g Zucker, 8 EL Wasser
Öl zum Bestreichen

Wasser mit Salz und Butter in einem Topf aufkochen. Zwischenzeitlich Mehl mit Speisestärke mischen und sieben. Sobald die Flüssigkeit kocht und die Butter gelöst ist, den Topf vom Herd nehmen, die Mehlmischung auf einmal hineinschütten und den Topf wieder auf den Herd stellen. Rühren, bis sich ein Kloß gebildet hat und am Topfboden eine weiße Haut zeigt. Den Teig dann sofort in eine Schüssel geben, 1 Ei unterrühren und alles auf Handwärme abkühlen lassen. Dann nacheinander die übrigen Eier untermischen. Den Teig in einen Spritzbeutel mit kleiner, glatter Tülle füllen und ein Backblech einfetten und mit Mehl bestäuben. Mit genügend Abstand nun walnußgroße Kugeln auf das Blech spritzen und auf die Mittelschiene des auf 200–220 Grad (Gas Stufe 3–4) vorgeheizten Ofens schieben und in 10–12 Minuten hellgelb backen. Die Kugeln vom Blech lösen, seitlich aufschneiden und auf einem Kuchendraht auskühlen lassen.

Für die Füllung die Gelatine nach Packungsaufschrift in kaltem Wasser quellen lassen. Eigelb mit Zucker und Orangensaft in einer Schüssel verschlagen. Die Zitrone abreiben und danach auspressen. Schale und Saft ebenfalls zufügen und so lange schlagen, bis die Masse weißcremig und der Zucker gelöst ist. Die Gelatine nach Aufschrift auflösen, leicht abkühlen lassen und unter die Orangencreme rühren. Im Kühlschrank gelieren lassen. Eiweiß mit Salz zu schnittfestem Schnee, die Sahne sehr steif schlagen. Beides unter die Creme ziehen, sobald diese beginnt, fest zu werden; d. h. »Straßen zieht«. In einen Spritzbeutel mit sehr kleiner Tülle geben und die Windbeutelchen damit füllen. Die Hälfte des Zuckers in einem Töpfchen bei sanfter Hitze unter Rühren schmelzen lassen, 4 EL Wasser zufügen und diese Karamelmasse im heißen Wasserbad flüssig halten. Die Windbeutel damit überziehen und in Traubenform auf mit Öl bestrichener Alufolie zusammensetzen. Die Karamelmasse wird beim Erkalten fest und hält die Windbeutel. Aus dem restlichen Zucker und dem übrigen Wasser erneut Karamel herstellen und die übrigen Kugeln damit zusammensetzen. Je nach Größe erhalten Sie 3–5 Trauben.

Brandteig

Brandteigringe mit Orangenfüllung

¼ l Wasser, 75 g Butter
1 Prise Salz, 150 g Mehl
4–5 Eier (je nach Größe)
abgeriebene Schale von ½ Orange
Butter oder Margarine zum Einfetten
Mehl zum Bestäuben

Für Füllung und Verzierung
1 Päckchen Orangen-Puddingpulver
¼ l Wasser, 100 g Zucker
Saft von 1 Orange
¼ l Sahne, 3 Orangen
Puderzucker zum Bestäuben

Wasser mit Butter und Salz in einem Topf aufkochen, den Topf vom Herd nehmen und das Mehl auf einmal hineinschütten. Den Topf wieder auf den Herd stellen und rühren, bis sich ein Kloß gebildet hat und am Topfboden eine weiße Haut zeigt. Den Topf sofort vom Herd nehmen, den Brandteig in eine Schüssel geben und das erste Ei unterrühren. Den Teig abkühlen lassen, bis er etwa Handwärme hat. Dann nacheinander die übrigen Eier und die Orangenschale unterrühren. Der Teig muß zum Schluß in langen, stark glänzenden Zapfen vom Löffel hängen. Nun nicht mehr rühren, sonst verliert er seine Luftigkeit und die Ringe bekommen beim Backen nicht mehr das nötige Volumen. Ein Backblech einfetten und mit Mehl bestäuben. Den Teig in einen Spritzbeutel mit großer Sterntülle geben und etwa windbeutelgroße Ringe mit genügend Abstand auf das Blech spritzen. Auf der mittleren Schiene des auf 220 Grad (Gas Stufe 4) vorgeheizten Ofens 20–25 Minuten backen. Dabei den Backofen während der ersten 10–15 Minuten keinesfalls öffnen, damit die Ringe nicht zusammenfallen können. Die Ringe dann vom Blech lösen und sofort einmal waagerecht durchschneiden. Auf einem Kuchendraht nebeneinander ausdampfen und abkühlen lassen.
Für die Füllung das Puddigpulver mit etwas Wasser anrühren, das übrige Wasser zusammen mit Zucker und Orangensaft zum Kochen bringen. Das Puddingpulver einrühren und nach Packungsaufschrift durchkochen lassen. Vom Herd nehmen und in einem kalten Wasserbad unter häufigem Durchrühren – damit sich keine Haut bildet – abkühlen lassen. Die Sahne steif schlagen. Die Orangen schälen, filetieren und entkernen. Die Filets noch ein- bis zweimal durchschneiden und zusammen mit der Sahne unter den Orangenpudding heben. Die Unterseiten der Ringe üppig damit füllen, die oberen Teile aufsetzen und dick mit Puderzucker bestäuben. Schnell servieren.

Profiteroles

⅛ l Wasser, 1 Prise Salz
50 g Butter, 100 g Mehl
2–3 Eier (je nach Größe)
Butter oder Margarine zum Einfetten
Mehl zum Bestäuben

Für Füllung und Verzierung
3 Blatt weiße Gelatine
2 Eigelb, 3 EL Zucker
¼ l Milch
1 Päckchen Vanillinzucker
2 Eiweiß, 1 Prise Salz
200 g Zartbitter-Schokolade
20 g Butter

Den Brandteig wie im vorhergehenden Rezept zubereiten und in einen Spritzbeutel mit großer Sterntülle geben. Etwa walnußgroße Tupfer auf ein gefettetes und mit Mehl bestäubtes Blech spritzen, im vorgeheizten Ofen auf die mittlere Schiene schieben und die Teigkugel 10–12 Minuten bei 200–220 Grad (Gas Stufe 3–4) backen. Die Profiteroles vom Blech nehmen, sofort einmal waagerecht durchschneiden und auf einem Kuchendraht nebeneinanderliegend ausdampfen und abkühlen lassen.
In der Zwischenzeit die Gelatine nach Packungsaufschrift in kaltem Wasser einweichen und quellen lassen. Eigelb mit dem Zucker in einer Schüssel weißschaumig schlagen, bis sich der Zucker gelöst hat. Die Milch mit Vanillinzucker aufkochen lassen, unter weiterem Schlagen zur Eimasse gießen und die ausgedrückte Gelatine unter weiterem Rühren darin auflösen. Kalt stellen und gelieren lassen. Eiweiß mit Salz zu schnittfestem Schnee schlagen und sobald die Creme Straßen zieht, locker unterheben. Nochmal für sehr kurze Zeit kühlen, dann die Profiteroles damit füllen. Die Schokolade zerbröckeln und zusammen mit der Butter in ein heißes, aber nicht kochendes Wasserbad stellen. Unter Rühren flüssig werden lassen, dann wieder etwas abkühlen lassen. Die Profiteroles damit übergießen, den Guß fest werden lassen.

Hinweis Profiteroles können Sie auch ganz ausgezeichnet mit Fruchteiskugeln und/oder vanillierter Schlagsahne füllen oder auch mit beliebigen Cremes anrichten.

Schneebälle mit Birnen und Mandeln

¼ l Milch, 75 g Butter
1 Prise Salz, 250 g Mehl
6–7 Eier (je nach Größe)
50 g Rosinen
2 kleine Birnen
40 g blättrige Mandeln
Fritierfett zum Ausbacken
Puderzucker zum Bestäuben

Die Milch mit Butter und Salz aufkochen, den Topf vom Herd nehmen und das Mehl auf einmal hineinschütten. Wieder auf den Herd stellen und rühren, bis sich ein Kloß und am Topfboden eine weiße Haut gebildet hat. Den Teig in eine Schüssel geben, 1 Ei unterrühren und leicht abkühlen lassen. Dann nacheinander die übrigen Eier zufügen. Auch hier muß der stark glänzende Teig in langen Zapfen am Löffel hängen. Die Rosinen in heißem Wasser waschen und sehr gut trockenreiben. Die Birnen schälen, entkernen und in feine Schnitze teilen. Beides mit den Mandeln unter den Brandteig mischen und das Fritierfett auf 175–180 Grad erhitzen. Mit einem in das heiße Fett getauchten Eßlöffel kleine Krapfen abstechen und im heißen Fett rundherum goldbraun backen lassen. Auf Haushaltspapier abfetten lassen. Dann sofort in reichlich Puderzucker wenden und rasch servieren.

Hefeteig

Seine Zubereitung ist in der Tat wesentlich einfacher, als viele Hausfrauen glauben

Brioches Apostelkuchen

15 g frische Hefe
3 EL lauwarme Milch
450 g zimmerwarmes Mehl
50 g Zucker, 1 TL Salz
5 Eier
Mehl zum Bestäuben und Formen
200 g weiche Butter
25 g gesalzene Butter
Butter zum Einfetten
1 Eigelb, 2 EL Sahne

Die Hefe in der lauwarmen Milch verrühren und etwa 10 Minuten stehen lassen, damit sie sich lösen kann. Das Mehl in eine Schüssel sieben, Zucker und Salz gründlich untermischen und in die Mitte eine Mulde drücken. Die verquirlten Eier und die Hefemilch hineingießen und von der Mitte aus alle Zutaten verrühren. Diesen sehr weichen und stark klebenden Teig auf die mit Mehl bestäubte Arbeitsfläche geben und so lange kneten, bis er elastisch wird. Dabei empfiehlt es sich, den Teig stets mit einer Hand zu kneten und ihn mit einem Teigschaber (in der anderen Hand) dabei wieder vom Untergrund zu lösen. In der ersten Zeit klebt der Teig dabei sehr stark, was sich aber beim Weiterarbeiten nach und nach verliert. Als zusätzliche Hilfe kann die Arbeitsfläche dabei hin und wieder dünn bemehlt werden. Sobald der Teig glatt ist, nach und nach die in Flöckchen geteilte Butter einarbeiten. Dabei sollte möglichst sehr schnell gearbeitet werden, damit sich die Butter nicht zu stark erwärmen oder gar schmelzen kann.
Den Teig dann rund formen, in einer Schüssel dünn mit Mehl bestäuben und 3–4 Stunden mit Folie bedeckt bei Zimmertemperatur gehen lassen. Wenn sich sein Volumen um die zwei- bis dreifache Menge vergrößert hat, den Teig nochmals durchkneten und ihn dann über Nacht – wieder mit Folie bedeckt – im Kühlschrank ruhen lassen. Dann etwa 20 Briocheformen oder Tortelettförmchen mit sehr hohem Rand gründlich mit Butter einfetten. Den Teig durchkneten, mit bemehlten Händen in 20 gleichgroße Stücke teilen und von jedem Stück etwa ⅓ abnehmen. Das größere Stück jeweils zur Kugel formen, in die Förmchen setzen und die Mitte jeweils mit beiden Daumen zur Mulde eindrücken. Die kleineren Teigstücke ebenfalls zu Kugeln runddrehen und jeweils in die Mulde setzen. Ein Tuch darüberdecken etwa 15 Minuten gehen lassen.
Eigelb mit Sahne verquirlen und die Brioches damit bepinseln. Sofort auf die mittlere Schiene des auf 220 Grad (Gas Stufe 4) vorgeheizten Ofens schieben und 12–15 Minuten backen. Die Brioches vorsichtig aus ihren Formen stürzen und auf einem Kuchendraht ausdampfen lassen. Möglichst frisch servieren.

Hinweis Reichen Sie gesalzene Butter und Marmelade oder Honig dazu, wenn Sie es zum Frühstück oder zum Nachmittagskaffee servieren wollen. Doch können Sie auch die »Köpfe« abtrennen und die Brioches mit Früchten, Cremes oder Eis füllen.

Rosinenbrötchen mit Quark

300 g zimmerwarmes Mehl
40 g Hefe, 70 g Zucker
3 EL lauwarme Milch
250 g Quark, 2 Eier
80 g weiche Butter
1 Prise Salz
abgeriebene Schale von ½ Zitrone
125–150 g Rosinen
Mehl zum Bestäuben und Formen
Butter oder Margarine zum Einfetten
1 Eigelb zum Bestreichen

Mehl in eine Schüssel sieben und in die Mitte eine Mulde drücken. Die Hefe darin zerbröckeln und mit etwas Zucker, der Milch und wenig Mehl vom Rand zum Vorteig verrühren. Mit einem Tuch bedeckt ca. 15 Minuten gehen lassen, bis der Vorteig Blasen wirft. Den Quark zusammen mit den Eiern, der in Flöckchen geteilten Butter, Salz und abgeriebener Zitronenschale zufügen und alles sehr gründlich verarbeiten. Den Teig schlagen, bis er Blasen wirft und sich vom Schüsselrand löst. Wieder mit einem Tuch bedecken und 20–25 Minuten an einem warmen Platz gehen lassen. Er muß sein Volumen dann etwa verdoppelt haben. Zwischenzeitlich die Rosinen in heißem Wasser waschen und in einem Tuch sehr gut trockenreiben. Den Teig durchkneten. Die Rosinen mit Mehl bestäuben und unter den Teig kneten. Diesen dann mit bemehlten Händen zu kleinen Brötchen (Durchmesser etwa 6 cm) formen und mit genügend Abstand – sie gehen noch auf – auf ein gefettetes Backblech legen. Ein letztes Mal gehen lassen, dann die Oberflächen mit verquirltem Eigelb bestreichen und die Brötchen auf die mittlere Schiene des auf 200 Grad (Gas Stufe 3) vorgeheizten Ofens schieben. 20–25 Minuten backen, auf einem Kuchendraht abkühlen lassen.

Hinweis Reichen Sie in jedem Fall reichlich frische Butter zu den Brötchen, aber auch Marmelade und Honig schmecken köstlich dazu. Oder versuchen Sie's einmal so: Die Brötchen halbieren, beide Seiten mit Butter bestreichen und mit Schokoladenplättchen, -streuseln oder geraspelter Schokolade zusammensetzen.

Tip

Für diese sehr lockeren Brötchen bieten sich gleich mehrere Variationsmöglichkeiten an. So können Sie zum Beispiel die Rosinen durch Sultaninen oder Korinthen ersetzen, Sie können aber auch zusätzlich etwa 50 g fein gehackte oder gemahlene Mandeln oder Nüsse untermischen (zusammen mit den Trockenfrüchten). Selbstverständlich läßt sich der Geschmack auch durch alle möglichen Backaromen, wie Rum-, Arrak- oder Bittermandelaroma, durch Vanillemark oder -zucker, durch Zimt, Muskat oder Orangenschale immer wieder verändern. Und wenn Sie den Teig durch etwas mehr Mehl ein wenig fester machen, können Sie ihn zu Brezeln, Hörnchen, Zöpfen oder auch Ringen formen.

Savarin mit Himbeeren

300 g Mehl, 20 g Hefe
8 EL lauwarme Milch
125 g Butter, 4 Eier
40 g Zucker, 1 Msp Salz
Mehl zum Bestäuben
Butter zum Einfetten

Außerdem
¼ l Wasser, 150 g Zucker
2–3 Glas (je 2 cl) Himbeergeist
½ Glas Aprikosenmarmelade (225 g)
¼ l Sahne
300 g frische oder tiefgekühlte Himbeeren
gehackte Pistazien zum Bestreuen

Das Mehl in eine Schüssel sieben, in die Mitte eine Mulde drücken und die Hefe hineinbröckeln. Unter Rühren die Milch in die Mulde gießen und die Hefe darin auflösen. Diesen Vorteig mit etwas Mehl bestäuben und, mit einem Küchentuch bedeckt, etwa 15 Minuten gehen lassen.
In dieser Zeit die Butter schmelzen und auf Handwärme abkühlen. Zusammen mit den verquirlten Eiern, dem Zucker und dem Salz zum aufgegangenen Vorteig geben und alles gründlich verarbeiten. Den Teig kräftig schlagen, bis er Blasen wirft und sich vom Schüsselrand löst, er darf aber nicht zu fest sein.
Erneut mit Mehl bestäuben und, mit einem Tuch bedeckt, 15–20 Minuten gehen lassen. Eine Savarinform (Durchmesser 24 cm) mit Butter einfetten und mit Mehl ausstäuben.
Den Hefeteig nochmals durchkneten und in die Form geben, die nur zur Hälfte gefüllt sein darf. Ein letztes Mal ein Küchentuch darüberlegen und den Teig zur doppelten Höhe aufgehen lassen, die Form sollte jetzt nahezu gefüllt sein. Das dauert – je nach Temperatur – 10–15 Minuten.
In den auf 200–220 Grad (Gas Stufe 3–4) vorgeheizten Ofen schieben und in 25–30 Minuten backen.
Kurz vor Ende der Backzeit das Wasser mit 125 g Zucker in einem Topf kochen lassen, bis sich der Zucker völlig gelöst hat und die Masse klar ist. Vom Herd nehmen und auf Handwärme abkühlen lassen.
Den Savarin aus dem Ofen nehmen, auf einen Kuchendraht stürzen und 10–15 Minuten auskühlen lassen. Dann zusammen mit dem Kuchendraht auf eine Schüssel stellen. Den Zuckersirup mit Himbeergeist kräftig abschmecken, den Savarin damit nach und nach begießen oder bepinseln, bis er die gesamte Flüssigkeit aufgenommen hat. Die in die Schüssel laufende Flüssigkeit ebenfalls über den Savarin gießen.
Die Aprikosenmarmelade, mit ein paar Tropfen Wasser vermischt, unter ständigem Rühren leicht einkochen lassen und durch ein Sieb streichen. Den Savarin damit überziehen, auf einer Platte erkalten lassen.
Die Sahne steif schlagen und mit dem restlichen Zucker süßen. In einen Spritzbeutel mit Sterntülle geben. Die Himbeeren verlesen, unter kaltem Wasser nur abspülen, gut abtrocknen und entstielen. (Tiefgekühlte nur auftauen lassen.)
Die Sahne in den Savarin spritzen und zwischendurch die Himbeeren hineinstreuen. Oder auch die Sahne sehr locker mit den Himbeeren mischen und mit einem Löffel hineinfüllen. Mit ein paar Beeren und gehackten Pistazien garnieren.

Variation

Savarin Kardinalsart: Backen Sie dazu den Savarin wie oben beschrieben und aromatisieren Sie den Läuterzucker statt mit Himbeergeist mit Maraschino. Tränken Sie den Savarin damit und lassen Sie ihn danach abkühlen.
Inzwischen lassen Sie 600 g tiefgekühlte Erdbeeren auftauen bzw. putzen und waschen frische Früchte. Geben Sie sie zum Pürieren mit 1–2 TL Zitronensaft und etwa 50 g Zucker in den Mixer und kochen Sie diese Masse unter Rühren dickflüssig ein. Legen Sie den getränkten, erkalteten Savarin auf eine Platte und geben Sie eine kleine Dose in feine Schnitze geteilte Pfirsiche in die Mitte. Übergießen Sie den Savarin mit dem Erdbeerpüree und streuen Sie blättrige Mandeln darüber.

Babas au rhum

150 g Mehl, 20 g Hefe
4 EL lauwarme Milch
60 g Butter, 2 Eier
20 g Zucker, 1 Prise Salz
30 g Rosinen, 30 g Korinthen
Mehl zum Bestäuben
Butter zum Einfetten

Außerdem
¼ l Wasser, 100 g Zucker
2–3 Glas (je 2 cl) Jamaika-Rum
½ Glas Aprikosenmarmelade (225 g)
1–2 TL Zitronensaft
1–2 EL Apricot-Brandy

Den Hefeteig wie oben zubereiten und ein zweites Mal gehen lassen. Indessen die Rosinen und Korinthen in heißem Wasser waschen und in einem Küchentuch trockenreiben. Anschließend mit Mehl bestäuben.
Den Hefeteig durchkneten und die Früchte darunterarbeiten.
12 Portions-Savarinformen (Durchmesser etwa 10 cm) mit Butter einfetten und mit Mehl bestäuben. Den Teig einfüllen, der die Formen nur zur Hälfte füllen soll. Mit einem Tuch bedeckt bis zur doppelten Höhe aufgehen lassen und im auf 200–220 Grad (Gas Stufe 3–4) vorgeheizten Ofen auf der mittleren Schiene 15–18 Minuten backen. Dann auf einen Kuchendraht stürzen und etwa 10 Minuten auskühlen lassen.
Indessen das Wasser mit dem Zucker aufkochen und, auf Handwärme abgekühlt, mit dem Rum abschmecken. Die Babas damit tränken, wobei man ebenso verfahren kann wie beim Savarin. Man kann sie aber auch in die Zuckerlösung legen, bis sie sich vollgesogen haben.
Die Aprikosenmarmelade mit ein paar Tropfen Wasser und dem Zitronensaft unter Rühren leicht einkochen lassen, durch ein Sieb streichen und mit dem Apricot-Brandy abschmecken. Die Babas damit überziehen und antrocknen lassen.

Hinweis Sollte dabei ein Teil der Aprikosenmasse übrigbleiben, kann man sie neben den Babas angießen und Schlagsahne dazu reichen.

Rosenkuchen

500 g zimmerwarmes Mehl
30 g Hefe, 80 g Zucker
knapp ¼ l lauwarme Milch
50 g weiche Butter oder Margarine
80 g Rosinen
½ Glas beliebige rote Marmelade oder auch festes Gelee (ca. 225 g)
Mehl zum Bestäuben und Formen
40 g gestiftelte Mandeln
Butter oder Margarine zum Einfetten
100 g Puderzucker
1 EL Zitronensaft, 1 EL Wasser

Das Mehl in eine Schüssel sieben und in die Mitte eine Mulde drücken. Die Hefe darin zerbröckeln und mit etwa 1 TL Zucker, etwas Milch und wenig Mehl vom Rand zum Vorteig verrühren. Mit einem Tuch bedeckt ca. 20 Minuten gehen lassen.
Den restlichen Zucker zusammen mit der übrigen Milch und der in Flöckchen geteilten Butter oder Margarine zufügen und alles zu einem glatten Teig verarbeiten. Den Teig schlagen, bis er Blasen wirft und sich vom Schüsselrand löst. Mit einem Tuch bedeckt erneut gehen lassen, bis er sein Volumen verdoppelt hat.
Die Rosinen zwischenzeitlich in heißem Wasser gründlich waschen und in einem Tuch völlig trocken reiben. Die Marmelade oder das Gelee glattrühren. Den Teig danach sehr sorgfältig durchkneten. Dann auf der leicht bemehlten Arbeitsfläche zu einem Rechteck von etwa 30 mal 80 cm ausrollen und gleichmäßig mit der Marmelade oder dem Gelee bestreichen. Die Rosinen und Mandeln darüber verteilen und die Teigplatte der Länge nach halbieren. Danach jede Hälfte quer in 32 Streifen schneiden. Die Streifen aufrollen und senkrecht nebeneinander in eine gefettete Springform (Durchmesser 26 cm) stellen. Die einzelnen Rollen sollten sich dabei nicht berühren, da sie aufgehen.
Den Rosenkuchen noch einmal, mit einem Tuch bedeckt, ca. 20 Minuten gehen lassen. Im auf 180–200 Grad (Gas Stufe 2–3) vorgeheizten Ofen ca. 40 Minuten backen lassen.
Den Kuchen leicht ausdampfen, dann auf einen Kuchendraht geben. Puderzucker mit Zitronensaft und Wasser zu einem Guß verrühren und die Oberfläche damit bestreichen. Den Kuchen völlig erkalten lassen.

Hinweis Für dieses Rosenkuchen-Rezept bieten sich mannigfache Variationsmöglichkeiten an: Streuen Sie mal gehackte Walnüsse und Pistazien auf den Teig, den Sie in diesem Fall sehr gut dünn mit Honig bestreichen können. Oder streuen Sie auf die dünne Marmeladenschicht einmal geraspelte Äpfel oder Birnen, die Sie zusätzlich mit Zimt, Nüssen, Mandeln, Zitronenschale oder auch Rosinen vermischen können. Und wer den Teig verfeinern möchte, kann ein Ei oder ein Eigelb zufügen und/oder auch gemahlene Mandeln oder Nüsse daruntermischen. Und auch bei der Verzierung bieten sich Spielmöglichkeiten an: Verrühren Sie den Puderzucker einmal mit Likör oder Obstbrannt bzw. überziehen Sie den Kuchen mit Schokoladenguß.

Hefezopf mit Feigenfüllung

400 g Mehl
30 g Hefe
100 g weiche Butter
⅛ l lauwarme Milch
60 g Zucker
2 Eier, 1 Prise Salz
Mehl zum Ausrollen
Butter oder Margarine zum Einfetten

Für Füllung und Verzierung
50 g Korinthen
200 g getrocknete Feigen
3 Gläser (je 2 cl) Rum
200 g Marzipan-Rohmasse
80 g Puderzucker
1 Msp gemahlener Zimt
abgeriebene Schale von ½ Zitrone
80 g gehackte Mandeln
Butter zum Bestreichen
1 Eigelb
40 g blättrige Mandeln zum Bestreuen

300 g Mehl in eine Schüssel sieben, in die Mitte eine Mulde drücken und die Hefe hineinbröckeln. Mit ca. 3 EL lauwarmem Wasser verrühren, dann die in Flöckchen geteilte Butter und das Mehl unterarbeiten. Den Teig zu einem Kloß formen und in eine große Schüssel oder einem Eimer mit kaltem Wasser legen. Nach 40 bis 60 Minuten schwimmt der aufgegangene Teigkloß an der Oberfläche und kann weiterverarbeitet werden. Den Teig herausnehmen und sehr gut abtropfen lassen oder noch besser trockentupfen. Das restliche Mehl zusammen mit der Milch, dem Zucker, den Eiern und dem Salz sehr gründlich darunterkneten.
Den Teig in 3 gleichgroße Stücke teilen und jedes Teil auf bemehlter Fläche zu einem Rechteck von 50 mal 20 cm ausrollen.
Während der Teig geht, die Füllung zubereiten. Dazu die Korinthen in heißem Wasser waschen und in einem Küchentuch sehr gründlich trokkenreiben. Die Feigen fein hacken und beides mit dem Rum begossen zugedeckt quellen lassen. Die Marzipan-Rohmasse mit Puderzucker, Zimt und der abgeriebenen Zitronenschale verkneten und zusammen mit den fein gehackten Mandeln zu den gequollenen Früchten geben. Alles gut miteinander vermischen und zu einer Paste rühren. Dabei, wenn nötig, etwas Wasser oder noch ein wenig Rum zufügen.
Die 3 Teigplatten mit etwas flüssiger Butter bestreichen und die Füllung jeweils in Streifen auf der Mitte verteilen. Den Teig vorsichtig drumherum rollen und an den Rändern gut zusammendrücken. Anschließend die 3 gefüllten Stränge zu einem Zopf flechten und an den Enden gut festdrücken. Auf ein gefettetes Backblech legen und nochmal gehen lassen. Den Zopf dann mit verquirltem Eigelb bestreichen und mit den Mandeln bestreuen. Auf die mittlere Schiene des auf 200–220 Grad (Gas Stufe 3–4) vorgeheizten Ofens schieben und 30–35 Minuten backen lassen. Den Hefezopf danach sofort vom Blech lösen und auf einen Kuchendraht gleiten lassen. Völlig auskühlen lassen und dann möglichst ganz frisch servieren.

Hefeteig

Hefebrezeln

500 g Mehl
40 g Hefe, 100 g Zucker
gut ⅛ l lauwarme Milch, 2 Eier
100 g Butter oder Margarine
100 g gemahlene Mandeln oder Nüsse
1 Prise Salz, Mehl zum Formen
Butter oder Margarine zum Einfetten

Außerdem
1 Eigelb, 3 EL Milch
40 g gehackte Mandeln
30 g Hagelzucker

Das Mehl in eine Schüssel sieben und in die Mitte eine Mulde drücken. Die Hefe hineinbröckeln und mit etwas Zucker, etwas Milch und ein wenig Mehl vom Rand zum Vorteig verrühren. Mit einem Tuch bedeckt etwa 20 Minuten gehen lassen. Zucker mit der übrigen Milch, den Eiern, dem in kleine Flöckchen geteilten Fett, den Mandeln oder Nüssen und der Prise Salz zufügen und alles zu einem sehr elastischen Teig verarbeiten, dann schlagen, bis er Blasen wirft und sich vom Schüsselrand löst. Erneut, mit einem Tuch bedeckt, etwa 20 Minuten gehen lassen. Dann auf der leicht bemehlten Arbeitsfläche aus dem Teig etwa 1 cm dicke, 30 cm lange Rollen formen und zu Brezeln zusammenlegen. Nicht zu dicht nebeneinander auf ein gefettetes Backblech legen. Eigelb mit Milch verquirlen und die Brezeln damit bestreichen. Mit Mandeln und mit Hagelzucker dick bestreuen und nach kurzem Aufgehen in dem auf 200 Grad (Gas Stufe 3) vorgeheizten Ofen auf die mittlere Schiene schieben. Etwa 20 Minuten backen.

Variationen

Äpfel oder Birnen im Hefeteig: Mit demselben Teig können Sie 6 bis 8 Äpfel oder Birnen »einwickeln«. Die Früchte werden dazu geschält, die Kerngehäuse vom Blütenansatz her mit dem Ausstecher ausgelöst. Anschließend müssen sie in Rotwein halbgar gedünstet werden und können nach dem Abtropfen und Auskühlen mit alkoholgetränkten Rosinen, Marzipan oder einer Mischung aus beiden bzw. aus getränkten Makrönchen gefüllt werden. Nun rollt man den Teig sehr dünn aus, sticht pro Frucht ein rundes Teigplätzchen aus und schneidet den restlichen Teig in 1 1½ cm breite Streifen, die oben beginnend, so um die Frucht gewikkelt werden, daß sie sich ganz leicht überlappen. Nur so können sie auch zusammenbacken. Zum Schluß setzt man sie auf die ausgestochenen Teigplätzchen, drückt sie leicht an, bestreicht sie mit verquirltem Ei und backt sie »stehend« auf einem gefetteten Blech (mittlere Schiene) 20–30 Minuten bei 200 Grad (Gas Stufe 3).

Pikante Brezeln: Backen Sie den Teig nur mit 30 g Hefe und 1 TL Zucker (für den Vorteig) und verzichten Sie auf die Mandeln. Bestreuen Sie die geformten, mit Ei bestrichenen Brezeln mit grobem Salz und/oder Kümmel. Den Teig dazu stärker mit Salz und/oder Kümmel würzen.

Kolatschen

650 g zimmerwarmes Mehl
30 g Hefe, 120 g Zucker
¼ l lauwarme Milch, 150 g Butter
abgeriebene Schale von ½ Zitrone
1 Msp gemahlener Zimt
1 Prise Salz
1 Ei, 1 Eigelb
Mehl zum Formen
Butter oder Margarine zum Einfetten

Für den Mohn-Belag
⅛ l Milch, 20 g Butter
150 g gemahlener Mohn, 1 EL Grieß
50 g Zucker, 2 EL Rum
1 Msp gemahlener Zimt

Für den Quark-Belag
80 g Rosinen
2 Glas (je 2 cl) Rum
250 g Magerquark
1 Eigelb, 3 EL Sahne
1 Päckchen Vanillinzucker
60 g Zucker, 1 Eiweiß

Außerdem
1 Eigelb, 2 EL Sahne
½ Glas Pflaumenmus (ca. 220 g)
40 g gehackte Mandeln
Hagelzucker zum Bestreuen

Das Mehl in eine Schüssel sieben und in die Mitte eine Mulde drücken. Die Hefe hineinbröckeln und mit 1 Teelöffel Zucker, etwas Milch und wenig Mehl vom Rand zum Vorteig verrühren. Mit einem Tuch bedeckt ca. 15 Minuten an einem warmen Platz gehen lassen. Die Butter schmelzen und wieder auf Handwärme abkühlen lassen. Zusammen mit allen anderen Zutaten zum aufgegangenen Vorteig geben und zu einem glatten Hefeteig verkneten. Schlagen, bis er Blasen wirft und sich vom Schüsselrand löst. Noch einmal 20–25 Minuten gehen lassen.
Den Teig danach gründlich durchkneten und mit bemehlten Händen in etwa eigroße Stücke teilen. Diese einzeln zu etwas abgeflachten Kugeln rollen. Nicht zu dicht nebeneinander auf gefettetes Blech legen und erneut gehen lassen. In der Zwischenzeit die Milch mit der Butter aufkochen, den Mohn mit Grieß und Zucker einstreuen und unter Rühren kräftig durchkochen lassen. Mit Rum und Zimt abschmecken und neben dem Herd gut quellen lassen.
Für den Quark-Belag die Rosinen unter heißem Wasser waschen, trockenreiben und mit Rum begossen quellen lassen. Den Quark mit Eigelb, Sahne, Vanillinzucker und Zucker glattrühren. Eiweiß zu schnittfestem Schnee schlagen und unterheben. Die Rosinen abtropfen lassen, den übrigen Rum in den Quark geben. Die aufgegangenen Teigstücke in der Mitte flachdrücken, so daß rundherum ein Rand stehenbleibt. Die Teigränder mit dem mit Sahne verquirlten Eigelb bestreichen und die Kolatschen dann mit den vorbereiteten Massen füllen. Den Mohn-Belag mit gehackten Mandeln, den Quark-Belag mit den Rosinen bestreuen. 15–20 Minuten im auf 220 Grad (Gas Stufe 4) vorgeheizten Ofen (Mittelschiene) backen. Die Pflaumenmuskolatschen dann mit dem Hagelzucker bestreuen.

Hefekuchen vom Blech

Sie gehören zu den echten »Evergreens« der Kuchenbäckerei, und obwohl sie schon »so alt« sind, bleiben sie immer modern. Man vermutet, daß sie in ländlichen Gegenden erfunden wurden, um die Ofenhitze nach dem Brotbacken ausnützen zu können. Die Beläge richten sich dabei stets nach dem »natürlichen« Angebot: Sind die Zwetschgen reif, werden sie aufgelegt, sind es gerade die Äpfel oder Kirschen, der Rhabarber oder die Birnen, nimmt man selbstverständlich die. Läßt sich zur Zeit überhaupt nichts ernten, weicht man auf den guten alten Butterkuchen, auf Streuselkuchen oder auch auf den Bienenstich aus. Und auch der Mandelguß-Apfelkuchen und die Eierschnecke (Rezepte auf Seite 96 und 97) gehören in diese Rubrik.
Bei all diesen Kuchen kann der Grundteig immer derselbe sein, wie im unten angegebenen Rezept. Sie können ihn aber auch beliebig verändern. Beginnen wir also mit dem »Normal-Rezept«, das jeweils für 1 Backblech berechnet ist. Wenn Sie den Teig ganz besonders dünn lieben, können Sie allerdings auch etwa ein Drittel des Teiges für ½ zweites Blech verwenden, wobei Sie als Begrenzung dann einen Streifen doppelt gefaltete Alufolie an den Rand des Teiges legen sollten.

500 g zimmerwarmes Mehl
30 g frische Hefe (oder die entsprechende Menge Trockenhefe)
ca. 50 g Zucker
gut ¼ l lauwarme Milch
1 Ei
1 Prise Salz
1 Päckchen Vanillinzucker
abgeriebene Schale von ½ Zitrone oder 1 gehäufte Messerspitze gemahlener Zimt (je nach Art des Belages)
100 g weiche Butter oder Margarine (nach Wunsch auch durch einen Teil Schmalz ersetzt)
Mehl zum Bestäuben
Fett zum Einfetten
(Butter, Margarine, Schmalz oder Öl)

Das Mehl in eine Schüssel sieben und in die Mitte eine Mulde drücken. Die Hefe hineinbröckeln und mit etwas Zucker, etwas lauwarmer Milch und ein wenig Mehl vom Rand zum Vorteig verrühren. Mit einem Küchentuch bedeckt ca. 15 Minuten an einem warmen Platz aufgehen lassen, bis der Vorteig kräftig »gestiegen« ist und Blasen wie Risse zeigt. Nun den restlichen Zucker mit der übrigen Milch, dem Ei, dem Salz und den Gewürzen zufügen. Die Butter in kleinen Flöckchen auf dem Mehlrand verteilen (oder auch vorher in der übrigen Milch schmelzen und, wieder auf Handwärme abgekühlt, zugießen; sie darf nicht zu heiß sein).
Nun von innen nach außen mit dem Holzlöffel oder mit der Hand alle Zutaten miteinander verrühren. (Sie können selbstverständlich auch mit den Knethaken des elektrischen Handrührgeräts oder der Küchenmaschine arbeiten, doch fehlt dann häufig das »Fingerspitzengefühl«.)
Den Teig schließlich schlagen, bis er Blasen wirft und sich vom Schüsselrand löst. Den Teig noch einmal unter einem Tuch ca. 20 Minuten bis zur doppelten Höhe aufgehen lassen, gut zusammendrücken und durchkneten und dann auf einem gefetteten Backblech ausrollen. Den Teig nun noch einmal aufgehen lassen und in der Zwischenzeit den jeweiligen Belag zubereiten.
Gebacken wird Blechkuchen normalerweise auf der mittleren Schiene des auf 200–220 Grad (Gas Stufe 3–4) vorgeheizten Ofens.

Butterkuchen

1 Rezept Hefeteig
200 g süße oder saure Sahne
75–100 g Butter
130 g Zucker
2 TL gemahlener Zimt oder
1–2 Päckchen Vanillinzucker.

Den Hefeteig wie gewohnt auf dem gefetteten Blech ausrollen und mit der Sahne bestreichen. Saure Sahne sollte dazu vorher glattgerührt werden. Den Teig aufgehen lassen, dann in regelmäßigen Abständen kleine Mulden eindrücken und die Butter in Flöckchen hineingeben. Zucker mit dem gemahlenen Zimt oder dem Vanillinzucker mischen und darüberstreuen. Im vorgeheizten Ofen ca. 25 Minuten backen.

Hinweis Wenn Sie den Kuchen noch »buttriger« wünschen, können Sie nach der halben Garzeit noch einmal kleine Mulden eindrücken, diese erneut mit Butter füllen und wieder mit etwas Zucker bestreuen. Jedoch empfiehlt es sich dann, ein Backblech mit hohem Rand (oder eine Fettpfanne) zu verwenden oder aber rund um das Blech einen Streifen doppeltgefalteter Alufolie zu legen, damit kein Fett in den Ofen tropfen und dort unter Rauchentwicklung verbrennen kann.

Tip

Noch feiner wird der Butterkuchen, wenn Sie zusammen mit dem Zucker ein paar blättrige Mandeln oder Nüsse darüberstreuen.

Streuselkuchen

1 Rezept Hefeteig
200 g Butter
200 g Zucker
2 TL gemahlener Zimt
1–2 Päckchen Vanillinzucker oder die abgeriebene Schale von 1 Zitrone
350 g Mehl
4 EL lauwarme Milch

Den Hefeteig auf dem gefetteten Blech ausrollen und gehen lassen. Indessen die in Flöckchen geteilte Butter in eine Schüssel geben, den Zukker und die Gewürze zufügen und das Mehl darübersieben. Nun alle Zutaten entweder mit zwei Messern bröselig hacken oder gleich mit möglichst gekühlten Händen zu Streuseln zerbröseln. (Wenn Sie erst mit den Messern arbeiten, wird der Teig beim späteren Arbeiten mit den Händen nicht so schnell weich.)
Die Milch auf dem aufgegangenen Teig verstreichen und diesen dick mit den Streuseln bestreuen. Im vorgeheizten Ofen 25–30 Minuten backen und möglichst frisch servieren.

Bienenstich

1 Rezept Hefeteig
225 g Butter, 225 g Zucker
150 g blättrige Mandeln
80 g gehackte Mandeln
⅛ l Sahne
Mark von 1 Vanilleschote

Für die Füllung
½ l Milch, 1 Prise Salz
50 g Zucker
1 Päckchen Vanillinzucker
1 Päckchen Vanille-Puddingpulver
1 Eigelb, 200 g Butter
50 g Puderzucker

Den Hefeteig wie gewohnt auf dem gefetteten Blech ausrollen und gehen lassen. Indessen die Butter mit Zukker, blättrigen und gehackten Mandeln, der Sahne und dem ausgeschabten Vanillemark in einen Topf geben und unter ständigem Rühren kurz aufkochen lassen. Sofort vom Herd nehmen und leicht abgekühlt auf dem Hefeteig verstreichen. Diesen noch einmal etwas aufgehen lassen, dann im vorgeheizten Ofen ca. 25 Minuten backen. Den Bienenstich herausnehmen und auskühlen lassen. Für die Füllung die Milch mit Salz, Zucker und Vanillinzucker in einem Topf zum Kochen bringen. Das Puddingpulver mit dem Eigelb und etwas kaltem Wasser verquirlen, unter Rühren in die kochende Milch gießen und aufkochen lassen. Den Topf in ein kaltes Wasserbad stellen und den Flammeri unter Rühren abkühlen. Die Butter mit dem Puderzucker sehr schaumig schlagen und den Flammeri – sobald er dieselbe Temperatur wie die Butter hat – löffelweise untermischen. Danach 1 Stunde kühlen. Den Bienenstich waagerecht halbieren, die Unterseite mit der Creme bestreichen und die Oberseite auflegen.

Tip

Schneiden Sie den Bienenstich vor dem Füllen ruhig in Streifen, dann läßt sich die Teigplatte leichter in der Mitte durchteilen. Und wenn Sie dann noch die obere Hälfte in Portionsstücke geschnitten auflegen, kann beim Durchschneiden des unteren Teigbodens keine Buttercreme herausgedrückt werden.

Apfelkuchen vom Blech

1 Rezept Hefeteig
1 500 bis 1 750 g Äpfel (je nach Größe)
Saft von 1 Zitrone
125 g Korinthen oder Rosinen
100 g gehackte Mandeln
50 g Butter
150 g Zucker
2 TL gemahlener Zimt

Den Hefeteig wie gewohnt auf dem gefetteten Blech ausrollen und gehen lassen. Indessen die Äpfel schälen, vierteln, entkernen und in schmale Schnitze teilen. Sofort mit etwas Zitronensaft beträufeln, damit sie nicht braun werden. Anschließend die Korinthen oder Rosinen unter heißem Wasser in einem Sieb waschen und in einem Tuch trockenreiben. Die Äpfel sehr gut trockentupfen und schuppenförmig recht dick auf den Hefeteig legen. Die Korinthen oder Rosinen mit den Mandeln gemischt darüberstreuen. Die Butter schmelzen und tropfenweise darauf verteilen. Zucker mit Zimt mischen, gut die Hälfte davon ebenfalls auf dem Kuchen verteilen und diesen nochmals 15–20 Minuten gehen lassen. Dann im vorgeheizten Ofen 25–30 Minuten backen und sofort mit dem restlichen Zimt-Zucker bestreuen.

Tip

Anstelle von Äpfeln können Sie diesen Kuchen auch mit entsteinten Pflaumen oder Zwetschgen, Kirschen, Birnen und Pfirsichschnitzen oder jedem beliebigen anderen Obst belegen, wobei Sie lediglich bei sehr säurereichen Früchten die Zuckermenge etwas erhöhen sollten. Und selbstverständlich können Sie anstelle von Zimt auch Vanillinzucker verwenden. Wenn Sie auf konservierte Früchte zurückgreifen, reichen je nach Obstsorte 1000 bis 1250 g.

Streuselkuchen mit Obst

1 Rezept Hefeteig
1 500–1 750 g frische (oder
1 000–1 200 g konservierte) Früchte
1 Rezept Streusel (siehe oben)

Den Hefeteig wie gewohnt ausrollen und gehen lassen, die Früchte (konservierte Früchte vorher sehr gründlich abtropfen lassen) darauf verteilen und mit dem Streusel bestreuen. Nochmals gehen lassen und 30–35 Minuten backen.

Hinweis Nach diesem Rezept können Sie auch einen Obstkuchen mit Schoko-Streusel backen: Streuen Sie ca. 10 Minuten vor Ende der Backzeit 40–60 g Schokoladenstreusel auf den Streusel und lassen Sie ihn während der letzten Backminuten zerfließen.

Kokos-Früchte-Kuchen

1 Rezept Hefeteig
80 g Butter, 200 g Zucker
1 TL gemahlener Zimt
4 Eigelb
5 EL Crème fraîche, 3 Eiweiß
1 Prise Salz, ⅛ l Sahne
1 Päckchen Vanillinzucker
1 000 g vorbereitete Früchte (entsteinte, fein zerschnittene Kirschen, geraspelte Äpfel, in Streifen geschnittene Orangenfilets, entstielte Beeren o. ä.)
1 Fläschchen Bittermandelöl
250 g Kokosraspeln

Den Hefeteig wie gewohnt auf dem gefetteten Blech ausrollen und aufgehen lassen.
Indessen die Butter mit dem Zucker, Zimt, den Eigelben und Crème fraîche in eine Schüssel geben und mit den Schneebesen des elektrischen Handrührgeräts schaumig schlagen, bis sich der Zucker gelöst hat.
Eiweiß mit Salz in einer Schüssel schnittfest, die Sahne mit dem Vanillinzucker in einer zweiten Schüssel steif schlagen. Beides zusammen mit dem Bittermandelöl, den Früchten und den Kokosraspeln zur Eigelbcreme geben und locker untermischen.
Auf dem Hefeteig verstreichen und etwa 40 Minuten backen.

Gugelhupf auf reiche Art

500 g zimmerwarmes Mehl
40 g Hefe
80 g Zucker
3–5 EL lauwarme Milch
⅛ l saure Sahne
1 Päckchen Vanillinzucker
200 g weiche Butter
2 Eier
2 Eigelb
1 Prise Salz
80 g Rosinen
2 Glas (je 2 cl) Rum oder Cognac
Mehl zum Bestäuben
60 g gehackte Mandeln
50 g Schokoladenplättchen oder geraspelte Vollmilchschokolade
Butter oder Margarine zum Einfetten
Semmelbrösel zum Ausstreuen
30 g Butter zum Bestreichen
40 g Zucker zum Bestreuen
Puderzucker zum Bestäuben

Das Mehl in eine Schüssel sieben, in die Mitte eine Mulde drücken und die Hefe hineinbröckeln. Mit etwas Zucker bestreuen und mit der Milch und wenig Mehl vom Rand zum Vorteig verrühren. Hauchdünn mit Mehl bestäuben, mit einem Tuch bedecken und ca. 15 Minuten an einem warmen Platz gehen lassen. Der Vorteig muß sein Volumen dann deutlich vergrößert haben und an der Oberfläche Blasen zeigen. Die saure Sahne zusammen mit dem restlichen Zukker, dem Vanillinzucker und der in Flöckchen geteilten Butter zufügen. Eier, Eigelbe und Salz hineingeben und alles zu einem glatten Teig verarbeiten. Schlagen, bis er Blasen wirft und sich vom Schüsselrand löst. Anschließend zu einer Kugel formen und wieder, mit einem Tuch bedeckt, 20–25 Minuten an einem warmen Platz gehen lassen. Sein Volumen muß sich dann verdoppelt haben, die Oberfläche muß »wollig« aussehen. In der Zwischenzeit die Rosinen in heißem Wasser waschen und in einem Tuch trockenreiben. In eine Schale geben, mit dem Rum begießen und zugedeckt ca. 20 Minuten quellen lassen. Dann abtropfen, trockentupfen und leicht mit Mehl bestäuben. Den nicht eingezogenen Rum beseite stellen. Den Teig zusammendrücken, kräftig durchkneten, dabei den Rum untermischen. Zum Schluß die Rosinen zusammen mit Mandeln, Schokoladenplättchen sehr schnell unterkneten. Eine Gugelhupfform mit Butter oder Margarine gründlich einfetten und mit Semmelbröseln ausstreuen. Den Teig einfüllen und ein letztes Mal ca. 15 Minuten an einem warmen Platz gehen lassen. Die Butter schmelzen und die Kuchenoberfläche vor dem Einschieben in den Herd mit der Hälfte davon bestreichen. Auf die untere Schiene des auf 200 Grad (Gas Stufe 3) vorgeheizten Ofens schieben und 50–60 Minuten backen lassen. Etwa 5 Minuten vor Ende der Garzeit die restliche Butter darauf verteilen und mit dem Zucker bestreuen. Diesen karamelisieren lassen; er bekommt dadurch ein besonders herzhaftes Aroma. Den Kuchen aus der Form auf einen Kuchendraht stürzen und auskühlen lassen. Vor dem Servieren mit Puderzucker bestäuben.

Mohnkuchen auf alte Danziger Art

1 Päckchen Trockenhefe
100 g Zucker
3–5 EL lauwarme Milch
500 g zimmerwarmes Mehl
150 g weiche Butter
⅛ l lauwarme Buttermilch
2 Eier, 1 Prise Salz

Für die Füllung
¼ l Sahne, 4 EL Honig
1 Vanilleschote
250 g gemahlener Mohn
2 Eigelb, 1 TL Zitronensaft

Außerdem
Mehl zum Kneten und Ausrollen
Butter oder Margarine zum Einfetten
Milch zum Bestreichen
1 Eigelb, 2 EL Sahne
125 g Puderzucker, 3–4 EL Rum

Die Hefe mit 2 Teelöffeln Zucker und der lauwarmen Milch in einer Tasse verrühren und an einem warmen Platz aufgehen lassen, bis dieser Vorteig Blasen wirft. Das Mehl in eine Schüssel sieben, in die Mitte eine Mulde drücken und den Vorteig hineingeben. Den restlichen Zucker darüberstreuen, die Butter in Flöckchen auf den Rand setzen, die Buttermilch mit den Eiern und Salz zufügen. Alles zu einem glatten Teig verarbeiten. Schlagen, bis er Blasen wirft und sich vom Schüsselrand löst. Mit einem Tuch bedeckt, ca. 20 Minuten an einem warmen Platz gehen lassen.
In der Zwischenzeit die Sahne bei sanfter Hitze erwärmen und den Honig unter Rühren darin schmelzen. Die Vanilleschote der Länge nach aufschlitzen, das Mark herausschaben und zusammen mit der »leeren« Schote in die Sahne geben. Alles unter Rühren aufkochen lassen, den Mohn unter weiterem Rühren einstreuen und nach dem Aufkochen ca. 15 Minuten bei sehr sanfter Hitze quellen lassen. Vom Herd nehmen, die Vanilleschote herausnehmen und den Mohn leicht abkühlen lassen. Eigelb mit Zitronensaft verquirlen und unter den Mohn rühren. Den aufgegangenen Teig zusammendrücken und nochmal gründlich auf der mit Mehl bestäubten Arbeitsfläche durchkneten. Den Teig dann halbieren und ein Stück zu einer länglichen Platte ausrollen. Auf das gefettete Backblech legen und die Oberfläche mit Milch bestreichen. Die Mohnmasse darauf verteilen und die zweite, ebenfalls ausgerollte Teigplatte auflegen. Alle Ränder sorgfältig andrücken, den Kuchen mit einem Tuch bedecken und noch einmal ca. 20 Minuten gehen lassen. Danach mit einer neuen Rasierklinge oder mit einem sehr scharfen Küchenmesser (möglichst dünne Klinge) die Oberfläche ein paar Mal der Länge nach einritzen. Eigelb mit der Sahne verquirlen und die Oberfläche damit bestreichen. Den Kuchen auf der Mittelschiene des auf 200 Grad (Gas Stufe 3) vorgeheizten Ofens 40–50 Minuten backen, dann auf ein Kuchengitter gleiten und auskühlen lassen. Den Puderzucker mit Rum zum Guß verrühren und den Kuchen damit überziehen.

Berliner Pfannkuchen

500 g Mehl
40 g Hefe
80 g Zucker
gut ⅛ l lauwarme Milch
1 Prise Salz
abgeriebene Schale von ½ Zitrone
1 Ei
2 Eigelb
70 g Butter
1 EL Schmalz
Mehl zum Formen
300 g beliebige feste Marmelade
Fritierfett zum Ausbacken
Zucker zum Wenden

Das Mehl in eine Schüssel sieben, in die Mitte eine Mulde drücken und die Hefe hineinbröckeln. Mit 1 Teelöffel Zucker, etwas Milch und ein wenig Mehl vom Rand zum Vorteig verrühren. Mit einem Tuch bedeckt etwa 15 Minuten aufgehen lassen.
Die restliche Milch mit dem übrigen Zucker, Salz, Zitronenschale, Ei, Eigelb und der weichen, in Flöckchen geteilten Butter sowie dem weichen Schmalz zufügen und alles zu einem glatten Teig arbeiten. Schlagen, bis er sich vom Schüsselrand löst und Blasen wirft. Erneut, mit einem Tuch bedeckt, für 25–30 Minuten gehen lassen. Er muß dann sein Volumen verdoppelt haben.
Den Teig durchkneten, halbieren und jede Hälfte auf der bemehlten Arbeitsfläche etwa ½ cm dick ausrollen. Mit einem Ausstechförmchen (Durchmesser etwa 6 cm) auf der ersten Platte dicht nebeneinander Kreise markieren und jeweils einen dikken Marmeladenklecks in die Mitte geben. Die zweite Teigplatte darüberlegen, rund um die Marmeladenhäufchen etwas andrücken und mit dem Förmchen ausstechen. Die Ränder erneut andrücken und die Pfannkuchen auf einem bemehlten Blech noch einmal gehen lassen, bis sie rund und schön wollig sind.
Das Fritierfett auf 180 Grad erhitzen. Portionsweise immer so viele Pfannkuchen in das heiße Fett geben, daß sie sich nicht berühren. Unter einmaligem Wenden – sobald die Unterseite braun ist – in 5–7 Minuten garen lassen. Mit einem Schaumlöffel herausheben, gut abtropfen lassen und noch heiß im Zucker wenden.

Zwetschgen-Krapfen

Bereiten Sie dazu den Teig wie bei den Berliner Pfannkuchen vor und lassen Sie ihn ein zweites Mal gehen. In dieser Zeit bereiten Sie die Zwetschgenfüllung vor: 500 g kleine Zwetschgen oder Pflaumen waschen, entstielen und sehr gut trockenreiben. Dann der Länge nach aufschneiden und die Kerne herauslösen. 75 g Marzipan-Rohmasse mit 25 g Puderzukker verkneten, zu kleinen Stückchen formen, jede Zwetschge mit je einem Stückchen füllen und zudrücken.
Den Teig durchkneten, ausrollen und – wie bei den Pfannkuchen – Kreise markieren. Statt der Marmelade jeweils eine gefüllte Zwetschge in die Mitte geben. Die zweite Teigplatte darüberdecken und wie gewohnt weiterarbeiten. Nach dem Fritieren statt in Zucker in Zimt-Zucker wenden.

Schmalzzöpfe und Faschingsbrezeln

500 g zimmerwarmes Mehl
40 g Hefe, 70 g Zucker
⅙ l lauwarme Milch
abgeriebene Schale von ½ Zitrone
1 Prise Salz
2 Eier
80 g weiche Butter
Mehl zum Formen
Schmalz zum Ausbacken
Puderzucker zum Bestäuben
¼ l Sahne
1 Päckchen Vanillinzucker

Mehl in eine Schüssel sieben, in die Mitte eine Mulde drücken und die Hefe hineinbröckeln. Mit etwas Zukker, etwas Milch und wenig Mehl vom Rand zum Vorteig verrühren. Mit einem Tuch bedeckt, ca. 15 Minuten an einem warmen Platz gehen lassen. Den übrigen Zucker mit der restlichen Milch, abgeriebener Zitronenschale, Salz, den Eiern und der in Flöckchen geteilten Butter zufügen und alles zu einem glatten Teig verarbeiten. Schlagen, bis er Blasen wirft und sich vom Schüsselrand löst. Noch einmal für ca. 30 Minuten an warmem Platz aufgehen lassen, bis sich sein Volumen etwa verdoppelt hat. Nun auf bemehlter Fläche nocheinmal gründlich durchkneten. Der Teig ist recht weich, darf jedoch nicht mehr kleben. Notfalls kann zusätzlich etwas Mehl untergearbeitet werden. Den Teig danach halbieren und eine Hälfte in etwa 12 cm lange, an den Enden dünner werdende Stränge formen. Diese zu Zöpfen zusammenlegen. Auf ein bemehltes Backblech geben. Den übrigen Teig zu etwa 30 cm langen, dünnen Strängen rollen und diese zu Brezeln zusammendrücken. Ebenfalls auf dem bemehlten Blech aufgehen lassen. Das Fritierfett auf 175–180 Grad erhitzen und die Zöpfe sowie Brezeln nacheinander darin schwimmend goldbraun ausbacken. Abtropfen und gut abfetten lassen. Dann zum Abkühlen nebeneinander auf einen Kuchendraht legen. Kurz bevor sie völlig erkaltet sind, die Zöpfchen dick mit Puderzucker bestäuben. Die Brezeln vorher einmal quer halbieren und völlig auskühlen lassen. In der Zwischenzeit die Sahne steifschlagen und mit dem Vanillinzucker süßen. In einen Spritzbeutel mit Sterntülle geben und die unteren Hälften der Brezeln damit bespritzen. Die oberen Teile auflegen, mit Puderzucker besieben.

Tip

Sie können Schmalzzöpfe wie auch Faschingsbrezeln auch noch heiß im Haushaltszucker wenden, statt sie später mit Puderzucker zu bestäuben. In diesem Fall läßt sich ein zusätzliches Aroma erreichen, wenn Sie jeweils etwas Vanillinzucker oder gemahlenen Zimt unter den Zucker mischen. Und selbstverständlich können Sie auch die Schmalzzöpfe durchschneiden und füllen. Dazu eignet sich Sahne, doch schmecken sie auch mit einer Marmeladenschicht, einer Mischung aus Marmelade oder Fruchtpüree und Sahne.

Panettone
Italienischer Festtagskuchen

40 g Hefe, 150 g Zucker
⅛ l lauwarme Milch, 500 g Mehl
Mark von 1 Vanilleschote
150 g Butter
6–7 Eigelb, 1 Prise Salz
abgeriebene Schale von ½ Zitrone
100 g kernlose Rosinen
50 g feingehacktes Orangeat
50 g feingehacktes Zitronat
Butter oder Margarine zum Einfetten
1 Ei zum Bestreichen

Die Hefe mit 2 Teelöffeln Zucker und 4 Eßlöffeln Milch verrühren und in 15 Minuten aufgehen lassen.
Das Mehl (2 Eßlöffel davon beiseite stellen) in eine Schüssel sieben und in die Mitte eine Mulde drücken. Den Vorteig hineingießen, Milch und Zucker zusammen mit dem ausgeschabten Vanillemark, der in Flöckchen geteilten Butter, Eigelb, Salz und der abgeriebenen Zitronenschale zufügen. Alles zu einem glatten Teig verarbeiten. Schlagen, bis er Blasen wirft und sich vom Schüsselrand löst. Den Teig zu einem Kloß formen und in der Schüssel, mit einem Tuch bedeckt, ca. 20 Minuten gehen lassen, bis sein Volumen verdoppelt ist.
In der Zwischenzeit die Rosinen in heißem Wasser waschen und in einem Tuch trockenreiben. Mit Orangeat und Zitronat mischen und alles mit dem restlichen Mehl bestäuben. Den Teig nach dem Aufgehen zusammendrücken und kräftig durchkneten. Die melierten Früchte einarbeiten und den Teig in eine schmale, hohe, gut eingefettete Kuchenform geben. Den Teig ein letztes Mal gehen lassen. Dann mit dem verquirlten Ei bestreichen und mit einer Rasierklinge oder einem sehr scharfen Messer kreuzförmig einritzen. Auf die untere Schiene des auf 220 Grad (Gas Stufe 4) vorgeheizten Ofens schieben und 60–65 Minuten backen.

Tip

Wer keine schmale, hohe Kuchenform besitzt, kann auch eine kleine Springform mit einer Manschette aus Backpapier oder Alufolie »erhöhen« und den Kuchen darin backen. Notfalls geht's auch mit einem neuen Blumentopf, der ebenfalls nur zu ¾ mit Teig gefüllt werden darf.

Blatz auf bergische Art

600 g zimmerwarme Milch
50 g Hefe
knapp ¼ l lauwarme Milch
150 g Zucker
1 Päckchen Vanillinzucker
1 Prise Salz, 1 Ei, 1 Eigelb
150 g weiche Butter
200 g kernlose Rosinen
Mehl zum Bestäuben und Ausstreuen
Butter oder Margarine zum Einfetten
50 g Butter zum Bestreichen

Das Mehl in eine Schüssel sieben und in die Mitte eine Mulde drücken. Die Hefe hineinbröckeln und mit 3 Eßlöffeln Milch und 2 Teelöffeln Zucker zum Vorteig verrühren. An einem warmen Platz, mit einem Tuch bedeckt, ca. 15 Minuten gehen lassen, bis er Blasen wirft. Mit der restlichen Milch, dem Zucker, Vanillinzucker, Salz, Ei, Eigelb und in der in Flöckchen geteilten Butter zu einem geschmeidigen Teig verkneten. Schlagen, bis er Blasen wirft und sich vom Schüsselrand löst. Nochmals am warmen Platz gehen lassen.
In der Zwischenzeit die Rosinen in heißem Wasser gründlich waschen und in einem Küchentuch trockenreiben. Mit etwas Mehl bestäuben.
Den Teig zusammendrücken, gut durchkneten und die Rosinen schnell untermischen. Eine Kastenform gut einfetten und mit Mehl ausstreuen. Den Teig einfüllen, ein letztes Mal gehen lassen und mit der geschmolzenen, aber nicht mehr heißen Butter bepinseln. Auf der mittleren Schiene des auf 200 Grad (Gas Stufe 3) vorgeheizten Ofens ca. 60 Minuten backen.

Vanille-Kleeblatt-Brötchen

40 g Hefe, 100 g Zucker
3 EL lauwarme Milch
500 g zimmerwarmes Mehl
1 Prise Salz, 80 g weiche Butter
Mark von 2 Vanilleschoten
2 Eigelb, ⅛ l zimmerwarme Sahne
Butter oder Margarine zum Einfetten
1 Ei und 3 EL Milch zum Bestreichen
Hagelzucker zum Bestreuen

Die Hefe zerbröckeln und mit 2 Teelöffeln Zucker und der Milch zum Vorteig verrühren. An einem warmen Platz, mit einem Tuch bedeckt, ca. 15 Minuten gehen lassen, bis der Vorteig Blasen wirft. Das Mehl in eine Schüssel sieben, in die Mitte eine Mulde drücken und den Vorteig nach dem Aufgehen hineingießen. Den restlichen Zucker mit Salz, der in Flöckchen geteilten Butter, dem ausgeschabten Vanillemark, Eigelb und der Sahne zufügen und alles zu einem geschmeidigen Teig verkneten. Den Teig so lange schlagen, bis er Blasen wirft und sich vom Schüsselrand löst. Mit einem Tuch bedeckt, weitere 20 Minuten gehen lassen. Auch hierbei soll sich das Volumen verdoppelt haben. Den Teig wieder zusammendrücken, durchkneten und mit bemehlten Händen etwa walnußgroße Kugeln in Form eines Kleeblattes auf ein gefettetes Blech legen, so daß sie aneinanderbacken. Das Blech dann mit einem Tuch abdekken und die Kleeblatt-Brötchen ca. 20 Minuten gehen lassen. Zwischenzeitlich das Ei mit der Milch verquirlen. Die Brötchen nach dem Aufgehen damit bestreichen und mit Hagelzucker bestreuen. Auf die mittlere Schiene des auf 230 Grad (Gas Stufe 4–5) vorgeheizten Ofens schieben und goldbraun backen lassen.

Hinweis Die Kleeblatt-Brötchen können auch salzig zubereitet werden. Dazu wird außer dem Zucker zum Aufgehen kein weiterer zugefügt, auch das Vanillemark entfällt. Stattdessen erhöht man die Salzmenge auf 1–2 Teelöffel. Anstelle des Hagelzuckers werden die Brötchen dann mit grobem Salz, Kümmel oder auch mit Mohn bestreut.

Mandelguß-Apfelkuchen

350 g Mehl
20 g Hefe
30 g Zucker
gut ½ l lauwarme Milch
1 Ei
1 Prise Salz
abgeriebene Schale von ½ Zitrone
50 g weiche Butter
Butter zum Einfetten

Für den Belag
500 g Äpfel
Saft von 1 Zitrone
100 g Butter
200 g Zucker
2 Eigelb
½ l Sahne
2 Eiweiß
200 g gestiftelte Mandeln

Für den Teig das Mehl in eine Schüssel sieben, in die Mitte eine Mulde drücken und die Hefe hineinbröckeln. Mit etwas Zucker, wenig Milch und etwas Mehl vom Rand zum Vorteig verrühen, und mit einem Küchentuch bedeckt etwa 15 Minuten an einem warmen Platz ruhen lassen. Den restlichen Zucker zusammen mit der übrigen Milch, dem Ei, Salz, der Zitronenschale und der in Flöckchen geteilten Butter hineingeben und alles zu einem glatten Teig arbeiten. Den Teig dann schlagen, bis er Blasen wirft und sich vom Schüsselrand löst. Anschließend auf einem gefetteten Backblech ausrollen und, wieder mit einem Tuch bedeckt, etwa 20 Minuten an einem warmen Platz gehen lassen.
In der Zwischenzeit den Belag zubereiten. Dazu die Äpfel schälen, entkernen und auf der Rohkostreibe grob raffeln. Sofort mit Zitronensaft beträufeln, damit sie sich nicht braun verfärben.
Die Butter schaumig rühren und dabei nach und nach den Zucker zusammen mit den Eigelb untermischen. Sobald der Zucker gelöst ist, Sahne und Eiweiß getrennt steif schlagen und beides zusammen mit den Apfelraspeln und den Mandelstiften locker unter die Buttermasse mischen. Gleichmäßig auf dem aufgegangenen Teigboden verstreichen und 10 Minuten gehen lassen.
Dann in den auf 220 Grad (Gas Stufe 4) vorgeheizten Ofen auf die mittlere Schiene schieben und 35–40 Minuten backen.
Den Kuchen abkühlen lassen und in Streifen schneiden. Möglichst sehr frisch servieren, denn altbackener Hefeteig schmeckt nur noch halb so gut. Außerdem könnten die Äpfel später den Boden durchfeuchten. Steif geschlagene Sahne, die mit Vanillezucker aromatisiert wurde, schmeckt dazu köstlich. Sie können zur Abwechslung aber auch einmal Vanilleeis dazu servieren.

Tip

Nehmen Sie statt der Apfelstückchen doch einmal geraffelte, nicht zu süße Birnen oder ersetzen Sie die Mandelstifte ganz oder teilweise durch Kokosraspeln.

Eierschecke

500 g zimmerwarmes Mehl
30 g Hefe
60 g Zucker
gut ¼ l lauwarme Milch
70 g weiche Butter
1 Prise Salz
Butter zum Einfetten

Für den Belag
500 g Quark
125 g Zucker
1 Prise Salz, 2 Eier
abgeriebene Schale von 1 Zitrone
1 Vanilleschote
100 g Rosinen
80 g blättrige Mandeln

Für den Guß
200 g Butter, 200 g Zucker
1 Päckchen Vanillinzucker
4 Eier
80 g blättrige Mandeln

Für den Teig in das gesiebte Mehl eine Mulde drücken, die Hefe hineinbröckeln und mit etwas Zucker, etwas Milch und ein wenig Mehl vom Rand zum Vorteig verrühren. Mit einem Tuch bedeckt etwa 15 Minuten an einem warmen Platz gehen lassen. Den übrigen Zucker zusammen mit der restlichen Milch, der fein zerteilten Butter und etwas Salz zum Teig geben und alles gut verarbeiten. Schlagen und kneten, bis er Blasen wirft und sich vom Schüsselrand löst. Nochmals etwa 20 Minuten aufgehen lassen, er soll sein Volumen dabei verdoppeln. Danach in einer großen eingefetteten Fettpfanne (35 mal 40 cm) ausrollen.
Für den Belag den Quark mit Zucker, Salz, Eiern, der abgeriebenen Zitronenschale und dem aus der Vanilleschote geschabten Mark verrühren, bis die Masse leicht schaumig und der Zucker fast aufgelöst ist. Auf dem Hefeteig verstreichen.
Die Rosinen in heißem Wasser waschen und in einem Küchentuch sehr gut trockenreiben. Zusammen mit den Mandelblättchen auf die Quarkmasse streuen. Für den Guß die Butter schaumig rühren und dabei nach und nach den Zucker und Vanillinzucker abwechselnd mit den Eiern zufügen. Rühren, bis die Masse sehr schön schaumig und der Zucker gelöst ist. Vorsichtig auf dem Belag verteilen und mit den Mandelblättchen bestreuen. Auf die Mittelschiene des auf 180 Grad (Gas Stufe 2) vorgeheizten Ofens schieben und 30–40 Minuten backen. Abkühlen lassen und erst danach in rechteckige oder quadratische Stücke zerschneiden.

Tip

Da dieser Teig sehr gut aufgeht und Belag sowie Guß sehr fettreich und locker sind, muß in jedem Fall in einer Fettpfanne (mit hohem Rand) gebacken werden, denn sonst kann es passieren, daß ein Teil des köstlichen Gusses herunterläuft und im Ofen verbrennt. Wer keine Fettpfanne besitzt, sollte dann lieber alle Mengen halbieren und jeweils in einer gefetteten Springform backen. Das ist zwar nicht klassisch, schmeckt aber trotzdem ganz ausgezeichnet.

Gefüllte Hefekugeln

500 g Mehl, 40 g Hefe
¼ l lauwarme Milch
100 g Zucker
125 g Butter
1 Ei
1 Eigelb, 1 Prise Salz
abgeriebene Schale von ½ Zitrone

Für die Füllung
⅛ l Sahne, 3 EL Mehl
1 EL Zucker
1 Päckchen Vanillinzucker
Mark von 1 Vanilleschote
2 Eigelb
1 Glas (2 cl) Mandellikör
Mehl zum Ausrollen, 1 Eiweiß
Butter zum Einfetten und Bestreichen
Zucker zum Wenden

Für den Teig das Mehl in eine Schüssel sieben, in die Mitte eine Mulde drücken und die Hefe hineinbrökkeln. Mit etwas Milch und etwas Zucker verrühren und, mit einem Tuch bedeckt, in etwa 15 Minuten aufgehen lassen.
Die übrige Milch zusammen mit dem Zucker und der Butter erwärmen, bis sich Butter und Zucker gelöst haben. Wieder auf Handwärme abgekühlt, zusammen mit Ei, Eigelb, Salz und abgeriebener Zitronenschale zum Vorteig geben und alles gut verkneten. Den Teig schlagen, bis er Blasen wirft und sich vom Schüsselrand löst. Wieder 20 Minuten gehen lassen.
In der Zwischenzeit die Füllung zubereiten. Dazu die Sahne mit Mehl, Zucker, Vanillinzucker und dem ausgeschabten Vanillemark in einen Topf geben. Die Eigelbe zufügen und alles bei sehr sanfter Hitze (oder im heißen Wasserbad) schlagen, bis die Masse dick-cremig und gebunden ist. Sie darf dabei jedoch nicht kochen. Vom Herd nehmen, den Mandellikör einrühren und die Creme abkühlen lassen. Dabei häufig umrühren, damit sich keine Haut bildet. Den Hefeteig nocheinmal durchkneten und auf der bemehlten Arbeitsfläche etwa ½ cm dick ausrollen. Runde Plätzchen von 6 cm Durchmesser ausstechen und die Creme auf die Hälfte der Plätzchen verteilen. Die Teigränder mit verquirltem Eiweiß bestreichen und die zweite Plätzchenhälfte darauflegen. Gut andrücken und nicht zu dicht nebeneinander auf ein gefettetes Backblech legen. Ein letztes Mal, mit einem Tuch bedeckt ca. 20 Minuten aufgehen lassen, dann sofort in den auf 250–260 Grad vorgeheizten Ofen auf die mittlere Schiene schieben und ca. 20 Minuten bakken. Die noch heißen Hefekugeln vom Blech nehmen und rundherum dick mit Butter bestreichen. Sofort in Zucker wenden und abkühlen lassen.

Tip

Als Geschmacksvariante können Sie die Füllung zusätzlich auch einmal mit etwas Kakao, geriebener Schokolade oder einer kräftigen Prise gemahlenen Zimt aromatisieren. Und wenn's üppiger und auch kalorienreicher werden darf, fügen Sie doch ein paar Löffel gemahlene Nüsse oder Mandeln hinzu.

Nougat-Kipferl

40 g Hefe
125 g Zucker
3 EL lauwarme Milch
500 g zimmerwarmes Mehl
⅛ l lauwarme Sahne
2 Eier
60 g weiche Butter
1 Prise Salz
80 g gehackte Mandeln

Für die Füllung
300 g Nougatmasse (Fertigprodukt)
200 g gestiftelte Mandeln
1–2 TL Rum

Außerdem
Butter oder Margarine zum Einfetten
Mehl zum Ausrollen und Formen
Milch oder Sahne zum Bestreichen
Puderzucker zum Bestäuben

Die Hefe in eine Tasse oder in ein Schälchen bröckeln und mit 2 Teelöffeln Zucker und der lauwarmen Milch zum Vorteig verrühren. Mit einem Tuch bedeckt an einem warmen Platz gehen lassen, bis der Vorteig Blasen wirft, d. h. bis er »pustet«. Das Mehl in eine Schüssel sieben, in die Mitte eine Mulde drücken und den aufgegangenen Vorteig hineingießen. Den übrigen Zucker zusammen mit der Sahne, den Eiern, der in Flöckchen geteilten Butter und dem Salz zufügen und alles zu einem glatten, geschmeidigen Teig verarbeiten. Den Teig so lange schlagen, bis er Blasen wirft und sich vom Schüsselrand löst. Zu einem Kloß formen und in die Schüssel zurücklegen. Hauchdünn mit Mehl bestäuben, ein Tuch darüberdecken und den Teig ca. 20 Minuten an einem warmen Platz bis zur doppelten Menge aufgehen lassen.
In der Zwischenzeit die Füllung vorbereiten. Dazu die Nougatmasse in kleine Stücke teilen und in einen kleinen Topf geben. Im nicht zu heißen Wasserbad unter Rühren schmelzen lassen. Die Mandeln untermischen und alles mit dem Rum abschmekken. Ein großes Stück Pergamentpapier einfetten, die Nougatmasse nicht zu dick darauf verstreichen, wieder abkühlen und fest werden lassen. Den Teig zusammendrücken und kräftig durchkneten. Dann auf der bemehlten Arbeitsfläche knapp ½ cm dick ausrollen und zu Quadraten von 15–18 cm Seitenlänge schneiden. Diese Quadrate jeweils einmal diagonal durchteilen. Die erkaltete Nougatmasse in passende Stückchen teilen und die Dreiecke damit belegen. Den Teig darüber zur Spitze hin aufrollen und diese Hörnchen zu Kipferln biegen, deren Spitzen ein wenig nach innen zeigen. Alle Kipferl mit genügend Abstand auf ein gefettetes Blech legen und mit einem Tuch bedeckt ca. 20 Minuten an einem warmen Platz aufgehen lassen. Mit Milch oder Sahne bepinseln und auf die mittlere Schiene des auf 200 Grad (Gas Stufe 3) vorgeheizten Ofens schieben. Die Kipferl in 20–25 Minuten goldbraun backen, dann vom Blech lösen und auf einem Kuchendraht abkühlen lassen. Die Kipferl schmecken am besten, wenn sie noch ein wenig warm sind.

Baiser- und Makronen-masse

Weiß wie Schnee, leicht wie eine Feder und süß wie ein Kuß – das sind die Eigenschaften, die gute Baisers auszeichnen

Baiser- und Makronenmasse

Vacherin mit Kastaniencreme

9 Eiweiß, 1 Prise Salz
450 g Zucker, 1 TL Zitronensaft
Butter zum Einfetten
Mehl zum Bestäuben

Für Füllung und Verzierung
1½ Dosen Kastanien (ca. 630 g)
⅛ l Milch, 30 g Zucker
1 Vanilleschote
3 Blatt weiße Gelatine
2 Glas (je 2 cl) Rum, ⅜ l Sahne
1 Päckchen Vanillinzucker
1 Kleinstdose Ananas (4 Scheiben, ca. 150 g)
gehackte Pistazien zum Verzieren

8 Eiweiß mit Salz in einer Schüssel zu schnittfestem Schnee schlagen. Dann nach und nach 400 g Zucker einrieseln lassen und weiterschlagen, bis die Masse sehr fest und glänzend ist. Den Zitronensaft bis auf ein paar Tropfen untermischen und die Masse in einen Spritzbeutel mit großer Sterntülle geben.
2 oder 3 Backbleche (je nach Größe) mit Pergamentpapier belegen, mit Butter einfetten und mit Mehl bestäuben.
5 Kreise von 16 cm Durchmesser darauf markieren und 3 Kreise von 12 cm Durchmesser.
Um alle Kreise einen dicken Baiserrand spritzen, in 2 der 16er-Kreise sowie in einen 12er-Kreis zusätzlich ein Gitter spritzen.
Die Backbleche in den auf 100–120 Grad (Gas Stufe ½–1) vorgeheizten Ofen schieben und die Ringe in 3–4 Stunden mehr trocknen als backen.
Das restliche Eiweiß wieder mit einer kleinen Prise Salz schnittfest schlagen, den restlichen Zucker einrieseln lassen und mit dem Zitronensaft vermischen. Auch in einen Spritzbeutel mit Sterntülle geben.
Ein Backblech mit neuem Pergamentpapier auslegen, wieder einfetten und mit Mehl bestäuben.
Einen 16er-Kreis mit Gitter darauflegen, etwas Baisermasse auf den Rand spritzen (nur dünn) und die übrigen 16er-Ringe auf dieselbe Weise aufsetzen. Für den Tortenaufbau das zeite 16er-Gitter ebenfalls auf das Blech legen und die beiden 12er-Ringe (ohne Gitter) ebenfalls mit Baisermasse in der Mitte darauf anbringen.
Alle Ränder mit Baisertupfern oder Streifen bespritzen und diese Gebilde nochmals in den 100–120 Grad (Gas Stufe ½–1) heißen Ofen schieben und in 2–3 Stunden aneinanderbacken bzw. trocknen lassen.
Aus dem Ofen nehmen und beide Teile auf je einem Kuchendraht auskühlen lassen.
Für die Füllung die Kastanien abtropfen lassen, etwas zerkleinern oder zerdrücken und mit der Milch sowie dem Zucker in einen Topf geben. Die Vanilleschote der Länge nach aufschneiden, das Mark herausschaben und zusammen mit der Schote zu den Kastanien geben. Zum Kochen bringen und dabei hin und wieder umrühren, damit die Kastanien nicht anbrennen und die Milch zum Teil verkochen kann. Die Gelatine in kaltem Wasser einweichen. Die Kastanien mit der nicht eingekochten Flüssigkeit im Mixer pürieren oder durch ein Sieb streichen und dabei die Vanilleschote entfernen.
Die Gelatine ausdrücken und in der noch heißen Kastanienmasse unter ständigem Rühren auflösen. (Sollte die Masse beim Pürieren schon zu stark abgekühlt sein, muß man sie noch einmal schnell erhitzen.)
Sobald die Gelatine gelöst ist, die Masse mit dem Rum abschmecken, abkühlen und gelieren lassen.
Die Sahne mit dem Vanillinzucker steif schlagen, die Ananasscheiben abtropfen lassen und 3 davon in kleine Stückchen zerteilen.
Sobald die Kastanienmischung anfängt zu gelieren (»Straßen zieht«), etwa ⅔ der Sahne und die Ananasstückchen locker unterheben.
Den unteren Teil der Torte (das 16er-Gitter mit den 16er-Ringen) auf eine Tortenplatte legen und mit der Kastanien-Ananasmischung füllen. Das zweite 16er-Gitter mit dem 12er-Aufbau aufsetzen und ebenfalls mit der Creme füllen. Zum Schluß das übrige 12er-Gitter auflegen.
Die restliche Sahne in einen Spritzbeutel füllen und den Vacherin damit verzieren.
Die Ananasscheibe in Stücke schneiden und ebenfalls als Verzierung anlegen. Die Oberfläche sparsam mit gehackten Pistazien bestreuen und den Vacherin sofort servieren.

Tip

Der Vacherin sollte stets unmittelbar nach dem Füllen serviert werden, denn die zarte Baisermasse wird sehr schnell weich und feucht, wodurch sie ein wenig langweilig schmeckt. Um den Vacherin aber trotzdem vorbereiten zu können (schließlich braucht er viel Zeit, um zu trocknen), können Sie die einzelnen Ringe und Gitter schon am Vortag backen und zusammensetzen. Oder aber Sie bakken nur die Ringe und heben Sie in einer luftdichten Dose auf, so daß Sie sie am Zubereitungstage mit neuer Baisermasse zusammensetzen und danach füllen und verzieren.

Variationen

Ein Vacherin kann mit vielerlei Füllungen serviert werden. Richten Sie sich dazu am besten nach dem jeweiligen Saisonangebot an frischen Früchten. Sehr gut schmeckt er mit allen säurereichen Beeren, wie Johannisbeeren, Preiselbeeren, Heidelbeeren oder auch einer Mischung aus allen Früchten. Ferner passen Kirschen, Zitrusfrüchte oder Aprikosen sehr gut zu dieser schaumig-süßen Bäckerei. Natürlich darf in allen Fällen die Schlagsahne nicht fehlen. Sie wird – je nach Fruchtsorte – mit dem entsprechenden Obstbrannt oder -likör parfümiert und sollte niemals zu süß abgeschmeckt sein.
Weiter können Sie zur Füllung auch die Ananas-Weincreme (aus dem Rezept Seite 58) verwenden, auch die Creme aus der Hochzeitstorte (Rezept Seite 216) oder die Füllungen der Charlotten von Seite 48 bzw. die Mango-Sekt-Creme von Seite 135.
Und natürlich paßt auch Eis ausgezeichnet zum Vacherin. Dazu können Sie entweder ein beliebiges Eis verwenden, oder aber Sie mischen es mit Früchten und Sahne.

Baiser- und Makronenmasse

Amaretti Italienische Mandelmakronen

275 g abgezogene, gemahlene Mandeln
250 g Zucker
3 Eiweiß
1 Prise Salz
1 Fläschchen Bittermandelöl
25–30 runde Backoblaten von 44 mm Durchmesser
Puderzucker zum Bestäuben

Die gemahlenen Mandeln mit etwa der Hälfte des Zuckers vermischen. Die Eiweiß mit einer Prise Salz zu schnittfestem Schnee schlagen und erst dann den restlichen Zucker nach und nach einrieseln lassen. Dabei so lange weiterschlagen, bis die Masse baiserartig fest ist und stark gelänzt. Das Bittermandelöl unterziehen. Löffelweise die Mandel-Zuckermischung daruntermischen und in einen Spritzbeutel mit großer glatter Tülle geben. Dicke kugelige Tupfer auf die Oblaten spritzen, dabei rundherum jedoch einen Rand freilassen und auf einen Kuchendraht setzen. Mit Puderzucker kräftig übersieben und die Plätzchen nun sehr vorsichtig mit einem Pfannenmesser herunterheben und nicht zu dicht nebeneinander auf ein Kuchenblech setzen. Etwa 3 Stunden bei Zimmertemperatur trocknen lassen und dann in den auf 130 bis 150 Grad (Gas Stufe 1) vorgeheizten Ofen auf die mittlere Schiene schieben.
In 30 Minuten mehr trocknen lassen als backen, wobei sie nur leicht braun werden sollen. Sofort vom Blech lösen, noch einmal mit Puderzucker bestäuben und abkühlen lassen. Anschließend nach Wunsch die Oblatenränder von den Unterseiten abbröckeln. Dabei sollte aber immer sehr vorsichtig gearbeitet werden.

Hinweis Häufig bekommt man nur ungeschälte gemahlene Mandeln zu kaufen, die sich für dieses feine Gebäck jedoch nicht so gut eignen. Nehmen Sie dann ganze Mandeln mit Haut und überbrühen Sie sie mit kochendem Wasser, in dem sie 1–2 Minuten liegen sollten. Fischen Sie sie dann mit einem Schaumlöffel heraus und schieben Sie die braunen Häutchen zwischen Daumen und Zeigefinger von den Kernen. (Sollten sie Ihnen dazu zu heiß sein, können Sie sie kurz unter kaltem Wasser abschrecken.) Trocknen Sie die Kerne anschließend sehr gut in einem Küchentuch ab oder legen Sie sie nebeneinander auf ein trockenes Backblech und lassen Sie sie im etwa 150 Grad (Gasstufe 1) heißen Ofen trocknen, ohne zu bräunen. Sobald sie wieder abgekühlt sind, drehen Sie sie durch die Mandelmühle.

Variation

Schokoladen-Amaretti werden ähnlich zubereitet. Mengen Sie dazu jedoch 40 g Mehl unter die Mandelzuckermischung, schmelzen Sie 50 g Schokolade bei sanfter Hitze und lassen Sie sie wieder auf Handwärme abkühlen. Arbeiten Sie nun nach dem o.g. Rezept weiter und heben Sie zum Schluß die noch flüssige Schokolade darunter.

Baiser-Torteletts

4 frische Eiweiß, 1 Prise Salz
200 g Zucker
1½ TL Zitronensaft
500 g gemischte Beeren oder Sauerkirschen (frisch oder aus dem Glas)
1 Päckchen klarer Tortenguß
⅛ l Saft oder Weißwein und
1 EL Zucker

Die Eiweiß in eine Schüssel geben, das Salz zufügen und mit dem elektrischen Handrührgerät auf höchster Schaltstufe zu völlig schnittfestem Schnee schlagen. Erst dann den Zukker nach und nach einrieseln lassen und dabei weiterschlagen, bis die Baisermasse sehr fest ist und schön glänzt. Zum Schluß den Zitronensaft untermischen und in einen Spritzbeutel mit großer Sterntülle geben.
Ein Backblech mit Pergamentpapier oder Alufolie belegen und Kreise von 8 cm Durchmesser aufzeichnen. Mit dem Spritzbeutel nun auf den Kreislinien einen Rand aus Tupfern spritzen, jeweils einen Baiserklecks in die Mitte geben und verstreichen.
Das Blech in den auf 100–120 Grad (Gas Stufe ½–1) vorgeheizten Ofen schieben und die Backofentür einen Spalt breit offen lassen (einen Holzlöffelstiel – kein Plastik – dazwischenstecken). Die Baisertorteletts in 3–4 Stunden trocken, aber nicht braun werden lassen.
Die Torteletts dann sehr vorsichtig vom Pergamentpapier oder der Folie ablösen und auf einem Kuchendraht auskühlen und nachtrocknen lassen.
Die Früchte auf einem Sieb abtropfen lassen (den Saft dabei auffangen) und dick auf die Torteletts häufen.
Das Tortengußpulver zusammen mit Saft (oder aber Weißwein, mit Wasser und Zucker gemischt) nach Pakkungsaufschrift zubereiten und die Früchte damit überziehen.

Hinweis Baisertorteletts weichen sehr schnell durch und werden dann klebrig-zäh. Sie müssen (!) darum stets unmittelbar nach dem Belegen auf den Tisch gebracht werden. Um sie jedoch zusätzlich vor dem Durchweichen zu schützen, können Sie die Böden dünn mit flüssiger Kuvertüre bestreichen, bevor Sie die Früchte auflegen, oder auch zerbröselte Makronen bzw. mit gemahlenen Mandeln gemischte Zwiebackbrösel »als Isolierschicht« verwenden.

Variation

Normalerweise braucht die Baisermasse recht viel Zucker, um Halt zu bekommen. Wenn Sie 100 g Zucker (damit fast 400 Kalorien) sparen wollen, arbeiten Sie mit Pektin-Fruchtsäure-Mischung (als Gelfix im Handel): Mischen Sie 30 g Zucker mit 1½–2 TL Gelfix und rühren Sie diese Mischung unter die flüssigen Eiweiß. Schlagen Sie nun mit dem elektrischen Handrührgerät bei kleiner Stufe, bis die Masse schaumig und leicht fest wird, schalten Sie dann auf die höchste Stufe und streuen Sie nach und nach die 70 g Zucker hinein.

Baiser- und Makronenmasse

Baiser-Eistorte mit Früchten

3 Eiweiß
175 g Zucker
1 TL Zitronensaft

Für die Füllung
4 Blatt weiße Gelatine
300 g frische oder tiefgekühlte Himbeeren
1 Glas (2 cl) Himbeergeist
5 Eigelb, 180 g Zucker
knapp ⅛ l trockener Weißwein
5 Kiwis, ⅝ l Sahne

Für den Baiserboden Eiweiß in eine Schüssel geben und sehr steif (schnittfest) schlagen. Nach und nach ⅔ des Zuckers einstreuen und schlagen, bis er sich gelöst hat. Dann den Zitronensaft zufügen, nochmals kräftig durchschlagen und den restlichen Zucker locker unterheben. Ein Backblech mit Pergamentpapier belegen und mit Hilfe des Springformrandes (Durchmesser 26 cm) einen Kreis aufzeichnen.
Die Baisermasse in einen Spritzbeutel mit glatter Tülle geben und als Boden spiralförmig die gezeichnete Fläche damit ausspritzen.
In dem auf höchstens 100 Grad (Gas Stufe ½–1) vorgeheizten Ofen auf die mittlere Schiene schieben und in etwa 3½ Stunden mehr trocknen lassen als backen. Dabei sollte die Ofentür einen Spalt breit offen bleiben, damit der Dampf entweichen kann. Den Boden danach aus dem Ofen nehmen, vorsichtig umdrehen, das Pergamentpapier etwas anfeuchten und abziehen. Den Boden auf einem Kuchendraht nachtrocknen lassen.
Für die Füllung die Gelatine in kaltem Wasser einweichen. Die Himbeeren waschen, entstielen und gut abtropfen lassen. Dann mit dem Himbeergeist übergießen und zugedeckt ziehen lassen. Tiefgekühlte Himbeeren mit dem Alkohol übergossen auftauen lassen. Eigelb mit Zucker und Weißwein in eine Schüssel geben, gut verschlagen und ins heiße, aber nicht kochende Wasserbad stellen. Schlagen, bis der Zucker gelöst und die Masse dickschaumig ist. Sie darf dabei jedoch niemals kochen. Aus dem heißen Wasser nehmen, die ausgedrückte Gelatine unter Rühren darin auflösen und in einem kalten Wasserbad schlagen, bis die Masse abgekühlt ist.
Die Himbeeren (ein paar zum Verzieren zurücklegen) und vier geschälte Kiwis getrennt passieren, wobei die Himbeerkernchen im Sieb entfernt werden sollten, die Kiwikerne nicht.
⅝ l Sahne steif schlagen und locker unter die Eischaummasse heben. Diese dritteln, das erste Drittel mit Himbeerpüree mischen und auf den Baiserboden, um den ein Springformrand geschlossen wurde, verstreichen.
Im Gefrierer leicht anfrieren lassen, bis die Cremeoberfläche gerade fest ist. Dann die helle Creme (ohne Früchte) einfüllen und fest werden lassen. Jetzt das Kiwipüree unter das letzte Cremedrittel ziehen und als dritte Schicht einfüllen. Die Torte nun etwa 6 Stunden durchfrieren lassen und mit der restlichen steif geschlagenen Sahne und den übrigen Früchten verzieren.

Baiser- und Makronenmasse

Geeiste Schoko-Baiser-Torte mit Walnußkrokant

5 sehr frische Eiweiß
1 Prise Salz
250 g feiner Zucker
1 TL Zitronensaft
1 TL Instant-Kaffeepulver
1 TL Cognac, 50 g Kakao

Für den Walnußkrokant
Öl zum Einfetten, 125 g Zucker
13 schöne Walnußhälften
150 g gehackte Walnüsse

Außerdem
2 Eier, 2 Eigelb
3 EL Wasser, 100 g Zucker
1 Päckchen Vanillinzucker
je 1 Glas (2 cl) Cognac und weiße Crème de Cacao (weißer Kakaolikör)
¾ l Sahne, Borkenschokolade

Eiweiß mit Salz in einer Schüssel zu schnittfestem Schnee schlagen, dann nach und nach den Zucker einrieseln lassen. Der Schnee muß zum Schluß recht dick sein und stark glänzen. Zitronensaft und das im Cognac aufgelöste Kaffeepulver mit dem Kakao unterziehen. 1–2 Backbleche (je nach Größe) mit Pergamentpapier auslegen und zwei Kreise (Durchmesser 24–26 cm) aufzeichnen.
Die Baisermasse in einen Spritzbeutel mit großer Sterntülle geben und als Böden spiralförmig die gezeichneten Flächen damit ausspritzen.
Neben- oder übereinander in den auf 100 Grad (Gas Stufe ½–1) vorgeheizten Ofen schieben und in 4–5 Stunden mehr trocknen lassen als backen.
Die Böden vom vorher angefeuchteten Pergamentpapier trennen und auf Küchendrähten auskühlen lassen.
Für den Walnußkrokant zuerst ein kleineres Stück Alufolie dick mit Öl bestreichen, dann ein Backblech mit Alufolie auslegen und auch einölen.
Den Zucker in einer Pfanne schmelzen lassen und, sobald er hellgelb wird, die 13 Walnußhälften hineingeben. Einmal darin wenden und sofort einzeln wieder herausnehmen. Auf Alufolie abkühlen lassen.
Unmittelbar danach die gehackten Walnüsse in die Pfanne geben. Kräftig untermischen und diese Masse schnell auf die große Folie streichen.
Fest werden lassen, den Krokant dann ablösen und in einer Plastiktüte mit dem Nudelholz zerbröseln.
Die Eier mit Eigelb und dem Wasser in einer Schüssel leicht schaumig schlagen. Ins heiße, aber nicht kochende Wasserbad stellen und unter weiterem Schlagen Zucker und Vanillinzucker einstreuen.
Sobald die Masse dickschaumig und sehr cremig ist, aus dem heißen Wasserbad nehmen und im kalten so lange weiterschlagen, bis sie abgekühlt, aber noch dick ist. Mit Cognac und Crème de Cacao abschmecken.
½ l Sahne steif schlagen, mit den Krokantbröseln unter die Creme heben.
Den Springformrand um einen Baiserboden schließen und die Creme einfüllen. Den zweiten Boden auflegen und die Torte in etwa 6 Stunden durchfrieren lassen. Den Springformrand entfernen, die Torte den Spirallinien folgend mit der Schlagsahne verzieren, mit den Walnüssen und Borkenschokolade schmücken.

Baiser- und Makronenmasse

Baisers

5 sehr frische Eiweiß
1 Prise Salz
250 g feiner Zucker
2 TL Zitronensaft

Eiweiß in eine Schüssel geben, das Salz zufügen und beides miteinander verquirlen. Zu schnittfestem Schnee schlagen und erst dann nach und nach, unter ständigem Weiterschlagen den Zucker einrieseln lassen. Die Mengen dürfen dabei jeweils nur sehr gering sein, damit sich die Baisermasse nicht verflüssigt. Sie muß zum Schluß sehr fest sein und stark glänzen. Nun den Zitronensaft unterschlagen, der einerseits für eine zusätzliche Stabilität sorgt, andererseits die Süße ein wenig mildert und den Baisers ein frisches Aroma verleiht. Die Baisermasse in einen Spritzbeutel mit großer Sterntülle geben und ein Backblech mit Alufolie belegen. Mit dem Spritzbeutel etwa eigroße, runde Tupfer auf die Folie spritzen und in den auf 100 Grad (Gas Stufe ½ bis 1) vorgeheizten Ofen (mittlere Schiene) schieben und in 4–5 Stunden mehr trocknen als backen. Die Temperatur darf dabei keinesfalls erhöht werden, denn bereits bei 130 Grad beginnen die Baisers zu bräunen. Hinzu kommt, daß sie recht lange brauchen, um auch in der Mitte trocken und luftig zu werden. Die Baisers danach vorsichtig von der Folie lösen (sie zerbrechen leicht) und auf einem Kuchendraht ausdampfen lassen. Man kann sie dazu auch noch einmal kurz in den lauwarmen Ofen schieben. Danach auskühlen lassen und bis zum Servieren kühl und vor allem trocken aufbewahren.

Rosa Baiserschalen

5 sehr frische Eiweiß
1 Prise Salz
150 g roter Einmachzucker
100 g feiner Zucker
2 TL Zitronensaft

Die Eiweiß mit Salz zu schnittfestem Schnee schlagen und erst dann nach und nach den Einmachzucker zufügen. Unbedingt so lange schlagen, bis er sich völlig gelöst und die Masse gleichmäßig rosa gefärbt hat. Erst dann unter weiterem Schlagen nach und nach den feinen Haushaltszucker hineinstreuen. Wieder schlagen, bis die Baisermasse fest und stark glänzend ist. Den Zitronensaft untermischen und die Masse in einen Spritzbeutel mit großer Sterntülle geben. Ein Backblech mit Alufolie auslegen und die Baisermasse in Form von 4–5 cm breiten, 8–10 cm langen Spiralen aufspritzen. Auf der mittleren Schiene des auf 100 Grad (Gas Stufe ½ bis 1) vorgeheizten Ofens in 4–5 Stunden mehr trocknen als backen lassen. Die Baiserschalen dann sofort von der Folie lösen und unmittelbar danach die Unterseiten jeweils mit einem Eßlöffel vorsichtig eindrücken, damit sich Mulden bilden. Die Schalen danach auf einem Kuchendraht auskühlen lassen und erst unmittelbar vor dem Servieren füllen. Dazu bieten sich verschiedene Eissorten (selbstgemacht oder fertig gekauft) und/oder Schlagsahne an. Doch schmecken die Baiserschalen auch ausgezeichnet mit Früchten und Schlagsahne.

Tip

Überziehen Sie die Baiserschalen doch einmal mit flüssiger Schokolade oder Kuvertüre. Sie müssen dazu völlig erkaltet sein, und auch die Schokolade muß so weit abgekühlt werden, daß sie eben noch flüssig ist, denn zu warme oder etwa heiße Schockolade würde die Baiseroberfläche schmelzen und feucht werden lassen. Legen Sie die Schalen dazu auf einen Kuchendraht, gießen Sie die Kuvertüre oder Schokolade darüber und lassen Sie sie auf ein darunterliegendes Pergamentpapier oder Alufolie tropfen. Sie kann dann nach dem Erstarren wieder abgelöst und weiterverwendet werden.

Safran-Baisers

5 sehr frische Eiweiß
1 Prise Salz
1 Döschen Safran
1 EL Wasser
250 g feiner Zucker
2 TL Zitronensaft

Eiweiß mit Salz in eine große Schüssel geben. Safran im Wasser auflösen, zufügen und unterrühren. Nun alles zu völlig schnittfestem Schnee schlagen und erst danach den Zucker in sehr kleinen Mengen einrieseln lassen. Dabei muß ständig geschlagen werden, damit die Masse nicht flüssig wird. Sobald sie recht fest und stark glänzend ist, den Zitronensaft unterschlagen und die Baisermasse in einen Spritzbeutel mit Sterntülle geben. Ein Backblech mit Alufolie belegen und etwa tischtennisballgroße Tupfer aufspritzen. Auf die mittlere Schiene des auf 100 Grad (Gas Stufe ½ bis 1) vorgeheizten Ofens schieben und in 4–5 Stunden mehr trocknen als backen lassen. Die Safran-Baisers dann sofort von der Folie ablösen und auf einem Kuchengitter abkühlen lassen.

Variation

Safran-Zitronen-Baisers: Schlagen Sie zusammen mit dem Zitronensaft die abgeriebene Schale von einer ungespritzten Zitrone unter die Baisermasse oder bestreuen Sie die Oberflächen der Baisers mit einigen hauchdünn geschnittenen Schalenstreifen. Ganz besonders köstlich sind diese Baisers, wenn Sie sie mit Zitroneneis zusammen servieren und mit nur ganz leicht gesüßter oder ungesüßter Schlagsahne verzieren.

Kokos-Makronen mit Schokoladenglasur

2 sehr frische Eiweiß
1 Prise Salz
100 g Zucker
2 Päckchen Vanillinzucker
280 g Kokosraspeln
etwa 50 kleine, runde Oblaten
50 g Zartbitter-Schokolade

Eiweiß mit Salz in eine Schüssel geben und zu schnittfestem Schnee schlagen. Dann nach und nach den mit Vanillinzucker gemischten Zukker einstreuen und so lange weiterschlagen, bis die Masse recht fest ist und einen satten Glanz zeigt. Die Kokosraspeln locker, aber gründlich unterheben und ein Backblech mit den Oblaten belegen. Mit 2 Teelöffeln jeweils kleine, nach oben hin spitzer werdende Häufchen daraufsetzen und das Blech auf die mittlere Schiene des auf 130 Grad (Gas Stufe 1) vorgeheizten Ofens schieben. In 35–40 Minuten hellgelb und knusprig werden lassen, dann die Kokos-Makronen auf einem Kuchengitter abkühlen lassen. Die überstehenden Oblatenränder abbröckeln und die Schokolade im Wasserbad bei sehr sanfter Hitze schmelzen lassen. In eine kleine Pergament-Spritztüte geben und die Schokolade in sehr dünnen Streifen über die Makronen fließen lassen. Die Makronen erst dann vom Kuchengitter abnehmen, wenn die Schokolade völlig kalt und wieder fest geworden ist.

Haselnuß-Makronen mit Zimtaroma

250 g Haselnußkerne
2–3 Messerspitzen gemahlener Zimt
3 Eiweiß
1 Prise Salz
250 g Zucker
1 TL Zitronensaft
ca. 50 kleine, runde Oblaten

Die Haselnußkerne auf einem trokkenen Backblech verteilen und nun sofort auf die mittlere Schiene des auf 200–220 Grad (Gas Stufe 3–4) vorgeheizten Ofens schieben.
10–15 Minuten rösten, bis sich die braunen Häutchen mühelos abreiben lassen.
Die Nüsse in ein Küchentuch geben und so lange gegeneinander reiben, bis sich alle Häutchen abgelöst haben. Die Kerne heraussuchen, abkühlen lassen und durch die Mandelmühle drehen. Dazu müssen sie jedoch völlig erkaltet sein, sonst verkleben die Reibflächen. Die gemahlenen Nüsse danach mit dem Zimt vermischen. Eiweiß mit Salz in eine Schüssel geben, zu schnittfestem Schnee schlagen und erst dann unter weiterem Schlagen nach und nach den Zucker einrieseln lassen. Zum Schluß den Zitronensaft untermischen und die Haselnüsse locker unterheben. Ein Backblech mit den Oblaten belegen und mit Hilfe von 2 Teelöffeln kleine, möglichst kugelige Häufchen darauf verteilen. Die Ränder dabei ein wenig abrunden. Das Blech in dem auf 130–140 Grad (Gas Stufe 1) vorgeheizten Ofen auf die mittlere Schiene schieben und die Haselnuß-Makronen in etwa 60 Minuten mehr trocknen als backen. Die Makronen dann vom Blech nehmen, auf einem Kuchendraht auskühlen lassen und die überstehenden Oblatenränder ein wenig abbröckeln.

Tip

Sie können die Makronenmasse auch durch Zugabe von weiteren gemahlenen Haselnüssen etwas fester zubereiten, so daß sie sich zu Kugeln formen läßt. Legen Sie diese dann auch auf Oblaten und drücken Sie jeweils eine Haselnuß in die Mitte.

Schokoladen-Baisers mit Mokkawürze

5 sehr frische Eiweiß
1 Prise Salz
250 g feiner Zucker
2–3 EL Kakao
1 EL Instant-Kaffeepulver
2 TL Zitronensaft

Eiweiß mit Salz in einer Schüssel verquirlen und zu schnittfestem Schnee schlagen. Nach und nach unter ständigem Schlagen den Zucker einrieseln lassen und so lange weiterarbeiten, bis die Baisermasse stark glänzt und schön fest ist. Den Kakao darübersieben und locker, aber gründlich darunterheben. Das Instant-Kaffeepulver im Zitronensaft auflösen und zum Schluß unter die Baisermasse schlagen. Diese in einen Spritzbeutel mit mittelgroßer Sterntülle geben und ein Backblech mit Alufolie belegen. Mit dem Spritzbeutel Tupfer im Durchmesser von etwa 4 cm daraufspritzen und das Blech in dem auf 100 Grad (Gas Stufe ½ bis 1) vorgeheizten Ofen auf die mittlere Schiene schieben. Die Schokoladen-Baisers in 4–5 Stunden mehr trocknen als backen, dann von der Folie ablösen und auf einem Kuchendraht auskühlen und nach Wunsch auch etwas nachtrocknen lassen. Erst wenn sie die gesamte Feuchtigkeit verloren haben, können sie trocken und luftig aufbewahrt oder serviert werden.

Variationen

Schokoladen-Baisers können auch mit Rumgeschmack eine wahre Köstlichkeit sein: Lösen Sie das Instant-Kaffeepulver dazu wie gewohnt im Zitronensaft auf und mischen Sie ein kleines Fläschchen Rum-Aroma darunter. Arbeiten Sie dann weiter, wie es oben im Rezept angegeben ist.
Dasselbe können Sie natürlich auch mit Bittermandel- oder Arrak-Aroma machen, wenn Sie diese Geschmacksrichtungen bevorzugen.
Wer aber einen ganz intensiven Schokoladengeschmack liebt, sollte die fertigen Baisers nach dem vollkommenen Auskühlen und Nachtrocknen mit flüssiger Zartbitter-Schokolade oder auch mit Kuvertüre überziehen oder sie mit Schokoladensahne oder Schokoladeneis anrichten.
Sollten Sie Baisers auf Vorrat backen, d. h. länger aufbewahren wollen, können Sie sie zur Sicherheit mit etwas Speisestärke herstellen. In diesem Fall sind sie weniger anfällig gegen die Luftfeuchtigkeit, können also nicht so schnell weich werden. Allerdings sind sie auch niemals so zart und duftig wie die »echten« Baisers. Dieser Stärke-Zusatz wird auch häufig angewendet, wenn man Christbaumschmuck aus Baiser herstellen möchte, der in vielen Formen gespritzt werden kann. Beliebt sind dabei Sterne, Herzen, Kringel und Kreise, also Formen, die sich leicht mit einem Bändchen oder Schleifchen aufhängen lassen, ohne daß man die Baisermasse durchstechen muß.

Mandel-Baiser-Torte mit Exoten

5 sehr frische Eiweiß, 1 Prise Salz
250–270 g feiner Zucker
1 Päckchen Vanillinzucker
1 TL Zitronensaft
250–300 g abgezogene, gemahlene Mandeln
Butter zum Einfetten
Mehl zum Bestäuben

Für Füllung und Verzierung
250 g frische Kumquats
⅛ l Wasser, 50 g Zucker
3 EL weißer Rum, 2 Kiwis
1 Päckchen klarer Tortenguß
⅛ l Sahne
1 Päckchen Vanillinzucker

Für die Baisermasse die Eiweiß in einer Schüssel mit der Prise Salz mischen und zu schnittfestem Schnee schlagen. Dann, nach und nach, unter weiterem Schlagen etwa ⅔ des Zuckers und den Vanillinzucker einstreuen. Sobald diese Masse recht fest ist und stark glänzt, den Zitronensaft untermischen.
Die gemahlenen Mandeln mit dem restlichen Zucker vermengen und locker, aber gründlich unter die Baisermasse heben. Ein Backblech mit Pergamentpapier belegen, in der Mitte einen Kreis (Durchmesser 26 cm) aufzeichnen, diese Fläche einfetten und mit Mehl bestäuben. Die Mandel-Baisermasse in einen Spritzbeutel mit großer, glatter Tülle geben und den Kreis spiralförmig damit bespritzen. Die Oberfläche dann mit einem Messer oder einer Palette glattstreichen und die übrige Baisermasse als Tupfer an den Rand spritzen.
Auf der mittleren Schiene des auf 100 Grad (Gas Stufe ½) vorgeheizten Ofens in 3½–4 Stunden mehr trocknen als backen lassen. Dabei kann bei einem »normalen« Strahlungsofen die Tür einen Spalt breit geöffnet bleiben (einfach einen Holzlöffelstiel dazwischenstecken), bei einem Heißluftherd ist es jedoch keinesfalls nötig, hier »trocknet« der Boden ohnehin ein wenig schneller.
Den Kuchen aus dem Ofen nehmen, sehr vorsichtig umdrehen und das Papier sehr schnell mit kaltem Wasser bestreichen. Abziehen und den Tortenboden wieder umgekehrt auf einem Kuchendraht nachtrocknen und auskühlen lassen.
Die Kumquats unter heißem Wasser schnell abbürsten, abtrocknen und halbieren. Wasser mit Zucker und Rum in einem Töpfchen aufkochen, die Kumquats hineingeben und zugedeckt zum Kochen bringen. Sobald die Flüssigkeit wieder aufwallt, den Topf vom Herd nehmen und die Kumquats noch ca. 5 Minuten ziehen lassen. Dann mit einem Schaumlöffel herausheben, nach kurzem Abtropfen nebeneinander auf eine Platte legen und sehr schnell abkühlen lassen.
Die Kiwis schälen und in etwa kumquatdicke Scheiben schneiden. Abwechselnd beide Fruchtsorten kreisförmig auf den Tortenboden legen und dabei jeweils ein paar Stücke zum Garnieren zurücklassen.
Die Kochflüssigkeit mit Wasser (nach Wunsch auch mit etwas Weißwein oder weißem Rum) auf ¼ l auffüllen, zum Kochen bringen und das mit wenig kaltem Wasser verquirlte Tortengußpulver unter Rühren hineingießen. Unter weiterem Rühren aufkochen und ein wenig abkühlen lassen. Kurz bevor die Masse fest wird, in einer glatten Schicht auf den Früchten verteilen und völlig fest werden lassen.
Die Sahne mit Vanillinzucker steif schlagen, in einen Spritzbeutel mit Sterntülle geben und den Tortenrand damit verzieren. Die restlichen Früchte in kleine Stücke schneiden und auf die Tupfer legen. Die Torte nun sehr schnell servieren.

Haselnuß-Eis-Baisertorteletts

5 sehr frische Eiweiß, 1 Prise Salz
250–270 g feiner Zucker
1 TL Zitronensaft
250–300 g gemahlene Haselnüsse
Butter zum Einfetten
Mehl zum Bestäuben

Für Füllung und Verzierung
150 g ZartbitterSchokolade
¼ l Sahne
1 Glas (2 cl) Kakaolikör oder Cognac
8 Kugeln Vanilleeis
Puderzucker zum Bestäuben

Für die Baisermasse alle Zutaten wie im o. a. Rezept verarbeiten und statt der Mandeln die Haselnüsse verwenden. Ein Backblech mit Pergamentpapier belegen, einfetten und mit Mehl bestäuben. Darauf Kreise von 8 cm Durchmesser markieren.
Die Baiser-Nuß-Masse in einen Spritzbeutel mit kleiner, glatter Tülle geben und die Kreise spiralförmig damit ausspritzen. Die Oberfläche nach Wunsch glattstreichen und aus der restlichen Masse jeweils einen Rand aufspritzen.
Die Torteletts auf der mittleren Schiene des auf 100 Grad (Gas Stufe ½) vorgeheizten Ofens wie die Torte (siehe oben) in ca. 2 Stunden mehr trocknen als backen.
Die Torteletts dann sehr vorsichtig auf ein Tuch stürzen, das Papier mit kaltem Wasser bestreichen und ablösen. Die Torteletts umgekehrt vorsichtig auf einen Kuchendraht legen, auskühlen und nachtrocknen lassen.
Während die Torteletts im Ofen sind, die Schokolade zerbröckeln und bei sehr sanfter Hitze in der Sahne schmelzen, dann in mindestens 3 Stunden im Kühlschrank eiskalt werden lassen. Vor dem Servieren mit Alkohol gemischt steif schlagen, etwa ⅓ davon in einen Spritzbeutel mit Sterntülle geben und den Rest in den Torteletts glattstreichen. Jeweils eine Vanilleeiskugel in die Mitte geben und mit einem Schoko-Sahnetupfer verzieren. Hauchzart mit etwas Puderzucker bestäuben und sofort servieren.

Tip

Bei der Torte wie auch den Torteletts kann man die Masse selbstverständlich auch mit einem Löffel in den Kreisen verteilen und anschließend glattstreichen, doch fällt es dann schwerer, die Mengen gleichmäßig zu verteilen. Folglich kann es passieren, daß sie ungleichmäßig garen.

Champagner-Baisertorte mit Fruchtpüree

5 sehr frische Eiweiß
1 Prise Salz
250 g Zucker, 2 TL Zitronensaft

Für Füllung und Verzierung
6 Blatt weiße Gelatine
4 Eigelb, 100 g Zucker
1 Päckchen Vanillinzucker
Knapp ¼ l Champagner (ersatzweise trockener Sekt)
Saft von 1 Zitrone
2 Eiweiß, 1 Prise Salz, ¼ l Sahne
3 Pfirsichhälften aus der Dose
100 g Himbeeren (frisch oder tiefgekühlt), 2 Kiwis

Eiweiß mit Salz in eine Schüssel geben und zu schnittfestem Schnee schlagen. Erst dann unter ständigem Weiterschlagen, nach und nach den Zucker einstreuen. Dabei muß der Eischnee stets sehr fest bleiben. Zum Schluß den Zitronensaft zufügen und ebenfalls unterschlagen. Ein Backblech mit Pergamentpapier belegen (oder einen Kreis von 26 cm Durchmesser markieren. Die Baisermasse in einen Spritzbeutel mit glatter Tülle geben und ⅔ davon spiralförmig von außen nach innen als Boden für die Torte spritzen. Die restliche Baisermasse in dicken Tupfern als äußeren Rand auf die untere Baisermasse spritzen, die vorher nach Wunsch glattgestrichen werden kann. Beim Spritzen der Tupfer sollte stets darauf geachtet werden, daß sie so eng stehen müssen, daß später keine Füllung zwischen ihnen herauslaufen kann. Die Baisertorte dann auf der mittleren Schiene des auf höchstens 100 Grd (Gas Stufe ½) vorgeheizten Ofens mehr trocknen als backen. Das dauert je nach Luftfeuchtigkeit zwischen 3½ bis 5 Stunden, wobei die Tür des »normalen« Strahlungsofens dabei einen Spalt breit offen bleiben kann. Die Baisertorte dann herausnehmen, das Papier abziehen und die Torte auskühlen lassen.
Die Gelatine nach Packungsaufschrift einweichen, Eigelb mit Zukker, Vanillinzucker, Champagner und Zitronensaft verquirlen und in einem heißen, aber keinesfalls kochenden Wasserbad schlagen, bis die Masse dicklich und weißcremig ist. Die Gelatine ausdrücken und in der heißen, aber niemals kochenden Creme unter weiterem Schlagen auflösen. Dann aus dem heißen Wasserbad nehmen, in ein kaltes stellen und unter häufigem Umrühren abkühlen lassen. Anschließend im Kühlschrank gelieren lassen. Eiweiß mit Salz zu schnittfestem Schnee und die Sahne steif schlagen. Beides unter die Creme heben, sobald diese beginnt, Straßen zu ziehen. Noch sekundenlang kühlen, dann auf dem Tortenboden verstreichen. Die Pfirsichhälften, die abgespülten (oder aufgetauten) Himbeeren und die geschälten Kiwis getrennt pürieren und jeweils in dikken Klecksen auf der Creme verteilen. Mit einem Löffel spiralförmig durchziehen, so daß sich einerseits die einzelnen Pürees miteinander vermischen, andererseits aber auch die Creme mit durchzogen wird. Die Torte in den Kühlschrank stellen, bis die Creme schnittfest ist.

Mandelbögen

160 g gemahlene Mandeln
1½ EL Mehl
40 g blättrige Mandeln
3 Eiweiß
1 Prise Salz
150 g feiner Zucker
1 Päckchen Vanillinzucker
1 Msp. gemahlener Zimt
1 kleines Eigelb
Butter zum Einfetten

Beim Lesen der Zutaten werden Sie schon gemerkt haben, daß es sich hier nicht um eine echte Makronenmasse handelt. Da jedoch diese zarten Mandelgebäcke makronenähnlich sind und himmlisch schmecken, wollen wir Sie Ihnen an dieser Stelle nicht vorenthalten.
Die gemahlenen Mandeln mit dem Mehl locker vermischen. Die blättrigen Mandeln leicht hacken, damit die Stücke kleiner werden. Die Eiweiß mit der Prise Salz halbsteif schlagen, den Zucker mit Vanillinzucker und Zimt einrieseln lassen. Die Mandel-Mehlmischung mit dem Eigelb hineingeben und so lange rühren, bis eine recht weiche, auseinanderfließende Masse entstanden ist. In einen Spritzbeutel mit glatter Tülle (Durchmesser etwa 1 cm) geben. Ein Backblech dick mit Butter einfetten und mit dem Spritzbeutel in sehr großem Abstand (etwa 7–8 cm) walnußgroße Kugeln auf das Blech spritzen. Mit den blättrigen Mandeln bestreuen. Im auf 180 Grad (Gas Stufe 2) vorgeheizten Ofen 8–10 Minuten backen. Sie müssen am Rand hellbraun sein.
Das Blech aus dem Ofen nehmen und die kleinen Plätzchen einzeln mit einer Palette ablösen. Sofort um eine Teigrolle (einen Flaschenhals oder um hohe, schmale Gläser) wickeln und abkühlen lassen. Dabei muß sehr schnell gearbeitet werden. Sofort nach dem Abkühlen brechen die Plätzchen und lassen sich nicht mehr formen. Sie sollten darum zum »Biegen« direkt vom noch warmen Blech genommen werden, ohne zwischendurch abkühlen zu können.

Mandelstäbchen

2 Eiweiß, 1 Prise Salz
125 g feiner Zucker
1 Päckchen Vanillinzucker
150 g gemahlene Mandeln
80 g gehackte Mandeln
1 Becher (100 g) Vollmilch-Kuvertüre

Eiweiß mit Salz zu schnittfestem Schnee schlagen. Löffelweise den Zucker und den Vanillinzucker einstreuen und dabei ständig weiterschlagen. Die gemahlenen Mandeln mit einem Holzlöffel locker unterheben. In einen Spritzbeutel mit glatter Tülle (Durchmesser etwa 2 cm) geben. Ein Backblech mit Pergamentpapier belegen und etwa 4 cm lange Stangen darauf spritzen. Mit gehackten Mandeln bestreuen. Im auf 120 Grad (Gas Stufe 1) vorgeheizten Ofen in 40 Minuten mehr trocknen lassen als backen. Auf einem Kuchendraht auskühlen lassen.
Die Kuvertüre im Wasserbad schmelzen und die Stangen mit beiden Enden (jeweils ½ cm tief) hineintauchen.

Strudelteig

Je mehr Füllung,
und je weniger Teig
desto besser
der Strudel

Strudelteig

Rahmstrudel

200 g Mehl, 1 Prise Salz
3 EL Öl oder 30 g zerlassene Butter
100 ml (knapp ⅛ l) lauwarmes Wasser
½ TL Essig

Für die Füllung
50 g Semmelbrösel
90 g Butter, 100 g Zucker
1 Päckchen Vanillinzucker
2 Eigelb
abgeriebene Schale von ½ Zitrone
250 g Magerquark
150 g Crème fraîche
80 g feingemahlene Mandeln
100 g Rosinen

Außerdem
Mehl zum Ausrollen
Butter zum Einfetten und Bestreichen
⅛ l Sahne, 2 EL Zucker

Das Mehl in eine Schüssel sieben, in die Mitte eine Mulde drücken und Salz mit Butter oder Öl hineingeben. Nach und nach das Wasser zufügen und alles zu einem sehr glatten, geschmeidigen Teig kneten. Diesen zu einem Kloß formen und immer wieder so lange auf die Arbeitsfläche werfen, bis sich beim Durchschneiden keine Mehlklümpchen oder Blasen zeigen. Der Teig muß jetzt völlig glatt, homogen und elastisch sein. In einem trockenen heißen Topf (vorher reichlich Wasser darin kochen) 60 Minuten ruhen lassen.
Zwischenzeitlich die Semmelbrösel in 30 g Butter unter Rühren goldgelb rösten, dann vom Herd nehmen und abkühlen lassen. Die restliche weiche Butter mit Zucker, Vanillinzucker, Eigelb und Zitronenschale weißschaumig rühren, nach und nach den Quark mit Crème fraîche zufügen und so lange weiterrühren, bis der Zucker gelöst ist. Zum Schluß die gemahlenen Mandeln darauf verteilen. Die Rosinen in heißem Wasser waschen und in einem Tuch trockenreiben. Ebenfalls auf die Quarkmasse geben und zusammen mit den Mandeln untermischen. Den Teig auf einem großen, dünn bemehlten Tuch (am besten geht's mit einer Tischdekke) so dünn wie möglich ausrollen, dann mit beiden Händen ausziehen, bis er fast durchsichtig wird. Dazu greifen Sie mit beiden flach ausgestreckten Händen unter den Teig und dehnen ihn so weit wie eben möglich. Die am Rand übrigbleibenden, dikken Ränder abschneiden, sie würden beim Backen zu hart. Die gerösteten Semmelbrösel auf dem Teig verteilen und dabei an den Seiten jeweils einen Rand frei lassen. Die Quarkmasse darüber verstreichen und auch hier den 4–5 cm breiten Rand nicht vergessen. Diese Teigränder über die Füllung schlagen und den Strudel mit Hilfe des Tuches aufrollen. Die Teigenden danach gut zusammendrücken. Eine Bratenpfanne oder eine Fettpfanne aus dem Backofen mit Butter einfetten und den Strudel (wieder mit Hilfe des Tuches) schnekkenförmig oder zum Halbkreis zusammengelegt hineingleiten lassen. Auf die zweite Schiene von unten (oder auf die Mittelschiene) des auf 180–200 Grad (Gas Stufe 2–3) vorgeheizten Ofens schieben und 45–50 Minuten backen lassen. Nach 30–40 Minuten die mit dem Zucker verrührte Sahne nach und nach darüber verteilen und karamelisieren lassen. Den Rahmstrudel herausnehmen und am besten noch heiß bzw. warm servieren, jedoch schmeckt er auch kalt sehr gut.

Kirsch-Reis-Strudel

Für die Füllung
¼ l Milch
1 Vanilleschote
80 g Zucker, 20 g Butter
abgeriebene Schale von ½ Zitrone
100 g Milchreis, 2 Eigelb
2 Glas (je 2 cl) Kirschwasser
1 Eiweiß, 1 Prise Salz
350 g Sauerkirschen (Glas oder Dose)

Für den Teig
200 g Mehl, 1 Prise Salz
3 EL Öl
100 ml lauwarmes Wasser
½ TL Essig

Außerdem
ca. 60 g Butter zum Bestreichen und Einfetten
Mehl zum Ausrollen
100 g blättrige Mandeln
50 g Zucker
½–1 TL gemahlener Zimt
5 EL Sahne

Für die Füllung die Milch zusammen mit dem ausgeschabten Mark der Vanilleschote sowie der »leeren« Schote, Zucker, Butter und abgeriebener Zitronenschale in einem (möglichst beschichteten) Topf aufkochen. Den Reis zwischenzeitlich in einem Sieb unter fließendem kalten Wasser waschen, bis die unten abfließende Flüssigkeit klar und nicht mehr milchig-trübe ist. Abtropfen lassen und in die kochende Milch streuen. Unter Rühren aufkochen und dann bei sehr sanfter Hitze in ca. 45 Minuten nicht ganz gar quellen lassen. Den Topf vom Herd nehmen. Eigelb mit Kirschwasser und etwas Reis verrühren und wieder zurück in den gesamten Reis mischen. Abkühlen lassen. Die Mandeln in einer trockenen Pfanne goldgelb rösten, dann abkühlen.
In dieser Zeit den Teig zubereiten. Dazu das Mehl in eine Schüssel sieben, in die Mitte eine Mulde drükken, Salz, Öl, Wasser und Essig zufügen und wie im oben genannten Rezept einen Strudelteig arbeiten und ca. 60 Minuten ruhen lassen, damit das Mehl quellen kann. Den Teig ebenfalls papierdünn ausziehen und mit etwas flüssiger Butter bestreichen. Mit den Mandeln bestreuen. Eiweiß mit Salz zu schnittfestem Schnee schlagen und zusammen mit den sehr gut abgetropften Kirschen unter den Reis heben. Auf dem Teig verstreichen und auch hier die Ränder frei lassen. Diese über die Füllung schlagen und den Strudel wie gewohnt zusammenrollen. In eine gut gefettete Fettpfanne oder eine Bratenpfanne gleiten lassen und rundherum mit Butter bepinseln. Auf der Mittelschiene des auf 220 Grad (Gas Stufe 4) vorgeheizten Ofens 30–35 Minuten backen. Dabei 10 Minuten vor Ende der Garzeit die mit Zucker und Zimt verquirlte Sahne darüber verteilen. Den Strudel warm oder kalt servieren.

Baklava

Süßer Strudel aus dem Orient

350 g Mehl, 1 Prise Salz
4 Eier, 3 EL Öl
knapp ⅛ l lauwarmes Wasser
½ TL Essig

Für die Füllungen
80 g Walnußkerne
80 g abgezogene Mandeln
80 g geschälte Pistazien
80 g Zucker
1 TL gemahlener Zimt
80 g Butter

Außerdem
Mehl zum Ausrollen
Butter zum Einfetten
75 g flüssige Butter zum Begießen
100 g Honig
Saft von 1 Zitrone
abgeriebene Schale von ½ Zitrone
abgeriebene Schale von ½ Orange

Für den Teig das Mehl in eine Schüssel sieben, in die Mitte eine Mulde drücken und Salz, Eier, Öl, Wasser und Essig hineingeben. Alles zu einem geschmeidigen Teig kneten, zu einer Kugel formen und so lange kräftig auf die Arbeitsfläche werfen, bis sich beim Durchschneiden weder Mehlreste noch Luftblasen zeigen. Den Teig wieder zum Kloß formen und in einen heißen, trockenen Topf (vorher Wasser darin kochen) legen. 60 Minuten ruhen lassen, damit das Mehl quellen kann.
In dieser Zeit die Füllungen zubereiten. Dazu die Nüsse, Mandeln und Pistazien getrennt, nicht zu fein hakken. Den Zucker mit Zimt mischen und die Butter in Flöckchen teilen.
Den Teig halbieren und die erste Hälfte auf einem großen bemehlten Tuch so dünn wie möglich ausrollen. Danach mit flach ausgestreckten Händen so weit auseinanderziehen, daß der Teig durchscheinend ist. Man muß das Muster des Tuches erkennen können bzw. eine Zeitung hindurchlesen können. Den Teig in 8 gleich große Rechtecke schneiden, die etwas größer sind als die flache, eckige Bratenpfanne, in der der Strudel gebacken werden soll. Mit der zweiten Teighälfte ebenso verfahren.
Die Pfanne oder Form gut mit Butter einfetten und 4 Teigplatten so hineinlegen, daß die Enden leicht überlappen. Die gehackten Walnüsse darauf verteilen, mit je einem Drittel des Zimt-Zuckers und der Butterflöckchen bestreuen. Wieder 4 Teigplatten darüberdecken und mit Mandeln, Zimt-Zucker und Butter bedecken. Nach der nächsten Teigschicht (4 Platten) die Pistazien mit dem restlichen Zimt-Zucker und der Butter einschichten und mit den übrigen Teigschichten abdecken. Mit einem spitzen, scharfen Messer den Kuchen in 16 Stückchen schneiden und mit der flüssigen Butter begießen. Auf der Mittelschiene des auf 220 Grad (Gas Stufe 4) vorgeheizten Ofens 45 Minuten backen. Den Kuchen herausnehmen, das Fett vorsichtig abgießen und mit dem erhitzten Honig, dem Zitronensaft und der abgeriebenen Schale von Zitrone und Orange mischen. Den Kuchen nach und nach damit tränken.

Feigen-Rosinen-Strudel

200 g Mehl, 1 Prise Salz
3 EL Öl
100 ml lauwarmes Wasser
½ TL Essig
Mehl zum Ausrollen
Butter zum Einfetten

Für die Füllung
150 g getrocknete Feigen
100 g Rosinen
knapp ⅛ l Rum
150 g Honig
5 EL Sahne
2 Eigelb
je 1 Prise Salz, gemahlener Zimt und gemahlene Muskatblüte (Macis)
Butter zum Bestreichen
1–2 EL Semmelbrösel
100 g gemahlene Mandeln
Puderzucker zum Bestäuben

Für den Teig in das Mehl eine Mulde drücken und Salz mit Öl hineingeben. Nach und nach das Wasser mitsamt dem Essig zugießen und alles zu einem glatten Teig verkneten. Danach »werfen« (d. h. mit Schwung auf die Tischplatte fallen lassen), bis keine Luft- oder Mehlbläschen beim Durchschneiden mehr zu sehen sind. Zur Kugel formen und auf Pergamentpapier unter einem heißen, trokkenen Topf (vorher reichlich Wasser darin kochen und wieder abtrocknen) mindestens 30, besser aber 60 Minuten ruhen lassen, damit das Mehl quellen kann. Danach auf einem leicht bemehlten Tuch ausrollen und über dem Handrücken hauchdünn, fast durchsichtig ausziehen. Während der Teig ruht, die Füllung vorbereiten. Dazu die Feigen fein würfeln. Die Rosinen in heißem Wasser waschen, in einem Küchentuch sehr gut trockenreiben und zusammen mit dem Rum unter die Feigen mischen. Zugedeckt quellen lassen. Den Honig erwärmen, bis er dünnflüssig ist. Vom Herd nehmen und leicht abkühlen lassen. Dann Sahne, Eigelb und Gewürze hineinrühren. Die Feigen und Rosinen abtropfen lassen und den nicht eingezogenen Rum unter die Honigmasse mischen. Den ausgezogenen Strudelteig mit flüssiger Butter dünn bestreichen und mit den Semmelbröseln gleichmäßig bestreuen. Die Honigmischung darauf verstreichen, wobei jedoch die Ränder frei bleiben müssen. Rosinen, Feigen und gemahlene Mandeln mischen und darüber verteilen. Den Strudelteig nun von den Seiten über die Füllung schlagen und mit Hilfe des Küchentuchs zusammenrollen. Auf ein gefettetes Backblech gleiten lassen und auf der Mittelschiene des auf 200 Grad (Gas Stufe 3) vorgeheizten Ofens ca. 30 Minuten backen. Herausnehmen und sofort mit etwas Puderzucker bestäuben.

Tip

Verwenden Sie für die Füllung statt der Feigen doch einmal getrocknete Datteln oder stellen Sie eine Mischung aus verschiedenen getrockneten Früchten, wie etwa Rosinen, Feigen, Datteln, Zitronat, Orangeat, kandierte Kirschen und Ananas her. Auch Backobst gibt bei dieser Füllung eine aparte Note.

Strudelteig

Apfelstrudel

ca. 250 g Mehl
1 kräftige Prise Salz
3 EL Öl
⅛ l lauwarmes Wasser
½–1 TL Essig
Mehl zum Ausrollen
Butter zum Bestreichen und Einfetten

Für Füllung und Verzierung
90 g Butter
100 g Semmelbrösel
100 g Rosinen
1 250 g säuerliche Äpfel
Saft von 1 Zitrone
100–125 g Zucker
(je nach Säuregehalt der Äpfel)
1–2 TL gemahlener Zimt
Puderzucker zum Bestäuben

Das Mehl auf die Arbeitsfläche oder in eine große, flache Schüssel sieben, in die Mitte eine Mulde drücken und das Salz zusammen mit dem Öl, dem Wasser und dem Essig hineingeben. Von der Mitte aus alle Zutaten miteinander verrühren und dabei mit der anderen Hand das Mehl als Rand hochdrücken, damit die Flüssigkeit nicht herauslaufen kann. Anschließend den Teig von außen nach innen sehr gründlich verkneten. Er muß völlig glatt und weich sein, darf jedoch nicht mehr kleben. Den Teig dann schlagen bzw. werfen, wozu er zur Kugel geformt hochgehoben und dann kräftig auf die Tischplatte geschleudert wird. Machen Sie zwischendurch die Probe und schneiden Sie die Teigkugel mit einem scharfen Messer in zwei Hälften. Erst wenn sich weder Mehlspuren noch Luftbläschen zeigen, hat er die richtige Konsistenz. Kneten Sie ihn wieder zur Kugel und lassen ihn dann ruhen. Dazu in einem Topf Wasser kochen lassen, den Topf ausleeren, abtrocknen und umgekehrt über den Teig stülpen. Diesen 30 Minuten ruhen lassen, damit das Mehl quellen kann und der Teig elastisch wird.
In der Zwischenzeit die Füllung vorbereiten. Dazu etwa ⅔ der Butter in einer Pfanne erhitzen und die Semmelbrösel darin unter ständigem Rühren goldbraun rösten. Vom Herd nehmen und abkühlen lassen.
Die Rosinen in heißem Wasser waschen und in einem Tuch sehr gut trockenreiben. Die Äpfel schälen, in Viertel teilen, entkernen und in feine Schnitze schneiden. Sofort mit dem Zitronensaft beträufeln, damit sie sich nicht braun färben. Den Zucker mit dem Zimt mischen und beiseite stellen.
Einen möglichst frei stehenden Tisch mit einem großen Tuch (am besten einer Tischdecke) belegen und dünn mit Mehl bestäuben. Den Teig flachdrücken und in alle Richtungen so dünn wie eben möglich ausrollen. Anschließend die Hände mit Mehl einreiben und dicht nebeneinander unter den Teig schieben. Von der Mitte aus beginnend den Teig über den Händen zum Körper hin ziehen, bis die Finger deutlich durchscheinen. Sie wissen ja, ein guter Strudelteig muß so dünn sein, daß man die Zeitung hindurchlesen könnte, heißt es im Volksmund. Er darf also ruhig an den Tischkanten herunterhängen. Zum Schluß die dickeren Kanten, die sich nicht mehr ausziehen lassen, mit einer Schere abschneiden.
Den Teig mit zerlassener Butter bestreichen und mit den gerösteten Semmelbröseln gleichmäßig bestreuen. Die Rosinen unter die Äpfel mischen, ebenfalls auf dem Teig verteilen und zum Schluß den Zimt-Zucker darüberstreuen. Dabei sollte rundherum ein etwa 5 cm breiter Rand freibleiben. Die seitlichen Kanten über die Füllung schlagen und leicht andrücken. Die vordere Teigkante ebenfalls auf die Füllung legen und nun das darunterliegende Tuch mit beiden Händen leicht anheben und schräg hochziehen, so daß der Teig langsam am Tuch herunterrutscht und so die Füllung einrollt. Halten Sie dann das Tuch an den Seiten und lassen Sie den Strudel von ihm herunter auf ein gefettetes Blech rollen. Die Oberfläche noch einmal mit zerlassener Butter bestreichen und den Strudel auf der mittleren Schiene des auf 200 Grad (Gas Stufe 3) vorgeheizten Ofens 40–45 Minuten backen lassen. Dabei mehrfach mit Butter bepinseln, damit er goldbraun und schön knusprig wird.
Den Apfelstrudel nach dem Backen mit Puderzucker bestäuben und warm oder kalt servieren.

Hinweis Warmer Apfelstrudel schmeckt köstlich mit einer Vanillesauce, während Sie zum kalten besser mit Vanillinzucker gesüßte Schlagsahne reichen sollten. Aber auch mit Crème fraîche schmeckt Apfelstrudel – warmer wie kalter – geradezu himmlisch.

Variationen

Apfelstrudel mit Nüssen: Streuen Sie zusammen mit den Äpfeln bis zu 100 g gehackte oder blättrige Haselnüsse oder Mandeln auf den Teig. Oder verwenden Sie grob gehackte Walnüsse dazu. Und anstelle der Semmelbrösel können Sie auch zerbröselte Mandelmakronen nehmen. Da sie nicht in Butter geröstet zu werden brauchen, wird in diesem Fall der Teig etwas üppiger mit Butter bepinselt.

Apfelstrudel Altwiener Art: Verteilen Sie vor dem Zusammenrollen leicht geschlagene Sahne oder glattgerührte saure Sahne (bis zu ¼ l) auf die Äpfel und streuen Sie 80–100 g grob gehackte Nüsse darauf.

Apfelstrudel bayerische Art: Legen Sie den Strudel dazu nicht auf ein Backblech, sondern in eine längliche Backpfanne (die in Bayern Reine heißt) oder aber in die Fettpfanne des Backofens. Übergießen Sie ihn mit Milch oder Sahne (bis zu ¼ l) und backen Sie ihn wie gewohnt.

Tip

Selbstverständlich können Sie nach diesen Rezepten auch andere Früchte »einstrudeln«, etwa entsteinte Zwetschgen, Sauerkirschen, Aprikosen oder auch nicht zu süße Birnen.

Backpflaumen-Strudel

ca. 250 g Mehl, 1 kräftige Prise Salz
3 EL Öl, ⅛ l lauwarmes Wasser
½ TL Essig
Mehl zum Ausrollen und Ausziehen
Butter zum Bestreichen und Einfetten

Außerdem
200 g entsteinte Backpflaumen
½ l lauwarmes Wasser
Schale von ½ Zitrone
3 Glas (je 2 cl) Zwetschgenwasser
150 g Sahnequark, 3 Eigelb
1 Prise Salz, 80 g Zucker
½ TL gemahlener Zimt
½ Fläschchen Bittermandelöl
3 Eiweiß, 100 g Pflaumenmus
80 g blättrige oder gehackte Mandeln
150 g Puderzucker

Etwa 1 Stunde vor Beginn der Arbeit die Backpflaumen im Wasser einweichen und quellen lassen.
Das Mehl sieben und in die Mitte eine Mulde drücken. Salz, Öl, Wasser und Essig hineingeben und von der Mitte aus in das Mehl mischen. Anschließend alles von außen nach innen zu einem völlig glatten Teig kneten. Wenn alle Zutaten miteinander glatt vermischt sind, den Teig mehrfach schlagen, d. h. ihn zur Kugel formen und mehrfach schwungvoll auf die Tischplatte werfen, damit sämtliche, noch vorhandenen Luftbläschen und eventuelle Mehlreste entfernt werden. Den Teig erneut zur Kugel formen und einen heißen Topf (siehe oben) darüberstülpen. Den Teig darunter etwa 30 Minuten ruhen lassen.
Nun die Backpflaumen mit ihrem Einweichwasser aufsetzen. Die gewaschene, hauchdünn geschälte oder abgeriebene Zitronenschale zufügen und alles kurz aufkochen lassen. Den Topf vom Herd nehmen, die Backpflaumen etwas abkühlen und dann auf einem Sieb abtropfen lassen. Die Pflaumen in Streifen schneiden und mit 2 Gläschen Zwetschgenwasser begossen zugedeckt beiseite stellen.
Den Sahnequark zusammen mit Eigelb, Salz, Zucker, Zimt und Bittermandelöl sehr gründlich verrühren. Ebenfalls beiseite stellen, damit sich der Zucker völlig lösen kann. Ein großes Tuch (oder eine Tischdecke) auf den Tisch legen, hauchdünn mit Mehl bestäuben und den Strudelteig darauf so dünn wie möglich ausrollen. Danach mit bemehlten Händen unter den Teig greifen und ihn so weit ausziehen, daß er durchscheinend wird. Die dickeren Teigränder mit einer Schere abschneiden. Eiweiß zu schnittfestem Schnee schlagen und zusammen mit dem glattgerührten Pflaumenmus, den Mandeln und den Backpflaumen zum Quark geben. Den nicht eingezogenen Alkohol ebenfalls angießen und alles lokker unterheben. Den Teig mit etwas flüssiger Butter bestreichen und die Füllung darauf verteilen. Dabei die Ränder rundherum auf 4–5 cm Breite frei lassen. Die seitlichen Ränder über die Füllung schlagen und nur leicht andrücken. Die vordere Teigkante anheben, auch über die Füllung klappen und den Strudel nun mit Hilfe des Tuches aufrollen.
Ein Backblech einfetten und den Strudel mit Hilfe des Tuches im Bogen darauflegen. Die Oberfläche erneut mit Butter bestreichen und den Strudel auf die mittlere Schiene des auf 200 Grad (Gas Stufe 3) vorgeheizten Ofens schieben. Ca. 40 Minuten backen und dabei noch ein- bis zweimal mit etwas Butter bepinseln.
Den Strudel aus dem Ofen nehmen und ein wenig abkühlen lassen. Den Puderzucker mit dem übrigen Zwetschgenwasser verrühren und den Strudel damit überziehen.

Mohnstrudel

50 g Schweineschmalz
ca. 250 g Mehl
1 kräftige Prise Salz, 1 Eigelb
4–5 EL lauwarmes Wasser
1 TL Essig
Mehl zum Ausrollen
Butter zum Bestreichen und Einfetten

Für Füllung und Verzierung
330 g gemahlener Mohn
¼ l Milch
50 g Grieß, 80 g Zucker
1 Päckchen Vanillinzucker
je 1 Prise gemahlene Nelken und Muskatnuß
3–4 Tropfen Bittermandelöl
100 g Rosinen
100 g gehackte Mandeln, 2 Eigelb
2 Eiweiß, 1 Prise Salz
1 kleiner Becher Sahne (100 g)
Puderzucker zum Bestäuben

Schweineschmalz schmelzen und wieder auf Handwärme abkühlen lassen. Indessen das Mehl mit dem Salz auf die Arbeitsfläche oder in eine große, flache Schüssel sieben. In die Mitte eine Mulde drücken. Eigelb mit Wasser und dem nur noch lauwarmen Schmalz in eine Schüssel geben und mit einer Gabel verschlagen, bis eine homogene Masse entstanden ist. Den Essig untermischen. Diese Flüssigkeit in die Mulde gießen und alles – wie oben – zu einem glatten Teig verarbeiten. Den Teig ebenfalls werfen und ruhen lassen.
Für die Füllung den Mohn in einer Schüssel mit kochendem Wasser bedecken. 5 Minuten quellen lassen, dann ein Tuch über die Schüssel spannen, den Mohn hineingießen und leicht ausdrücken. Die Milch in einem Topf aufkochen, Grieß unter Rühren hineinstreuen und bei sanfter Hitze 30 Minuten quellen lassen. Dabei nach 15–20 Minuten den Mohn untermischen. Zucker, Vanillinzucker und Gewürze und Aroma ebenfalls unterrühren. Die Rosinen in heißem Wasser waschen, in einem Tuch trockenreiben und in der Mohnmischung noch kurz ziehen lassen. Zum Schluß die gehackten Mandeln und Eigelb unterrühren. Den Topf vom Herd nehmen und die Mischung etwas abkühlen lassen. Den Teig – wie gewohnt – ausrollen und ausziehen und mit Butter bestreichen. Eiweiß mit Salz zu Schnee schlagen, unter den Mohn heben und diese Masse auf den Teig verstreichen. Die Ränder umklappen und wie gewohnt zum Strudel formen. In eine gefettete Fettpfanne oder eine große feuerfeste Form legen, mit Butter bestreichen und auf der mittleren Schiene des auf 200 Grad (Gas Stufe 3) vorgeheizten Ofens etwa 50 Minuten backen. Dabei nach 35 Minuten die Sahne über dem Strudel verteilen.
Mit Puderzucker bestäuben.

Strudelteig

Aprikosenstrudel

250 g Mehl, 1 Prise Salz
1 Eigelb
50 g Schweineschmalz
1 Päckchen Vanillinzucker
4–5 EL lauwarmes Wasser
½ TL Essig

Für die Füllung
750 g frische Aprikosen oder 1 große Dose (1 l)
⅛ l Weißwein
200 g Marzipan-Rohmasse
80 g Puderzucker
Saft von 1 Zitrone
½ Glas (225 g) Aprikosenkonfitüre

Außerdem
Mehl zum Ausrollen
80 g Butter
3 EL Semmelbrösel
Butter oder Margarine zum Einfetten
5 EL Sahne
2 EL Aprikosenkonfitüre

Für den Teig das gesiebte Mehl mit Salz mischen und in eine Schüssel geben. In die Mitte eine Mulde drücken und Eigelb mit Schmalz in kleinen Flöckchen, Vanillinzucker und Wasser hineingeben. Alles zu einem geschmeidigen Teig verkneten. Diesen dann mehrfach mit viel Schwung auf die Arbeitsfläche werfen, bis keine Luftbläschen oder Mehlklümpchen mehr zu sehen sind. Den Teig nun wieder zur Kugel formen und auf einem Blatt Pergamentpapier in einem heißen, trockenen Topf (vorher Wasser darin kochen und wieder abtrocknen) ca. 60 Minuten ruhen lassen.
Für die Füllung die frischen Aprikosen waschen, abtrocknen, halbieren und entkernen. Den Wein in einem Topf zum Kochen bringen, die Aprikosenhälften hineingeben und ca. 5 Minuten leise sieden lassen. Danach auf einem Sieb abtropfen und abkühlen lassen; die Flüssigkeit dabei auffangen. Aprikosen aus dem Glas lediglich abtropfen lassen und auch hier den Saft aufheben.
Die Marzipan-Rohmasse mit Puderzucker, Zitronensaft, der Aprikosenkonfitüre und etwas Weißweinsud oder Aprikosensaft aus der Dose zu einer streichfähigen Masse mischen.
Die Arbeitsfläche mit einem großen Tuch belegen und dieses hauchdünn mit Mehl bestäuben. Den Strudelteig zuerst so dünn wie möglich ausrollen, dann mit den flach ausgestreckten Händen darunterfahren und ihn vorsichtig so weit wie möglich ausziehen. Die dicken Ränder mit einer Schere glatt abschneiden.
Die Butter bei sanfter Hitze schmelzen und wieder auf Handwärme abkühlen lassen. Einen Teil davon auf den Strudel geben und mit dem Pinsel gleichmäßig verteilen. Mit den Semmelbröseln bestreuen, dann die Marzipanmasse darauf verstreichen und mit den abgetropften nach Wunsch etwas zerkleinerten Aprikosen belegen. Die Teigränder dabei stets frei lassen und sie nun über die Füllung klappen. Den Strudel mit Hilfe des Tuches zusammenrollen und u-förmig auf ein gut gefettetes Backblech gleiten lassen. Den Strudel rundherum mit der übrigen Butter bestreichen und auf die mittlere (oder die zweite Schiene von unten) in den auf 200 Grad (Gas Stufe 3) vorgeheizten Ofen schieben.
45–55 Minuten backen; dabei nach ca. 10 Minuten die Sahne über den Strudel verteilen. Die Aprikosenkonfitüre inzwischen glattrühren und dabei, wenn nötig, ein paar Tropfen heißes Wasser zufügen. Knapp 10 Minuten vor Ende der Backzeit über die Oberfläche streichen und leicht karamelisieren lassen. Den Strudel herausnehmen, auskühlen lassen und dann möglichst sofort servieren.

Strudel-Taschen mit Pflaumenmusfüllung

200 g Mehl, 1 Prise Salz
3 EL Öl
4–6 EL lauwarmes Wasser
½ TL Essig

Für die Füllung
50 g Butter
200 g gestiftelte Mandeln
600 g Pflaumenmus
2 Glas (je 2 cl) Mandellikör
Saft von 1 Zitrone
50 g Löffelbiskuits

Außerdem
Mehl zum Ausrollen
Butter oder Margarine zum Einfetten und Bestreichen
1 Eiweiß, 3–5 EL Sahne
Puderzucker zum Bestäuben

Das Mehl mit Salz vermischen und durch ein Sieb in eine Schüssel geben. In die Mitte eine Mulde drükken, Öl, Wasser und Essig hineingeben und alles zu einem geschmeidigen Teig verkneten. Den Teig so lange, immer wieder auf die Arbeitsfläche werfen, bis keine Luftbläschen und Mehlklümpchen mehr zu sehen sind. Den Teig nun wieder zu einem Kloß formen und in einen heißen, trockenen Topf (vorher Wasser darin kochen) legen. Ca. 60 Minuten ruhen lassen, damit das Mehl quellen kann.
In der Zwischenzeit die Füllung zubereiten. Dazu die Butter in einer Pfanne erhitzen und die Mandeln darin unter ständigem Wenden goldbraun rösten. Vom Herd nehmen und abkühlen lassen. Das Pflaumenmus mit Mandellikör und Zitronensaft verrühren, dann die abgekühlten Mandeln untermischen. Die Löffelbiskuits in eine Plastiktüte geben und mit dem Nudelholz fein zerbröseln.
Den Teig auf der leicht bemehlten Arbeitsfläche portionsweise etwa 3 mm dick ausrollen und in ca. 8 cm große Quadrate schneiden. Zuerst mit zerbröselten Löffelbiskuits bestreuen, dann die Füllung darauf verteilen und jeweils einen Rand frei lassen. Das Eiweiß leicht verquirlen, die Teigränder damit einstreichen und die Teigstücke zu Dreiecken zusammenlegen. Die Ränder sorgfältig mit einer Gabel festdrücken. Die Teigtaschen auf ein gefettetes Backblech legen und mit flüssiger, aber nicht mehr heißer Butter bestreichen. Auf der mittleren Schiene des auf 200 Grad (Gas Stufe 3) vorgeheizten Ofens 15–18 Minuten backen und die Taschen dabei kurz vor Ende der Garzeit mit Sahne bestreichen. Die Strudel-Taschen auf einem Kuchendraht auskühlen lassen und mit Puderzucker bestäuben.

Birnen-Strudel aus Blätterteig

2 Pakete tiefgekühlter Blätterteig (je 300 g)
40 g Löffelbiskuits
40 g Mandelmakronen (fertig gekauft)
⅛ l heiße Milch
750 g vollreife, aber nicht zu weiche Birnen (Williams am besten)
Saft von 1 Zitrone
150 g gemahlene Mandeln
40 g Zucker
1 Glas (2 cl) Birnengeist
1 Msp gemahlener Zimt
1 Tütchen Krokant (40 g)
Mehl zum Ausrollen
Milch zum Bestreichen
Zucker zum Bestreuen

Die Blätterteigplatten aus der Packung nehmen und nebeneinanderliegend bei Zimmertemperatur auftauen lassen. In der Zwischenzeit die Löffelbiskuits und die Makronen sehr fein zerbröseln und mit der heißen Milch übergossen quellen lassen. Indessen die Birnen schälen, entkernen und in Schnitze teilen. Sofort mit dem Zitronensaft mischen. Mandeln, Zucker, Birnengeist und Zimt zur eingeweichten Biskuitmasse geben und alles gut vermischen. Zum Schluß die Birnenschnitze zusammen mit dem Krokant locker unterheben. Die Blätterteigplatten übereinander auf die bemehlte Arbeitsfläche legen und mit sehr leichtem, aber gleichmäßigem Druck in alle Richtungen rollend zu Backblechgröße auswellen. Die Birnenmischung darauf verteilen, jedoch die Ränder nicht bestreichen, sondern über die Füllung schlagen. Den Blätterteig nun vorsichtig, aber zügig zum Strudel zusammenrollen und in einer leichten Biegung auf ein mit kaltem Wasser abgespültes Backblech gleiten lassen. Die Oberfläche mit Milch bestreichen und dick mit Zucker überstreuen und in dem auf 200–220 Grad (Gas Stufe 3–4) vorgeheizten Ofen auf die mittlere oder die zweite Schiene von unten schieben. In 25–35 Minuten goldbraun backen lassen.
Den Strudel aus dem Herd nehmen und nur wenige Sekunden auf dem Blech ausdampfen lassen, dann auf einen Kuchendraht gleiten und völlig abkühlen lassen.

Hinweis Wenn Sie den Birnen-Strudel einmal als Dessert servieren wollen (was sehr zu empfehlen ist), sollten Sie ihn noch warm zu Tisch bringen und eine leicht gesüßte oder vanillierte flüssige Sahne oder auch Crème fraîche dazu reichen. Jedoch harmonisiert auch Schlagsahne prima dazu, ganz besonders, wenn sie zusammen mit ein paar Eiskugeln und etwas Borkenschokolade oder auch mit frisch geraspelter Nußschokolade angelegt wird.

Tip

Um die Löffelbiskuits und Makronen zu zerbröseln, sollten Sie diese in eine Plastiktüte geben, diese oben gut verschließen und alles mit dem Nudelholz fein zerdrücken.

Blätterteigstrudel mit Orangenfüllung

2 Pakete tiefgekühlter Blätterteig (je 300 g), Mehl zum Ausrollen

Für die Füllung
50 g Löffelbiskuits
200 g Orangenmarmelade
1 EL Zitronensaft
Saft von 2 Orangen
200 g Kokosraspeln
ca. 125 g Zucker (je nach Geschmack)
2 EL weißer Rum
ca. 4 Orangen
100 g geschälte Pistazien

Außerdem
1 Eigelb, 2 EL Milch
Puderzucker zum Bestäuben

Die Blätterteigplatten nebeneinander auf die Arbeitsfläche legen und nach Packungsaufschrift auftauen lassen. Die Platten danach auf der leicht bemehlten Arbeitsfläche übereinanderlegen, erneut mit etwas Mehl bestäuben und mit leichtem Druck in alle Richtungen dünn ausrollen.

Für die Füllung die Löffelbiskuits in einer Plastiktüte mit dem Nudelholz sehr fein zerbröseln. Die Orangenmarmelade mit Zitronen- und Orangensaft glattrühren. Kokosraspeln, Zucker, Rum und nur so viel von den zerbröselten Löffelbiskuits zufügen, daß die Menge gerade noch streichfähig ist. Die restlichen Brösel beiseite stellen. Die Marmeladenmischung auf dem Teig gleichmäßig verstreichen und dabei an allen Seiten einen Rand freilassen. Die übrigen Biskuitbrösel zur Hälfte darauf verteilen. Die Orangen schälen und filetieren. Dazu das Fruchtfleisch mit einem sehr scharfen Messer direkt an den Trennwänden ablösen, so daß die einzelnen Filets herausfallen. Diese entkernen und auf die Füllung streuen. Die Pistazien grob hacken und zusammen mit den restlichen Biskuitbröseln darüber verteilen. Den Teig an den schmalen Seiten über die Füllung schlagen und den Strudel danach wie gewohnt zusammenrollen. Ein Backblech mit kaltem Wasser abspülen und den Strudel daraufgleiten lassen und für 15 Minuten kühl stellen. Eigelb mit Milch verquirlen, den Strudel damit bestreichen und auf die mittlere Schiene des auf 200–220 Grad (Gas Stufe 3–4) vorgeheizten Ofens schieben. Etwa 35 Minuten backen, dann auf ein Kuchengitter gleiten und leicht auskühlen lassen. Dick mit Puderzucker bestäuben. Warm oder kalt servieren.

Tip

Der Blätterteig läßt sich sehr leicht ausrollen und vor allen Dingen zum Strudel formen, wenn Sie ihn auf leicht bemehlter extrastarker Alufolie verarbeiten. Er kann dann nicht an der Arbeitsfläche ankleben, da er sich von der Folie sehr leicht löst. Anstelle der Löffelbiskuits lassen sich natürlich auch beliebige Reste von Biskuit oder anderen Teigen verwenden, jedoch ist darauf zu achten, daß sie genügend Bindekraft für den Saft der Früchte haben.

Blätterteig

Dank der Tiefkühlindustrie heute kein Problem mehr

Schillerlocken

1 Paket tiefgekühlter Blätterteig (300 g)
Mehl zum Ausrollen
1 Eigelb
1–2 EL Sahne oder Milch
nach Wunsch Hagelzucker zum Bestreuen
¼ l Sahne
1 Päckchen Vanillinzucker

Die Blätterteigplatten nebeneinanderliegend, nach Packungsaufschrift, auftauen lassen, dann auf der leicht bemehlten Arbeitsfläche übereinanderlegen und mit nur leichtem, aber gleichmäßigem Druck in alle Richtungen zu einem etwa 30 cm großen Quadrat ausrollen. Mit einem Teigrädchen oder einem sehr scharfen Messer nun in 10 gleichbreite Streifen schneiden. Die Schillerlockenformen (gibt's aus Metall in Haushaltswarengeschäften) mit kaltem Wasser abspülen und die Blätterteigstreifen ebenfalls an einer Längsseite mit kaltem Wasser bestreichen. Die Teigstreifen nun an der Spitze der Formen beginnend so um die Formen wickeln, daß sie sich an der angefeuchteten Seite jeweils knapp überlappen. Nur so können sie zusammenbacken. Die Schillerlocken danach in ihren Formen auf ein kalt abgespültes Backblech legen. Eigelb mit Sahne oder Milch verquirlen, die Oberseiten der Schillerlocken damit bestreichen und nach Wunsch zusätzlich mit Hagelzucker bestreuen. Für 10–15 Minuten in den Kühlschrank stellen. Dann auf die mittlere Schiene des auf 200–220 Grad (Gas Stufe 3–4) vorgeheizten Ofens schieben und in 10–15 Minuten goldbraun backen. Die Schillerlocken aus dem Ofen nehmen und sofort von den Formen lösen. Später kleben sie leicht an und könnten dann zerbrökkeln. Nebeneinander auf einem Kuchendraht völlig auskühlen lassen. Zwischenzeitlich die Sahne steif schlagen und mit Vanillinzucker süßen. In einen Spritzbeutel mit Sterntülle geben und die völlig erkalteten, aber noch sehr frischen Schillerlokken damit füllen. Sie schmecken frisch am besten, später wird der Blätterteig – wie bei jedem anderen Gebäck dieser Teigart – leicht ein wenig mürbe. Die Schillerlocken nun dick mit Puderzucker bestäuben und möglichst sofort servieren.

Tip

Wer keine Spezialformen für die Schillerlocken besitzt, kann sich mit extrastarker Alufolie sehr gut helfen: Schneiden Sie mit Hilfe eines Springformbodens (Durchmesser 26 cm) 3 runde Platten aus und vierteln Sie diese. Drehen Sie nun 10 dieser Viertel zu spitzen Tüten, die sie mit der restlichen, zerpflückten Alufolie füllen, damit sie genügend Stabilität bekommen. Auch sie müssen dann kalt abgespült werden, bevor sie genauso wie die fertigen Formen mit den Teigstreifen (die Ränder ebenfalls anfeuchten) umwickelt werden können.

Schokorollen mit Preiselbeer-Sahne

1 Paket tiefgekühlter Blätterteig (300 g)
Mehl zum Ausrollen
1 Eigelb
2 EL Milch oder Sahne
1 Becher Kuvertüre
¼ l Sahne
1 Päckchen Vanillinzucker
3–4 EL Preiselbeerkompott oder -marmelade

Die Blätterteigplatten nach Packungsaufschrift (nebeneinanderliegend) auftauen lassen. In der Zwischenzeit aus extrastarker Alufolie 8–10 cm breite Streifen schneiden und diese mehrfach zusammenrollen, so daß möglichst stabile Röhren entstehen. Die Blätterteigplatten dann auf der bemehlten Arbeitsfläche oder auf Alufolie übereinanderlegen und in alle Richtungen mit leichtem, aber gleichmäßigem Druck zu einem Rechteck von etwa 20 mal 30 cm ausrollen. Den Teig mit einem Teigrädchen oder einem sehr scharfen Messer in 2–3 cm breite Streifen schneiden. Dabei sollte unbedingt darauf geachtet werden, daß der Teig glatt abgeschnitten wird, ohne daß sich die einzelnen Schichten zusammendrükken (sie können dann nicht mehr gleichmäßig aufgehen). Die Alu-Röhren mit kaltem Wasser abspülen und die Teigstreifen an einer Seite mit kaltem Wasser bestreichen. Die Teigstreifen nun spiralförmig so um die Aluröhren wickeln, daß sie sich stets ein wenig überlappen und darum gut zusammenbacken können. Die Rollen mit genügend Abstand auf ein kalt abgespültes Backblech legen und die Oberflächen mit dem mit Milch oder Sahne verquirlten Eigelb bestreichen. Auf die mittlere Schiene des auf 200–220 Grad (Gas Stufe 3–4) vorgeheizten Ofens schieben und die Rollen in 12–15 Minuten goldbraun backen. Sofort vom Blech lösen und die Alufolie entfernen. Die Rollen auf einem Kuchendraht völlig auskühlen lassen. Die Kuvertüre zerbröckeln und in einem kleinen Töpfchen im heißen, aber nicht kochenden Wasserbad unter Rühren auflösen. Unter weiterem, mehrmaligem Umrühren abkühlen lassen, bis sie fast wieder beginnt, fest zu werden. Nun die Blätterteigrollen sehr schnell damit übergießen oder bepinseln und diese Schokoladenschicht abkühlen und fest werden lassen. Erst unmittelbar vor dem Servieren die Sahne steif schlagen und mit Vanillinzucker süßen. Preiselbeerkompott sehr gut abtropfen lassen (möglichst in einem feinen Sieb) und nach Wunsch zusätzlich etwas pürieren. Preiselbeermarmelade glattrühren. Kompott oder Marmelade (ganz nach Wunsch) in jeweils kleinen Mengen zur steif geschlagenen Sahne geben und locker unterheben. Anschließend in einen Spritzbeutel mit sehr großer Sterntülle geben und die Blätterteig-Schokorollen von beiden Seiten damit füllen. Auch sie sollten dann sofort serviert werden, damit sich der knusprige Blätterteig nicht mit der Feuchtigkeit der Sahne vermischen und dadurch weich und leicht etwas langweilig werden kann.

Holländer Kirschtorte

2 Pakete tiefgekühlter Blätterteig (je 300 g)
Mehl zum Ausrollen
ca. 50 g Johannisbeergelee
125 g Puderzucker
1–2 EL Himbeergeist oder durchgesiebter Zitronensaft
2 Gläser Sauerkirschen (Fruchteinwaage jeweils ca. 450 g)
1 gehäufter EL Speisestärke
¾ l Sahne
2–3 EL Zucker
1 Päckchen Vanillinzucker

Die Blätterteigplatten voneinander lösen und 6 davon nebeneinander liegend auf der Arbeitsfläche, nach Packungsaufschrift, auftauen lassen. Die übrigen Platten sofort wieder einfrieren, damit sie sich noch anderweitig verarbeiten lassen. Die aufgetauten Platten auf der bemehlten Arbeitsfläche oder auf dicker Alufolie übereinanderlegen und zu 3 runden Platten im Durchmesser von je 28 cm ausrollen. Für jede Teigplatte nacheinander ein Backblech mit Alufolie belegen, diese kalt abspülen, die Platte auflegen und jeweils einen kalt abgespülten Springformrand (Durchmesser 26 cm) darauflegen. Nur leicht andrücken, die Böden mehrfach mit einer Gabel einstechen und etwa 15 Minuten an einem kühlen Platz ruhen lassen. Dann jeweils auf der mittleren Schiene des auf 200 Grad (Gas Stufe 3) vorgeheizten Ofens hellbraun backen. Von der Alufolie lösen und auf einem Kuchendraht nebeneinander abkühlen lassen. Die Tortenränder – wenn nötig – anschließend mit einem sehr scharfen Messer glattschneiden. Das Johannisbeergelee unter Rühren erhitzen, bis es glatt und streichfähig ist. Den schönsten Blätterteigboden damit bestreichen. Puderzucker mit Himbeergeist oder Zitronensaft zu einem glatten Guß verrühren, über die Geleeschicht verteilen und trocknen lassen. Die Kirschen in einem Sieb gut abtropfen lassen und den Saft dabei auffangen. ¼ l abmessen und in einem Topf zum Kochen bringen. Die Stärke mit etwas kaltem Saft oder mit Wasser verquirlen und unter Rühren in den kochenden Saft gießen. Unter weiterem Rühren aufkochen lassen, die Kirschen hineinmischen und dabei die ein paar besonders schöne Früchte zum Garnieren beiseite legen. Die übrigen Kirschen abkühlen lassen. Kurz bevor diese Masse fest wird, auf einem Blätterteigboden gleichmäßig verstreichen und den nächsten Boden auflegen. Die Sahne steif schlagen und mit Zucker und Vanillinzucker süßen. Einen Teil davon in einen Spritzbeutel mit Sterntülle geben. Etwa ¾ der übrigen Sahne auf dem Blätterteigboden verstreichen. Den glasierten Boden mit einem sehr scharfen Messer in 12–16 Stücke teilen, diese auf die Sahne legen und mit der nun noch übrigen Sahne den Rand üppig bestreichen. Die Tortenoberfläche mit Sahnetupfern und den zurückgelassenen Kirschen verzieren und die Torte möglichst bald servieren, denn sonst könnte die Sahne etwas dünner und der Blätterteig weich werden.

Mango-Torte mit Sektcreme

1 Paket tiefgekühlter Blätterteig (300 g), Mehl zum Ausrollen
8–10 Blatt weiße Gelatine
5 vollreife Mangos
3–4 EL Cream Sherry
3 Eigelb, 80 g Zucker
Saft von 1 Zitrone
1 Kleinstflasche Sekt
3 Eiweiß
1 Prise Salz, ⅜ l Sahne
1 Päckchen Vanillinzucker
2 EL gehackte Pistazien

Die Blätterteigplatten nebeneinander liegend, nach Packungsaufschrift, auftauen lassen. Dann auf der leicht mit Mehl bestäubten Arbeitsfläche (oder auf Alufolie) übereinanderlegen und mit sanftem, aber gleichmäßigem Druck zu allen Seiten hin zu einer runden Platte von 28–30 cm ausrollen. Ein Backblech mit Alufolie belegen, kalt abspülen und die Platte daraufgeben. Einen Springformrand (Durchmesser 26 cm) kalt abspülen und mit nur leichtem Druck auf den Tortenboden legen, um zu verhindern, daß er zu weit nach innen »schnurrt«. Den Boden mehrfach mit einer Gabel einstechen und etwa 15 Minuten an einem kühlen Platz ruhen lassen. Dann auf die mittlere Schiene des auf 200–220 Grad (Gas Stufe 3–4) vorgeheizten Ofens schieben und in etwa 15 Minuten goldbraun backen. Die Alufolie abziehen und den Boden auf einem Kuchendraht auskühlen lassen. Die Gelatine nach Packungsaufschrift einweichen. 4 Mangos schälen, das Fruchtfleisch von den flachen Kernen ablösen und grob zerschneiden. Zusammen mit dem Cream Sherry im Mixer pürieren oder das Fruchtfleisch durch ein Sieb streichen und erst dann den Sherry untermischen. Eigelb mit Zucker und Zitronensaft so lange schlagen, bis der Zucker gelöst und die Masse weißschaumig ist. Dann nach und nach den Sekt zufügen und zum Schluß das Mangopüree untermischen. Die Gelatine auflösen, leicht abkühlen lassen (sie soll die gleiche Temperatur wie die Mangomasse haben) und ein wenig von dieser Masse hineinrühren. Diese Mischung gründlich unter die übrige Creme arbeiten und in den Kühlschrank stellen. Eiweiß indessen mit Salz zu schnittfestem Schnee und die Sahne mit Vanillinzucker steif schlagen. Etwa ⅓ der Sahne in einen Spritzbeutel mit Sterntülle geben. Die übrige Sahne zusammen mit dem Eischnee unter die Creme heben, sobald diese beginnt »Straßen zu ziehen«. Den Springformrand um den Blätterteigboden schließen, der – wenn nötig – vorher am Rand glattgeschnitten werden sollte. Den Rand nach Wunsch mit einem Alustreifen auskleiden und die Mango-Sekt-Creme einfüllen. Die Torte im Kühlschrank schnittfest werden lassen. Vor dem Servieren den Springformrand ablösen, auf der Oberfläche 12 Stücke markieren und jedes mit einem Sahnetupfer bespritzen. Die restliche Mango schälen, das Fruchtfleisch vom Kern lösen und in kleine Stücke schneiden. Die Torte damit und mit Pistazien verzieren.

Schuhsohlen

1 Paket tiefgekühlter Blätterteig (300 g), Zucker zum Ausrollen
Milch oder Sahne zum Bestreichen
100 g Hagelzucker, ⅜ l Sahne
2 Päckchen Vanillinzucker

Die Blätterteigplatten nebeneinanderliegend, nach Packungsaufschrift, auftauen lassen. Anschließend ganz dünn mit Wasser bestreichen, aufeinanderlegen und mit leichtem, aber gleichmäßigem Druck in alle Richtungen zu einer knapp 1 cm dicken Platte ausrollen. Runde Plätzchen von 5–6 cm Durchmesser ausstechen und auf der mit Zucker bestreuten Arbeitsfläche zu 10–12 cm langen Ovalen, den Schuhsohlen, ausrollen. Dabei müssen die Teigstücke einmal gewendet werden, damit sie auf beiden Seiten von einer feinen Zuckerschicht bedeckt sind. Eine Seite der Schuhsohlen anschließend mit etwas Milch oder Sahne bestreichen und dabei darauf achten, daß die Ränder nicht bestrichen werden. Es könnte sonst passieren, daß die einzelnen Schichten verkleben und die Schuhsohlen darum nicht gleichmäßig aufgehen können. Die bestrichenen Seiten danach mit Hagelzucker bestreuen. Ein Backblech mit Alufolie belegen und diese mit kaltem Wasser abspülen. Die Schuhsohlen daraufgeben und etwa 15 Minuten an einem nicht zu warmen Platz ruhen lassen. Anschließend in dem auf 200 Grad (Gas Stufe 3) vorgeheizten Ofen auf die mittlere Schiene schieben und in etwa 10 Minuten goldbraun backen. Die Schuhsohlen danach sofort von der Folie ablösen und nebeneinander auf einem Kuchendraht völlig auskühlen lassen. Unmittelbar vor dem Servieren die Sahne steif schlagen und mit dem Vanillinzucker süßen. In einen Spritzbeutel mit großer Sterntülle geben und die Hälfte der Schuhsohlen auf der nicht mit Hagelzucker bestreuten Seite üppig damit bespritzen. Die übrigen Schuhsohlen mit der Hagelzucker-Seite nach oben darauflegen, ganz leicht andrücken und möglichst jetzt sofort servieren, damit die Sohlen nicht weich und die Sahne nicht wieder flüssig werden kann. Sollen sie erst später serviert werden, müssen sie unbedingt ohne Füllung kühl und trocken aufbewahrt werden, damit sie frisch bleiben.

Tip

Wenn Sie ganz besonders hoch aufgehende Schuhsohlen wünschen, können Sie die Alufolie unmittelbar vor dem Einschieben des Bleches nochmals vorsichtig mit Wasser besprühen. Dadurch kann sich dann sehr viel Dampf entwickeln, der beim Aufsteigen die einzelnen Teigschichten aufbläht und damit nach oben zieht. Achten Sie dabei jedoch darauf, daß die einzelnen Teigplätzchen nicht angefeuchtet werden.

Hinweis Schuhsohlen können statt mit Schlagsahne auch mit anderen Füllungen zubereitet werden. Probieren Sie sie doch einmal mit Fruchtsahne oder angetautem, cremig gerührtem Eis – je nach Geschmack.

Zwillingsbrezeln aus zwei Teigen

50 g Mandeln,
150 g Mehl
1 Prise Salz, 1 Ei
75 g gekühlte Butter oder Margarine
75 g Zucker
abgeriebene Schale von ½ Zitrone
1 Paket tiefgekühlter Blätterteig (300 g)
Mehl zum Ausrollen und Formen
250 g Puderzucker
4–5 EL Zitronensaft

Die Mandeln mit kochendem Wasser übergießen, ein paar Sekunden im Wasser liegen lassen, dann herausnehmen und die braunen Häutchen jeweils von den Mandeln schieben. Danach auf einem Küchentuch (oder auf einer dicken Lage Haushaltspapier) sehr gut trocknen lassen. Anschließend zweimal durch die Mandelmühle drehen. Dazu müssen sie aber sehr trocken sein, sonst verkleben die Reibflächen. Das Mehl sieben und mit den Mandeln und dem Salz mischen. Auf die Arbeitsfläche geben und in die Mitte eine Mulde drücken. Das Ei hineingeben und die gekühlte Butter in kleinen Flöckchen auf den Mehlrand setzen. Zucker und die abgeriebene Zitronenschale darüber verteilen und alles mit 2 Messern bröselig hacken. Dann sehr schnell mit gekühlten Händen alles von außen nach innen zu einem glatten Teig verkneten und für mindestens 30 Minuten in Alufolie oder eine Plastiktüte verpackt in den Kühlschrank legen. In der Zwischenzeit die Blätterteigplatten nebeneinander auf die Arbeitsfläche legen und nach Packungsaufschrift auftauen lassen. Die Platten dann hauchdünn mit kaltem Wasser bepinseln, übereinander legen und mit leichtem, aber gleichmäßigem Druck in alle Richtungen zu einem Rechteck (Breite etwa 40 cm) ausrollen. Mit dem Teigrädchen oder einem sehr scharfen Messer in ca. 2 cm breite Streifen schneiden. Den Mürbeteig ebenfalls ausrollen (Breite auch 40 cm), in Streifen schneiden und diese zu etwa bleistiftdicken Rollen formen. Jeweils einen Streifen von beiden Teigen locker miteinander verschlingen und zu Brezeln formen. Die Enden dabei andrücken. Die Brezeln auf ein kalt abgespültes Backblech legen und in dem auf 200–220 Grad (Gas Stufe 3–4) vorgeheizten Ofen auf die Mittelschiene schieben. In 20–30 Minuten goldgelb backen, dann sofort vorsichtig (sie bröckeln leicht) vom Blech lösen und auf einem Kuchengitter abkühlen lassen. Den Puderzucker mit Zitronensaft zu einem nicht zu dicken Guß verrühren und die Brezeln damit überziehen.

Tip

Beide Teige lassen sich gut gekühlt am besten verarbeiten. Wer noch etwas unerfahren ist, sollte darum lieber in jeweils kleinen Portionen arbeiten und die übrigen Teige so lange im Kühlschrank aufbewahren. Zur Abwechslung kann der Mürbeteig mit Kakao eingefärbt werden.

Blätterteig-Hahnenkämme

1 Paket tiefgekühlter Blätterteig (300 g), Mehl zum Ausrollen
50 g Pflaumenmus
1 Eigelb
2 EL Sahne oder Milch

Die Blätterteigplatten nebeneinanderliegend auf der Arbeitsfläche auftauen lassen. Dann mit kaltem Wasser bepinseln und übereinanderlegen. Unter leichtem, sehr gleichmäßigem Druck in allen Richtungen mit dem Nudelholz zu einem 25 × 40 cm großen Rechteck ausrollen. Eine Hälfte des Rechtecks der Länge nach mit dem Pflaumenmus bestreichen. Das Eigelb mit der Sahne oder der Milch verquirlen und die Teigränder damit bepinseln. Die zweite Hälfte über die Füllung legen und alle Ränder sorgfältig mit den Fingerspitzen andrükken. Den gefüllten Teig mit einem sehr scharfen Messer in etwa 6 cm breite Streifen schneiden und diese 3–4 mal quer zur Hälfte hin einschneiden. Die Streifen leicht halbmondförmig zusammenbiegen, so daß sich die Einschnitte öffnen.
Die Hahnenkämme auf ein kalt abgespültes Blech setzen und dabei genügend Abstand lassen. Die Oberflächen – nicht die Ränder mit dem restlichen Ei bestreichen. Auf der mittleren Schiene des auf 200–220 Grad (Gas Stufe 3–4) vorgeheizten Ofens 20–25 Minuten backen. Sofort vom Blech lösen und auskühlen lassen.

Marzipan-Windräder

1 Paket tiefgekühlter Blätterteig (300 g), Mehl zum Ausrollen
50 g Marzipan-Rohmasse
50 g Puderzucker
1–2 TL Rum oder Cognac
1 Eigelb zum Bestäuben

Den Blätterteig – wie oben angegeben – auftauen lassen und zum Rechteck ausrollen; der Teig soll hierbei etwa 3 mm dick sein.
Den Teig in ca. 14 cm große Quadrate schneiden, entweder mit einem sehr scharfen Messer oder mit einem Teigrädchen. Marzipan-Rohmasse mit Puderzucker und Rum oder Cognac zu einer glatten Masse verkneten und zu 4 kleinen Kugeln formen. Jede Kugel leicht flachdrücken und in die Mitte der Teigquadrate legen.
Den Teig nun jeweils von den Ecken her 5 cm tief einschneiden und je eine Spitze der Ecke zur Mitte hin auf die Marzipanmasse klappen. Diese Spitzen mit verquirltem Eigelb bepinseln, damit sie aneinanderbacken können. Zum Schluß die Oberflächen des Teiges ebenfalls mit verquirltem Eigelb bestreichen und dabei darauf achten, daß die Schnittkanten eifrei bleiben, da sie sonst nicht genügend aufgehen können. Die Windräder mit genügend Abstand auf ein kalt abgespültes Blech legen und auf der mittleren Schiene des auf 200–220 Grad (Gas Stufe 3–4) vorgeheizten Ofens etwa 20 Minuten backen. Noch heiß dünn mit Puderzucker bestäuben.

Tip

Wenn Sie Backwerk mit einem leichten Zimt-Aroma besonders schätzen, können Sie die Marzipan-Mischung zusätzlich mit etwas gemahlenem Zimt verkneten. Aber auch mit dem ausgeschabten Mark einer Vanilleschote (oder ersatzweise mit Vanillinzucker) schmecken die Windräder köstlich.

Krokant-Spiralen

1 Paket tiefgekühlter Blätterteig (300 g), Mehl zum Ausrollen
1 Eigelb zum Bestreichen
80 g Krokant

Den aufgetauten und ausgerollten (siehe oben) Blätterteig mit einem scharfen Messer oder einem Teigrädchen in 5 cm breite, 12 lange Streifen schneiden und diese jeweils von einer Seite auf knapp 6 cm Länge einschneiden, so daß der Teig nur noch an einer Seite zusammenhängt. Beide Teigenden nun locker miteinander verschlingen, daß sie Spiralen ähneln. Die Oberflächen, nicht die Ränder, mit verquirltem Eigelb bestreichen und mit Krokant bestreuen.
Die Spiralen mit großem Abstand auf ein kalt abgespültes Blech legen und auf der mittleren Schiene des auf 200–220 Grad (Gas Stufe 3–4) vorgeheizten Ofens 15–20 Minuten backen. Vom Blech lösen und auf einem Kuchendraht abkühlen lassen.

Zimt-Schleifen

1 Paket tiefgekühlter Blätterteig (300 g), Mehl zum Ausrollen
2 Eigelb, 40 g Zucker
2 TL gemahlener Zimt
30 g Hagelzucker

Den – wie oben angegebenen aufgetauten – Blätterteig etwa 3 mm dick zu einem 25 × 35 cm großen Rechteck ausrollen und die Ränder glattschneiden. Die Eigelb verquirlen und den Teig damit bestreichen. Den Zucker mit Zimt mischen und etwa ¾ davon auf den Teig streuen. Diesen zur Hälfte zusammenklappen und an den Rändern gut andrücken.
Mit einem sehr scharfen Messer oder einem Teigrädchen dieses Teigstück in etwa 5 cm breite Streifen schneiden. Nacheinander diese Stücke der Länge nach in der Mitte auf etwa 7 cm einschneiden.
Ein unzerschnittenes Ende vorsichtig anheben und durch diesen Schlitz ziehen. Wieder nach hinten umbiegen und den Teig dabei ganz leicht strecken. Die Schleifen mit genügend Abstand auf ein kalt abgespültes Blech legen und die Oberflächen mit verquirltem Eigelb bepinseln.
Den Hagelzucker unter den restlichen Zimt-Zucker mischen und die Schleifen damit bestreuen.
Im auf 200–220 Grad (Gas Stufe 3–4) vorgeheizten Ofen 15–20 Minuten backen, abühlen lassen.

Aprikosen-Taschen

1 Paket tiefgekühlter Blätterteig (300 g), Mehl zum Ausrollen
9 Aprikosenhälften aus der Dose
2 EL Johannisbeergelee
1 Eigelb zum Bestreichen

Den aufgetauten Blätterteig zu einem 30 cm großen Quadrat ausrollen und in 10 cm große Quadrate zerteilen. Die Aprikosenhälften auf Haushaltspapier sehr gut abtrocknen.
Von jedem Teigquadrat jeweils alle 4 Ecken zur Mitte hin schlagen, leicht andrücken und jeweils eine Aprikosenhälfte mit der Rundung nach oben darauflegen.
Das Johannisbeergelee glattrühren und jeweils einen kleinen Tupfer auf die Aprikosen setzen. Alle Teigoberflächen, nicht die Ränder, mit verquirltem Eigelb bestreichen und mit genügend Abstand auf ein kalt abgespültes Blech setzen. Auf der Mittelschiene des auf 200–220 Grad (Gas Stufe 3–4) vorgeheizten Ofens 20–25 Minuten backen.

Tip

Selbstverständlich können Sie die Aprikosen-Taschen vor dem Servieren hauchdünn mit Puderzucker bestäuben. Und wenn Sie sie zusätzlich verfeinern wollen, können Sie in die Höhlung der Aprikosen jeweils einen Mandelkern stecken.

Himbeer-Häppchen

1 Paket tiefgekühlter Blätterteig (300 g), Mehl zum Bestäuben
1 Eigelb, 2 EL Sahne oder Milch
1 Paket tiefgekühlte Himbeeren (300 g)
2 Glas (je 2 cl) Himbeergeist
40 g Zucker, ¼ l Sahne
1 Päckchen Vanillinzucker

Die Blätterteigplatten wie gewohnt auftauen lassen, dann auf der schwach bemehlten Arbeitsfläche unausgerollt zu kleinen Rechtecken schneiden. Dazu die Platten einmal längs halbieren und danach quer in 3 Stücke schneiden und mit dem Eigelb-Sahne-Gemisch bestreichen. Mit Abstand auf einem kalt abgespülten Blech etwa 10 Minuten auf der Mittelschiene des auf 200–220 Grad (Gas Stufe 3–4) vorgeheizten Ofens backen. Sofort vom Blech lösen und auskühlen lassen. Anschließend jeweils ein kleines Deckelchen abheben.
In der Zwischenzeit die Himbeeren mit Himbeergeist und Zucker mischen und zugedeckt auftauen lassen. Die Sahne mit Vanillinzucker steif schlagen und in einen Spritzbeutel geben. Die Himbeeren abtropfen. Die Unterseiten der Blätterteigstücke mit der Sahne bespritzen, die Himbeeren hineinlegen und die Deckelchen auflegen. Nach Wunsch mit etwas Puderzucker bestäuben.

Quark-Blätterteig-Spiralen

250 g Mehl, 1 Päckchen Backpulver
1 Prise Salz, 250 g Quark
250 g gekühlte Butter
Mehl zum Ausrollen
150 g Puderzucker
2–3 EL Rum oder Cognac
40 g gehackte Pistazien

Mehl mit Backpulver und Salz gemischt auf die Arbeitsfläche sieben, in die Mitte eine Mulde drücken, den Quark hineingeben und die Butter in Flöckchen darauf verteilen. Alle Zutaten bröselig hacken und sehr schnell mit möglichst gekühlten Händen zu einem glatten Teig verkneten. Den Teig auf der leicht bemehlten Arbeitsfläche zu einem länglichen Rechteck ausrollen. ⅓ des Teiges zur Mitte schlagen, das nächste darüberlegen und leicht andrücken. Den Teig nun für 15–20 Minuten in den Kühlschrank legen, dann wieder in Längsrichtung ausrollen, bis der Teig etwa 3mal so lang wie breit ist. Erneut zusammenfalten, kühlen und diesen Vorgang noch 1–2mal wiederholen. Den Teig zum Schluß etwa 3 mm dick ausrollen und wie die Krokant-Spiralen (siehe oben) in Streifen schneiden und verschlingen.
Ebenfalls mit Abstand auf einem kalt abgespülten Blech auf der mittleren Schiene im auf 200–220 Grad vorgeheizten Ofen 15–20 Minuten backen und zum Auskühlen auf einen Kuchendraht legen. Puderzucker mit Rum oder Cognac verrühren, die Spiralen damit überziehen und mit den Mandeln bestreuen.

Apfelhörnchen aus Quark-Blätterteig

1 Rezept Quark-Blätterteig
Mehl zum Ausrollen
ca. 80 g möglichst dickes Apfelmus
40 g blättrige Mandeln
1 Eigelb zum Bestreichen
Puderzucker zum Bestäuben

Den Quark-Blätterteig auf der bemehlten Arbeitsfläche zu einem etwa 25 × 40 cm großen Rechteck ausrollen und in 10 cm breite Streifen schneiden. Diese jeweils einmal diagonal teilen, so daß längliche Dreiecke entstehen. Auf die kurze Seite der Dreiecke jeweils etwas Apfelmus geben und mit blättrigen Mandeln bestreuen. Nun von dieser Seite aus den Teig aufrollen, so daß die Spitzen oben liegen. Zu Hörnchen zusammenbiegen und mit genügend Abstand auf ein kalt abgespültes Blech legen. Mit verquirltem Eigelb bestreichen und auf der mittleren Schiene im auf 200–220 Grad (Gas Stufe 3–4) vorgeheizten Ofen 20–25 Minuten backen. Mit Puderzucker bestäuben.

Pfirsich-Gitter

1 Rezept Quark-Blätterteig
Mehl zum Ausrollen
6 Pfirsichhälften aus der Dose
1 Eigelb zum Bestreichen
Puderzucker zum Bestäuben

Den Quark-Blätterteig auf leicht bemehlter Fläche etwa 3 mm dick ausrollen und in etwa 12 cm große Quadrate teilen. Jeweils an 2 Seiten einen etwa 1 cm breiten Teigstreifen abschneiden. Die Pfirsiche abtropfen lassen und mit Haushaltspapier gut trockentupfen. Mit der Schnittseite nach unten in die Mitte der Teigstreifen legen und die abgeschnittenen Teigstreifen jeweils kreuzweise darüberdecken. Die Ränder leicht andrücken und den Teig mit verquirltem Eigelb bestreichen. Mit reichlich Abstand auf einem kalt abgespülten Blech bei 200–220 Grad (Gas Stufe 3–4) 20–25 Minuten backen mit Puderzucker bestäuben.

Schweinsöhrchen

1 Paket tiefgekühlter Blätterteig (300 g)
30 g Butter oder Margarine
Mehl zum Ausrollen
60 g Zucker
feiner Zucker zum Bestreuen

Blätterteigplatten nach Packungsaufschrift, auftauen lassen. Das Fett bei sehr sanfter Hitze schmelzen, aber nicht bräunen lassen, vom Herd nehmen und abkühlen, aber nicht wieder fest werden lassen. Die Platten danach hauchdünn mit kaltem Wasser bepinseln, übereinanderlegen und mit leichtem, sehr gleichmäßigem Druck zu einer rechteckigen, 3 mm dicken Platte von etwa 20 mal 30 cm ausrollen. Dabei muß stets in alle Richtungen gerollt werden, damit der Teig nicht einseitige Spannung bekommt. Die abgekühlte, aber noch flüssige Butter darauf verteilen und gleichmäßig verstreichen. Danach den Zucker darüberstreuen. Nun den Teig von jeder Schmalseite zweimal so zur Mitte hin umklappen, daß in der Mitte ein etwa 2 cm breiter Streifen frei bleibt. An dieser Stelle beide Teigseiten übereinanderschlagen und den Teig für etwa 20 Minuten in den Kühlschrank legen. Nun den Teig in etwa ½ cm dicke Scheiben schneiden. Dazu brauchen Sie unbedingt ein äußerst scharfes Messer, damit die einzelnen Teigschichten nicht zusammengedrückt oder gepreßt werden können; sie gehen sonst nicht gleichmäßig auf. Die Schweinsöhrchen anschließend mit der Oberseite in den feinen Zucker tauchen oder sie auch damit bestreuen und auf ein kalt abgespültes Backblech legen. Dabei sollten Sie genügend Abstand halten, sie gehen beim Backen auf. Die Schweinsöhrchen etwa 15 Minuten an einem nicht zu warmen Platz ruhen lassen (das Blech nach Wunsch nochmal mit etwas Wasser besprühen) und in dem auf 200 Grad (Gas Stufe 3) vorgeheizten Ofen auf die mittlere Schiene schieben. In 8–10 Minuten goldbraun backen. Anschließend sofort vom Blech lösen, denn später kleben sie sehr leicht fest und auf ein großes Kuchengitter legen. Dabei dürfen sie niemals übereinander liegen, da sie sonst weich und feucht werden, außerdem sollten sie sich auch seitlich nicht berühren, da sie sonst durch den geschmolzenen und karamelisierten Zucker aneinander kleben und bei dem dann nötigen Lösen leicht zerbrechen könnten.

Tip

Wenn Sie besonders knusprige, auf beiden Seiten karamelisierte Schweinsöhrchen lieben, sollten Sie sie vor dem Backen beidseitig in Zukker tauchen oder damit bestreuen und während des Backens – sobald die Unterseite zu bräunen beginnt, einmal umdrehen. Dazu lösen Sie sie am besten mit einer dünnen Teigpalette oder mit einem sehr breiten Messer vom Blech und drehen sie auch damit um.

Mirlitons

Französische Mandeltörtchen

1 Paket tiefgekühlter Blätterteig (300 g)
Mehl zum Ausrollen und Bestäuben
Butter zum Einfetten
20 Makrönchen (40 g)
120 g gemahlene Mandeln
2 Eier, 1 Prise Salz
3 Tropfen Bittermandelöl
2 EL Orangenlikör
100 g Zucker
abgeriebene Schale von ½ Orange
4 EL Aprikosenmarmelade
Puderzucker zum Bestäuben
30 abgezogene Mandelhälften

Die Mirlitons sind ein ausgesprochen zartes, saftiges Gebäck, das jedoch ein wenig Aufmerksamkeit und Geduld bei der Herstellung verlangt. Besorgen Sie dazu als erstes Tortelettförmchen mit glattem, nach oben hin breiter werdendem Rand oder nehmen Sie Brioche-Förmchen mit einem Durchmesser von etwa 10 cm. Die Blätterteigplatten nebeneinanderliegend auftauen lassen, dann mehrmals zerschneiden, so daß kleine Stücke entstehen. Diese Stückchen wieder gründlich zusammendrücken, jedoch nicht richtig verkneten, und auf die bemehlte Arbeitsfläche legen. Mit der leicht bemehlten Teigrolle nach allen Richtungen hin (von vorn nach hinten und von rechts nach links) etwa 2 mm dick ausrollen und in etwa 15 cm große, runde Plätzchen schneiden.
Die Förmchen mit Butter einfetten und mit Mehl ausstäuben. Die Teigplätzchen hineingeben und am Rand nur sehr leicht andrücken. Dabei muß der Teig an den Rändern leicht überstehen, denn beim Backen zieht sich Blätterteig immer etwas zusammen, man sagt »er schnurrt«. Die Förmchen für 15 Minuten in den Kühlschrank stellen.
Die Makrönchen in einem Plastikbeutel mit der Teigrolle sehr fein zerbröseln, mit den Mandeln mischen und beiseitestellen.
Die Eier mit Salz, Bittermandelöl und Orangenlikör in eine Schüssel geben und schaumig schlagen. Dabei nach und nach den Zucker einrieseln lassen und zum Schluß die Orangenschale zufügen. Die Makronen-Mandel-Mischung zufügen und alles zu einer dicken Masse verarbeiten.
Die Aprikosenmarmelade glattrühren und tropfenweise in die aus dem Kühlschrank genommenen Teig-Torteletts geben. Die Mandel-Makronen-Mischung hineingeben, so daß die Förmchen zur Hälfte gefüllt sind. Etwas Puderzucker darüberstäuben und jeweils 3 Mandelhälften kleeblattartig in die Mitte legen.
Auf die mittlere Schiene des auf 220 Grad (Gas Stufe 4) vorgeheizten Ofens schieben und in etwa 25 Minuten goldbraun backen. Dabei die Temperatur nach der halben Backzeit auf 200 Grad (Gas Stufe 3) herunterschalten. Sofort nach dem Backen mit einem spitzen Messer von den Rändern lösen, vorsichtig aus den Förmchen stürzen und umgekehrt (die Mandeln wieder nach oben) auf einem Kuchendraht auskühlen lassen. Dabei hauchdünn mit Puderzucker überstäuben.

Pfirsich-Kirsch-Pizza

1 Paket tiefgekühlter Blätterteig (300 g), Mehl zum Ausrollen
1 Glas entsteinte Sauerkirschen
½ Glas Kirschgelee
1 kleines Paket Löffelbiskuits
1–2 Glas (je 2 cl) Kirschwasser
500 g Pfirsiche aus Glas oder Dose
6 Blatt weiße Gelatine
⅛ l trockener Weißwein
evtl. etwas Zucker
½ Beutel blättrige Mandeln (20 g)
⅛ l Sahne
1 Päckchen Vanillinzucker

Blätterteig nach Packungsaufschrift auftauen lassen. Dann ganz leicht mit Wasser bestreichen, übereinanderlegen und auf der schwach bemehlten Arbeitsfläche unter sanftem, aber gleichmäßigem Druck in alle Richtungen ausrollen. Eine Pizza- oder auch Paellaform mit kaltem Wasser ausspülen, die Teigplatte hineinlegen, so daß sie an allen Seiten ein wenig überlappt. Auch die Ränder der Form müssen darum sorgfältig angefeuchtet werden. Den Boden mehrfach mit einer Gabel einstechen und die Form für etwa 15 Minuten in den Kühlschrank stellen. Anschließend auf die mittlere Schiene des auf 200–220 Grad (Gas Stufe 3–4) vorgeheizten Ofens schieben und in etwa 20 Minuten goldgelb backen. Aus dem Herd nehmen und in der Form abkühlen lassen. Zwischenzeitlich die Kirschen auf einem Sieb abtropfen lassen, den Saft dabei auffangen. Das Kirschgelee mit etwas Kirschsaft unter Rühren erwärmen und glattrühren. Wieder abgekühlt auf dem Boden der Pizza verstreichen und mit den Löffelbiskuits belegen. Diese mit dem Kirschwasser tränken. Pfirsiche abtropfen lassen und auch hier den Saft auffangen. Die Pfirsichhälften zusammen mit den Kirschen dekorativ auf die Pizza verteilen. Die Gelatine in kaltem Wasser einweichen. Vom Pfirsichsaft ⅛ l abmessen und zusammen mit dem Wein erhitzen, aber nicht kochen lassen. Nach Wunsch noch etwas Zucker darin auflösen. Die Gelatine ausdrücken und unter Rühren in der Weinmischung schmelzen lassen. Diese Mischung zum Abkühlen und Gelieren in den Kühlschrank stellen. Gerade in dem Augenblick, wo sie beginnt, Straßen zu ziehen, über die Früchte verteilen und völlig erstarren lassen. Zwischenzeitlich die Mandelblättchen in einer trockenen Pfanne unter ständigem Rütteln rundherum leicht bräunen lassen, dann zum Abkühlen auf einen flachen Teller schütten. Die Sahne steif schlagen und mit Vanillinzucker süßen. In einen Spritzbeutel mit Sterntülle geben. Die Torte aus dem Kühlschrank nehmen, wenn die Glasur schnittfest geworden ist. Mit dicken Sahnetupfern verzieren und diese mit den gerösteten Mandelblättchen bestreuen. Die Pizza nun sehr schnell servieren, sonst wird der Boden leicht weich.

Hinweis Statt Pfirsichen aus dem Glas können Sie natürlich auch frische (wie auch Nektarinen) verwenden. Sie sollten dazu jedoch gehäutet und kurz blanchiert werden.

Orangenwähe

1 Paket tiefgekühlter Blätterteig (300 g), Mehl zum Ausrollen
50 g Makrönchen (fertig gekauft)
2 Eier, 4 Eigelb
120 g Zucker, 1 Prise Salz
4 EL Orangenlikör
1 EL Vanille-Puddingpulver
5 Orangen, 3 EL Semmelbrösel
2 EL gemahlene Walnüsse
30 g halbierte Walnußkerne
2 EL Honig

Die Blätterteigplatten nebeneinander liegend nach Packungsaufschrift auftauen lassen. Danach mit kaltem Wasser hauchdünn bepinseln, übereinanderlegen und unter leichtem, aber gleichmäßigem Druck an allen Seiten zu einer kreisrunden Platte ausrollen. Eine Wähen- oder Paellaform mit kaltem Wasser ausspülen, den Teig so hineinlegen, daß er an den Rändern etwas überlappt. Den Teig mehrfach mit einer Gabel einstechen und 15 Minuten an einem nicht zu warmen Platz ruhen lassen. Danach auf der mittleren Schiene des auf 200–220 Grad (Gas Stufe 3–4) vorgeheizten Ofens in 8–10 Minuten hellgelb backen. In der Zwischenzeit die Makrönchen in einer Plastiktüte mit dem Nudelholz sehr fein zerbröseln. Eier und Eigelb in eine Schüssel geben und unter ständigem Schlagen Zucker, Salz und Orangenlikör untermischen. So lange weiterschlagen, bis die Masse weißschaumig und der Zucker gelöst ist. Vanille-Puddingpulver mit den zerbröselten Makronen mischen und beides locker, aber gründlich unterheben. Die Orangen sehr sorgfältig schälen (es dürfen keine weißen Häutchen mehr zu sehen sein) und die Filets entlang der Trennwände herausschneiden. Dabei entkernen. Die Semmelbrösel mit den gemahlenen Nüssen mischen. Den vorgebackenen Boden aus dem Ofen nehmen und mit der Brösel-Nuß-Mischung gleichmäßig bestreuen. Die Eiercreme darauf verteilen und die Orangenfilets kreisförmig darauf anordnen. Den Kuchen bei gleicher Temperatur wieder in den heißen Ofen (mittlere Schiene oder zweite Schiene von unten) schieben und weitere 25–30 Minuten backen. Dabei etwa 5 Minuten vor Ende der Backzeit die Walnußkerne darüber verteilen und die Oberfläche mit dem Honig bestreichen. Diesen goldbraun karamelisieren und etwas einziehen lassen, den Kuchen dann aus dem Ofen nehmen. Entweder aus der Wähen- oder Paellaform auf einen Kuchendraht gleiten oder auch in der Form erkalten lassen. Im letzten Fall läßt er sich später allerdings nur noch mit einem breiten Palette aus der Form heben, ohne daß er zu stark beschädigt wird.

Tip

Wer keine spezielle Form besitzt, kann die Wähe auch in einer Springform oder einer Obstkuchenform zubereiten, sollte sie jedoch mit Alufolie auskleiden und diese ebenfalls kalt abspülen.

Quark- und Plunderteig

In der Herstellung unterscheiden sie sich – im Geschmack sind alle frisch, leicht, locker und feinsäuerlich

Quark-Rosenkuchen mit Äpfeln

270 g Mehl, 1 Prise Salz
1 TL Backpulver
250 g Magerquark
250 g gekühlte Butter

Für die Füllung
80 g Rosinen, 500 g säuerliche Äpfel
Saft von 1 Zitrone
80 g Zucker, 1 TL gemahlener Zimt
100 g Kokosraspeln
2 Beutel Krokant (je 40 g)

Außerdem
Mehl zum Ausrollen
2 Eigelb, 3 EL Sahne
Butter oder Margarine zum Einfetten
2 EL Honig zum Bestreichen

Mehl mit Salz und Backpulver mischen, auf die Arbeitsfläche sieben und in die Mitte eine Mulde drücken. Den Quark hineingeben und die Butter in Flöckchen darauf verteilen. Alle Zutaten hacken, bis sie sich miteinander grob vermischt haben. Nun mit gekühlten Händen (unter kaltem Wasser gründlich abgespült und abgetrocknet) alles sehr schnell zu einem glatten Teig verkneten. Zu einer Kugel formen und für mindestens 1 Stunde in den Kühlschrank legen.
In der Zwischenzeit die Füllung vorbereiten. Dazu die Rosinen in heißem Wasser gründlich waschen und in einem Küchentuch trocknen.
Die Äpfel schälen, vierteln und entkernen. In feine Schnitze teilen oder auf der groben Rohkostraffel zerkleinern. Sofort mit dem Zitronensaft mischen, damit sie nicht braun werden, und mit Klarsichtfolie abdecken.
Den Zucker mit dem Zimt, den Kokosraspeln und dem Krokant in einer Schüssel mischen.
Den Teig auf der leicht bemehlten Arbeitsfläche knapp ½ cm dick zu einem Rechteck ausrollen. Eigelb mit Sahne verquirlen und den Teig damit bestreichen. Die Äpfel zusammen mit den Rosinen und der Zuckermischung darüberstreuen und den Teig von der Längsseite her aufrollen. Mit einem sehr scharfen Messer in 4–5 cm breite Stücke schneiden und diese nebeneinander aufrecht in eine gefettete Springform (Durchmesser 22 cm) stellen.
Auf die untere Schiene des auf 200–220 Grad (Gas Stufe 3–4) vorgeheizten Ofens schieben und 30–35 Minuten backen. Dann die Oberfläche mit dem Honig bepinseln und in weiteren 2–3 Minuten karamelisieren lassen. Herausnehmen, auf einem Kuchendraht abkühlen lassen und sofort servieren.

Variation

Nach demselben Rezept können Sie auch Apfeltaschen backen: Teilen Sie den ausgerollten Teig dazu in etwa 10 cm große Quadrate, geben Sie etwas Füllung in die Mitte und klappen Sie den Teig jeweils diagonal zur Hälfte zusammen, wobei Sie die Ränder mit verquirltem Eigelb bestreichen und sehr gut andrücken sollten. Die Oberflächen der Taschen können Sie ebenfalls mit Honig bestreichen oder aber auch vor dem Backen mit verquirltem Ei bepinseln und nach dem Backen mit Puderzukker bestäuben.

Nuß-Nougat-Halbmonde

300 g Mehl, ½ TL Backpulver
1 Prise Salz, 1 Eigelb
3 Tropfen Bittermandelöl
1 EL Cognac oder Weinbrand
250 g Sahnequark
230 g gekühlte Butter

Für die Füllung
1 Eiweiß, 30 g Zucker
300 g Nougat
100 g gemahlene Haselnüsse
1 EL Cognac oder Weinbrand

Außerdem
Mehl zum Ausrollen, 1 Eigelb
2 EL Sahne oder Dosenmilch
Butter oder Margarine zum Einfetten
20 g Butter
¼ Becher Kuvertüre

Mehl, mit Backpulver und Salz gemischt, auf die Arbeitsfläche sieben, in die Mitte eine Mulde drücken und das Eigelb zusammen mit Bittermandelöl, Cognac oder Weinbrand und dem Quark hineingeben. Die gekühlte Butter in Flöckchen darauf verteilen und alles mit einem (oder 2) Messer bröselig hacken. Mit gekühlten Händen alles sehr schnell zu einem glatten Teig kneten und diesen mindestens 1 Stunde im Kühlschrank ruhen lassen.
Kurz vor Ende der Kühlzeit das Eiweiß schaumig schlagen (es muß nicht schnittfest sein) und dabei nach und nach den Zucker einstreuen. Sobald diese Masse sehr cremig ist, die zerbröselte Nougatmasse und die gemahlenen Haselnüsse zufügen und alles zu einer recht festen Paste verrühren. Mit dem Cognac oder Weinbrand aromatisieren. Den Teig auf der bemehlten Arbeitsfläche knapp ½ cm dick ausrollen. Mit einem Glas oder Ausstechförmchen runde Plätzchen von etwa 10 cm Druchmesser ausstechen und in die Mitte jeweils einen dicken Nougat-Nuß-Klecks geben.
Eigelb mit Sahne oder Dosenmilch verquirlen, alle Ränder damit bestreichen und die Plätzchen zur Hälfte zusammenklappen. Die Ränder sehr gut andrücken und die Halbmonde nicht zu dicht nebeneinander auf ein eingefettetes Blech setzen.
Auf die mittlere Schiene des auf 200–220 Grad (Gas Stufe 3–4) vorgeheizten Ofens schieben und in 20–25 Minuten goldbraun backen. Die Halbmonde dann sofort vom Blech lösen und auf einen Kuchendraht legen. Die Butter bei sanfter Hitze zerlaufen lassen und die Gebäckstücke damit bepinseln. Abkühlen lassen. Die Kuvertüre im warmen, nicht heißen Wasserbad unter ständigem Rühren auflösen und neben dem Herd unter weiterem Rühren etwas abkühlen lassen. Sobald sie wieder leicht abbindet, d. h. beginnt, ein wenig fest zu werden, mit einer Gabel oder der Messerspitze hineinfahren und etwas Kuvertüre auf diese Weise herausheben. In schnellen Zick-zack-Bewegungen über die Halbmonde führen, so daß sich feine Schokoladenfäden darauf bilden. Trocknen lassen. Die Halbmonde dann möglichst sofort servieren.

Mohn-Pfirsich-Schnecke

750 g Mehl, 380 g gekühlte Butter
1 Würfel Hefe (42 g) oder die entsprechende Menge Trockenhefe
knapp ¼ l lauwarme Milch
60 g Zucker, 1 Eigelb
1 kräftige Prise Salz,
Mehl zum Ausrollen und Formen

Für die Füllung
¼ l Milch, 30 g Butter
250 g gemahlener Mohn
125 g Zucker, 1 Vanilleschote
½ unbehandelte Zitrone (Schale)
2 Beutel Mandelstifte (80 g)
1 Eiweiß, 1 Prise Salz
1 Dose Pfirsiche (Fruchteinwaage ca. 270 g), 1 Eigelb zum Bestreichen
1 EL Mohn zum Bestreuen

150 g Mehl auf die Arbeitsfläche sieben und 300 g gekühlte, in Flöckchen geteilte Butter darauf verteilen. Sehr schnell miteinander verkneten, zwischen zwei Pergamentpapierblättern zu einem etwa 1 cm dicken Rechteck ausrollen, etwa 1½ Stunden kühlen. Das restliche Mehl in eine Schüssel sieben, in die Mitte eine Mulde drükken und die Hefe hineinbröckeln. Mit etwa 1 TL Zucker und etwas Milch verrühren. Mit einem Tuch bedeckt etwa 15 Minuten gehen lassen. Indessen die übrige Butter in der restlichen Milch schmelzen, dann wieder auf Handwärme abkühlen lassen. Zusammen mit den restlichen Zutaten zum Vorteig geben und alles zu einem glatten Hefeteig verarbeiten. Schlagen, bis er Blasen wirft und sich vom Rand löst. Etwa 1 Stunde im Kühlschrank ruhen lassen.
Den Teig zum Rechteck ausrollen, das gut doppelt so groß ist wie die Butterplatte. Die Butter auf eine Hälfte legen, alle Teigränder mit kaltem Wasser bepinseln, die zweite Teighälfte darüberklappen und die Ränder gut andrücken. Für 30 Minuten in den Kühlschrank legen.
Danach wieder unter leichtem Druck in alle Richtungen ausrollen, bis das Teigstück etwa dreifach so lang ist. Wie auf der Seite 307 gezeigt dreimal tourieren und kühlen.
Milch mit Butter aufkochen, den Mohn zusammen mit dem Zucker, dem ausgeschabten Vanillemark und der abgeriebenen Zitronenschale untermischen und alles erneut aufkochen lassen. Die Pfirsiche auf einem Sieb abtropfen lassen und 3 EL Saft zum Mohn geben. Alles cremig einkochen, dann abkühlen lassen. Eiweiß mit Salz steif schlagen und zusammen mit den Mandelstiften unter den Mohn heben. Den Teig auf der bemehlten Fläche zu einem 30- × 60 cm großen Rechteck ausrollen und die Mohnfüllung darauf verteilen, die Ränder frei lassen. Die Pfirsiche in winzige Schnitze teilen, darüberstreuen und den Teig zu einer Roulade aufrollen. Schneckenförmig auf ein Backblech legen und etwa 25 Minuten am warmen Platz aufgehen lassen. Mit verquirltem Eigelb bestreichen, mit Mohn bestreuen. Dann den Teig mehrfach einritzen und in den auf 200–220 Grad (Gas Stufe 3–4) vorgeheizten Ofen auf die zweite Schiene von unten schieben. 30–40 Minuten backen.

Aprikosen-Mandel-Kuchen

200 g Quark, 7 EL Milch, 8 EL Öl
1 Ei, 1 Prise Salz, 100 g Zucker
Schale von ½ unbehandelte Zitrone
400 g Mehl, 1 Päckchen Backpuler
Butter oder Öl zum Einfetten

Für den Belag
1,5 kg frischer oder 1 300 g konservierte Aprikosen
30–40 g geschälte Mandelkerne
Puderzucker zum Bestäuben

Für den Teig den Quark zusammen mit der Milch, dem Öl, dem Ei und der Prise Salz in eine Schüssel geben und glattrühren. Nach und nach den Zucker einstreuen und rühren, bis er sich gelöst hat. Dann mit der abgeriebenen Zitronenschale würzen. Das Mehl sieben und löffelweise in den Teig rühren, bis dieser sehr fest ist. Das restliche Mehl auf die Arbeitsfläche geben und in die Mitte eine Mulde drücken. Den Teig hineingeben und alles von außen nach innen sehr schnell zu einem glatten Teig verkneten. Zu einer Kugel formen und für etwa 30 Minuten in den Kühlschrank legen.
In der Zwischenzeit ein Backblech einfetten und den Belag vorbereiten. Dazu die Aprikosen waschen und sehr gut abtrocknen. Die Früchte dann entstielen, halbieren und entsteinen. Die Mandeln jeweils in zwei Hälften teilen.
Den gekühlten Tei ein wenig flachdrücken und auf dem gefetteten Backblech ausrollen. An die offene Kante des Bleches einen doppelt gefalteten Alufolienstreifen legen, damit der Teig beim Backen nicht herunterlaufen kann. Die Aprikosen mit der Schnittfläche nach oben dicht nebeneinander auf den Teig legen und in jede Hälfte – statt des Kerns – eine Mandelhälfte (runde Seite nach oben) legen.
Das Blech in dem auf 200 Grad (Gas Stufe 3) vorgeheizten Ofen auf die mittlere Schiene schieben und den Kuchen in etwa 45 Minuten goldbraun backen. Aus dem Ofen nehmen und noch heiß mit etwas Puderzucker bestäuben. Nach dem Abkühlen in etwa 6 mal 8 cm lange Streifen schneiden und dabei darauf achten, daß die Schnittkanten möglichst an den mit Mandeln gefüllten Aprikosen vorbeilaufen und nicht durch die Mandeln geführt werden müssen. Die Stücke vor dem Anrichten noch einmal mit Puderzucker bestäuben.

Tip

Servieren Sie dieses Gebäck in jedem Fall sehr frisch, gerade nach dem Auskühlen, denn schon einen Tag später schmeckt es nicht mehr so aromatisch. Wollen Sie es jedoch einmal auf Vorrat backen, sollten Sie die Stücke sofort nach dem Abkühlen einfrieren und vor dem Servieren für ein paar Minuten im heißen Ofen auffrischen und dann mit Puderzukker bestäuben. In jedem Fall schmeckt leicht geschlagene, mit Vanillinzucker aromatisierte Sahne oder Crème fraîche hervorragend dazu.

Honig-Limettentorte mit Ananas

100 g Magerquark
2 EL Milch oder Sahne
1 Ei, 1 Prise Salz
50 g Zucker
4 EL Öl
250 g Mehl
1 Päckchen Backpulver
Öl oder Butter zum Einfetten

Für die Füllung
1 kleine Dose Ananasstücke (425 ml)
1–2 Limetten
125 g Magerquark
2 Eigelb
4 EL Honig
Saft von 1 Limone
4 Tropfen Bittermandelöl
30 g Speisestärke
2 Eiweiß
1 Prise Salz
⅛ l Sahne
80 g gemahlene Mandeln

Für den Teig den Quark mit Milch oder Sahne, Ei, Salz und Zucker in einer Schüssel verrühren. Dann nach und nach unter weiterem Rühren das Öl zugießen. Sobald alles zu einer glatten Masse vermischt ist, das Mehl mit dem Backpulver mischen und etwa die Hälfte davon unter den Quark arbeiten.
Die restliche Mehlmischung auf die Arbeitsfläche sieben, in die Mitte eine Mulde drücken und den Quarkteig hineingeben. Sehr schnell von außen nach innen zu einem glatten, elastischen Teig verkneten. Dabei möglichst schnell arbeiten, denn durch die Handwärme könnte der Teig sonst weich und klebrig werden.
Eine Springform (Durchmesser 26 cm) gründlich mit Öl oder Butter einfetten und den Teig darin ausrollen. Dabei einen etwa 3 cm hohen Rand andrücken. Für die Füllung die Ananasstücke auf einem Sieb abtropfen lassen (die Flüssigkeit anderweitig verwenden) und die Limetten unter heißem Wasser gründlich abbürsten. Dann abtrocknen und in hauchdünne Scheiben schneiden. Die Limettenscheiben nebeneinander auf eine Platte legen und mit Zucker bestreut ziehen lassen.
Den Quark mit Eigelb, gut 2½ EL Honig, Limetten, Bittermandelöl und Speisestärke gründlich verrühren. Die Eiweiß mit Salz zu schnittfestem Schnee und die Sahne in einer anderen Schüssel steif schlagen. Beides auf die Quarkmasse gleiten lassen und zusammen mit den Mandeln und den abgetropfen Ananasstücken unterheben. In die vorbereitete Form füllen, glattstreichen und mit den abgetropften Limettenscheiben dicht belegen. Auf der unteren Schiene des auf 180 Grad (Gas Stufe 2) vorgeheizten Ofens 75–85 Minuten backen. Falls er dabei zu stark dunkelt, mit Pergamentpapier abdecken. Etwa 5 Minuten vor Ende der Backzeit den Honig darauf verteilen und karamelisieren lassen.
Den Kuchen danach etwa 5 Minuten unter einem Küchentuch ausdampfen lassen, dann den Springformrand ablösen und den Kuchen auf einen Kuchendraht gleiten lassen. Den Rand mit Puderzucker bestäuben. Nach dem Abkühlen möglichst sofort zu Tisch bringen, denn später verliert er an seinem frischen Aroma.

Ricotta-Rumtopf-Plätzchen

Für den Belag
⅜–½ l Milch
1 Päckchen Vanille-Puddingpulver
1 Vanilleschote
80 g Zucker
1 Prise Salz, 1 Ei

Für den Teig
100 g Ricotta (italienischer Frischkäse)
8 EL Milch
1 Prise Salz
80 g Zucker
abgeriebene Schale von ½ Zitrone
1 Ei
10 EL geschmacksneutrales Öl
300 g Mehl
1 Päckchen Backpulver
Mehl zum Ausrollen
Butter oder Öl zum Einfetten

Außerdem
500 g Rumtopffrüchte

Für den Belag von der Milch ein paar Eßlöffel abnehmen und das Puddingpulver damit verquirlen. Die restliche Milch zusammen mit dem ausgeschabten Vanillemark, der »leeren« Schote, Zucker und Salz in einem Topf zum Kochen bringen. Das angerührte Pulver unter ständigem Rühren in die Milch gießen und aufkochen lassen. Den Topf vom Herd nehmen. Das Ei in einer Tasse verquirlen und etwas »Pudding« hineinrühren. Diese Mischung unter kräftigem Rühren in den Topf geben, die Vanilleschote herausfischen und den Pudding (der eigentlich ein Flammeri ist) abkühlen lassen. Dabei sehr häufig umrühren, damit sich keine Haut bilden kann. Für den Teig den Ricotta mit Milch, Salz, Zucker, abgeriebener Zitronenschale, Ei und Öl verrühren. Einen Teil des gesiebten Mehls einarbeiten. Das restliche Mehl auf die Tischplatte geben und den Teig darunterkneten. Die Arbeitsfläche dünn mit Mehl bestäuben und den Teig darauf etwa 3 mm dick ausrollen. Runde Plätzchen von etwa 10 cm Durchmesser ausstechen (oder wenn man solch große Ausstechförmchen nicht besitzt, mit Hilfe einer Untertasse oder einer kleinen Schüssel ausradeln). Die Plätzchen mit der Puddingmasse bestreichen, so daß ein etwa 1½ cm breiter Rand frei bleibt. Darauf die abgetropften Rumtopffrüchte verteilen. Die Plätzchen dann auf einem mit Butter oder Öl eingefetteten Blech auf die mittlere Schiene des auf 200 Grad (Gas Stufe 3) vorgeheizten Ofens schieben und 20–25 Minuten backen.

Hinweis Nach demselben Rezept können Sie die Ricotta-Apfel-Plätzchen backen: 3 säuerliche Äpfel schälen, entkernen, in feine Schnitze teilen und sofort mit Zitronensaft beträufeln oder bestreichen, damit sie nicht braun werden. 50 g braunen Zucker zusammen mit 50 g in Flöckchen geteilter Butter und 75 g groben Haferflocken in eine Pfanne geben und unter ständigem Rühren so lange »braten«, bis der Zucker karamelisiert. Zum Schluß etwa 50 g Mandelstifte und 1 Msp. gemahlenen Zimt unterrühren. Die Apfelschnitze auf den Plätzchen verteilen, die Haferflockenmasse darüberstreuen und die Plätzchen wie oben backen.

Quark- und Plunderteig

Dänisches Plunder-Gebäck

300 g gut gekühlte Butter
520 g Mehl, 30 g Hefe
50 g Zucker
⅛ l lauwarme Milch
1 Ei, 1 Prise Salz
Mehl zum Ausrollen und Formen

250 g Butter in Flöckchen teilen. Etwa 70 g Mehl auf die Arbeitsfläche sieben und die Butterflöckchen sehr schnell damit zu einer homogenen Masse verkneten. Zu einem Ziegel formen und zwischen zwei Pergamentpapier-Blättern ausrollen, bis eine etwa 22 mal 24 cm große, etwa fingerdicke Platte entstanden ist. Im Kühlschrank ruhen lassen. In das übrige Mehl eine Mulde drücken. Die Hefe darin zerbröckeln und mit etwas Zucker, etwas Milch und nur wenig Mehl vom Rand zum Vorteig verrühren. Ein Küchentuch darüberdekken und etwa 15 Minuten an einem warmen Platz aufgehen lassen. Inzwischen die übrige Milch erwärmen, die Butter darin schmelzen und wieder abkühlen lassen. Mit dem restlichen Zucker, Ei und Salz zum Vorteig geben und alles zu einem glatten, elastischen Hefeteig arbeiten. Schlagen, bis er Blasen wirft und sich vom Schüsselrand löst. Mit einem Tuch bedeckt für etwa 30 Minuten in den Kühlschrank stellen. Die Arbeitsfläche dünn mit Mehl bestäuben und den Teig darauf zu einem etwa 30 mal 50 cm großen Rechteck ausrollen. Den gekühlten Butterziegel so auf eine der beiden Hälften legen, daß die Ränder frei bleiben. Diese mit kaltem Wasser bepinseln, die zweite Teighälfte darüberklappen und alle Ränder mit dem Nudelholz festdrücken. Für etwa 30 Minuten in den Kühlschrank legen. Anschließend mit leichtem, sehr gleichmäßigem Druck von der schmaleren Seite her nun so ausrollen, daß das neue Teigstück 30 mal 60 cm mißt. Den Teig danach tourieren, wie es auf Seite 307 gezeigt wird.

Plunderstreifen

1 Rezept Plunderteig
Mehl zum Ausrollen
2 Eiweiß, 150 g Hagelzucker

Den Plunderteig auf der leicht bemehlten Arbeitsfläche etwa ½ cm dick ausrollen und zu etwa 5 mal 10 cm großen Rechtecken schneiden. Bei allen Rechtecken in der Mitte der Länge nach einen etwa 8 cm langen Schnitt anbringen. Nun ein Teigende durch diesen Einschnitt ziehen, so daß die Schnittkanten nach oben zeigen. Die Oberflächen mit verquirltem Eiweiß bestreichen und mit Hagelzucker bestreuen. Auf ein Backblech legen und im auf 200 Grad (Gas Stufe 3) vorgeheizten Ofen etwa 20 Minuten backen.

Geleetaschen

1 Rezept Plunderteig
Mehl zum Ausrollen
½ Glas Johannisbeergelee
1 Eigelb, 200 g Puderzucker
3–4 EL Wasser oder Zitronensaft

Den Teig auf bemehlter Fläche ausrollen und in 10 cm große Quadrate schneiden. Den restlichen Teig zu kleinen, runden Plätzchen ausstechen. In die Mitte jedes Teigquadrates einen Geleeklecks geben. Die 4 Ecken zur Mitte klappen, mit verquirltem Eigelb bestreichen und die Teigplätzchen darauf andrücken. 20–25 Minuten im 200 Grad (Gas Stufe 3) vorgeheizten Ofen backen und auf einem Kuchendraht auskühlen lassen. Puderzucker mit Wasser oder Zitronensaft verrühren und die Taschen damit überziehen.

Hahnenkämme

1 Rezept Plunderteig
Mehl zum Ausrollen
1 Eiweiß, 60 g Puderzucker
100 g Marzipan-Rohmasse
30 g kandierte Kirschen
1 Schuß Rum oder Cognac
1 Eigelb, 200 g Puderzucker
3–4 EL weißer Rum oder Wasser
60 g gehackte Pistazien

Plunderteig auf der bemehlten Fläche ausrollen und in 12 cm große Quadrate schneiden. Eiweiß mit Puderzucker, zerbröseltem Marzipan und den sehr fein gehackten Kirschen sowie ein paar Tropfen Alkohol zu einer festen Masse verarbeiten. Die Teigstücke zur Hälfte damit bestreichen. Die Ränder mit verquirltem Eigelb bestreichen und die Quadrate zu Rechtecken zusammenklappen. Gut andrücken und den Teig seitlich dreimal einschneiden. Die Stücke leicht auseinanderziehen, mit Ei bepinseln und 20–25 Minuten im auf 200 Grad (Gas Stufe 3) vorgeheizten Ofen backen. Kalt mit Guß überziehen, mit Pistazien bestreuen.

Windmühlen

1 Rezept Plunderteig
Mehl zum Ausrollen
½ Glas Aprikosenmarmelade
200 g Puderzucker
3–4 EL Aprikosengeist oder -likör

Den Teig auf bemehlter Fläche ausrollen und in 12 cm große Quadrate schneiden. Diese von jeder Ecke aus diagonal 4 cm tief einschneiden und in die Mitte je einen Marmeladeklecks geben. Die eingeschnittenen Ecken mit je einer Seite zur Mitte klappen und andrücken. Im auf 200 Grad (Gas Stufe 3) vorgeheizten Ofen 20–25 Minuten backen. Abgekühlt mit Zuckerguß überziehen.

Krokant-Spiralen

1 Rezept Plunderteig
Mehl zum Ausrollen
250 g Puderzucker, 4–5 EL Wasser oder Zitronensaft, 80 g Krokant

Den Teig auf bemehlter Fläche ausrollen und zu 5 mal 10 cm großen Rechtecken schneiden. Diese der Länge nach mitten einschneiden, daß sie an einer Seite noch etwa 1 cm zusammenhalten. Beide Teigenden miteinander verschlingen und im auf 200 Grad (Gas Stufe 3) vorgeheizten Ofen etwa 20 Minuten backen. Abkühlen lassen, mit dem Zuckerguß überziehen, mit Krokant bestreuen.

Sesam-Birnen-Kuchen

300 g Mehl
150 g gut gekühlte Butter
15 g Hefe
100 g Zucker
knapp ⅛ l lauwarme Milch
1 Päckchen Vanillinzucker
1 Ei, 1 Prise Salz
Mehl zum Ausrollen

Für die Füllung
100 g Sesamsamen
500 g vollreife, nicht zu weiche Birnen
Saft 1 Zitrone
4 EL Semmelbrösel
2 EL Zucker
80 g Rosinen
1 Eigelb zum Bestreichen
Puderzucker zum Bestäuben

30 g Mehl auf die Arbeitsfläche sieben, 100 g gekühlte Butter in Flöckchen darauf verteilen und beides sehr schnell miteinander verkneten. Zu einem Ziegel formen und zwischen Pergamentpapierblättern etwa daumendick zu einem Rechteck ausrollen. Im Kühlschrank völlig durchkühlen lassen. Das restliche Mehl in eine Schüssel sieben und in die Mitte eine Mulde drücken. Die Hefe hineinbröckeln und mit etwas Zucker, etwas Milch und wenig Mehl vom Rand zum Vorteig verrühren. Mit einem Küchentuch bedeckt ca. 15 Minuten an einem warmen Platz gehen lassen. Die übrigen Zutaten hinzugeben und alles zu einem glatten Teig arbeiten. Schlagen, bis er Blasen wirft und sich vom Schüsselrand löst.
15 Minuten an einem nicht zu warmen Ort ruhen lassen, danach auf der bemehlten Arbeitsfläche zu einem Rechteck ausrollen. Den Butterblock in die Mitte geben und den Hefeteig von allen Seiten darüberklappen. Für 15 Minuten in den Kühlschrank legen, danach in einer Richtung ausrollen, bis er etwa dreimal so lang wie breit ist. Beide Teigenden zur Mitte hin einschlagen, so daß drei übereinanderliegende Schichten entstehen. Nochmals kühlen und diesen Vorgang zwei bis vier mal wiederholen, wobei der Teig zwischendurch immer 15 Minuten im Kühlschrank ruhen muß. Beim Ausrollen den Teig niemals zu stark drücken. Den Teig zum Schluß wieder in den Kühlschrank legen und die Füllung zubereiten. Dazu die Sesamsamen unter ständigem Rühren zu einer trockenen Pfanne in knapp 2 Minuten goldgelb rösten, dann erkalten lassen. Die Birnen schälen, entkernen und in feine Schnitze teilen. Sofort mit Zitronensaft mischen, damit sie sich nicht verfärben. Die Semmelbrösel mit Zukker und den in heißem Wasser gewaschenen, gut trockengeriebenen Rosinen mischen. Den Teig knapp 1 cm dick zu einem Rechteck ausrollen und mit der Semmelbröselmischung bestreuen. Die Birnenschnitze und dann die Sesamsamen darauf verteilen und jeweils die Ränder etwas frei lassen. Den Teig aufrollen und alle Teigränder und Nahtstellen sorgfältig zusammendrücken. Zu einem Kranz oder einer Schnecke auf das Blech legen und die Oberfläche mit verquirltem Ei bestreichen. Im auf 180–200 Grad (Gas Stufe 2–3) vorgeheizten Ofen 45–50 Minuten backen. Abkühlen lassen und mit Puderzukker bestäuben.

Plunder-Hörnchen gefüllt

500 g Mehl
270 g gekühlte Butter
30 g Hefe, 50 g Zucker, 1 Ei
⅛ l lauwarme Milch
1 Prise Salz
½ unbehandelte Zitrone (Schale)
1 Fläschchen Bittermandelöl
Mehl zum Ausrollen und Formen

Für die Füllung
1 Eiweiß
1 Prise Salz
40 g Zucker
50 g gemahlene Mandeln
20 g fein gehackte Pistazien
1–2 TL Mandellikör
2 Eigelb zum Bestreichen

Für den Teig 50 g Mehl auf die Arbeitsfläche sieben, 220 g Butter in kleine Flöckchen teilen und darüberstreuen. Beides sehr schnell miteinander verkneten und zwischen 2 Pergamentpapierblättern zu einem 20 mal 22 cm großen Rechteck ausrollen und für etwa 1½ Stunden in den Kühlschrank legen. In das restliche Mehl eine Mulde drücken und die Hefe hineinbröckeln. Mit etwas Zucker, etwas Milch und wenig Mehl vom Rand verrühren und mit einem Küchentuch bedeckt etwa 15 Minuten aufgehen lassen.
Indessen die restliche Butter in der übrigen Milch auflösen und wieder auf Handwärme abkühlen lassen. Zusammen mit dem Ei, dem übrigen Zucker und den Gewürzen zum Vorteig geben und alles zu einem glatten Teig verarbeiten. Schlagen, bis er Blasen wirft und sich vom Schüsselrand löst. Mit einem Tuch bedeckt für 45 Minuten in den Kühlschrank stellen.
Den Teig auf der leicht bemehlten Arbeitsfläche nochmal durchkneten und zu einem Rechteck (28–30 mal 48–50 cm) ausrollen.
Die gekühlte Butter auf eine Teighälfte legen, alle Ränder mit kaltem Wasser bestreichen und die zweite Teighälfte darüberklappen. Die Ränder gut andrücken und den Teig für 30 Minuten kühlen. Den Teig anschließend – wie im Rezept »Dänisches Plundergebäck«, Seite 154 – dreimal tourieren und zwischendurch jeweils 30 Minuten kühlen.
Eiweiß mit Salz zu schnittfestem Schnee schlagen und den Zucker einrieseln lassen. Die Mandeln mit den Pistazien unterziehen, mit Mandellikör abschmecken.
Den Teig auf der bemehlten Fläche zu einem etwa 25 mal 40 cm großen Rechteck ausrollen und dieses in Dreiecke schneiden. Dazu den Teig in 10 cm breite, 25 cm lange Rechtecke schneiden und diese jeweils einmal diagonal halbieren, so daß Dreiecke entstehen. Die kurze Seite der Dreiecke jeweils auf ½ cm Länge einschneiden, die Füllung auf die breiten Teigstücke verteilen und den Teig darüber von der eingeschnittenen Seite her aufwickeln, wobei die eingeschnittenen Teigstückchen ein wenig angedrückt werden sollten. Die aufgerollten Hörnchen ein wenig rund biegen, auf einem Backblech aufgehen lassen, bis sie ihr Volumen deutlich vergrößert haben, dann mit verquirltem Eigelb bestreichen und im auf 220 Grad (Gas Stufe 4) vorgeheizten Ofen 20 Minuten backen.

Pasteten und Pies

Saftig, fruchtig
und vollaromatisch –
die Superkuchen
zum Löffeln

Pasteten und Pies

Weintrauben-Pie mit Maronen

200 g Mehl, 1 kräftige Prise Salz
100 g gekühlte Butter
2–3 EL Eiswasser

Für die Füllung
750 g blaue Weintrauben
750 g helle Weintrauben
1 Zitrone, 1 Orange
1 Dose Maronen (425 g)
50 g sehr fein gehackte Walnüsse
2 Glas (je 2 cl) Grappa oder Cognac
125 g Zucker
1 Päckchen Vanillinzucker
Mehl zum Ausrollen
1 Eiweiß zum Bestreichen
Zucker zum Bestreuen

Für den Teig das Mehl auf die Arbeitsfläche sieben, in die Mitte eine Mulde drücken und das Salz hineingeben. Die Butter in Flöckchen auf dem Mehlrand verteilen und zum Schluß das Eiswasser ebenfalls in die Mulde gießen. Alle Zutaten hacken, bis sie bröselig sind. Dann schnell von außen nach innen zu einem glatten Teig verkneten, zur Kugel formen und für mindestens 30 Minuten zugedeckt in den Kühlschrank legen.
In der Zwischenzeit für die Füllung die Weintrauben waschen, gut abtrocknen und die Beeren von den Stielen zupfen. Die Trauben dann nach Wunsch entkernen.
Die Zitrone und die Orange sorgfältig abschälen und dabei sämtliche weißen Häutchen entfernen, sie schmecken leicht bitter. Die Filets aus ihren Trennwänden schneiden und in kleine Stückchen teilen, wobei sie gleichzeitig entkernt werden.
Die Maronen abtropfen lassen und ebenfalls in kleine Stücke zerteilen. Mit den Trauben, den Zitrusfrüchten und den Walnüssen mischen. Den Grappa oder Cognac darübergießen und mit Zucker und Vanillinzucker bestreuen.
Den gekühlten Teig auf der schwach bemehlten Arbeitsfläche etwa 4 mm dick ausrollen. Eine nach oben breiter werdende feuerfeste Form (von etwa 1¾ l Inhalt) mit extrabreitem, unglasiertem Rand umgekehrt darauflegen und mit einem Teigrädchen oder einem scharfen Messer den Teig rundherum so ausschneiden, daß die Platte etwa 2,5 cm größer ist als die Form. Die Teigreste zusammenkneten und erneut ausrollen. Nun einen langen Streifen ausschneiden, der etwas breiter als der Rand der Form sein sollte.
Den unglasierten Rand mit Wasser bestreichen, den Teigstreifen auflegen und gut festdrücken.
Den Zucker unter die Früchte mischen und vorsichtig – ohne den Teigrand zu zerstören – einfüllen.
Den Teigdeckel auflegen und den Rand sorgfältig an dem unteren Teigrand befestigen. Dazu den Zeigefinger der Länge nach von oben auf den Rand des Teigdeckels legen, gut andrücken und gleichzeitig die stumpfe Seite einer Messerklinge mehrfach waagerecht in die beiden Teigschichten pressen, damit sie sich gut miteinander verbinden können.
Den jetzt noch überstehenden Rand des Teiges mit einem scharfen Messer abschneiden, wobei die Klinge (der Form folgend) schräg nach oben und nach außen zeigen sollte.
Zum Schluß beide Teigschichten am Rand mit dem senkrecht gehaltenen Messerrücken in gleichmäßigen Abständen mehrfach einkerben, die Oberfläche mit verquirltem Eiweiß bestreichen und mit Zucker bestreuen. Auf die untere Schiene des auf 200 Grad (Gas Stufe 3) vorgeheizten Ofens schieben und etwa 45 Minuten backen.
Dann sofort herausnehmen, nach Wunsch nochmals dünn mit Zucker bestreuen und heiß oder gerade abgekühlt servieren. Schlagsahne oder Crème fraîche kann zusätzlich dazu serviert werden.

Tip

Um das Auflegen des Teigdeckels zu erleichtern, kann man den Teig auf einem großen Blatt Pergamentpapier oder Alufolie ausrollen, beides umgekehrt auf die Form legen und das Papier bzw. die Folie danach abziehen.

Apfel-Vanille-Pie

400 g Mehl
2 kräftige Prisen Salz
200 g gekühlte Butter
5–6 EL Eiswasser

Für die Füllung *1 kg säuerliche Äpfel*
Saft von ½ Zitrone
1 Vanilleschote
250 g Zucker
1 Päckchen Vanillinzucker
2 EL Vanille-Puddingpulver
50 g Kokosraspeln
Mehl zum Ausrollen
1 Eiweiß zum Bestreichen
30 g Butter
1 Eigelb zum Bestreichen
Puderzucker zum Bestäuben

Den Teig nach dem o. g. Rezept zubereiten und kühlen.
Die Äpfel schälen, entkernen, in feine Schnitze teilen und sofort mit etwas Zitronensaft beträufeln. Die Vanilleschote der Länge nach aufschlitzen, das Mark herausschaben und mit dem Zucker und Vanillinzucker vermischen. Vanille-Puddingpulver und Kokosraspeln zufügen und die Apfelschnitze gut darin wenden.
Knapp die Hälfte des Teiges auf der bemehlten Arbeitsfläche ausrollen, eine Pieform (Inhalt ca. 1 l) umgekehrt darauflegen und rundherum den Teigdeckel ausschneiden. Die Teigreste zum übrigen Teig geben, ausrollen und die Form damit auskleiden, den überstehenden Rand abschneiden. Den Boden mehrfach einstechen. Das Eiweiß verschlagen und den Boden damit bestreichen. Die Apfelmischung mit der in Flöckchen geteilten Butter hineinschichten. In der Mitte des Teigdeckels einen Kamin ausstechen, den Deckel auflegen und fest an den Teigrand in der Form drücken. Beide Randschichten zwischen Daumen und Zeigefinger zusammenpressen. Die Oberfläche mit verquirltem Eigelb bestreichen, aus den Teigresten beliebige Plätzchen ausstechen, auflegen und auch bepinseln. Auf der unteren Schiene des auf 200 Grad (Gas Stufe 3) vorgeheizten Ofens etwa 45 Minuten backen. Pie mit Puderzucker bestäuben und etwa 5 Minuten karamelisieren.

Pasteten und Pies

Bunte Früchte-Pie

180 g Mehl
1 Prise Salz
100 g gekühlte Butter
1 EL gekühltes Schweineschmalz
2–3 EL Eiswasser

Für die Füllung
100 g Mandelmakronen
100 g gemahlene Mandeln
100 g Zucker
4–6 Orangen
1 Grapefruit
2 Bananen
2 Kiwis
2 Glas (je 2 cl) Orangenlikör

Außerdem
Mehl zum Ausrollen
1 Eiweiß
Zucker zum Bestreuen

Für den Teig das Mehl mit dem Salz auf die Arbeitsfläche sieben und die in Flöckchen geteilte Butter zusammen mit dem ebenfalls in Flöckchen geteilten Schmalz darauf verteilen. Mit einem Messer (oder mit zweien) alle Zutaten hacken, bis sie bröselig sind. Dann eine Mulde in die Mitte drücken und das Eiswasser nach und nach hineingeben. Von außen nach innen zu einem glatten Teig verkneten, eine Kugel formen und für mindestens 30 Minuten kühlen.
In der Zwischenzeit für die Füllung die Mandelmakronen in einer Plastiktüte mit der Teigrolle sehr fein zerdrücken. Die Mandeln mit dem Zucker daruntermischen und beiseitestellen. Orangen und Grapefruit sehr sorgfältig schälen und dabei alle weißen Häutchen entfernen. Die Fruchtfilets jeweils zwischen den Häuten herausschneiden, ein- bis zweimal durchteilen und dabei entkernen. Die Bananen und die Kiwis schälen, die Bananen in etwa 1½ cm breite Scheiben schneiden, die Kiwis der Länge nach vierteln und in etwa 2 cm breite Stücke schneiden. Alle Früchte mit dem Orangenlikör und der Makronenmischung locker vermengen.
Eine hohe, nach oben hin breiter werdende Pie-Form mit breitem Rand wählen. Den Teig auf der bemehlten Arbeitsfläche (oder auf bemehlter Folie) schnell durchneten und 4–5 mm dick ausrollen. Die Form umgekehrt darauflegen und einen um etwa ½ cm größeren Deckel ausschneiden. Die Teigreste wieder zusammenkneten, ausrollen und zu einem Streifen ausschneiden, der etwas breiter sein sollte als der Rand der Form. Diesen mit kaltem Wasser bepinseln und den Teigstreifen auflegen. Sehr gut andrücken, damit er sich beim Backen nicht löst. Die Früchtemischung in die Form geben, wobei sie in der Mitte etwas angehäuft werden kann. Die Teigplatte auflegen und am Rand sehr gut mit dem bereits aufgelegten Teigstreifen befestigen. Nun den überstehenden Teig schräg abschneiden, d. h. die Messerklinge muß dabei schräg nach oben und außen zeigen. Zum Schluß den Teigrand mehrfach mit dem Messerrücken einkerben und die Oberfläche mit verquirltem Eiweiß bestreichen. Mit Zucker bestreuen und im auf 200 Grad (Gas Stufe 3) vorgeheizten Ofen 40–45 Minuten backen.

Birnen-Ingwer-Pie

380 g Mehl,
1 Prise Salz
150 g gekühlte Butter
40 g gekühltes Schweineschmalz
3–4 EL Eiswasser

Für die Füllung
1 kg Williams-Birnen
Saft von 1 Zitrone
30 g Butter,
50 g Zucker
4 EL trockener Weißwein
3 EL Birnengeist
2 eingelegte Ingwerpflaumen
50 g Semmelbrösel
60 g fein gehackte Walnüsse

Außerdem
Mehl zum Ausrollen
1 Eigelb zum Bestreichen
Puderzucker zum Bestäuben

Für den Teig das Mehl mit dem Salz mischen, auf die Arbeitsfläche sieben, Butter und Schmalz in Flöckchen darauf verteilen. Alles bröselig hacken, dann nach und nach das Eiswasser zufügen und sehr schnell von außen nach innen zu einem glatten Teig kneten. Zu einer Kugel formen und für etwa 1 Stunde kühlen.
In der Zwischenzeit die Birnen schälen, vierteln und entkernen. Die Viertel dann in dünne Schnitze teilen und sofort mit dem Zitronensaft begießen. Die Butter in einer großen Pfanne schmelzen lassen, den Zucker einstreuen und, sobald er sich ebenfalls gelöst hat, die Birnen zusammen mit dem Weißwein und dem Birnengeist hineingeben. Unter vorsichtigem Wenden 2–3 Minuten bei sanfter Hitze schmoren lassen. Indessen die Ingwerpflaumen abtropfen lassen und etwa 1 Teelöffel der Einlegflüssigkeit zu den Birnen geben. Die Pfanne vom Herd nehmen und den Inhalt in eine Schüssel geben, damit die Schnitze nicht zu weich werden. Die Ingwerpflaumen in winzige Streifen oder Würfel schneiden und zusammen mit den Semmelbröseln und Nüssen locker unter die Birnen mischen. Knapp die Hälfte des Teiges auf der leicht bemehlten Arbeitsfläche ausrollen, die Pie-Form umgekehrt auflegen und rundherum den Teigdeckel ausschneiden. Die Teigreste mit den übrigen Teig verkneten, ebenfalls ausrollen, die Form damit auskleiden und alle Reste zu kleinen, beliebigen Plätzchen ausstechen.
Den Teig in der Form leicht andrükken, die Birnenmischung einfüllen und den Teigdeckel auflegen. Seinen Rand mit dem Teigrand in der Form gut zusammendrücken und in der Mitte einen Kamin ausstechen. Die Oberfläche mit verquirltem Ei bestreichen, die Plätzchen auflegen, auch mit Ei bepinseln und die Pie etwa 45 Minuten im auf 200 Grad (Gas Stufe 3) vorgeheizten Ofen auf der Mittelschiene backen. 5 Minuten vor Ende der Backzeit die Oberfläche dick mit Puderzucker bestäuben und diesen im heißen Ofen goldgelb karamelisieren lassen. Dazu kann man den Herd schnell auf die höchste Stufe der Oberhitze oder auch den Grill einschalten, dann geht's schneller.
Die Pie noch heiß oder gerade abgekühlt servieren und nach Wunsch geschlagene Sahne dazu reichen.

Heidelbeer-Pastete

1 Paket tiefgekühlter Blätterteig (300 g)
Mehl zum Ausrollen
½ Paket Löffelbiskuits
50 g Nuß- oder Mandelmakronen (fertig gekauft)
100 g gemahlene Haselnüsse
250–300 g Heidelbeeren
1 vollreife Birne
1 Banane
Saft ½ Zitrone
100 g Zucker
2–3 EL Rum oder Cognac
1 Eigelb
2 EL Sahne
Puderzucker zum Bestäuben

Die Blätterteigplatten nebeneinanderliegend nach Packungsaufschrift auftauen lassen. Dann hauchdünn mit Wasser bepinseln und übereinander auf die schwach bemehlte Arbeitsfläche legen. Unter gleichmäßigem, sehr sanften Druck (die einzelnen Teigschichten dürfen nicht zerquetscht werden) in alle Richtungen dünn ausrollen. Die Pastetenform umgekehrt darauflegen und einen Deckel ausschneiden. Diesen Deckel auf eine Platte legen und in den Kühlschrank stellen. Den übrigen Teig über das leicht bemehlte Nudelholz schlagen und über der kalt ausgespülten Pastetenform wieder abrollen. Die Form locker mit dem Teig auskleiden, so daß er am Rand ein wenig übersteht. Den Boden mehrfach mit einer Gabel einstechen und die Form ebenfalls in den Kühlschrank stellen. Die Teigreste erneut ausrollen und zu kleinen, beliebig geformten Motiven ausstechen. Auch diese kühlen. Für die Füllung die Löffelbiskuits und die Makronen etwas zerbröckeln und in eine Plastiktüte geben. Mit dem Nudelholz zu feinen Bröseln zerdrücken. Anschließend mit den gemahlenen Haselnüssen vermischen. Die Heidelbeeren verlesen, in kaltem Wasser sehr schnell und vorsichtig waschen (sie dürfen keinesfalls darin liegen bleiben, da sie sonst zu viel Wasser aufnehmen) und auf einer dicken Lage Haushaltspapier abtrocknen lassen. Dabei leicht trockentupfen. Die Birnen und die Banane schälen, die Birnen entkernen und in feine Schnitze teilen, die Banane in dünne Scheiben schneiden. Beide Fruchtsorten sofort mit dem Zitronensaft vermischen, damit sie nicht braun werden. Die Pastetenform aus dem Kühlschrank nehmen und etwa die Hälfte der Brösel-Nuß-Mischung einfüllen. Die restliche Masse mit den Heidelbeeren, den Birnen- und Bananenstückchen und dem Zucker mischen und ebenfalls einfüllen. Dabei ständig etwas Rum oder Cognac dazwischenträufeln. Aus der Deckelplatte in der Mitte einen kleinen Kamin ausstechen, damit beim Backen die heiße Luft zusammen mit der Feuchtigkeit entweichen kann. Den Deckel auf die Form legen und mit dem Teig vom Rand sorgfältig zusammendrücken. Das geht am besten, wenn man ihn zwischen Daumen, Zeige- und Mittelfinger leicht zusammenkniff und dabei gegeneinander drückt. Eigelb mit der Sahne verquirlen und die Oberfläche damit bestreichen. Die ausgestochenen Verzierungen auflegen und auch diese mit der Eigelbmasse bepinseln. Dabei sollte jedoch darauf geachtet werden, daß die Ränder nicht mit dem Ei in Berührung kommen; sie können sonst nicht aufgehen, da die einzelnen Schichten miteinander verkleben würden. Die Form in dem auf 220 Grad (Gas Stufe 4) vorgeheizten Ofen auf die mittlere Schiene schieben und die Pastete in 25–35 Minuten goldbraun und gar backen. Kurz vor Ende der Garzeit die Oberfläche gleichmäßig mit Puderzucker überstäuben und diese Schicht ebenfalls goldbraun karamelisieren lassen. Da dieser Vorgang sehr schnell geht, sollten Sie neben dem Ofen stehenbleiben und die Färbung stets kontrollieren. Die Pastete dann herausnehmen und entweder sofort – noch dampfend heiß – oder gerade eben abgekühlt servieren.

Tip

Selbstverständlich können Sie diese Pastete auch mit tiefgekühlten Heidelbeeren zubereiten. Lassen Sie sie dazu vor der Verwendung auf- oder wenigstens antauen und verfahren Sie dann weiter, wie im Rezept angegeben. Achten Sie jedoch darauf, ob die Früchte vor dem Einfrieren gezuckert wurden und stellen Sie die Zuckermenge darauf ab. Anstelle von Heidelbeeren eignen sich auch Johannisbeeren für dieses Rezept, wie auch eine Mischung aus Johannis- und Him- oder Brombeeren.

Pflaumen-Pie mit Marzipan-Aroma

200 g Mehl
1 Prise Salz
100 g gekühlte Butter
1 EL gekühltes Schweineschmalz
1 EL Zucker
3–4 EL eiskaltes Wasser (siehe Hinweis am Ende des Rezeptes)

Für die Füllung
500 g Pflaumen oder Zwetschgen
½ Paket Löffelbiskuits
125 g Marzipan-Rohmasse
150 g Zucker
125 g gemahlene Mandeln
Mehl zum Ausrollen
Butter oder Margarine zum Einfetten
2–3 EL Slibowitz oder anderer Zwetschgenbrand
1 Eigelb zum Bestreichen

Das Mehl mit Salz mischen, auf die Arbeitsfläche sieben. Butter und Schmalz in kleine Flöckchen teilen und zusammen mit dem Zucker daraufstreuen. Mit einem (oder auch mit zwei) Messern alles bröselig hacken. Dann vom Rand aus alles zu einem geschmeidigen Teig verkneten und dabei nach und nach das Wasser zufügen. Dabei sollte möglichst schnell gearbeitet werden, damit der Teig durch die Handwärme nicht zu stark erwärmt wird und die Butter zu schmelzen beginnt. Den Teig dann zur Kugel formen, in Alufolie oder eine Plastiktüte geben und für 1–2 Stunden in den Kühlschrank legen. In der Zwischenzeit für die Füllung die Pflaumen oder Zwetschgen waschen, trockenreiben und entsteinen. Nach Wunsch danach etwas zerkleinern. Die Löffelbiskuits in eine

Plastiktüte geben und mit dem Nudelholz fein zerbröseln. Marzipan-Rohmasse in kleine Würfel schneiden und in eine Schüssel geben. Den Zucker, die gemahlenen Mandeln und die Biskuitbrösel zufügen und alles mit den Fingerspitzen miteinander vermischen und zerkrümeln. Den Teig auf der bemehlten Arbeitsfläche ausrollen, eine Pastetenform umgekehrt darauflegen und den Deckel nach den äußeren Umrissen ausschneiden. Die Form dann mit Butter oder Margarine einfetten. Den übrigen Teig um das bemehlte Nudelholz schlagen und über der Form wieder abrollen. Den Teig leicht hineindrükken und die Ränder sauber abschneiden. Den Teigboden mehrfach mit einer Gabel einstechen und eine Schicht Brösel-Marzipan-Masse hineingeben. Die Pflaumen oder Zwetschgen mit der restlichen Mischung vermengen und zusammen mit dem tropfenweise zugefügten Slibowitz in die Form geben. Den Deckel auflegen und alle Ränder sehr sorgfältig miteinander verkniffen. In der Mitte einen Kamin ausstechen. (Dieses kann auch schon passieren, bevor der Deckel aufgelegt wird; für noch Ungeübte ist es etwas leichter.) Die Oberfläche mit einem Teil des verquirlten Eigelbs bestreichen. Den restlichen Teig zusammenkneten, wieder ausrollen und kleine Verzierungen ausstechen. Auf die Oberfläche legen und ebenfalls mit dem Ei überpinseln. Die Pflaumen-Pie in dem auf 200 Grad (Gas Stufe 3) vorgeheizten Ofen auf die mittlere Schiene schieben und in 40–45 Minuten goldbraun und gar backen. Die Pie herausnehmen und lauwarm oder eben abgekühlt zu Tisch bringen. Ungesüßte oder leicht vanillierte Schlagsahne und/oder Vanilleeis schmekken ganz vorzüglich dazu.

Hinweis Das Eiswasser im Teig sorgt dafür, daß er ganz besonders luftig und blättrig wird. Verwenden Sie darum möglichst kein Wasser aus der Leitung, sondern lassen Sie ein paar Eiswürfel auftauen, das sofort nach dem Schmelzen – bevor es sich erwärmen kann – zugefügt wird. Diese kleine Mühe lohnt sich in jedem Fall!

Ananas-Pastetchen mit Rhabarber

175 g Mehl
1 Prise Salz
1 EL Zucker
100 g gekühlte Butter

Für die Füllung
300 g Rhabarber
125 g Zucker
125 g Mandelmakronen
2 gehäufte EL Corn-flakes
½ Ananas (ca. 450 g)
1 Ei
2–3 EL weißer Rum
1 Vanilleschote
2 EL Mehl
50 g gemahlene Mandeln
Mehl zum Ausrollen
1 Eigelb zum Bestreichen

Das Mehl sieben, mit Salz und Zukker gemischt auf die Arbeitsfläche geben und die gekühlte, in Flöckchen geteilte Butter zufügen. Alles mit zwei Messern bröselig hacken, dann sehr schnell mit gekühlten Händen (kaltes Wasser darüberlaufen lassen und wieder gut abtrocknen) von außen nach innen zu einem glatten Teig verkneten. Zu einer Kugel formen und in Alufolie oder einer Plastiktüte für mindestens 1 Stunde in den Kühlschrank legen. In der Zwischenzeit die Füllung zubereiten. Dazu den Rhabarber, wenn nötig, abziehen und in ca. 1 cm lange Stücke schneiden. Sehr dicke Stangen können dabei der Länge nach geteilt werden. Wasser mit etwa zwei Drittel des Zuckers in einem Topf zum Kochen bringen, den Rhabarber hineingeben und bei nicht zu starker Hitze in ca. 3 Minuten halbgar werden lassen. Danach zum Abtropfen und Abkühlen auf ein Sieb schütten. Die Mandelmakronen zusammen mit den Corn-flakes in eine Plastiktüte geben und mit dem Nudelholz zu gleichmäßig feinen Bröseln zerdrücken. Die Ananas sehr sorgfältig schälen und vom harten, inneren Kern befreien. Das Fruchtfleisch dann in rhabarbergroße Stücke teilen. Das Ei in einer Schüssel mit dem weißen Rum verschlagen und nach und nach den restlichen Zucker einstreuen. Die Vanilleschote der Länge nach aufschlitzen und das Mark mit einem Messer herausschaben. Zum Eigelb geben und so lange weiterschlagen, bis die Masse sehr schaumig und der Zucker gelöst ist. Das Mehl darübersieben, die gemahlenen Mandeln zusammen mit der Bröselmischung zufügen und alles locker, aber gründlich unterheben. Etwa ⅓ der Teigmenge auf der leicht bemehlten Arbeitsfläche dünn ausrollen und kleine Pasteten- oder Ragout-fin-Förmchen umgekehrt auflegen. Dem Rand entsprechend Teigdeckel ausschneiden und diese auf einer leicht bemehlten Tortenplatte in den Kühlschrank stellen. Die Teigreste wieder mit dem übrigen Teig verkneten, ebenfalls auf bemehlter Fläche ausrollen und die Förmchen damit auskleiden. Die Ränder jeweils sauber abschneiden. Die Förmchen etwa zur Hälfte mit der Creme füllen, dann die abgekühlten Rhabarberstücke mit den Ananasteilchen mischen und einfüllen. Die Teigdeckel auflegen und an allen Rändern gut mit dem übrigen Teig zusammendrücken. In der Mitte jedes Törtchens einen Kamin ausstechen und diese Stücke mit dem nun noch übrigbleibenden Teig erneut verkneten und ausrollen. Zu beliebigen, in jedem Fall aber zierlichen, Formen ausstechen. Die Oberflächen der Pastetchen mit verquirltem Eigelb bestreichen und die Verzierungen in hübschem Muster auflegen. Auch diese mit dem Eigelb bepinseln und die Förmchen auf ein Backblech oder auf ein Kuchengitter stellen. Auf die mittlere Schiene des auf 200–220 Grad (Gas Stufe 3–4) vorgeheizten Ofens stellen und in 25–30 Minuten goldgelb und gar backen. Die Pastetchen dann herausnehmen und nur kurze Zeit ausdampfen lassen. Entweder jetzt sofort oder aber unmittelbar nach dem Auskühlen servieren. Dazu können Sie nach Wunsch auch noch mit etwas Puderzucker bestäubt werden.

Heidelbeer-Blätterteig-Pie

1 Paket tiefgekühlter Blätterteig (300 g)

Für die Füllung
450 g frische oder tiefgekühlte Heidelbeeren, 3 säuerliche Äpfel
30 g Butter, 60 g Zucker
Saft von ½ Zitrone
6 EL Crème de cassis (schwarzer Johannisbeerlikör)
½ TL gemahlener Zimt
Mehl zum Ausrollen
Wasser zum Bestreichen
100 g Corn-flakes
Zucker zum Bestreuen

Die Blätterteigplatten nebeneinander auf die Arbeitsfläche legen und bei Zimmertemperatur auftauen lassen. In der Zwischenzeit die Füllung zubereiten. Dazu die Heidelbeeren verlesen, unter kaltem Wasser abspülen und gut abtropfen, tiefgekühlte Heidelbeeren auftauen lassen.
Die Äpfel schälen, in Viertel schneiden und entkernen. Die Viertel dann in kleine Schnitze teilen.
Die Butter in einer Pfanne oder einer Kasserolle erhitzen, die Apfelstückchen gründlich darin wenden und mit dem Zucker bestreuen. Unter weiterem vorsichtigen Wenden so lange erhitzen, bis der Zucker goldgelb karamelisiert, aber noch nicht braun geworden ist. Nun den Zitronensaft und den Crème de cassis zugießen und mit Zimt würzen. Die Apfelstückchen noch knapp 2 Minuten schmoren lassen, bis die Flüssigkeit zum größten Teil verdampft ist, die Äpfel dürfen dabei jedoch nicht zu weich werden. Abkühlen lassen.
Die Blätterteigplatten mit kaltem Wasser bestreichen, übereinanderlegen und aufschwachbemehlter starker Alufolie unter gleichmäßigem, leichten Druck zu einer etwa 3 mm dicken Platte ausrollen. Eine hohe Pie-Form mit breitem Rand (Inhalt etwa 1,6 l) umgekehrt auf den Teig legen und einen Deckel ausschneiden. In der Mitte einen Kamin ausstechen.
Die Teigreste zu 3 cm breiten, 6 cm langen Streifen ausschneiden.
Die Apfelmischung mit den Heidelbeeren und den Corn-flakes mischen und in die Form geben. Nun den Rand innen und außen mit kaltem Wasser bestreichen und die Teigstreifen der Reihe nach so über den Rand hängen, daß sie sich ein wenig überlappen.
Diesen Teigrand wieder mit kaltem Wasser bepinseln und den Teigdekkel auflegen. Den Rand des Deckels fest auf die Teigstreifen drücken und üdie über die Form hängenden Streifen wulstartig an den Rand der Form und an die Teigplatte drücken.
Zum Schluß mit den Zinken einer Gabel den Rand nochmals befestigen und dabei ein kleines Muster eindrücken. Die Oberfläche mit kaltem Wasser bestreichen und mit Zucker bestreuen. Die Form in dem auf 220 Grad (Gas Stufe 4) vorgeheizten Ofen auf die zweite Schiene von unten stellen und die Pie in 25–30 Minuten goldbraun backen. Herausnehmen und warm oder kalt servieren. Crème fraîche oder leicht gesüßte Schlagsahne schmeckt sehr gut dazu.

Variation

Auch mit einer Johannisbeeren-Füllung wird diese Pie ganz vorzüglich. Verwenden Sie dazu rote Beeren oder auch eine Mischung aus roten und schwarzen.

Pfirsich-Näpfchen

1 Paket tiefgekühlter Blätterteig (300 g)

Für die Füllung
4 kleine Pfirsche, Saft von ½ Zitrone
2 Zwiebäcke
40 g gemahlene Mandeln
1 Ei, 1 Prise Salz
3 EL Mandellikör, 50 g Zucker
Mehl zum Ausrollen
Butter zum Einfetten
8 abgezogene Mandeln
Zucker zum Bestreuen
Wasser zum Bestreichen
1 Eigelb, 8 EL Sahne
1 Ecke Doppelrahm-Frischkäse

Die Blätterteigplatten nebeneinanderliegend auftauen lassen.
Die Pfirsiche mit kochendem Wasser überbrühen, häuten, halbieren und entsteinen. Die Schnittflächen sofort mit Zitronensaft bestreichen, damit sie nicht braun werden.
Die Zwiebäcke in einem Plastikbeutel mit der Teigrolle fein zerdrücken, dann mit den Mandeln mischen.
Das Ei zusammen mit Salz und Mandellikör in einer Schüssel schaumig schlagen und nach und nach den Zucker einstreuen. So lange weiterschlagen, bis die Masse dickschaumig und der Zucker gelöst ist. Erst dann die Zwiebackmischung unterheben.
Die Blätterteigplatten auf der leicht bemehlten Arbeitsfläche mit kaltem Wasser bestreichen und übereinanderlegen. Zu einer etwa 3 mm dicken Platte ausrollen. Ein Pasteten- oder Ragout-fin-Förmchen (Durchmesser ca. 6 cm) umgekehrt auflegen und 8 runde Teigplätzchen ausschneiden. Die Reste wieder zusammendrücken und zu dünnen Rollen (Durchmesser etwa 5 mm) drehen. Die Rollen ein wenig flachdrücken. Die Förmchen mit Butter einfetten und die Mandelcreme hineinfüllen. Die Pfirsichhälften jeweils mit einem Mandelkern füllen und mit den Schnittflächen nach unten in die Mitte geben. Das Fruchtfleisch leicht mit Zucker bestreuen und die flachgedrückten Rollen jeweils an den Innenrand der Form legen. Die Teigdeckel auflegen und alle Ränder sehr gut andrücken. Mit einem sehr scharfen Messer die Deckel kreuzweise einschneiden und etwa 10 Minuten kühl ruhen lassen.
Eigelb mit 2 EL Sahne verquirlen und die Oberflächen damit bestreichen. Die Näpfchen in 20–25 Minuten auf der Mittelschine des auf 220 Grad (Gas Stufe 4) vorgeheizten Ofens goldbraun backen.
Den Doppelrahm-Frischkäse mit der restlichen Sahne cremig rühren. Die Näpfchen aus dem Ofen nehmen, an den Einschnitten leicht öffnen und die Käsecreme hineindräufeln. Dazu nach Wunsch leicht mit Puderzucker überstäuben.

Backmischungen

Etwas Kreativität genügt, um diese Kuchen »selbstgemacht« erscheinen zu lassen

Streuseltorte mit Birnen

1 Paket Streusel-Teig (Oetker)
1 Ei
125 g Margarine
Margarine oder Butter zum Einfetten
20 g Makrönchen
1 Dose Birnenhälften (480 g)
80 g gehackte Mandeln
50 g Schokoladenstreusel

Die Backmischung in eine Rührschüssel geben und das Ei zufügen. Die Margarine in Flöckchen darüberstreuen und alles mit den Knethaken des Handrührgerätes in 1–2 Minuten bei mittlerer Schaltstufe zu Streuseln verarbeiten. Eine Springform (Durchmesser 26–28 cm) gründlich einfetten und gut ⅔ des Streuselteiges hineingeben. Zu einem glatten Boden andrücken und diesen mehrfach mit einer Gabel einstechen. Die Makrönchen in eine Plastiktüte geben und mit der Teigrolle zu feinen Bröseln zerdrücken. Gleichmäßig auf den Teigboden streuen, damit dieser beim Backen nicht zu viel Feuchtigkeit aufnehmen kann.
Die Birnenhälften auf einem Sieb sorgfältig abtropfen lassen und mit Haushaltspapier zusätzlich trockentupfen. Dicht nebeneinander mit den Schnittseiten nach unten auf den Teig legen und leicht andrücken.
Die gehackten Mandeln zusammen mit den Schokoladenstreuseln sehr locker unter die restliche Streuselmasse mischen. Dabei sollte sehr schnell gearbeitet werden, denn die Schokoladenstreusel dürfen dabei nicht mit dem Teig verkleben oder gar schmelzen. Diese Mischung über die Birnen streuen und die Torte sofort in dem auf 200 Grad (Gas Stufe 3) vorgeheizten Ofen auf die mittlere Schiene schieben. Etwa 45 Minuten backen, dann den Springformrand lösen und die Torte auf einen Kuchendraht gleiten lassen. Völlig abkühlen lassen und möglichst frisch servieren.

Hinweis Servieren Sie diese »schnelle« Torte möglichst unmittelbar nach dem Auskühlen, denn dann ist sie noch so richtig knusprig und schmeckt am besten. Durch längeres Stehen könnten die Birnen trotz der Bröselschicht ein wenig durchweichen, wodurch die Torte erheblich an Wohlgeschmack verlieren würde. Selbstverständlich können Sie auch beliebige andere Früchte – je nach Saison – verwenden.

Tip

Reichen Sie steif geschlagene, mit Vanillemark und Zucker oder mit Vanillinzucker aromatisierte, gut gekühlte Schlagsahne dazu. Oder aber mischen Sie Vanillemark und Zucker oder auch Zucker und Rum unter Crème fraîche und nehmen diese statt der Sahne.
Ganz besonders köstlich schmeckt diese Torte auch (nach dem Vorbild der französischen Tartes), wenn man sie noch lauwarm mit der eiskalten Sahne, die in diesem Fall ruhig auch einmal ungeschlagen sein kann, zu Tisch bringt.

Cranberry-Käse-Torte

1 Paket Mandelkuchen (KRAFT)
100 g weiche Butter oder Margarine
1 Ei, 1 Eiweiß
100 ccm kaltes Wasser
2 Glas (je 2 cl) Mandellikör
½ Beutel Cranberries (ca. 200 g)
Butter zum Einfetten
Semmelbrösel zum Ausstreuen
250 g Magerquark, 2 Eigelb
abgeriebene Schale und Saft von ½ Zitrone
1 Fläschen Bittermandelöl
30 g Speisestärke, 2 Eiweiß
1 Prise Salz, 80 g Zucker
40 g gemahlene Mandeln
Puderzucker zum Bestäuben

Den Inhalt der Backmischung in eine Schüssel geben, das in Flöckchen geteilte Fett zusammen mit Ei, Eiweiß und dem Wasser zufügen und alles mit dem Handrührgerät auf höchster Schaltstufe in 2–3 Minuten cremig rühren. Etwa ⅓ des Teiges abnehmen und mit dem Mandellikör verrühren. Die Cranberries unter kaltem Wasser abspülen und in einem Tuch sehr gut trockentupfen. ⅔ davon unter den festeren und ⅓ unter den dünneren Teig heben.
Eine Springform (Durchmesser 26 cm) mit Butter einfetten und sorgfältig mit Semmelbröseln ausstreuen. Die größere Menge Cranberry-Mandelteig darin glattstreichen.
Den Quark zusammen mit den Eigelben, der Zitronenschale, dem Bittermandelöl und der Speisestärke glattrühren. Eiweiß in einer Schüssel mit Salz zu schnittfestem Schnee schlagen und nach und nach den Zucker einstreuen. Auf die Käsemasse geben, die Mandeln darüberstreuen und alles locker miteinander vermischen. Auf dem Cranberry-Teig verteilen und den restlichen Teig mit einem Löffel darüber glatt verteilen.
Auf der mittleren Schiene des auf 200 Grad (Gas Stufe 3) vorgeheizten Ofens etwa 80 Minuten backen.
Die Torte dann aus dem Ofen nehmen, ein paar Sekunden ausdampfen lassen, dann aus der Form lösen und auf einen Kuchendraht geben. Kalt mit Puderzucker bestäuben.

Tip

Selbstverständlich können Sie anstelle der Backmischung Mandelkuchen auch eine Nußkuchen-Mischung verwenden. Geben Sie in diesem Fall statt der gehackten Mandeln ebenfalls Nüsse in die Quarkcreme. Sollten Sie dabei auf die Backmischung eines anderen Herstellers zurückgreifen, verarbeiten Sie den Teig der Packungsaufschrift entsprechend und mischen erst dann die Früche wie oben angegeben darunter.

Variationen

Anstelle der Cranberries können Sie auch Johannisbeeren, Preiselbeeren, in kleine Stücke geschnittene Pflaumen oder Zwetschgen, halbierte Kirschen oder geraffelte Äpfel und/oder Birnen nehmen. Dabei sollte nur darauf geachtet werden, daß alle Früchte sehr gut abgetrocknet sein müssen.

Zitronenkuchen mit Schokolade verfeinert

200 g Zartbitter-Schokolade
1 Paket Zitronenkuchen (fertige Backmischung)
125 g weiße Margarine
3 Eier
8–9 EL warmes Wasser
2 EL Kakao
1–2 EL Cognac oder Kakaolikör

Die Schokolade (sie darf nicht zu warm sein) auf der groben Reibe in nicht zu feine Stifte raspeln. Sollte sie dabei warm geworden sein und zu kleben beginnen, muß sie nochmal kurz in den Kühlschrank gestellt werden. Die Backmischung Zitronenkuchen in eine Rührschüssel geben, in die Mitte eine Mulde drücken und die Margarine in Flöckchen geteilt auf dem Rand verteilen. Die Eier zusammen mit dem im Paket beigefügten Zitronen-Aroma in die Mitte geben, 6–7 EL warmes Wasser (ca. 100 ml) zufügen und alles mit dem elektrischen Handrührgerät auf höchster Schaltstufe in ungefähr 2 Minuten zu einem glatten Teig verschlagen. Zum Schluß die geriebene Schokolade schnell, aber gründlich untermischen. Die, dem Paket beigefügte, Backform anhand der Gebrauchsanleitung zusammenbauen und den Teig hineingeben. Die Oberfläche glattstreichen und die Form in dem auf 180 Grad (Gas Stufe 2) vorgeheizten Ofen auf die mittlere Schiene schieben. In 50–60 Minuten durchbacken. Dabei nach etwa 15 Minuten den Ofen öffnen und mit einem scharfen Messer die Kuchenoberfläche der Länge nach einritzen. Den Kuchen aus dem Ofen nehmen und etwa 10 Minuten ausdampfen lassen. Dann die Form nach Gebrauchsanleitung ablösen und den Kuchen auf einen Kuchendraht gleiten lassen. Die Glasurmischung (der Packung beigelegt) in eine Schüssel geben, den Kakao untermischen und alles mit dem restlichen warmen Wasser sowie dem Cognac oder Kakaolikör zu einem glatten Guß verrühren. Diesen auf die Kuchenoberfläche verteilen und mit einem Messer gleichmäßig verstreichen. Dabei kann der Guß in langen Spitzen tropfenförmig von den Seiten herunterlaufen und dort fest werden. Den Kuchen nun vollständig auskühlen lassen und erst danach in Scheiben schneiden.

Tip

Die Kuchenoberfläche kann beliebig verziert werden. Dabei ist nur darauf zu achten, daß alle Garnierungen aufgelegt werden, kurz bevor der Guß endgültig fest wird. Gut geeignet sind dazu Schokoladenplätzchen (mit Buntzucker bestreut), ganze oder zerkleinerte Mandelkerne (in jedem Fall aber nur geschälte), grob geraspelte weiße Schokolade oder auch hauchdünn geschnittene Streifen von heiß gewaschenen, abgetrockneten Zitronen oder auch Orangen. Selbstverständlich können Sie die Oberfläche auch mit fertig gekauftem Krokant schmücken.

Zitronenkuchen mit Äpfeln und Rosinen

150 g kernlose Rosinen oder Sultaninen
2 säuerliche Äpfel
Saft ½ Zitrone
1 Paket Zitronenkuchen (fertige Backmischung)
150 g weiche Margarine
2–3 Eier (je nach Größe)
6–7 EL warmes Wasser (ca. 100 ml)
1–2 TL gemahlener Zimt
2–3 EL Rum

Die Rosinen oder Sultaninen in einem Sieb unter heißem Wasser waschen, dann in einem Küchentuch sehr gut trockenreiben. Die Äpfel schälen, vierteln und entkernen. Die Viertel anschließend in feine Schnitten teilen. Sofort mit dem Zitronensaft vermischen, damit sie sich nicht braun verfärben. Die Backmischung in eine Rührschüssel geben, in die Mitte eine Mulde drücken und die in Flöckchen geteilte Margarine auf dem Rand verteilen. Die Eier zusammen mit dem beigefügten Zitronen-Aroma und dem Wasser in die Mitte geben und alles mit dem elektrischen Handrührgerät auf höchster Schaltstufe in etwa 2 Minuten zu einem glatten Teig verarbeiten. Die Äpfel zusammen mit den Rosinen oder Sultaninen zufügen und sehr schnell mit einem Holzlöffel oder einem Teigspatel unter den Teig mischen. Die beigefügte Kuchenform aufstellen, den Teig einfüllen und die Oberfläche glattstreichen. Auf einem Kuchengitter auf die mittlere Schine des auf 180 Grad (Gas Stufe 2) vorgeheizten Ofens schieben und in etwa 60 Minuten backen. Dabei nach etwa 15 Minuten die Oberfläche mit einem spitzen Messer der Länge nach einritzen. Den Kuchen dann herausnehmen und in der Form etwa 10 Minuten ausdampfen lassen. In der Zwischenzeit die Glasurmischung in eine Schüssel geben und den Zimt untermischen. Mit dem Rum zu einem glatten Guß verrühren. Die Form vom Kuchen ablösen und diesen sofort mit der Zimtglasur begießen. Mit einem breiten Messer auf der Oberfläche verteilen und am Rand heruntertropfen lassen. Den Guß fest werden lassen und den Kuchen erst danach anschneiden.

Hinweis Selbstverständlich können Sie auch andere Obstsorten unter den Teig mischen, wie zum Beispiel Birnenschnitze, kleine Ananasstückchen oder auch entkernte und leicht zerkleinerte Pflaumen, Zwetschgen oder Pfirsiche. In diesem Fall können die Rosinen oder Sultaninen auch ganz oder teilweise durch gehackte Nüsse oder Mandeln, bzw. durch Kokosraspeln ersetzt werden.

Zitronenkuchen mit kandierten Kirschen

200 g kandierte Kirschen (möglichst farblich gemischt)
1 Paket Zitronenkuchen (fertige Backmischung)
150 g weiche Margarine
2–3 Eier
4 EL warmes Wasser
4 EL Kirschwasser

Die kandierten Kirschen halbieren oder auch grob würfeln. Auf einem Teller beiseite stellen. Die Backmischung Zitronenkuchen in eine Rührschüssel geben und in die Mitte eine Mulde drücken. Die in Flöckchen geteilte, weiche Margarine auf dem Rand verteilen und die Eier zusammen mit dem beigefügten Zitronen-Aroma in die Mulde geben. Je 3 Eßlöffel warmes Wasser und Kirschwasser zufügen und alles in etwa 2 Minuten mit dem elektrischen Handrührgerät auf höchster Schaltstufe zu einem glatten Teig verarbeiten. Die kandierten Kirschen zufügen und locker, aber gründlich untermischen; sie dürfen dabei nicht zerdrückt werden, sollen sich aber gleichmäßig im Teig verteilen. Die der Packung beigelegte Kuchenform aufstellen, den Teig einfüllen und die Oberfläche glattstreichen. Die Form auf einem Kuchengitter in den auf 180 Grad (Gas Stufe 2) vorgeheizten Ofen auf die mittlere Schiene schieben und in 50–60 Minuten goldbraun und gar backen. Dabei nach etwa 15 Minuten die Oberfläche der Länge nach mit einem spitzen Messer einritzen. Dieser Schnitt sollte jedoch keinesfalls tiefer als etwa 1 cm sein. Den Zitronen-Kirschkuchen dann aus dem Ofen nehmen und etwa 10 Minuten in der Form ausdampfen lassen. In dieser Zeit die beigefügte Glasurmischung in eine Schüssel geben und mit dem restlichen Wasser sowie dem übrigen Kirschwasser zu einem glatten Guß verrühren. Die Form vom Kuchen ablösen, die Glasur auf der Oberfläche verteilen und mit einem breiten Messer glatt und gleichmäßig verstreichen. An den Rändern kann sie dabei in dicken Tropfen herunterlaufen. Die Glasur trocknen und den Kuchen auskühlen lassen.

Hinweis Wenn Sie diesen Zitronenkuchen verzieren wollen, sollten Sie kandierte Kirschen (möglichst ebenfalls in allen Farben) halbieren oder in Scheiben schneiden und diese auf die Oberfläche legen, sobald die Glasur beginnt, anzuziehen, jedoch noch nicht völlig fest ist. Legen Sie die einzelnen Stücke in jedem Fall aber so auf, daß sie beim Anschneiden jeweils in der Mitte der Scheiben liegen und nicht durchgeteilt werden müssen; dabei könnten sie verrutschen.

Zitronenkuchen getränkt

1 Paket Zitronenkuchen
(fertige Backmischung)
100–150 g weiche Margarine
2–3 Eier (je nach Größe)
7–8 EL Wasser
60 g Puderzucker
Saft 1 Orange
3–4 EL Orangenlikör
250 g kandierte Zitronen- oder auch Orangenscheiben.

Die Backmischung Zitronenkuchen in eine Rührschüssel geben und in die Mitte eine Mulde drücken. Die weiche Margarine in Flöckchen teilen und auf den Rand streuen. Die Eier und 6–7 EL Wasser (100 ml) in die Mitte geben und das beigefügte Zitronen-Aroma darüber verteilen. Nun mit dem elektrischen Handrührgerät auf höchster Schaltstufe alles in etwa 2 Minuten zu einem glatten Teig verarbeiten. Die der Packung beigelegte Kuchenform aufstellen, den Teig einfüllen und die Oberfläche glattstreichen. Auf die mittlere Schiene des auf 180 Grad (Gas Stufe 2) vorgeheizten Ofens schieben (mit einem Kuchenrost darunter) und den Kuchen in 50–60 Minuten gar backen. Dabei nach etwa 15 Minuten die Oberfläche der Länge nach mit einem spitzen Messer einritzen. Kurz vor Ende der Backzeit den Puderzucker in eine Schüssel sieben und mit dem durchgesiebten Orangensaft sowie 2–3 EL Orangenlikör verrühren. Den Kuchen aus dem Ofen nehmen, nur ganz kurz in der Form ausdampfen lassen, dann die Puderzuckermischung nach und nach mit einem Pinsel auf der Oberfläche verteilen, so daß sie gleichmäßig einziehen kann. Den Kuchen dann aus der Form lösen, umgekehrt auf einen Kuchendraht legen und die restliche Lösung von der übrigen Seite einziehen lassen. Die dem Paket beigefügte Glasurmischung mit dem restlichen Wasser und den übrigen Orangenlikör glatt verrühren, den Kuchen wieder umdrehen und die Glasur auf der Oberfläche verteilen. Mit einem breiten Messer gleichmäßig verstreichen und sobald sie beginnt, anzuziehen, die kandierten Zitronen- oder Orangenscheiben dekorativ auflegen. Den Guß völlig fest und den Kuchen kalt werden lassen. Am besten erst am nächsten Tag anschneiden, damit sich sein Aroma vollständig entwikkeln kann. Dazu wird er nach dem Auskühlen in Alufolie geschlagen oder unter einer Kuchenhaube vor dem Austrocknen geschützt.

Tip

Das Angebot an fertigen Backmischungen ist mittlerweile sehr groß, und auch andere Hersteller bieten Zitronenkuchen an. Selbstverständlich können Sie die vorgestellten Rezepte auch mit diesen Produkten zubereiten. Halten Sie sich dabei stets an die Angaben der jeweiligen Herstellerfirmen und achten Sie bei allen Variationen darauf, daß sich die Konsistens der Teige nicht stark verändert; dann sind Pannen so weit wie möglich ausgeschlossen. Sollten Sie nicht sicher sein, wie ein Rührteig, ein Biskuit- oder ein Hefeteig aussehen muß, lesen Sie vor Beginn der Arbeit die exakten Teigbeschreibungen am Ende dieses Buches.

Hinweis Auch fertige Backmischungen sind nicht unbegrenzt lagerfähig und haltbar. Achten Sie darum beim Einkauf jeweils auf das angegebene Haltbarkeits- oder Verfallsdatum. Dabei können Sie generell davon ausgehen, daß alle Backmischungen (auch die mit Trockenbackhefe) etwa 1 Jahr lang ihre optimalen Backeigenschaften behalten. Eine kurzfristige Überziehung der Lagerzeit mindert jedoch die guten Ergebnisse noch nicht, wenn die Pakkungen vorher kühl und trocken gelagert wurden. Das fertige Gebäck aus Backmischungen kann ebenso lange aufbewahrt werden wie vergleichbares aus selbstgemachten Teigen.

Fruchtiges Hefebrot

250 g gemischtes Backobst (Äpfel, Pflaumen, Ananas, Pfirsiche, helle Birnen)
50 g Rosinen
3 Glas Rum
Cognac oder Obstwasser
80 g getrocknete Datteln
30 g gewürfeltes Zitronat
1 Paket Brot-Mischung für Weizen-Mischbrot (Dr. Oetker)
¼ l lauwarmes Wasser
je ½ TL gemahlener Zimt und Pigment
1 Msp. gemahlene Muskatnuß
50 g grob gehackte Haselnüsse oder Mandeln
Butter oder Margarine zum Einfetten
1 Eigelb zum Bestreichen
50 g abgezogene Mandeln

Das Backobst zusammen mit den Rosinen 3 Minuten in kochendem Wasser blanchieren, abtropfen lassen und sorgfältig trockentupfen. Dann in knapp 1 cm große Stückchen zerschneiden. In einer Schüssel mit dem Alkohol begießen und zugedeckt quellen lassen. Die Datteln entsteinen, ebenfalls in kleine Stückchen schneiden und zusammen mit dem Zitronat unter die Trockenfrüchte mischen. Den Deckel wieder auflegen, damit der Alkohol sich nicht verflüchtigen kann. Die Hefe aus der Brotmischung in eine große Rührschüssel geben, unter Rühren das lauwarme Wasser zugießen und mit einem Küchentuch bedeckt 5 Minuten stehen lassen.
Die Brotmischung zusammen mit Zimt, Piment und Muskat zur Hefelösung geben und mit den Knethaken des elektrischen Handrührgerätes auf höchster Schaltstufe in 2–3 Minuten zu einem Teig verkneten.
Ein Küchentuch über die Schüssel legen und den Teig etwa 15 Minuten an einem warmen Platz gehen lassen. Den Teig nun mit bemehlten Händen zusammendrücken und die Früchtemischung zusammen mit den gehackten Nüssen oder Mandeln daraufschütten. Sehr schnell unterkneten und den Teig dabei wieder zu einer Kugel formen. Auf ein gefettetes Backblech legen und nach Wunsch zusätzlich einen gefetteten Springformrand drumherum schließen.
Ein letztes Mal mit einem Tuch bedecken und 15–20 Minuten gehen lassen. Nun die Oberfläche mit verquirltem Eigelb bestreichen, mehrfach leicht einschneiden und gefällig mit den Mandeln belegen. Auch diese dünn mit dem Eigelb bepinseln. Auf der mittleren Schiene des auf 200–220 Grad (Gas Stufe 3–4) vorgeheizten Ofens 50–60 Minuten backen. Dann auf einen Kuchendraht gleiten lassen und sehr gründlich auskühlen lassen.

Tip

Die Mischung der Früchte kann natürlich beliebig geändert werden. Nehmen Sie ruhig mal getrocknete Feigen statt der Datteln, mehr Aprikosen oder Birnen als Äpfel, Pflaumen und Pfirsiche und ersetzen Sie die Nüsse oder Mandeln mal durch grob gehackte Walnüsse. Dekorieren Sie dann auch mit Walnußhälften.

Apfel-Quark-Kuchen

1 Paket Backmischung Obstkuchen
125 g Margarine oder Butter
1 Ei, 1 EL Wasser
Butter oder Margarine zum Einfetten
Semmelbrösel zum Ausstreuen
250 g Sahnequark
2 Eigelb, 125 g Zucker
40 g Vanillepuddingpulver
1 kleiner Becher Sahne (100 g)
2 Glas (je 2 cl) Rum oder Cognac
750 g aromatische Äpfel, wie zum Beispiel Boskoop
Saft 1 Zitrone
120 g fein gehackte oder gestiftelte Haselnüsse oder Mandeln
2 Eiweiß, 1 Prise Salz
3 EL Honig
40 g blättrig geschnittene Haselnüsse oder Mandeln

Die Obstkuchenmischung mit Margarine oder Butter, Ei und Wasser zum Teig verarbeiten. Eine Springform (Durchmesser 26 oder 28 cm) einfetten und mit Semmelbröseln sorgfältig ausstreuen. Den Teig einfüllen und die Oberfläche glattstreichen. Den Sahnequark mit Eigelb, ca. 100 g Zucker, dem Vanillepuddingpulver und der Sahne verrühren und dabei so lange mit dem elektrischen Handrührgerät (oder auch mit einem Schneebesen) arbeiten, bis der Zucker gelöst ist. Mit dem Rum oder Cognac abschmecken. Die Äpfel schälen, entkernen und in feine Schnitze teilen. Sofort mit dem Zitronensaft beträufeln, damit sie sich nicht braun verfärben. Einen Teil der Äpfel zusammen mit den fein gehackten oder den gestiftelten Haselnüssen oder Mandeln unter die Quarkmasse heben und diese auf den Teig verteilen. Die Oberfläche ebenfalls glattstreichen und die restlichen Äpfel gefällig darauf anrichten. Den Kuchen auf die zweite Schiene von unten in den auf 180–200 Grad (Gas Stufe 2–3) vorgeheizten Ofen schieben und 60–70 Minuten backen lassen. Dabei etwa 20 Minuten vor Ende der Backzeit den Honig gleichmäßig darauf verstreichen und die blättrigen Haselnüsse oder Mandeln darüberstreuen. Den Kuchen fertigbakken, bis die Oberfläche goldbraun karamelisiert und der Teig gar ist. Den Kuchen dann aus dem Ofen nehmen, kurze Zeit ausdampfen und anschließend auf einen Kuchendraht gleiten lassen, wo er bis zum Anschneiden völlig erkalten kann.

Hinweis Leicht gesüßte oder vanillierte Schlagsahne schmeckt ganz besonders gut dazu, aber auch mit Vanille-, Nuß-, bzw. Mandeleis ist er stets ein voller Genuß.

Tip

Selbstverständlich können Sie für dieses Rezept auch die Obstkuchen-Backmischungen anderer Hersteller verwenden. Halten Sie sich dann in jedem Fall an die Angaben auf der Packung und arbeiten Sie wie gewohnt weiter. Und statt der Äpfel können Sie selbstverständlich auch beliebige andere Früchte verwenden.

Teegebäck

Die kleinen Verführer,
die den Nachmittag verschönern

Punsch-Schnitten

200 g Butter
125 g Marzipan-Rohmasse
5 Eier, 100 g Zucker
1 Prise Salz
1 Päckchen Vanillinzucker
3 EL Rum
400 g Mehl, 100 g Speisestärke
1 TL Backpulver
50 g Zitronat
100 g gemahlene Mandeln
6 EL Milch
Butter zum Einfetten
Semmelbrösel zum Ausstreuen

Außerdem
2 Orangen (Saft)
1 Zitrone (Saft)
60 g Zucker, 4–5 EL Rum
3 Nelken, ½ Stange Zimt
ca. ½ Glas Orangenmarmelade
1 Eiweiß
200 g Puderzucker
rote und grüne Belegkirschen zum Verzieren

Die Butter in einer Schüssel sehr schaumig rühren, dann nach und nach die Marzipan-Rohmasse hineinbröckeln und weiterrühren, bis sie ebenfalls sehr weich und völlig mit der Butter vermischt ist. Nun abwechselnd die Eier mit dem Zucker, dem Salz und dem Vanillinzucker zufügen und so lange rühren, bis der Zucker geschmolzen und die Masse weißschaumig und sehr cremig ist. Erst dann den Rum unterrühren. Das Mehl mit der Speisestärke und dem Backpulver mischen. Das Zitronat in winzige Würfelchen schneiden. Dabei dürfen keine größeren Stücke übrig bleiben, weil sie später beim Durchschneiden des Kuchens stören würden. Die Mehlmischung zusammen mit dem Zitronat und den gemahlenen Mandeln auf den Teig geben und unterrühren. Dabei löffelweise die Milch zufügen. Sobald alle Zutaten miteinander vermischt sind, aufhören zu rühren. Eine Kastenform mit Pergamentpapier auslegen, einfetten und mit Semmelbröseln ausstreuen. Den Teig einfüllen, glattstreichen und auf die untere Schiene des auf 180 Grad (Gas Stufe 2) vorgeheizten Ofens schieben. 60 bis 70 Minuten backen, dann den Kuchen aus der Form auf einen Kuchendraht stürzen und das Papier abziehen. Den Kuchen wieder umdrehen und völlig erkalten lassen.
Die Orangen und die Zitrone auspressen, den Saft mit Zucker, Rum, Nelken und der leicht zerbrochenen Zimtstange in einem Töpfchen unter Rühren zu etwa drei Viertel einkochen. Durch ein feines Sieb gießen, um die Gewürze wieder zu entfernen. Die Orangenmarmelade glattrühren, dabei nach Wunsch ein paar Tropfen der noch heißen Flüssigkeit zugeben und den Punsch danach abkühlen lassen. Den Kuchen zweimal waagerecht durchschneiden. Die untere Teigplatte mit etwa ein Drittel des Punsches tränken, mit Marmelade bestreichen und die zweite aufsetzen. Ebenfalls tränken und die restliche Marmelade darauf verstreichen. Die dritte Platte auflegen und mit dem restlichen Punsch beträufeln. Eiweiß in eine Schüssel geben und mit dem Handrührgerät verschlagen. Dabei nach und nach den Puderzucker einstreuen und schlagen, bis ein weißer, recht dicker Guß entsteht. Den Kuchen damit überziehen und die Oberfläche so mit in Scheiben geschnittenen Kirschen verzieren, daß beim Aufschneiden jede Schnitte ein gefälliges Muster erhält. Den Guß völlig trocknen lassen, dann den Kuchen in Schnitten teilen.

Hefeballen mit Erdbeer-Sahne-Füllung

500 g zimmerwarmes Mehl
40 g Hefe
60 g Zucker
knapp ¼ l lauwarme Milch
1 Ei
1 kräftige Prise Salz
80 g weiche Butter
Mehl zum Ausrollen
Butter zum Einfetten
¼ l Sahne
1 Päckchen Vanillinzucker
250 g Erdbeermarmelade
Puderzucker zum Bestäuben

Das Mehl in eine Schüssel sieben und in die Mitte eine Mulde drücken. Die Hefe hineinbröckeln und mit etwas Zucker, etwas Milch und ein wenig Mehl vom Rand zum Vorteig verrühren. Mit einem Küchentuch bedeckt etwa 15 Minuten an einem warmen Platz aufgehen lassen, bis sich Blasen bilden und der Vorteig Risse zeigt. Den restlichen Zucker auf das Mehl streuen, die Milch mit dem verquirlten Ei und der Prise Salz angießen und die weiche Butter in kleinen Flöckchen auf den Rand streuen. Alle Zutaten kräftig verrühren und den Teig so lange schlagen, bis er Blasen wirft und sich vom Schüsselrand löst. Nochmal mit einem Tuch bedeckt etwa 20 Minuten gehen lassen; der Teig muß dann sein Volumen etwa verdoppelt haben und die Oberfläche muß »wollig« aussehen. Den Teig dann mit der flachen Hand zusammendrücken, um die überschüssigen Gase entweichen zu lassen. Anschließend kräftig durchkneten und auf der leicht bemehlten Arbeitsfläche etwa fingerdick ausrollen. Mit einem Ausstechförmchen (oder mit einem dünnrandigen Glas) runde Plätzchen von etwa 8 cm Durchmesser ausstechen und nicht zu dicht nebeneinander auf ein gefettetes Backblech legen. Die Teigreste erneut zusammenkneten, ausrollen und ebenfalls ausstechen. Die Teigplätzchen ein letztes Mal unter einem Tuch in etwa 20 Minuten zu recht dicken Kugeln aufgehen lassen und auf die mittlere Schiene des auf 220 Grad (Gas Stufe 4) vorgeheizten Ofens schieben. In etwa 20 Minuten goldbraun backen, dann sofort vom Blech lösen und nebeneinander auf einem Kuchendraht auskühlen lassen. Indessen die Sahne mit Vanillinzucker steif schlagen und die Erdbeermarmelade glattrühren. Die Hefeballen sofort nach dem Auskühlen waagerecht tief einschneiden oder auch halbieren und etwas Erdbeermarmelade auf der unteren Hälfte verstreichen. Jeweils etwas Schlagsahne draufgeben und die Deckel nur leicht andrücken. Mit Puderzukker bestäuben und sofort servieren; sie schmecken frisch am besten.

Shortbread

250 g Butter, 125 g Zucker
1 Päckchen Vanillinzucker oder Schale von ½ Zitrone
390 g Mehl, Mehl zum Formen

Die Butter sehr schaumig rühren. Nach und nach den Zucker mit Vanillinzucker oder Zitronenschale einrieseln lassen und weiterrühren, bis er sich auflöst. Nun löffelweise einen Teil des Mehls einrühren, das restliche Mehl unterkneten. Den Teig zur Kugel formen und etwa 30 Minuten in den Kühlschrank legen. Dann auf der nur schwach bemehlten Arbeitsfläche etwa 1½ cm dick ausrollen. Mit einem Ausstechförmchen oder einem großen Glas runde Plätzchen von etwa 12 cm ausstechen (oder den Teig rund um einen kleinen Teller schneiden) und diese Kreise kreuzweise einkerben. Die Ränder mit einer Gabel ein wenig eindrücken und den Teig in der Mitte mehrfach einstechen. Alle Teigreste zusammenkneten und wieder 1½ cm dick ausrollen. In 2 cm breite, 6 cm lange Stangen schneiden und die Oberfläche auch hier mehrfach mit einer Gabel einstechen. Ein Backblech mit Backtrennpapier oder Pergamentpapier auslegen und die Gebäckstücke darauf in dem auf 180 Grad (Gas Stufe 2) vorgeheizten Ofen auf die mittlere Schiene schieben. In 20–25 Minuten goldgelb backen, dann vorsichtig ablösen und abkühlen lassen.

Tip

Vor dem Backen können Sie die Stückchen mit feinem Zucker dünn bestäuben; das gibt einerseits eine zarte Kruste und schmeckt zudem ganz ausgezeichnet.

Shortbread mit Marzipan

200 g Butter
100 g Marzipan-Rohmasse
50 g Zucker
1 Päckchen Vanillinzucker oder
½ unbehandelte Zitrone (Schale)
310 g Mehl, Mehl zum Formen

Die Butter mit der Marzipan-Rohmasse vermischen und schaumig rühren. Nach und nach den Zucker zusammen mit dem Vanillinzucker oder der Zitronenschale zufügen und so lange weiterarbeiten, bis sich der Zucker löst. Nach und nach das Mehl untermischen; erst rühren, den Rest unterkneten. Den Teig zu einer Kugel formen und für mindestens 30 Minuten in den Kühlschrank legen. Danach auf der schwach bemehlten Fläche etwa 1½ cm dick ausrollen und formen, wie im oben angegebenen Rezept. Auch dieses Gebäck kann mit feinem Zucker bestreut werden, muß jedoch nicht. Gebacken wird es wie die einfache Shortbread-Variation.

Hinweis Wenn Sie den Teig von Anfang an kneten wollen, müssen alle Zutaten (besonders die Butter) gut gekühlt sein. Hacken Sie dann das in Flöckchen geteilte Fett zusammen mit dem zerbröselten Marzipan, Zucker, Mehl und Gewürzen, bevor Sie es sehr schnell verkneten.

Scones

300 g Mehl, 1 Päckchen Backpulver
1 kräftige Prise Salz
1 Prise geriebene Muskatnuß
80 g Butter, gekühlt
60 g Zucker, 1 Ei
6 EL Milch, Mehl zum Ausrollen
Butter zum Einfetten
1 Eiweiß zum Bestreichen
⅛ l Sahne
1 Päckchen Vanillinzucker
Honig und Marmelade

Das Mehl mit Backpulver, Salz und Muskat mischen und in eine Schüssel sieben. Die gekühlte Butter in Flöckchen teilen und mit dem Zucker darüberstreuen. Mit den Fingerspitzen alles miteinander gut verbröseln. Das Ei mit etwa 5 EL Milch leicht schaumig schlagen. In die Mehlmischung eine Mulde drücken und die Eiermasse hineingießen. Mit den Händen oder mit einem Holzlöffel alles zu einem sehr festen Teig verarbeiten und dabei – wenn nötig – die restliche Milch zugießen. Den Teig zu einem Ballen formen und für etwa 10 Minuten in den Kühlschrank legen. Dann auf der bemehlten Arbeitsfläche etwa 1½ cm dick ausrollen und zu 5 cm großen runden Plätzchen ausstechen. Nicht zu dicht nebeneinander auf ein gefettetes Backblech legen. Das Eiweiß mit einer Gabel leicht schaumig schlagen und die Oberflächen damit bepinseln. Im auf 220 Grad (Gas Stufe 4) vorgeheizten Ofen in 15 bis 20 Minuten goldbraun backen. Sahne steif schlagen und mit dem Vanillinzucker süßen. In eine Schale füllen, Honig und Marmelade in andere Schälchen verteilen. Die Scones aus dem Ofen nehmen und noch warm servieren. Die Scones werden waagerecht halbiert und jeweils mit einem dicken Sahne- und Honig- oder Marmeladenklecks bedecken.

Englisches Ingwerbrot

250 g Mehl
1 Prise Salz
1 TL gemahlener Ingwer
½ TL gemahlener Zimt
1 unbehandelte Orange (Schale)
2 eingelegte Ingwerpflaumen
125 g Zucker
175 g Butter
Butter zum Einfetten
½ Becher Kuvertüre

Das Mehl mit Salz, Ingwer, Zimt sowie der Orangenschale mischen. Die Ingwerpflaumen abtropfen lassen und sehr fein hacken. Zusammen mit dem Zucker und der in Flöckchen geteilten Butter über die Gewürze streuen. Alle Zutaten sehr schnell zu einer bröseligen Masse – wie für Streuseln – verarbeiten. Ein Backblech einfetten und gut die Hälfte des Teiges darauf ausrollen. Den übrigen Teig mit Streuseln überstreuen und den Kuchen auf die mittlere Schiene des auf 220 Grad (Gas Stufe 4) vorgeheizten Ofens schieben. 20 bis 25 Minuten backen lassen, den Kuchen ein wenig auskühlen lassen und in 3 mal 6 cm große Stücke schneiden. Auf einem Kuchendraht auskühlen lassen. Die Kuvertüre schmelzen und die Stücke damit in nur hauchdünnen Linien verzieren.

Engadiner Törtchen

400 g Mehl, 1 Prise Salz
1 Ei, 1 Eigelb
½ unbehandelte Zitrone (Schale)
175 g gekühlte Butter
125 g Zucker

Für die Füllung
250 g Walnußkerne, 200 g Zucker
1½ Becher (150 g) Sahne
1 EL Honig
1 Glas (2 cl) Kirschwasser

Außerdem
Mehl zum Ausrollen
Butter zum Einfetten
1 Eigelb zum Bestreichen

Das Mehl sieben und in die Mitte eine Mulde drücken. Das Salz zusammen mit dem Ei, dem Eigelb und der abgeriebenen Zitronenschale hineingeben. Die Butter in Flöckchen teilen und zusammen mit dem Zukker auf den Rand streuen. Mit einem Messer (oder mit zweien) alle Zutaten bröselig hacken, dann sehr schnell mit möglichst kalten Händen zu einem glatten Teig verkneten.
Zu einer Kugel formen und für etwa 30 Minuten in den Kühlschrank legen. In der Zwischenzeit die Füllung vorbereiten. Dazu die Walnußkerne grob hacken und beiseite stellen.
Den Zucker in einer Pfanne bei sanfter Hitze unter ständigem Rühren goldgelb karamelisieren lassen.
Den Topf vom Herd nehmen und unter ständigem Rühren die Sahne zugießen. Dabei sollte man ein wenig behutsam vorgehen, denn die Masse schäumt kräftig auf, sobald die Sahne zugegossen wird. Sobald sich die Masse vermischt hat, den Honig einrühren und – wenn auch dieser sich völlig mit dem Karamel verbunden hat, die gehackten Nüsse zusammen mit dem Kirschwasser unterarbeiten.
Die Masse etwas abkühlen lassen.
Indessen den Teig auf der schwach bemehlten Arbeitsfläche 3–4 mm dick ausrollen und zu ca. 10 cm großen Kreisen ausrollen. Ca. 12 gefettete Torteletteformen mit etwas höherem Rand oder auch Brioches-Formen einfetten und mit dem Teig auskleiden. Die Teigrest wieder zusammenkneten und in den Kühlschrank legen.
Die noch lauwarme Nußmasse in die Törtchen füllen und den restlichen Teig etwa 2 mm dick ausrollen. Zu etwa 1 cm breiten Streifen schneiden und entweder gitterartig (so daß man die Füllung aber noch sieht) auflegen oder aber je zwei Streifen leicht miteinander verschlingen und wieder auseinanderziehen, so daß sie kreuzweise über die Füllung gedeckt werden können. Eigelb verquirlen und alle Teigstreifen damit bepinseln.
Die Förmchen auf einem Backblech oder einem großen Kuchengitter auf die mittlere Schiene des auf 200 Grad (Gas Stufe 2) vorgeheizten Ofens schieben und die Törtchen in etwa 30 Minuten goldbraun backen. Sollte die Oberfläche dabei zu stark bräunen, kann sie während der letzten Minuten mit Pergamentpapier abgedeckt werden.
Die Törtchen aus dem Ofen nehmen, nur kurze Zeit ausdampfen lassen, dann vorsichtig aus den Formen stürzen und wieder umgekehrt – Füllung nach oben – auskühlen lassen.

Variation

Backen Sie nach demselben Engadiner Nußhappen: Den Teig 3 mm dick ausrollen, in 7 cm große Quadrate schneiden, etwas Füllung hineingeben und den Teig von allen Seiten darüber zusammenfalten bzw. zusammendrücken. Die Oberfläche mit verquirltem Eigelb bestreichen und die Happen im auf 200 Grad (Gas Stufe 3) vorgeheizten Ofen in etwa 20 Minuten goldbraun backen. Vom Blech lösen und abkühlen lassen.

Florentiner

40 g kandierte Kirschen
40 g Orangeat, 30 g Zitronat
120 g blättrige Mandeln
1 EL Mehl, ½ Vanillinschote
150 g Butter, 150 g Zucker
3 EL Honig, 6 EL Sahne
1 Becher Kuvertüre

Die kandierten Kirschen, das Orangeat und das Zitronat sehr fein hakken. Die blättrigen Mandeln ein wenig zerbröseln und zusammen mit dem Mehl zu den kandierten Früchten geben, aber noch nicht untermischen. Die Vanilleschote der Länge nach aufschlitzen und das Mark herausschaben. Auf das Mehl streuen und mit diesem vermischen, dann alle kandierten Früchte und die Mandeln untermengen.
Die Butter zusammen mit dem Zukker, dem Honig und der Sahne in einem Topf unter ständigem Rühren aufkochen lassen und so lange weiterrühren, bis sich am herausgenommenen Löffel Fäden bilden.
Die vorbereitete Mischung hineinschütten und unter Rühren so lange weitererhitzen, bis sie sich ein wenig vom Topfrand ablöst. Dann den Topf sofort vom Herd nehmen und in ein heißes, aber nicht kochendes Wasserbad stellen, damit die Masse nicht zu schnell fest wird. Ein Backblech mit Alufolie belegen. Mit einem angefeuchteten Teelöffel winzige Teigmengen abnehmen und auf die Alufolie setzen. Sofort mit einem ebenfalls angefeuchteten Messer so dünn wie möglich zu etwa 6 cm großen runden Plätzchen verstreichen. In den auf 180 Grad (Gas Stufe 2) vorgeheizten Ofen schieben und auf der Mittelschiene etwa 5 Minuten backen. Abkühlen lassen, dann auf einem Kuchendraht erkalten lassen.
Die Kuvertüre zerbröckeln und in einen kleinen Topf geben. Unter ständigem Rühren im Wasserbad bei schmelzen und danach wieder auf Handwärme abkühlen lassen.
Die Unterseiten der Florentiner damit bepinseln und sobald diese Schicht fest wird, ein zweites Mal mit der Kuvertüre überziehen. Nur kurze Zeit antrocknen lassen, dann mit einer Gabel wellenförmig durch die Schokolade ziehen, damit ein feines Muster entsteht. Die Florentiner umgekehrt trocken werden lassen, dann entweder möglichst frisch servieren oder aber zum Aufbewahren nebeneinander in eine Dose legen und zwischen jede Schicht ein Blatt Pergamentpapier oder Alufolie legen.

Teegebäck

Calvados-Apfel-Kissen

300 g Mehl, 2 Eier
1 Eigelb, 4 EL Calvados
50 g Zucker, 30 g Butter
½ unbehandelte Zitrone (Schale)
100 g Apfelmarmelade oder -gelee
1 säuerlicher Apfel, 1 Eiweiß
Mehl zum Ausrollen und Formen
Fett zum Fritieren
Puderzucker zum Bestäuben

Das Mehl auf die Arbeitsfläche sieben und in die Mitte eine Mulde drücken. Die Eier zusammen mit dem Eigelb und der Hälfte des Calvados hineingeben. Den Zucker und die in Flöckchen geteilte Butter darüberstreuen und alles von außen nach innen zu einem recht festen Teig verkneten. Zu einer Kugel formen und für etwa 20 Minuten mit einem Tuch bedeckt ruhen lassen.
Das Apfelgelee oder die -marmelade mit dem restlichen Calvados verrühren. Den Apfel schälen, entkernen und das Fruchtfleisch in die Gelee- oder Marmeladenfüllung reiben.
Den Teig auf der bemehlten Arbeitsfläche zu einem etwa 3 mm dicken Rechteck ausrollen und in 6 cm breite, 12 cm lange Rechtecke schneiden. Auf jede Hälfte etwa 1 Teelöffel von der Füllung geben und dabei die Ränder freilassen. Das Eiweiß mit einer Gabel gut verschlagen und die Teigränder damit bestreichen. Die zweite Teighälfte über die Füllung legen und die Ränder sorgfältig andrücken. Zusätzlich die Zinken einer Gabel dicht nebeneinander in den Teig drücken, damit sich beide Schichten miteinander verbinden können. Das Fett auf 175–180 Grad erhitzen und die Kissen portionsweise hineingeben. Dabei jeweils nur so viele Stücke gleichzeitig garen, daß sie sich im Fett nicht berühren. Die Kissen in etwa 4–5 Minuten goldbraun werden lassen und dabei nach gut der halben Garzeit einmal wenden. Die Calvados-Apfel-Kissen mit einem Schaumlöffel herausnehmen und auf einer dicken Lage Haushaltspapier abfetten lassen.
Sodann auf einen Kuchendraht legen, dick mit Puderzucker bestäuben und völlig abkühlen lassen.

Eier-Kränzchen

7 hartgekochte Eigelb
200 g Butter, 200 g Zucker
2 Päckchen Vanillinzucker
2 Becher (je 100 g) saure Sahne
2 EL Rum, 300 g Mehl
Mehl zum Formen
1 Eigelb zum Bestreichen
1 Beutel gehackte Mandeln (40 g)
Zucker zum Bestreuen
Butter zum Einfetten

Die hartgekochten Eigelbe durch ein Sieb streichen und mit etwa 50 g Butter glattrühren.
Die übrige Butter in einer Schüssel mit dem Handrührgerät schaumig rühren und nach und nach den Zukker zusammen mit dem Vanillinzukker einrieseln lassen. So lange weiterrühren, bis die Masse schaumig und der Zucker gelöst ist. Nun die Eiermasse zusammen mit der sauren Sahne und dem Rum untermischen und nach und nach etwas Mehl einstreuen. Das übrige Mehl auf die Arbeitsfläche geben und in die Mitte eine Mulde drücken. Die Buttermasse hineingeben und von außen nach innen alles zu einem festen Teig kneten. Zu einer Kugel formen und für mindestens 60 Minuten in den Kühlschrank legen.
Den Teig dann auf der bemehlten Arbeitsfläche zu etwa kleinfingerdicken Rollen drehen und in etwa 14 cm lange Stücke schneiden. Diese Stücke zu Kränzen zusammenlegen und die Enden dabei gut andrücken. Die Oberflächen mit verquirltem Ei bestreichen und mit Mandeln und Zukker bestreuen. Die Kränze nicht zu dicht nebeneinander auf das gefettete Blech legen und im auf 200 Grad (Gas Stufe 3) vorgeheizten Ofen in 15 bis 20 Minuten goldgelb backen.
Auf einen Kuchendraht legen und abkühlen lassen.

Kastanien-Finger

6 Eigelb, 180 g Zucker
150 g ungesüßtes Kastanienpüree aus der Dose, 3 EL Cognac oder Rum
6 Eiweiß
1 Prise Salz
100 g gemahlene Haselnüsse
100 g geriebene Schokolade
Butter zum Einfetten, Zucker zum Bestreuen
¼ l Sahne
1 Päckchen Vanillinzucker
150 g Kuvertüre

Die Eigelb mit drei Viertel des Zukkers zu einer dicklichen, weißschaumigen Creme schlagen. Das Kastanienpüree mit Cognac oder Rum glattrühren und löffelweise unter die Eigelbcreme heben. Die Eiweiß mit der Prise Salz und dem restlichen Zucker zu schnittfestem Schnee schlagen, auf die Eigelbcreme gleiten lassen und die Haselnüsse mit der Schokolade darüberstreuen. Alles sehr locker unterheben.
Ein Backblech mit Pergamentpapier auslegen und am offenen Rand des Blechs hochfalzen. Den Teig darauf verstreichen und das Blech auf die mittlere Schiene des auf 180 Grad (Gas Stufe 2) vorgeheizten Ofens schieben. Etwa 15 Minuten backen, dann die Kuchenplatte auf ein mit Zucker bestreutes Küchentuch stürzen. Das Pergamentpapier anfeuchten und abziehen, die Platte auskühlen lassen. Kurz vor dem Servieren die Platte halbieren und eine Hälfte in etwa 8 cm lange, 3 cm breite Streifen schneiden. Die Sahne steif schlagen und mit Vanillinzucker süßen, die Kuvertüre im heißen, aber nicht kochenden Wasserbad schmelzen, dann wieder auf Handwärme abkühlen lassen.
Die Sahne auf der großen Teigplatte verstreichen und die »Finger« dicht nebeneinander aufsetzen.
Mit einem scharfen Messer nun jeweils zwischen den Schnittlinien durchschneiden, so daß auch die untere Teigplatte geteilt wird.
Die Finger etwas auseinanderdrükken und die Oberflächen mit der Kuvertüre überziehen, wobei an den Rändern ruhig etwas Schokoladenglasur herunterlaufen darf. Diese Schicht fest werden lassen und die Kastanien-Finger möglichst frisch servieren.

Tortenklassiker

*Bekannt, berühmt, beliebt –
die Torten, die
für Komplimente sorgen*

Zuger Kirschtorte

Für die Japonaisböden
100 g Haselnußkerne
4 Eiweiß, 1 Prise Salz
100 g Zucker
1 TL Zitronensaft, 30 g Mehl

Für den Genoiseboden
60 g Butter, 5 Eier
120 g Zucker, 120 g Mehl
Butter zum Einfetten

Außerdem
60 g Zucker, 4 EL Wasser
10 EL Kirschwasser
250 g Butter, 25 g Kokosfett
3 Eiweiß, 1 Prise Salz
1 EL Gelfix, 150 g Puderzucker
1 Beutel gehackte oder blättrig geschnittene Mandeln
Puderzucker zum Bestäuben
1 TL gehackte Pistazien

Für den Japonaisboden die Haselnußkerne auf ein trockenes Backblech streuen und im auf 200 Grad (Gas Stufe 3) vorgeheizten Ofen rösten, bis die braunen Häutchen abspringen. Das dauert etwa 10 Minuten. Die Nüsse nun in ein Küchentuch geben und so lange gegeneinanderreiben, bis sich alle Häutchen gelöst haben. Die Nüsse heraussammeln und völlig erkalten lassen. Danach durch die Mandelmühle drehen. Die Eiweiß mit der Prise Salz in eine Schüssel geben und schnittfest schlagen. Dann nach und nach den Zucker einrieseln lassen. Dabei jedoch ständig weiterschlagen; die Masse darf nicht flüssig werden, sondern soll zum Schluß recht fest und stark glänzend sein. Den Zitronensaft unterschlagen. Das Mehl darübersieben und die gemahlenen Haselnüsse darüberstreuen. Beides locker unterheben. Ein größeres (oder zwei kleine) Backblech(e) mit Alufolie belegen und insgesamt zwei Kreise (Durchmesser 24 cm) darauf markieren. Die Japonaismasse darauf mit einem Spritzbeutel (große glatte Tülle) verteilen und mit einem Messer oder einem Teigschaber glattstreichen. (Man kann die Masse auch mit Löffeln darauf verteilen und anschließend glattstreichen.) Im auf 130 bis 160 Grad (Gas Stufe ½ bis 1) etwa 60 Minuten backen, dann jeweils auf einen Kuchendraht stürzen und die Folie abziehen. Die Böden auskühlen lassen.
Für den Genoiseboden die Butter bei sanfter Hitze schmelzen, jedoch keinesfalls bräunen lassen. Sofort vom Herd nehmen und wieder auf Handwärme abkühlen lassen.
In der Zwischenzeit die Eier in eine Metallschüssel geben und verquirlen. Ins heiße, aber nicht kochende Wasserbad stellen und mit dem Handrührgerät schaumig schlagen. Dabei nach und nach den Zucker einstreuen. Sobald diese Masse sehr schaumig und dickflüssig ist, die Schüssel aus dem heißen Wasserbad nehmen und die Eiercreme so lange schlagen, bis sie wieder auf Handwärme abgekühlt ist. Dazu kann man die Schüssel auch für kurze Zeit in ein kaltes Wasserbad stellen (jedoch niemals in Eiswasser). Die flüssige Butter unter weiterem Schlagen in einem dünnen Strahl zufließen lassen und dabei nur so lange weiterschlagen, bis sie gerade untergemischt ist. Eine Springform (Durchmesser 24 cm) mit Alufolie oder Pergamentpapier auskleiden und nur den Boden mit Butter einfetten. Den Teig einfüllen und im auf 180 Grad (Gas Stufe 2) vorgeheizten Ofen auf die zweite Schiene von unten oder auf die Mittelschiene schieben. Etwa 60 Minuten backen lassen, dann auf einen Kuchendraht stürzen und die Folie oder das Pergamentpapier abziehen. Den Boden ebenfalls auskühlen lassen – am besten über Nacht.
Am nächsten Tag den Zucker mit dem Wasser in einen Topf geben und unter Rühren zum Kochen bringen. Etwa 1 Minute kräftig kochen, bis der Zucker gelöst und die Mischung klar ist. Vom Herd nehmen, abkühlen lassen und dann 6 EL Kirschwasser unterrühren.
Butter mit Kokosfett in einer Schüssel sehr schaumig rühren. Das Eiweiß in einer zweiten Schüssel mit Salz und Gelfix zu schnittfestem Schnee schlagen und dabei nach und nach den Puderzucker einstreuen. Diesen Schnee zusammen mit dem restlichen Kirschwasser unter die schaumige Butter rühren. Einen Japonaisboden auf eine Tortenplatte legen und mit etwa ⅓ der Kirschwasser-Buttercreme bestreichen. Den Genoiseboden mit der Hälfte des mit Kirschwasser vermischten Läuterzuckers tränken und darauflegen. Die zweite Genoise-Seite mit dem restlichen Läuterzucker tränken und mit dem zweiten Drittel der Creme bestreichen. Den zweiten Japonaisboden auflegen und nur leicht andrücken. Die restliche Creme auf Rand und Oberfläche der Torte verstreichen.
Die Mandeln in einer trockenen Pfanne unter vorsichtigem Wenden goldgelb rösten und den Rand damit bestreuen. Die Oberfläche dick mit Puderzucker besieben und mit einem langen Messer oder einer Tortenpalette ein Muster eindrücken. Die Pistazien in die Mitte streuen.

Tip

Beim Backen der Japonaisböden kann es passieren, daß der Teig ein wenig verläuft. Schneiden Sie in diesem Fall die Ränder nach dem Bakken – vor dem Abkühlen – glatt und zerreiben Sie die Abfälle nach dem Trocknen. Sie werden dann später statt der Mandeln zum Bestreuen des Randes verwendet.

Hinweis Möglicherweise erstaunt es Sie etwas, daß diese Kirschtorte völlig ohne Früchte zubereitet wird. Aber nach schweizerischem Vorbild gehört lediglich Kirschwasser hinein – davon allerdings nicht gerade wenig. Wenn Sie trotzdem nicht auf die Kirschen verzichten wollen, können Sie die Oberfläche mit Belegkirschen dekorieren, was die Schweizer übrigens auch häufig tun. Bei ihnen sieht man auch hin und wieder die Zuger Kirschtorte mit leicht rosa getönter Buttercreme; geben Sie in diesem Fall ein paar Tropfen rote Speisefarbe zusammen mit dem Alkohol in die Creme. Und statt der gerösteten Haselnüsse können Sie die Japonaisböden auch mit gemahlenen Mandeln und etwas Kakao zubereiten.

Mozartzopf

550 g zimmerwarmes Mehl
40 g Hefe, 125 g Zucker
⅛ l lauwarme Milch
1 Ei, 2 Eigelb
100 g weiche Butter
1 Prise Salz
1 unbehandelte Zitrone (Schale)
150 g Zitronat
Mehl zum Formen
Butter oder Margarine zum Einfetten
Milch zum Bestreichen

Außerdem
80 g Zucker, 5 El Wasser
4½ EL Zitronensaft
½ Glas (225 g) Aprikosenmarmelade
200 g Puderzucker

Für den Teig das Mehl in eine Schüssel sieben, in die Mitte eine Mulde drücken und die Hefe hineinbröckeln. Mit etwas Zucker, etwas Milch und wenig Mehl vom Rand zum Vorteig verrühren und mit einem Tuch bedeckt etwa 15 Minuten an einem warmen Platz gehen lassen, bis die Hefe heftig aufgegangen ist und sich kräftige Blasen zeigen. Die restliche Milch zusammen mit dem Ei, den Eigelben, der in Flöckchen geteilten Butter und dem Salz zufügen. Die Zitrone unter heißem Wasser abwaschen, bzw. abbürsten und die Schale abreiben. Ebenfalls zum Teig geben und alles zu einem glatten Teig verarbeiten. Dann schlagen, bis er Blasen wirft und sich vom Schüsselrand löst. Noch einmal mit einem Tuch bedeckt an einem warmen Platz etwa 20 Minuten gehen lassen. Das Volumen muß sich dabei verdoppeln und die Oberfläche »wollig« aussehen. Zitronat sehr fein würfeln.
Den Teig noch einmal zusammendrücken und gründlich durchschlagen, dann das Zitronat unterarbeiten. Dann den Teig auf der bemehlten Arbeitsfläche in 8 gleichgroße Stücke teilen und jedes zu einer etwa daumendicken Rolle formen. Dabei ist unbedingt darauf zu achten, daß sie alle von gleicher Länge und gleicher Stärke sind. Die Stränge nun so auf die Arbeitsfläche legen, daß sie an einer Seite zusammengedrückt werden und dann sternförmig auseinanderliegen. Die zusammengedrückten Stränge ein wenig beschweren (damit sie sich beim Flechten nicht voneinander lösen können) und nun – wie auf Seite 311 beschrieben – zu einem achtteiligen Zopf miteinander verschlingen. Die Strangenden gut zusammendrücken und den Zopf auf ein gefettetes Backblech legen.
Noch einmal 20–25 Minuten an einem warmen Platz aufgehen lassen, dann die Oberfläche mit Milch bestreichen und das Blech in den auf 200 Grad (Gas Stufe 3) vorgeheizten Ofen schieben. Etwa 35 Minuten backen, dann auf einen Kuchendraht gleiten lassen. Den Zucker mit dem Wasser und einem halben Eßlöffel Zitronensaft in einem Topf kochen, bis der Zucker gelöst und die Flüssigkeit klar ist. Die durch ein Sieb gestrichene Marmelade hineinrühren und unter weiterem Rühren dickflüssig einkochen. Den Zopf damit überziehen.
Puderzucker mit dem restlichen Zitronensaft zu einem Guß verrühren und den Mozartzopf damit überziehen.

Mazarintorte

150 g weiche Butter
30 g Zucker
1 Vanilleschote
1 Prise Salz
3 Tropfen Bittermandelaroma
3 Eigelb
225 g Mehl

Für die Füllung
125 g Butter
125 g Puderzucker, 2 Eier
abgeriebene Schale 1 ungespritzten Zitrone
3 Tropfen Bittermandelaroma
125 g geschälte, fein gemahlene Mandeln
30 g Mehl

Außerdem
Mehl zum Ausrollen
Butter oder Margarine zum Einfetten
Semmelbrösel zum Ausstreuen
Puderzucker zum Bestäuben

Für den Teig die Butter schaumig rühren, bis sie knirscht. Anschließend nach und nach den Zucker zusammen mit dem ausgeschabten Vanillemark, Salz, Bittermandelaroma und den Eigelben zufügen. So lange weiterrühren, bis der Zucker völlig gelöst und die Masse schaumig ist. Das Mehl sieben und teilweise unter den Teig rühren, den Rest dabei unterkneten. Den Teig zur Kugel formen und in Alufolie gewickelt gut 2 Stunden im Kühlschrank ruhen lassen. Kurz vor Ende dieser Zeit die Füllung zubereiten. Dazu die Butter ebenfalls rühren, bis sie knirscht, dann nach und nach den Puderzukker, die Eier, die Zitronenschale und das Bittermandelaroma zufügen. Rühren, bis sich der Zucker gelöst hat. Dann löffelweise die gemahlenen Mandeln untermischen. Das Mehl darübersieben und ebenfalls unterheben. Den Teig auf der schwach bemehlten Arbeitsfläche zu einer runden Platte (Durchmesser gut 30 cm) ausrollen. Eine Springform (Durchmesser 26 cm) einfetten und mit Semmelbröseln ausstreuen. Den Teig hineinlegen und einen gleichmäßigen Rand formen. Die Mandelmasse hineingeben und die Oberfläche sehr sorgfältig glattstreichen. Die Form auf die untere Schiene des auf 180 Grad (Gas Stufe 2) vorgeheizten Ofens schieben und die Mazarintorte in etwa 45 Minuten goldbraun bakken lassen. Die Torte aus dem Ofen nehmen, in der Form abkühlen lassen und erst dann den Springformrand ablösen. Die Mazarintorte dann auf einen Kuchendraht gleiten lassen und mit Puderzucker bestäuben.

Tip

Die Mazarintorte schmeckt ganz besonders gut, wenn Sie einmal eiskalte, leicht vanillierte Schlagsahne oder auch Crème fraîche (ebenfalls mit Vanillemark und etwas Puderzucker verrührt) dazu servieren. Versuchen Sie sie aber auch einmal mit Vanilleeis. In diesem Fall können Sie die Tortenoberfläche auch mit flüssiger Schokolade überziehen. Wollen Sie sie mit einer Puderzucker-Decke reichen, paßt auch Schokoladeneis hervorragend dazu.

Doboschtorte

70 g Butter, 7 Eiweiß
1 Prise Salz
180 g Zucker
Saft ½ Zitrone
7 Eigelb, 150 g Mehl
Butter oder Margarine zum Einfetten
Mehl zum Bestäuben

Für die Verzierung
250 g Zucker
1 TL Butter
Saft ½ Zitrone
Butter zum Bestreichen

Für die Füllung
250 g Butter
50 g Puderzucker
4 Eiweiß
1 Prise Salz
100 g Zucker
50–60 g Kakao
1–2 Glas (je 2 cl) Rum
oder Kirschwasser

Die Butter bei nur sehr sanfter Hitze schmelzen und wieder abkühlen, jedoch nicht fest werden lassen. Eiweiß mit Salz zu schnittfestem Schnee schlagen, dann nach und nach den Zucker einrieseln lassen. So lange weiterschlagen, bis die Masse sehr fest ist und stark glänzt. Zum Schluß den durchgesiebten Zitronensaft darunterarbeiten. Die Eigelb leicht verschlagen und locker unter die Masse heben. Das Mehl darübersieben und ebenfalls locker, aber gründlich untermischen. Einen Springformboden (Durchmesser 26 cm) einfetten und mit Mehl bestäuben. Den Teig nacheinander portionsweise sehr dünn darauf verstreichen und 6–8 dünne Böden daraus backen. Dazu den Boden stets auf die mittlere Schiene des auf 180–200 Grad (Gas Stufe 2–3) vorgeheizten Ofens schieben und goldgelb werden lassen. Jeweils sofort vom Formboden ablösen und nebeneinander auf einem Kuchengitter abkühlen lassen. Den schönsten Boden dann auf einen Kuchendraht legen. Den Zucker mit der Butter in einer Pfanne unter ständigem Rühren bei sanfter Hitze schmelzen und goldgelb werden lassen. Den durchgesiebten Zitronensaft einrühren, die Pfanne sofort vom Herd nehmen und die Karamelmasse sofort auf dem Tortenboden glatt verstreichen. Unmittelbar danach mit einem mit Butter eingefetteten Messer in 12 oder 16 Stücke teilen, denn die Karamelschicht wird sehr schnell hart und könnte beim späteren Schneiden sehr leicht splittern. Diese Tortenstücke ruhen lassen, bis der Guß völlig fest ist. In der Zwischenzeit für die Füllung die Butter sehr schaumig rühren und dabei den Puderzucker zufügen. Rühren, bis er sich gelöst hat. Eiweiß mit Salz zu schnittfestem Schnee schlagen, nach und nach den Zucker einrieseln lassen und weiterarbeiten, bis die feste Masse sehr stark glänzt. In jeweils kleinen Portionen unter die schaumige Butter rühren und diese Buttercreme mit Kakao und Rum oder Kirschwasser abschmecken. Die Tortenböden mit der Creme zusammensetzen und die restliche Creme gleichmäßig auf dem Rand verstreichen. Die karamelisierten Tortenstücke aufsetzen und die Torte möglichst bald servieren oder sie inzwischen kühl aufbewahren.

Prinzregententorte

200 g zimmerwarme, weiche Butter
200 g Zucker, 6 Eigelb
6 Eiweiß,
1 Prise Salz
275 g Mehl, 50 g Speisestärke
1½ TL Backpulver
Butter oder Margarine zum Einfetten
Mehl zum Bestäuben

Für Füllung und Verzierung
150 g Schokolade (Zartbitter nach Möglichkeit)
4 Eigelb,
50–60 g Puderzucker
150 g zimmerwarme, weiche Butter
1 Prise Salz
1 Becher Schokoladen-Fettglasur (200 g)

Die Butter rühren, bis sie weißschaumig ist und knirscht. Erst dann nach und nach den Zucker im Wechsel mit den Eigelben zufügen. So lange rühren, bis der Zucker vollkommen gelöst und die Masse sehr schaumig ist. Eiweiß mit Salz zu schnittfestem Schnee schlagen und auf den Teig gleiten lassen. Mehl mit Speisestärke und Backpulver mischen, darübersieben und zusammen mit dem Eischnee locker aber gründlich unter den Teig arbeiten. Einen Springformboden (Durchmesser 26 cm) einfetten und mit Mehl bestäuben. Aus dem Teig nacheinander etwa 6 sehr dünne Böden darauf backen. Dazu den Teig jeweils mit einer breiten Palette gleichmäßig dünn darauf verstreichen und auf die mittlere Schiene des auf 200–220 (Gas Stufe 3–4) vorgeheizten Ofens schieben. Die Böden sofort ablösen und nebeneinanderliegend auf einem Kuchengitter abkühlen lassen. In der Zwischenzeit die Schokolade zerbröckeln und im heißen, aber nicht kochenden Wasserbad unter Rühren schmelzen lassen. Dann wieder unter mehrfachem Umrühren auf Handwärme abkühlen. Die Schokolade danach mit dem elektrischen Handrührgerät schlagen, bis sie sehr locker und schaumig ist. Nun nacheinander im Wechsel die Eigelbe mit dem Puderzucker zufügen und schlagen, bis sich der Zucker gelöst hat. Die weiche Butter in Flöckchen zusammen mit einer Prise Salz untermischen und wieder so lange schlagen, bis die Creme schaumig und luftig ist. Die Tortenböden damit zusammensetzen und dabei Rand und Oberfläche nicht bestreichen. Ein Holzbrett auf die Torte legen und dieses leicht beschweren, damit sich alle Böden völlig eben zur Torte formen. Für etwa 2 Stunden in den Kühlschrank stellen. Die Schokoladen-Fettglasur anschließend zerbröckeln und im heißen, aber nicht kochenden Wasserbad unter Rühren schmelzen lassen. Wieder auf Handwärme abkühlen, bis sie gerade beginnt, wieder etwas »anzuziehen«. Nun auf die Tortenoberfläche verteilen und mit einem sehr breiten Messer oder einer Palette gleichmäßig auf Oberfläche und Rand verteilen. Das geht am besten, wenn Sie die Klinge dazu über einer Gasflamme oder auch im heißen Wasser (wieder abtrocknen) erwärmen. Die Glasur völlig fest werden lassen, dann mit einem ebenfalls erhitzten Messer in 12 oder 16 Stücke schneiden.

Rembrandt-Torte nach Menü

600 g Mehl, 1 TL Backpulver
7 Eier, 200 g Zucker
1 Prise Salz
abgeriebene Schale von
1 ungespritzten Zitrone
300 g gekühlte Butter oder Margarine
Mehl zum Ausrollen
Butter oder Margarine zum Einfetten

Für Füllung und Verzierung
50 g Kakao, 50 g Speisestärke
½ l Milch, 1 Prise Salz
300 g Butter
125 g Puderzucker
1–2 EL Rum, 30 g Kokosfett
100 g Borkenschokolade
Puderzucker zum Bestäuben

Für den Teig das mit Backpulver gemischte Mehl auf die Arbeitsfläche sieben und in die Mitte eine große Mulde drücken. Die Eier hineingeben, den Zucker zusammen mit dem Salz auf den Mehlrand streuen. Die Zitrone unter heißem Wasser gründlich abwaschen, besser noch abbürsten und gut trockenreiben. Die Schale hauchdünn abreiben und über die Eier streuen. Die gekühlte Butter oder Margarine in Flöckchen auf dem Mehlrand verteilen. Alles mit zwei Messern hacken, bis sich alle Zutaten zu einer bröseligen Masse vermischt haben, dann mit gekühlten Händen (vorher längere Zeit kaltes Wasser darüberlaufen lassen, dann gut abtrocknen) sehr schnell von außen nach innen alles zu einem glatten, homogenen Teig verkneten. Zu einer Kugel formen und in Alufolie oder in einem Plastikbeutel verpackt für mindestens 1 Stunde in den Kühlschrank legen. Aus Pappe oder extrastarker Alufolie zwischenzeitlich eine Schablone in Größe von etwa 26 cm Länge und etwa 20 cm Breite schneiden. Den Teig aus dem Kühlschrank nehmen und portionsweise auf der leicht bemehlten Arbeitsfläche knapp ½ cm dick ausrollen. Die Schablone auflegen und eine Teigplatte in exakt der angezeichneten Größe ausschneiden. Nun die Schablone rundherum um 3 mm verkleinern, erneut auf den inzwischen wieder ausgerollten Teig legen und auch in dieser Größe eine Platte ausschneiden. Nach diesem »Schnittmuster« fortfahren, bis der gesamte Teig aufgebraucht ist. Die ovalen Teigplatten nacheinander auf einem leicht gefetteten Blech in den auf 200 Grad (Gas Stufe 3) vorgeheizten Ofen auf die zweite Schiene von oben schieben und in 10–12 Minuten hellgelb backen. Sofort vom Blech lösen und auf einem Kuchendraht auskühlen lassen. Dazu dürfen die Platten jedoch niemals übereinander liegen, sonst werden sie weich und kleben aneinander. Während die Platten backen (oder auch, während sie abkühlen) die Füllung vorbereiten. Dazu den Kakao mit der Speisestärke mischen und mit etwas Milch verquirlen. Die übrige Milch zusammen mit dem Salz in einem Topf zum Kochen bringen. Die Kakaomasse unter Rühren hineinfließen lassen und unter weiterem Rühren einmal kräftig aufkochen lassen. Den Topf vom Herd nehmen und den Schokoladenpudding (der eigentlich ein Flammeri ist) in einem kalten Wasserbad abkühlen lassen. Dabei recht häufig umrühren bzw. durchschlagen, damit sich keine Haut bilden kann. Sie würde später in der Buttercreme als Stippen zurückbleiben. Die Butter schaumig rühren, bis sie knirscht. Dann nach und nach den gesiebten Puderzucker einstreuen und rühren, bis dieser sich gelöst hat und die Creme sehr schaumig und locker ist. Den abgekühlten Flammeri dann löffelweise (stets in sehr winzigen Portionen) zufügen und nach und nach unterrühren. Mit dem Rum aromatisieren und abschmecken. Das Kokosfett in einem Töpfchen bei sanfter Hitze schmelzen und wieder auf Handwärme abkühlen lassen. Unter ständigem Rühren tropfenweise zur Buttercreme geben und sehr sorgfältig und gründlich untermischen. Die Teigplatten nun der Reihe nach mit etwas Creme gleichmäßig dick überstreichen und zur pyramidenartigen Torte zusammensetzen. Die einzelnen Böden dabei stets so aufsetzen, daß sich alle Ränder gleichmäßig verjüngen; ansonsten wird die Torte leicht etwas schief. Die restliche Creme über die Pyramide verteilen und gleichmäßig glattstreichen. Die Borkenschokolade (möglichst wieder mit gut gekühlten Händen, damit sie nicht zu schmelzen beginnt und dann leicht klebt) zerbröckeln und die Rembrandttorte damit recht üppig bestreuen. Mindestens 1 Stunde im Kühlschrank durchziehen lassen, damit sich die Aromen miteinander verbinden können und sich die Torte später leichter schneiden läßt. Vor dem Servieren rundherum ganz leicht mit Puderzucker überstäuben; die Menge sollte dabei so gering gehalten sein, daß der Puderzucker lediglich wie Helligkeitsreflexe in einem »rembrandtschen Gemälde« wirkt. Die Torte dann mit einem sehr scharfen Sägemesser (oder noch besser mit einem elektrischen Messer) in gleichmäßige Stücke teilen. Diese sollten nach Möglichkeit nicht zu breit angelegt werden, denn die Torte hat erstens einige Schichten zu bieten und andererseits ist sie durch die Buttercreme auch recht mächtig und nicht gerade kalorienarm.

Tip

Die recht große Mürbeteigmenge kann selbstverständlich schneller gekühlt werden, wenn Sie sie in kleine Portionen teilen und diese getrennt in den Kühlschrank legen. Diese »Kühltechnik« erweist sich auch schon darum als sehr praktisch, da Sie den Teig ja auch stets in nur kleinen Portionen verarbeiten sollten.

Tip

Noch mehr »Hell-Dunkel-Effekte« erhalten Sie, wenn Sie die Torte rundherum mit einer Mischung aus heller und dunkler Borkenschokolade überstreuen. Zerbröseln Sie dazu beide Sorten, mischen Sie sie sorgfältig und verteilen Sie sie sehr gleichmäßig über die äußere Buttercremeschicht. Auch hier wird wieder etwas Puderzucker darübergestäubt.

Brottorte

250 g altbackenes Bauernbrot
70 g getrocknete Feigen
30 g Zitronat, 6 Eigelb
4 EL Orangenlikör, 175 g Zucker
½ unbehandelte Zitrone (Schale)
1 Msp. gemahlener Koriander
½ TL gemahlener Zimt
6 Eiweiß, 1 Prise Salz
40 g gehackte Mandeln
Butter zum Einfetten
Semmelbrösel zum Ausstreuen
Puderzucker zum Bestäuben

Das Brot in dünne Scheibchen schneiden und nebeneinander auf einem trockenen Blech im auf 100 Grad (Gas Stufe ½–1) vorgeheizten Ofen in etwa 40 Minuten völlig trocken werden lassen. Auskühlen und durch die Mandelmühle drehen. Feigen und Zitronat würfeln.
Die Eigelb mit Orangenlikör und 150 g Zucker schaumig schlagen und mit Zitronenschale, Koriander und Zimt würzen. Die Eiweiß mit Salz und dem restlichen Zucker zu festem Schnee schlagen und zusammen mit den Brotbröseln, Feigen, Zitronat und unter die Mandeln Eigelbcreme heben. In eine gefettete, mit Bröseln ausgestreute Springform (Durchmesser 26 cm) füllen. Auf der unteren Schiene des auf 180 Grad (Gas Stufe 2) vorgeheizten Ofens etwa 40 Minuten backen, auskühlen lassen und mit Puderzucker bestäuben.

Kartoffeltorte

300 g Pellkartoffeln vom Vortag
40 g Rosinen, 4 EL Kirschwasser
30 g kandierte Kirschen
30 g Zitronat
6 Eigelb, 175 g Zucker
1 unbehandelte Orange
125 g gemahlene Haselnüsse
50 g Mehl, 6 Eiweiß
1 TL Backpulver, 1 Prise Salz
Butter zum Einfetten
Semmelbrösel zum Ausstreuen

Für den Guß
200 g Puderzucker
3½ EL Kirschwasser

Die Kartoffeln nach dem Kochen abschrecken, schälen und über Nacht auskühlen lassen. Am nächsten Tag sehr fein reiben. Die Rosinen unter heißem Wasser waschen, trockenreiben und mit dem Kirschwasser begossen quellen lassen. Die kandierten Kirschen und Zitronat würfeln.
Die Eigelb mit etwa zwei Drittel des Zuckers sehr schaumig schlagen. Die abgeriebene Schale der ganzen und den Saft der halben Orange zufügen. Die Haselnüsse mit dem Mehl und dem Backpulver mischen und mit den Kartoffeln unterheben.
Die Eiweiß mit Salz zu schnittfestem Schnee schlagen und nach und nach den restlichen Zucker einstreuen. Mit den Rosinen, Kirschen und dem Zitronat sehr locker unterheben.
Eine Springform (Durchmesser 26 cm) mit Butter einfetten und mit den Bröseln ausstreuen. Den Teig einfüllen und in den auf 180 Grad (Gas Stufe 2) vorgeheizten Ofen auf die untere Schiene schieben. Etwa 1 Stunde backen, auskühlen lassen und mit Guß überziehen.

Margaretenkuchen

125 g Butter, 4 Eier
6 Eigelb, 1 Prise Salz
300 g Zucker
½ unbehandelte Zitrone (Schale)
1 Vanilleschote, 250 g Mehl
80 g Kartoffelmehl
Butter zum Einfetten
Mehl oder Semmelbrösel zum Ausstreuen
Puderzucker zum Bestäuben

Die Butter bei sehr sanfter Hitze schmelzen, aber keinesfalls bräunen lassen. Sofort vom Herd nehmen und auf Handwärme abkühlen lassen.
Die Eier zusammen mit den Eigelben in eine Schüssel geben, das Salz zufügen und mit dem Handrührgerät zu einer sehr schaumigen, dicklichen Creme schlagen. Dabei nach und nach den Zucker einrieseln lassen. Weiterschlagen, bis die Masse weißschaumig und der Zucker gelöst ist.
Die Zitrone unter heißem Wasser abwaschen, gut abtrocknen und die Schale abreiben. Die Vanilleschote der Länge nach aufschlitzen und das Mark herausschaben. Beides unter die Creme schlagen.
Das Mehl mit dem Kartoffelmehl mischen und auf den Teig sieben. Sehr locker unterheben, wobei jedoch nicht gerührt werden darf, da sonst die feine Struktur zerstört werden kann.
Sobald alles Mehl untergearbeitet ist, die Butter in einem dünnen Strahl zufließen lassen und ebenfalls sehr locker unterziehen.
Eine Margaretenform mit Butter einfetten und mit Mehl oder Bröseln sorgfältig ausstreuen. Den Teig einfüllen, glattstreichen und den Kuchen in dem auf 180 Grad (Gas Stufe 2) vorgeheizten Ofen auf die untere Schiene schieben. 45–50 Minuten backen, dann den Kuchen aus dem Ofen nehmen und sehr kurz ausdampfen lassen. Anschließend auf einen Kuchendraht stürzen, die Form abnehmen und den Margaretenkuchen auskühlen lassen.
Vor dem Servieren mit Puderzucker bestäuben.

Tip

Der Margaretenkuchen kann statt mit Puderzucker bestäubt auch mit Zuckerguß überzogen werden. In diesem Fall wird er in Italien, seiner Heimat, gern als Geburtstagstorte verziert, indem man Glückwünsche und/oder Blumenmotive aufmalt. Hierfür verwendet man entweder mit Speisefarben getönten Zuckerguß oder auch flüssige Kuvertüre. Achten Sie aber stets darauf, daß die untere Glasur wirklich fest ist, bevor Sie mit der anderen schreiben oder malen. Sonst verlaufen die Massen leicht.

Hinweis Meistens wird der Margaretenkuchen in der typischen Margaretenform, die einer stilisierten Blüte ähnelt, gebacken. Das ist natürlich nicht Bedingung, denn gerade in letzter Zeit bieten Haushaltswarengeschäfte eine Fülle von hübschen Fantasieformen an, wie etwa die hier abgebildete, die sich auch ausgezeichnet dafür eignen.

Konfekt und Pralinen

Ein süßes Kapitel –
nicht nur für die Damen

Königsberger Marzipan

500 g Marzipan-Rohmasse
ca. 230 g Puderzucker
Puderzucker zum Ausrollen und Formen
1 Eiweiß, 1 Eigelb
rotes Johannisbeer- oder auch Himbeergelee zum Füllen
Himbeergeist oder Crème de cassis (schwarzer Johannisbeerlikör) zum Abschmecken

Die Marzipan-Rohmasse zerbrökkeln oder auch in nicht zu große Würfel schneiden. Den Puderzucker sieben und portionsweise zur Marzipan-Rohmasse geben. Beides miteinander so lange verkneten, bis die Marzipan-Rohmasse keinen Puderzucker mehr aufnehmen kann. Sie darf dabei jedoch in keinem Fall hart und bröselig werden. Den Puderzukker zum Ausrollen ebenfalls in ein Sieb geben und die Arbeitsfläche mit einem kleinen Teil davon dünn bestäuben. Einen Teil der Marzipan-Puderzuckermasse daraufgeben und mit dem ebenfalls hauchdünn mit Puderzucker besiebten Nudelholz etwa ½ cm dick ausrollen. Nun mit beliebigen, in jedem Fall aber sehr kleinen, Förmchen Konfektstücke ausstechen. Bei der Hälfte aller Formen in der Mitte jeweils ein der Formgröße entsprechendes Loch ausstechen. Die ausgestochenen Marzipanreste wieder mit der übrigen Masse verkneten und auch diese portionsweise ausrollen und ausstechen. Das Eiweiß nur so weit verschlagen, daß sich keine Schlieren mehr zeigen; es soll jedoch nicht schaumig oder gar fest geworden sein. Die Marzipan-Stückchen ohne Loch damit bestreichen und die gelochten Stücke sorgfältig auflegen. Die Ränder nun mit einem Marzipankneifer verzieren oder die Oberflächen mit einem Stäbchen in hübschem Muster einstechen bzw. sie mit einem kleinen Messer oder dem nur locker aufgesetzten Teigrädchen zu zierlichen Dekorationen eindrücken. Das Eigelb verquirlen (auch hier dürfen sich keine festen Teile mehr zeigen) und die geschmückten Ränder dünn damit bestreichen. Das Konfekt auf ein Backblech legen und im auf mindestens 220 Grad (Gas Stufe 4) vorgeheizten Ofen oder auch unter dem heißen Grill überbacken, bis sich die Ränder goldgelb färben. Dann sofort aus dem Ofen nehmen, sonst dunkeln sie zu stark nach; das geht sehr schnell. Während die Ränder Farbe bekommen, das Johannisbeer- oder Himbeergelee mit Himbeergeist oder Crème de cassis glattrühren (notfalls kann man es dazu ein wenig erwärmen). In die Löcher füllen und erkalten lassen.

Tip

Achten Sie beim Zusammensetzen der Marzipanstückchen darauf, daß alle Ränder völlig exakt aufeinanderpassen, nur so kann das Konfekt seine »volle Schönheit« erhalten. Statt mit Gelee sollten Sie es auch einmal mit dickem Zuckerguß füllen und mit kandierten Früchten verzieren.

Mandelsplitter

125 g Kokosfett, 1 Eigelb
2 EL Rum oder Cognac
1 Prise Salz, 75 g Puderzucker
2–3 EL Kakao
250 g gestiftelte Mandeln

Kokosfett in kleine Stückchen schneiden und bei sanfter Hitze schmelzen, aber nicht bräunen lassen. Vom Herd nehmen und abkühlen, bis es Handwärme erreicht hat. Eigelb mit Rum oder Cognac und Salz verschlagen und unter weiterem Schlagen den Puderzucker einstreuen. Weiterarbeiten, bis er sich völlig gelöst hat. Nun den Kakao vorsichtig (es staubt leicht) darunterrühren und zum Schluß das Kokosfett in einem dünnen Strahl zufließen lassen. Die Mandelstifte untermischen und mit zwei Teelöffeln kleine Häufchen abstechen und auf ein mit Alufolie belegtes Backblech setzen. Abkühlen und fest werden lassen, dann nach Wunsch in Pralinenmanschetten servieren.

Variationen

Helle Mandelsplitter erhalten Sie, wenn Sie nur sehr wenig Kakao und dafür etwas Instant-Kaffeepulver verwenden. Sie können jedoch auch helle Schokolade schmelzen, danach die Mandeln untermischen und daraus kleine Häufchen auf die Folie setzen. Dasselbe gilt für weiße Mandelsplitter: Lösen Sie weiße Schokolade auf und mischen Sie die Mandeln darunter.

Florentiner Marzipan-Pralinen

60 g kandierte Kirschen
30 g Zitronat, 30 g Orangeat
160 g blättrige Mandeln
170 g Zucker
je 1 Prise Salz und gemahlener Ingwer
100 g Mehl, ⅛ l Milch
⅛ l Sahne, 2 EL Butter
250 g Marzipan-Rohmasse
150 g Puderzucker
ein paar Tropfen Mandellikör
je ½ Becher helle und dunkle Schokoladen-Fettglasur
geschälte Mandeln zum Verzieren

Kirschen, Zitronat und Orangeat sehr fein würfeln, die Mandeln zerbröseln und alles mit Zucker, Gewürzen und Mehl mischen. Milch mit Sahne und Butter aufkochen, die Mischung hineingeben und unter Rühren 5 Minuten kochen lassen. Die Masse im Wasserbad warm halten und nicht zu dick portionsweise auf ein mit Alufolie belegtes Blech streichen. Entweder zu kleinen Ovalen ausstechen oder aber in kleine Rechtecke schneiden. Abkühlen und fest werden lassen. Marzipan-Rohmasse mit Puderzucker und Likör verkneten, auf der mit Puderzucker bestäubten Fläche ausrollen und ebenfalls zu Ovalen oder Rechtecken schneiden. Je 2 ovale Marzipanplatten mit einer Florentinerplatte zusammensetzen und umgekehrt. Die Rechtecke bis zum oberen Rand in flüssige helle Fettglasur tauchen, die Ovale mit dunkler überziehen und mit je einer Mandel belegen.

Petits fours

5 Eigelb, 1 Prise Salz
220 g Zucker, 5 Eiweiß
100 g Mehl, 60 g Speisestärke
1 Messerspitze Backpulver
50 g geschälte, gemahlene Mandeln
Zucker zum Bestreuen

Für die Füllung
150 g Aprikosenkonfitüre
200 g Marzipan-Rohmasse
150 g Puderzucker
Puderzucker zum Ausrollen und Bestäuben

Für die Verzierung
250 g Puderzucker, 1 Eiweiß
ein paar Tropfen Zitronensaft
knapp 1 EL Butter
kandierte Veilchen oder andere Blüten, Nonpareille, Zuckerblüten und andere Zuckerfiguren, nach Belieben Speisefarben und Buntzucker

Für den Teig Eigelb mit Salz schaumig schlagen und dabei nach und nach etwa zwei Drittel des Zuckers einstreuen. Weiterschlagen, bis die Masse weißschaumig und der Zucker gelöst ist. Eiweiß zu schnittfestem Schnee schlagen und unter weiterem Schlagen den restlichen Zucker einrieseln lassen. Auf die Eigelbmasse geben. Mehl mit Speisestärke und Backpulver mischen, darübersieben und zusammen mit den gemahlenen Mandeln locker unterheben. Ein Backblech mit Pergamentpapier belegen und den Teig darauf gleichmäßig verstreichen. Das Papier am vorderen Rand hochfalzen, damit der Teig beim Backen nicht herunterlaufen kann. Das Blech auf die mittlere Schiene des auf 200 Grad (Gas Stufe 3) vorgeheizten Ofens schieben und den Biskuit in 8–10 Minuten hellgelb backen lassen. Das Blech aus dem Ofen nehmen und die Biskuitplatte auf ein mit Zucker bestreutes Küchentuch stürzen. Das Pergamentpapier mit Wasser bestreichen und sofort abziehen. Die Teigplatte danach in vier gleichgroße Stücke teilen und auskühlen lassen. Die Aprikosenkonfitüre in ein kleines Töpfchen geben und unter Rühren bei sanfter Hitze glatt, aber nicht heiß, werden lassen. Unter weiterem Rühren wieder abkühlen, wobei sie jedoch nicht wieder fest werden soll. Gut drei Viertel der Konfitüre auf drei der Platten verteilen, glatt verstreichen und die Platten zusammensetzen. Die vierte Platte ebenfalls auflegen und auch dünn mit Konfitüre überziehen. Die Marzipan-Rohmasse mit dem Puderzucker glatt verkneten und auf der mit Puderzucker bestäubten Arbeitsfläche ausrollen. Als letzte Platte auf die Aprikosenschicht legen und leicht andrücken. Hauchdünn mit Puderzucker übersieben und mit einem Blatt Pergamentpapier abdecken. Ein Holzbrett darauflegen und dieses etwas beschweren. Anschließend 24 Stunden an einem kühlen Platz ruhen lassen, damit alle Schichten gut haften und gleichmäßig glatt werden. Anschließend das Brett mitsamt dem Pergamentpapier entfernen und den Biskuit in sehr kleine Stückchen (Quadrate, Rechtecke, Dreiecke, Trapeze und Kreise) schneiden. Den Puderzucker in eine Schüssel sieben, das Eiweiß zufügen und alles mit ein paar sparsam zugefügten Tropfen Zitronensaft zu einem dickflüssigen Guß verrühren. So lange weiterarbeiten, bis er sehr fest ist und einen starken Glanz zeigt. Die Butter sehr schnell bei nur ganz milder Hitze schmelzen, jedoch nicht heiß werden lassen. Tropfenweise unter die Eiweißglasur rühren, damit diese schön geschmeidig wird. Diese Masse nun nach Wunsch aufteilen und mit nur tropfenweise zugefügter Speisefarbe nach Wunsch eintönen. Geben Sie die Farbe in jedem Fall aber nur in winzigen Mengen hinzu; sie färbt sehr stark, und Petits fours sollten höchstens pastellfarbig, nicht aber intensiv in schreienden Farben zubereitet werden. Die Petits fours dann auf einen Kuchendraht legen und ein Blatt Pergamentpapier oder Alufolie darunterschieben. Die einzelnen Gebäckstücke sorgfältig und gleichmäßig damit überziehen und alle Ränder glattstreichen. Die Glasur ein wenig antrocknen lassen und die Petits fours nun beliebig mit buntem Zuckerwerk verzieren. Sämtliche Verzierungen sollten dabei klein und zierlich gehalten werden; nur so sprechen die Petits fours auch das Auge genügend an.

Tip

Die Marzipanmenge ist bei diesem Rezept so reichlich bemessen, daß Sie sie auch zu zwei gleichgroßen Platten ausrollen und eine davon als mittlere Schicht zwischen die Biskuitstücke legen können. Wer jedoch Wert auf völlig glatte Seitenwänder legt und etwas Mehrarbeit gern in Kauf nimmt, kann die zu gut der doppelten Größe ausgerollte Marzipanplatte auch einzeln ausschneiden und diese gleichmäßig über die Oberflächen und Ränder der Petits fours legen. Dazu sollten aber auch die Ränder dünn mit der Konfitüre bestrichen werden, damit die Schichten gut miteinander verkleben können.

Hinweis Ganz besonders kunstvoll werden Petits fours, wenn Sie sie mit bunt eingefärbtem Zuckerguß bemalen. Nehmen Sie dazu jeweils einen kleinen Teil des fertigen, weißen Gußes ab und färben Sie ihn mit Speisefarben ein. Diese Glasur, die recht zäh sein muß, wird dazu in eine kleine Pergamentspritztüte gefüllt, die oben gut zusammengedrückt wird. Setzen Sie nun die Spitze der Tüte direkt auf dem Petit four an, ziehen Sie sie unter gleichmäßigem Druck etwas nach oben und »malen« Sie dann beliebige Muster, wie zum Beispiel Schleifen, Kringel, Blüten oder Spiralen, ohne daß der Faden dabei abreißt. Gehen Sie zum Schluß mit der Spitze der Tüte wieder auf das Gebäckstück zurück, wo Sie sie mit leichtem Druck absetzen können. Auch hier können Sie zusätzlich (evtl. auch auf nicht ganz gleichmäßige Anfangs- und Endpunkte) buntes Zuckerwerk auflegen. Und anstelle von Eiweißspritzglasur können Sie dazu auch Schokoladenglasur verwenden. Achten Sie jedoch stets darauf, daß die untere Glasur fest ist, damit sie sich nicht mit dem Spritzmuster verbinden kann.

Konfekt und Pralinen

Kandierte Früchte

1 kg ungespritze, vorbereitete Früchte, wie zum Beispiel Orangen, Kumquats, Ananasscheiben, Kirschen, Pflaumen, Mirabellen, Reineclauden
1 kg Zucker, 2 l Wasser

Zuerst die Früchte vorbereiten. Dazu die Orangen oder Kumquats unter fließendem, heißen Wasser gründlich abbürsten (dasselbe gilt für Mandarinen oder Zitronen). Geschälte Ananas (ohne alle braunen Punkte) in Scheiben schneiden und den harten Kern in der Mitte mit einem Apfelausstecher entfernen. Kirschen, Pflaumen, Mirabellen oder Reineclauden sehr gründlich waschen, dann halbieren und entkernen. Reichlich Wasser in einem großen Topf zum Kochen bringen, die Früchte hineinlegen und je nach Art und Größe in 5 Minuten (oder etwas kürzerer Zeit) weich ziehen lassen. Die Früchte danach herausheben und mit einem Tuch abreiben. Ganze Früchte, wie Orangen, Zitronen, Mandarinen in Scheiben schneiden, Kumquats halbieren. Den Zucker zusammen mit 2 l Wasser in einem großen Topf zum Kochen bringen und durchkochen lassen, bis sich der Zucker vollständig gelöst hat. Nun mit der Zuckerwaage (siehe Tip) nachmessen; die Zuckerlösung muß 14 Grad auf der Waage anzeigen. Den Topf vom Herd nehmen und die Zuckerlösung abkühlen lassen. Sobald sie nur noch lauwarm ist, die Früchte hineinlegen und zwei Tage darin ziehen lassen. Die Früchte herausheben und in einem Sieb abtropfen lassen. Die abtropfende Zuckerlösung auffangen und zusammen mit der übrigen Menge aufkochen und weiterkochen lassen, bis die Zuckerwaage 16 Grad mißt. Das dauert in einem breiten Topf ungefähr 8 Minuten. Den Topf wieder vom Herd nehmen, abkühlen, die Früchte wieder hineinlegen und erneut 2 Tage darin ziehen lassen. Anschließend die Zuckerlösung nochmal um 2 Grad einkochen lassen, abkühlen und die vorher abgetropften Früchte wieder hineingeben, sobald die Lösung auf Handwärme abgekühlt wurde. Diesen Arbeitsgang nun so lange im regelmäßigen Abstand von jeweils 2 Tagen wiederholen, bis die Zuckerlösung auf 33 Grad eingekocht ist und die Früchte sich schon sichtbar mit der Lösung vollgesogen und überzogen haben. Dabei ist jedoch darauf zu achten, daß die Kochzeiten sich ständig vermindern, das heißt im Klartext: Um die Lösung von 14 auf 16 Grad einzukochen, benötigen Sie etwa 8 Minuten, um die Konzentration von 18 auf 20 Grad zu bringen, genügen schon etwa 6 Minuten, und beim letzten Kochprozeß – um die Lösung auf 33 Grad zu bringen – kann mit einer Kochzeit von nur 3 Minuten gerechnet werden. Lassen Sie also die auf 33 Grad eingekochte Zuckerlösung ebenfalls abkühlen, bis sie nur noch Handwärme aufweist und legen Sie die vorher wieder gut abgetropften Früchte hinein. Auch in diesem Stadium müssen sie wieder 2 Tage ruhen, bevor sie ein letztes Mal herausgehoben und abgetropft werden. Diese stark konzentrierte Zuckerlösung nun – wie immer im offenen Topf – einkochen lassen, bis die Masse etwa honigartig geworden ist und beim Kochen dicke, große Blasen bildet. Bitte Vorsicht vor Spritzern; diese Masse ist höllisch heiß und klebt an der Haut! Tauchen Sie zur Konsistenzprobe nun einen Holzlöffelstiel (kein Plastik!) hinein, ziehen Sie ihn sofort wieder heraus und prüfen Sie, ob der Zucker am Stiel fest wird. Ist dieses sofort der Fall, ist das Ende der Kochzeit erreicht. Nun den Topf sofort vom Herd nehmen, denn bei weiterer Hitzezufuhr würde der Zucker in der Lösung karamelisieren und goldgelb, später sogar braun, werden. Sollte sich ein leichter Anflug von Verfärbung zeigen, wird sofort etwas Wasser zugefügt, wobei auch hier größte Vorsicht geboten ist, denn die Lösung braust dabei zischend und spritzend auf. Die Früchte nun einzeln – entweder mit einem Schaumlöffel oder auch auf lange Spieße gesteckt – hineintauchen und völlig mit Glasur überziehen. Die Früchte dann nebeneinander – niemals übereinander oder sich berührend, da sie sonst zusammenkleben – auf Pergamentpapier legen und trocknen lassen. Die Früchte danach einzeln in Pralinenmanschetten oder zwischen Pergamentpapier, bzw. Alufolie legen und möglichst bald servieren. Der Zucker kann sich allein durch die Luftfeuchtigkeit und den Saft der Früchte wieder lösen und die Glasur dadurch weich werden lassen.

Variationen

Kandierte Früchte im Zuckermantel stellen Sie so her: Die Früchte wie oben beschrieben kandieren, mit dem sehr dicken Sirup überziehen und auf Pergamentpapier nur antrocknen, nicht aber ganz trocken werden lassen. Die Fruchtstücke danach in reichlich grobem Zucker wenden und erst jetzt völlig trocken werden lassen. Sie bekommen dadurch eine schöne, kristalline Oberfläche und verkleben beim Aufbewahren außerdem nicht so schnell miteinander.
Kandierte Früchte im Schokoladenmantel müssen nach dem Überziehen mit dem dicken, honigartigen Zuckersirup völlig trocken werden und können erst danach in flüssige Schokolade oder Kuvertüre getaucht oder damit überzogen werden. Achten Sie jedoch darauf, daß die Schokolade niemals zu warm ist, sonst könnte die äußere Zuckerschicht schmelzen, wodurch die Schokolade nicht richtig haften würde.

Tip

Um beim Kandieren die exakten Zuckergrade ablesen zu können, benötigt man eine Zuckerwaage, die auch unter den Namen Zuckerthermometer oder Gradmesser im Handel ist. Allerdings findet man sie nur in sehr gut sortierten Haushaltswarengeschäften und natürlich in den Großhandelshäusern für den Bäcker- oder Konditorbedarf. Bitten Sie darum – bei Besorgungsschwierigkeiten – am besten Ihren Bäcker oder Konditor, Ihnen eine zu besorgen.

Konfekt und Pralinen

Buttertrüffel mit Mokko-Cognac-Armoma

125 g frische, zimmerwarme Butter
250 g geriebene Zartbitter- oder Mokka-Schokolade
2 TL Instant-Kaffeepulver
1–2 EL Mokkalikör oder Cognac

Die Butter in eine Schüssel geben und mit dem Holzlöffel oder einem Spatel sehr schaumig rühren. Dabei muß es – wie bei einem sehr guten Rührteig – knirschen. Erst dann nach und nach die Schokolade einstreuen und dabei ständig weiterrühren. Das Instant-Kaffeepulver wechselweise mit dem Kaffeelikör oder Cognac untermischen und jedesmal wieder so lange rühren, bis sich die vorher hineingegebene Menge völlig mit der Buttermischung verbunden hat. Wenn sich alle Zutaten zu einer homogenen Masse vereinigt haben, muß unbedingt so lange weitergerührt werden, bis die Creme luftig und locker ist. Anschließend wenn nötig, ein wenig kühlen, jedoch darf die Masse nicht zu fest werden. Dann sehr locker durchrühren, ohne die lockere Konsistenz zu zerstören und die Trüffelmasse nun in einen Spritzbeutel mit sehr großer Sterntülle füllen. Pralinenmanschetten bereitstellen und mit dem Spritzbeutel jeweils dicke, möglichst schön gleichmäßig geformte Tupfer hineinspritzen. Die Manschetten auf einer Platte in den Kühlschrank stellen und erst nach dem völligen Erkalten und Festwerden servieren.

Whisky-Trüffel

125 g Zartbitterschokolade oder je zur Hälfte Vollmilch- und Bitterschokolade
30 g Butter
40 g Puderzucker
2 Eigelb
2–3 TL Whisky

Die Schokolade zerbröckeln und im nicht zu heißen Wasserbad unter Rühren schmelzen lassen. Das Wasser darf in keinem Fall zu sieden oder gar zu kochen beginnen. Erst wenn die Schokolade flüssig ist, die Butter flöckchenweise zusammen mit dem Puderzucker zufügen und jeweils so lange rühren, bis alles geschmolzen und mit der Schokolade verbunden ist. Den Topf aus dem heißen Wasserbad nehmen und nacheinander die Eigelbe sehr sorgfältig in die Trüffelmasse rühren. Mit dem Whisky aromatisieren und abschmecken. Die Trüffelmasse in einen Spritzbeutel mit großer Sterntülle geben und in Pralinengröße in kleine Papiermanschetten spritzen. Danach für mindestens 3–4 Stunden in den Kühlschrank stellen, um sie eiskalt und fest werden zu lassen. Die Whisky-Trüffel in den Manschetten zu Tisch bringen.

Hinweis Wer die Massen kühlt, kann sie auch zu kleinen Kugeln drehen und danach in Puderzucker oder Kakaopulver wälzen. Auch in diesem Fall müssen sie nachher nochmal gründlich gekühlt werden.

Nougat-Schicht-Konfekt

250 g heller Nougat
250 g dunkler Nougat

Hellen und dunklen Nougat nacheinander cremig rühren und in kleinen Portionen jeweils 2–3 mm dick zwischen kleinen Pergamentpapierblättern ausrollen. Alle Stücke auf dieselbe Größe zurechtschneiden und dabei die Ränder völlig glatt abtrennen. Alle Nougatscheiben mitsamt dem Pergament in den Kühlschrank legen und wieder möglichst fest werden lassen. Die abgeschnittenen Nougatränder vom Papier lösen und erneut auf neue Blätter streichen; diese ebenfalls kühlen. Anschließend das Pergament von je einer hellen und dunklen Schicht abziehen und beide Schichten sehr sorgfältig aufeinanderlegen. Nun weiter im Wechsel helle und dunkle Schichten auflegen und dabei natürlich jeweils das Pergamentpapier abziehen; es hilft lediglich beim Auflegen, um zu vermeiden, daß die Nougatschichten durch die Handwärme zu schmelzen beginnen. Die »gestapelten« Nougatschichten wieder in den Kühlschrank legen und erst, wenn sie wieder richtig fest sind, mit einem sehr scharfen Messer in mundgerechte Häppchen schneiden. Die Oberfläche kann vorher – ganz nach Belieben – noch mit einem Buntmesser oder einem Zakkenkamm ein wenig geriffelt werden. Das Nougat-Konfekt einzeln in Pralinenhülsen setzen und kühlen.

Variationen

Das Nougat-Schicht-Konfekt läßt sich vielfach variieren: Überziehen Sie die einzelnen Stücke doch einmal mit dunkler Schokoladenfettglasur, die aufgelöst und wieder auf Handwärme abgekühlt wurde. Sobald die Glasur beginnt, fest zu werden, ziehen Sie mit einer Gabel über die Oberfläche, um so Linien zu schaffen. Wesentlich schneller geht es, wenn Sie die mit dunkler Kuvertüre überzogenen Stücke mit je einer geschälten Pistazienhälfte schmücken. Und wer's ganz besonders kunstvoll liebt, überzieht die Stückchen mit heller Kuvertüre und zieht – gerade in dem Augenblick, wo sie beginnt, fest zu werden, ein paar dunkle Linien aus dunkler Kuvertüre darüber.

Helle Nougat-Pralinen
Helle Nougatmasse cremig rühren und in beliebige Pralinenformen oder -hülsen streichen oder mit dem Spritzbeutel einfüllen. Im Kühlschrank fest werden lassen, dann vorsichtig aus den Hülsen lösen und in neuen Pralinenmanschetten anrichten. Evtl. Muster einziehen.

Marmorierte Nougat-Pralinen
Hellen und dunklen Nougat cremig rühren und nur ganz leicht miteinander vermischen. Ein wenig kühlen, dann mit gekühlten oder auch mit puderzuckerbestäubten Händen zu runden oder ovalen Pralinen formen. Sehr gut kühlen, dann nach Wunsch mit einer Mandel, Nuß oder Kaffeebohne belegen und mit flüssiger, aber kühler Kuvertüre überziehen.

Familienfeste

Selbstgebackene Meisterwerke sind die persönlichsten Geschenke

Glücksbringer-Brot zur Hauseinweihung

600 g zimmerwarmes Mehl (Type 1050)
30 g Hefe, 1 TL Zucker
¼ l lauwarmes Wasser
200 g lauwarme Buttermilch
2 TL Salz
je 1 kräftige Prise gemahlener Koriander, Kümmel, Kardamom und Fenchel oder Anis
2–3 Prisen gemahlener weißer Pfeffer
Weizenmehl zum Bestäuben und Formen
Butter oder Margarine zum Einfetten
Öl zum Bestreichen
1 Salzfäßchen
schöne, möglichst alte Schlüssel
3–4 EL Wasser und 1 EL Zucker zum Bestreichen

200 g Mehl in eine Schüssel sieben und in die Mitte eine Mulde drücken. Die Hefe hineinbröckeln und mit dem Zucker bestreuen. Unter Rühren das Wasser zufügen und diesen Vorteig mit einem Küchentuch bedekken. In etwa 15 Minuten bis zur doppelten Höhe aufgehen lassen. Der Vorteig muß jetzt mehr oder weniger große Blasen zeigen. Das restliche Mehl in eine große Schüssel sieben und ebenfalls in die Mitte eine Mulde drücken. Den aufgegangenen Vorteig hineinschütten und die Buttermilch (auch sie darf in keinem Fall zu kalt sein) vom Rand her vorsichtig angießen. Den Mehlrand mit dem Salz bestreuen und die Gewürze darauf gleichmäßig verteilen. Nun alle Zutaten zu einem glatten Hefeteig verarbeiten und ihn so lange schlagen, bis er Blasen wirft und sich vom Schüsselrand löst. Das geht am besten, wenn Sie die Hände leicht mit Mehl bestäuben, damit der Teig nicht so leicht ankleben kann. Den Teig an einem warmen Platz aufgehen lassen, bis er sein Volumen verdoppelt hat. Das kann – je nach der Temperatur der Umgebung – ungefähr eine halbe Stunde dauern. Die Hände anschließend mit etwas Mehl bestäuben und den Teig zusammendrücken, um alle überflüssigen Gase entweichen zu lassen. Danach auf die leicht mit Mehl übersiebte Arbeitsfläche geben und den Teig sehr gründlich durchkneten. Er muß zum Schluß völlig homogen und sehr elastisch sein. Von diesem Teig etwas abnehmen und die größere Menge wieder mit dem Küchentuch bedecken. Die kleine Teigmenge auf der nur leicht bemehlten Arbeitsfläche in vier dünne, sehr gleichmäßige Stränge rollen, die lang genug sein müssen, um später zu den Jahreszahlen zusammengelegt werden zu können. Die größere Teigmenge zu einem runden, sehr glatten Laib formen und auf ein mit Butter oder Margarine eingefettetes Backblech legen. Ein Stück extrastarke Alufolie mehrfach zu einem langen Streifen zusammenfalten und mit Öl bepinseln. Rund um den Brotlaib legen und mit einer Büroklammer zusammenhalten. Dieser Ring sorgt dafür, daß der Laib beim Backen nicht seine Form verliert. Die Brotoberfläche nun mit etwas lauwarmem Wasser bepinseln und die dünnen Teigstreifen zu den entsprechenden Zahlen geformt darauflegen. Leicht andrücken, damit sie sich nicht lösen können. Außerdem auf der Oberfläche mit Hilfe des Salzfäßchens die entsprechende Größe anzeichnen, und den Teig an dieser Stelle mit bemehlten Fingern zu einer kleinen Mulde eindrücken. Die so entstandenen Teigränder mit etwas Öl bepinseln und die »Öffnung« mit Alufolie ausfüllen, so daß der Teig nicht wieder zusammenziehen kann. Die Schlüssel ebenfalls dekorativ in den Teig drücken und das Glücksbringerbrot auf der zweiten Schiene von unten in den auf 220 Grad (Gas Stufe 4) vorgeheizten Ofen schieben. Sofort danach die Ofentemperatur auf 180 Grad (Gas Stufe 2) herunterschalten und das Brot in etwa 1 Stunde goldbraun und gar werden lassen. Etwa 20 Minuten vor Ende der angegebenen Zeit das Wasser in ein Töpfchen geben und den Zucker darin bei sanfter Hitze unter Rühren auflösen. Die Brotoberfläche nun mehrmals damit bestreichen, damit es eine glänzende Schicht bekommt. Das Brot nach Ende der Backzeit im abgeschalteten, einen Spalt breit geöffneten Ofen ein wenig ausdampfen lassen, dann herausnehmen und zum völligen Erkalten auf einen Kuchendraht gleiten lassen. Erst, wenn das Brot ganz und gar abgekühlt ist, die Alufolie vorsichtig aus der Mulde entfernen und stattdessen das Salzfäßchen hineinstellen. Das Brot nun in Folie verpacken oder auf einem Brett anrichten bzw. es in ein Leinentuch einschlagen, damit es stilgerecht überreicht werden kann.

Tip

Brot und Salz sind zur Hauseinweihung, zum Umzug oder auch zu Hochzeiten traditionelle Geschenke. Darum sollten Sie in jedem Fall auch auf eine ausgesprochen hübsche Verpackung achten. Girlanden aus Blüten, Zweigen oder bunten Bändern passen sich dem entsprechenden Anlaß ganz besonders gut an. Und richtig »komplett« wird das Geschenk, wenn Sie gleichzeitig zwei Schnapsgläschen (gefüllt mit Obstbränden, Wodka, Gin oder anderen klaren Schnäpsen) überreichen, die das glückliche Paar in einem Zuge leeren und dann mit Schwung am Boden zerschellen lassen. Nun erst können alle sicher sein, daß tatsächlich jeder böse Geist vertrieben ist und niemals über die Schwelle treten wird.

Hinweis Selbstverständlich können Sie zum Aromatisieren des Glücksbringer-Brotes auch beliebige andere Gewürze verwenden. Verwenden Sie doch einmal gemahlenen Piment oder gemahlene Dillsamen. Und auch mit ganzen (also ungemahlenen) Samen und Körnern zubereitet, bekommt das Brot ein raffiniertes Aussehen. Allerdings sollten Sie in diesem Fall darauf achten, daß sich beim Formen der Jahreszahlen keine Körner an der Oberfläche der Stränge befinden; sie sehen leicht etwas unordentlich aus und lassen die Zahlen häufig nicht mehr so klar erkennen. Anstelle von Zahlen können Sie natürlich auch die Namen oder wenigstens die Anfangsbuchstaben der Beschenkten formen.

Hochzeitstorte in drei Stufen

500 g Butter
500 g feiner Zucker
12 Eigelb
abgeriebene Schale einer ungespritzten Zitrone
1 TL gemahlene Muskatblüte
500 g geriebene, geschälte Mandeln
500 g feines, angewärmtes Mehl
12 Eiweiß
1 Prise Salz
Backpapier für die Form

Für die Füllung
8 bis 10 Blatt weiße Gelatine
140 g Butter
6 Eigelb
Saft von 4 Zitronen
abgeriebene Schale einer ungespritzten Zitrone
330 g feiner Zucker
½ l Sahne
6 Eiweiß
1 Prise Salz

Für die Verzierung
2 Päckchen Marzipan-Rohmasse (400 g)
600 g Puderzucker
Puderzucker zum Ausrollen
2 bis 3 Eiweiß
ein paar Tropfen Zitronensaft
Zuckerwerk u. ä. (aus Bäckerbedarfsgeschäften, den Süßwarenabteilungen großer Kaufhäuser oder direkt beim Konditor).

Für den Teig die Butter sehr sahnig rühren, erst dann nach und nach den Zucker und die Eigelb zufügen. Sobald der Zucker sich löst, die Zitronenschale mit Muskatblüte und Mandeln untermischen und weiterrühren, bis die Masse sehr schaumig ist. Mehl auf den Teig sieben. Eiweiß mit einer Prise Salz zu schnittfestem Schnee schlagen und alles sehr locker unterziehen. Je zwei Springformen (im Durchmesser von 16, 22 und 28 cm) mit Backpapier auslegen und/oder einfetten und den Teig darin verteilen. Im 180 bis 200 Grad heißen Ofen auf der unteren Schiene dunkelgelb, aber nicht braun werden lassen. Die insgesamt 6 Tortenböden auf Kuchendrähten auskühlen lassen (möglichst bis zum nächsten Tag) und dann jede einmal waagerecht durchschneiden. Für die Füllung die Gelatine nach Packungsaufschrift in kaltem Wasser einweichen. Die Butter im heißen, nicht kochenden Wasserbad schmelzen und danach wieder auf Handwärme abkühlen lassen. Die Eier mit Zitronensaft und -schale in eine große Rührschüssel geben und ins heiße, jedoch nicht kochende Wasserbad stellen. Schaumig schlagen, dann nach und nach den Zucker einrieseln lassen. Weiterschlagen, bis die Creme dickschaumig und weiß ist und sich der Zucker gelöst hat. Die flüssige Butter unter weiterem Schlagen in einem dünnen Strahl einlaufen lassen und den Topf vom Herd nehmen. Die Gelatine ausdrücken und ebenfalls unter Schlagen in der Creme auflösen. Die Schüssel aus dem heißen Wasserbad nehmen und in ein kaltes stellen. Die Creme darin weiterschlagen, bis sie kalt ist und zu gelieren beginnt. Die Sahne steif und das Eiweiß mit einer Prise Salz schnittfest schlagen. Beides auf die gelierende Creme gleiten lassen und locker unterheben. Die Torten mit der Creme füllen und stufenförmig übereinandersetzen. Dazu zwischen den einzelnen Torten ebenfalls etwas Creme verstreichen, damit sie gut aneinanderkleben. Achten Sie beim Zusammensetzen der Torten darauf, daß die kleinere jeweils in der Mitte der größeren liegt, sonst werden die Stufen nicht gleichmäßig breit. Sobald alle Torten aufgeschichtet sind, die Ränder gleichmäßig gerade abschneiden. Für die Garnierung die Marzipan-Rohmasse mit etwa der Hälfte des Puderzuckers verkneten und auf der leicht mit Puderzucker bestäubten Arbeitsfläche ausrollen. Mit Hilfe der Springformböden eine runde Platte von 16 cm Durchmesser und je einen Ring (Außendurchmesser 22 und 28 cm) ausschneiden. Mit verquirltem Eiweiß auf die Tortenoberfläche und die Stufen »kleben«. Die restliche Marzipanmasse erneut zusammendrücken, ausrollen und in Stufenhöhe ausschneiden. Rund um die – ebenfalls mit Eiweiß bestrichenen – Seiten legen, leicht andrücken und trocknen lassen. Den restlichen Puderzucker mit Eiweiß und etwas Zitronensaft zu einem sehr dickflüssigen, stark glänzenden Guß verrühren und die Torte – nach Wunsch – mit einem Teil des Zuckergusses überziehen. Den übrigen Guß in einen Spritzbeutel mit sehr kleinen Öffnungen (glatt oder auch Sterntüllen) geben und die Torte sehr üppig damit verzieren. Beliebiges Zuckerwerk – wie Blüten, Girlanden und ähnliches – an der Unterseite mit etwas Zuckerguß oder verquirltem Eiweiß bestreichen und auf den schon fest gewordenen Guß kleben. Die fertige Torte ein paar Stunden trocknen lassen und erst danach zu Tisch bringen.

Hinweis Sollten Sie nicht jeweils 2 Springformen in den gewünschten Größen besitzen, empfiehlt es sich, den Teig in zwei Portionen zuzubereiten, denn durch langes Stehen könnte er sich sonst etwas absetzen.

Tip

Noch nicht ganz versierte Hausfrauen können die gefüllten Torten auch mit Eiweiß bestreichen und zusammensetzen, statt jeweils eine Cremeschicht zwischen die Tortengrößen zu verteilen, dann verrutschen die einzelnen Stufen nicht so leicht.

Variation

Manche Paare wünschen sich ihre Hochzeitstorte nicht nur sehr üppig, sondern auch schön bunt. Färben Sie in diesem Fall die Zuckergußmasse oder auch einen Teil des Marzipans beliebig ein. Verwenden Sie dazu Lebensmittel- oder Speisefarben, die in den Lebensmittelabteilungen der Kaufhäuser angeboten werden. Denken Sie aber bei der Arbeit daran, daß sie sehr farbintensiv sind und meistens schon wenige Tropfen ausreichen.

Kinderfeste

*Süß, bunt und liebevoll geformt –
so muß Gebäck sein,
das Kinder begeistert*

Süßer Elefant der Frau Edith Schindel

200 g Butter oder Margarine
150 g Marzipan-Rohmasse
5 Eigelb
125 g Zucker
1 Prise Salz
250 g Mehl
1 Msp Backpulver
40 g gemahlene Mandeln
3 EL Kakao
50 g geriebene Schokolade
5 Eiweiß
Butter oder Margarine zum Einfetten
Semmelbrösel zum Ausstreuen
400 g Kuvertüre
3 große dreieckige Eiswaffeln
Liebesperlen, Zuckerblüten, Smarties oder ähnliches buntes Zuckerwerk
Nach Wunsch 125 g Puderzucker, knapp ½ Eiweiß und Speisefarben

Butter oder Margarine zusammen mit dem Marzipan sehr schaumig rühren und dabei nach und nach die Eigelb mit Zucker und Salz zufügen. Rühren, bis die Teigmasse sehr schaumig und der Zucker gelöst ist. Mehl mit Backpulver, Mandeln, Kakao und geriebener Schokolade mischen und auf den Teig gleiten lassen. Die Eiweiß zu schnittfestem Schnee schlagen, darübergeben und alles sehr locker unterheben. Eine Springform (Durchmesser 24 cm) sorgfältig einfetten und mit Bröseln ausstreuen. Den Teig einfüllen, glattstreichen und in den auf 180 Grad (Gas Stufe 2) vorgeheizten Ofen auf die untere oder mittlere Schiene schieben. Etwa 70 Minuten backen und auf einem Kuchendraht bis zum nächsten Tag auskühlen lassen. In der Zwischenzeit wie auf Seite 311 angegeben – eine Schablone anfertigen. Die Schablone auf den Kuchen legen und mit einem sehr scharfen, dünnen Messer die drei »Elefantenteile« ausschneiden. Dabei die »Innenseiten« der Füße etwas abflachen, damit sie nicht – wie der Rumpf aneinanderkleben. Die Kuvertüre im heißen, nicht kochenden Wasserbad auflösen und die beiden Körperhälften damit auf einer Seite bestreichen. Aufeinanderlegen und andrücken, bis sie »festgeklebt« sind. Den Elefant dann auf seine »Füße« stellen und den Rüssel auf dieselbe Art und Weise ankleben. Sobald alle Teile fest sind, zwei der Eiswaffeln an den Rändern dünn mit Kuvertüre bestreichen und den Elefanten danach rundherum dick und gleichmäßig mit Kuvertüre überziehen. Die »Ohren« dabei an den Kopf kleben (das geht leichter, wenn Sie vorher ein paar Einschnitte machen, in die Sie die Ohren teilweise einschieben können). Aus der dritten Waffel die »Stoßzähne« ausschneiden und in die noch weiche Kuvertüre drücken, so daß sie ebenfalls festkleben. Zum Schluß aus süßen Zuckerwerk Augen, Satteldecke, Kopfschmuck und ähnliches auf die Kuvertüre legen, bevor sie fest wird. Je üppiger und bunter, desto besser. Wollen Sie den Elefanten mit Zucker-Spritzglasur verschönern, verrühren Sie Puderzucker und Eiweiß zu einer dickflüssigen, cremig-schaumigen Masse und füllen Sie sie (mit oder ohne Speisefarben vermischt) in Pergamenttütchen, damit Sie damit »malen« können.

Krokodil aus Hefeteig

550 g zimmerwarmes Mehl
40 g Hefe
125 g Zucker
½ l lauwarme Milch
2 Eier
2 Eigelb
1 Prise Salz
abgeriebene Schale ½ Zitrone
1 Päckchen Vanillinzucker
100 g sehr fein gehacktes Zitronat
50 g fein gehackte Mandeln
Mehl zum Ausrollen und Formen
Butter oder Margarine zum Einfetten
Milch zum Verquirlen
2 Rosinen, möglichst große
100 g Puderzucker
knapp 1 EL Zitronensaft

Für den Teig das Mehl in eine Schüssel sieben und in die Mitte eine Mulde drücken. Die zerbröckelte Hefe darin mit etwas Zucker, etwas Milch und wenig Mehl vom Rand zum Vorteig verrühren. Mit einem Tuch bedeckt ca. 15 Minuten aufgehen lassen. Dann den restlichen Zucker, die übrige Milch, 1 Ei, die beiden Eigelb, Salz, Zitronenschale und Vanillinzucker zufügen. Alles zu einem glatten Teig verarbeiten und schlagen, bis er Blasen wirft und sich vom Schüsselrand löst. Nochmal mit einem Tuch bedeckt 20–30 Minuten gehen lassen, bis er sein Volumen verdoppelt hat. Den Teig dann zusammendrücken und kräftig durchkneten. Das fein gehackte Zitronat zusammen mit den Mandeln zufügen, unterkneten und den Teig in drei immer kleiner werdende Stücke teilen. Das größte Teigstück dritteln und auf der bemehlten Arbeitsfläche zu drei, sich zu einer Seite verjüngenden Strängen rollen. Diese zu einem großen Zopf zusammenflechten, wobei das dünnere Ende die Schwanzspitze bildet, das dickere Ende ungeflochten bleibt; es wird später zum Maul geformt. Den nächst kleineren Teigteil ebenfalls in drei Stränge rollen und auch diese auf dieselbe Weise flechten. Das restliche Eigelb mit etwas Milch verquirlen, den großen Zopf damit bestreichen und den kleineren der Länge nach auflegen. Am Kopfende alle Teigstücke miteinander zusammendrücken, zum Maul formen und dieses tief und breit einschneiden. Aus dem übrigen Teil die Füße formen und diese – ebenfalls mit etwas Eiermilch bestrichen – in den Körper drücken. Nun noch die beiden Rosinen als Augen anbringen und das gesamte Krokodil nochmals etwas aufgehen lassen. Rundherum mit der restlichen Eiermilch bestreichen und im auf 200 Grad (Gas Stufe 3) vorgeheizten Ofen in 40–50 Minuten auf einem gefetteten Backblech backen. Puderzucker mit Zitronensaft verrühren und das noch lauwarme Krokodil damit bestreichen, damit es schönen Glanz bekommt.

Brandteig-Schwäne

¼ l Wasser, 1 Prise Salz
80 g Butter, 125 g Mehl
1 EL Speisestärke
4–5 Eier
Butter zum Einfetten
Mehl zum Bestäuben
⅜ l Sahne
2 Päckchen Vanillinzucker
Puderzucker zum Bestäuben

Das Wasser mit Salz und der Butter in einem Topf zum Kochen bringen. Sobald die Butter geschmolzen ist und die Mischung aufwallt, den Topf vom Herd nehmen und das Mehl auf einmal hineinschütten. Mit einem Holzlöffel rühren, bis sich Mehl und Flüssigkeit verbunden haben und den Topf wieder auf den Herd stellen. Nun weiterrühren, bis sich ein Kloß und am Topfboden eine weiße Haut bildet. Den Teig jetzt in eine Schüssel geben und sofort ein Ei hineinrühren. Anschließend auf Handwärme abkühlen lassen und dann nach und nach die übrigen Eier unterrühren. Dabei jeweils das folgende Ei erst dann hineingeben, wenn das vorhergehende völlig mit dem Teig verbunden ist. Je nach Größe der Eier kann manchmal auf das 5. Ei verzichtet werden: Der Teig muß zum Schluß stark glänzen und in langen, aber festen Spitzen am Löffel hängen. Sofort aufhören zu rühren, damit der Teig kein Volumen verliert. In einen Spritzbeutel mit großer Sterntülle geben und dabei etwa ¼ des Teiges für die Schwanenhälse zurücklassen. Ein Backblech einfetten und mit Mehl bestäuben. Das überschüssige Mehl durch Schräghalten des Bleches abschütteln.
Mit dem Spritzbeutel längliche Windbeutel auf das vorbereitete Blech spritzen, die an einer Seite spitz zulaufen. Den restlichen Teig in einen Spritzbeutel mit glatter, nicht zu dicker Tülle füllen und damit die Hälse spritzen. Die Tülle ansetzen, für den Kopf etwas mehr Teig herausdrücken und dann mit schnellem Schwung den Hals in Form eines verlängerten Fragezeichens spritzen. Das Blech sofort auf die mittlere Schiene des auf 220 Grad (Gas Stufe 4) vorgeheizten Ofens schieben und dabei darauf achten, daß die Seite mit den Hälsen zur Ofentür zeigt, denn sie sind früher gar. Die Hälse 15–20 Minuten backen, die Körper 20–25 Minuten. Dabei die Ofentür in den ersten 15 Minuten auf keinen Fall öffnen, sonst würde der Teig zusammenfallen.
Die Körper nach dem Backen sofort mit einer Schere waagerecht halbieren und die oberen Hälften einmal der Länge nach durchschneiden, damit die Schwäne später Flügel bekommen. Alles auf einem Kuchendraht auskühlen lassen. Die Sahne mit dem Vanillinzucker steif schlagen und in einen Spritzbeutel mit großer Sterntülle geben. Die untereren Hälften damit füllen, die Flügel seitlich ansetzen und die Hälse in die Sahne stecken. Etwas Puderzucker darüberstäuben und frisch servieren.

Hefeteig-Mäuschen

400 g zimmerwarmes Mehl
30 g Hefe, 75 g Zucker
⅛ l lauwarme Milch
80 g Rosinen, 40 g Zitronat
1 Beutel gehackte Mandeln (40 g)
1 Prise Salz
1 Päckchen Vanillinzucker
2 Eigelbe
Mehl zum Bestäuben und Formen
60 Rosinen
60 geschälte Mandelhälften
Pflanzenfett oder Öl zum Fritieren
Puderzucker zum Bestäuben

Das Mehl in eine Schüssel sieben und in die Mitte eine Mulde drücken. Die Hefe hineinbröckeln, mit etwas Zucker, etwas Milch und ein wenig Mehl vom Rand zum Vorteig verrühren und mit einem Tuch bedeckt etwa 15 Minuten an einem warmen Platz gehen lassen. In der Zwischenzeit die Rosinen unter heißem Wasser waschen und in einem Tuch gründlich trockenreiben. Zitronat in winzige Würfelchen schneiden und mit den Mandeln unter die Rosinen mischen. Beiseite stellen. Die restliche Milch zusammen mit dem übrigen Zucker, Salz, Vanillinzucker und Eigelb zum Vorteig geben, die vorbereiteten Früchte darüberstreuen und alles zu einem glatten Teig verarbeiten. Schlagen, bis er Blasen wirft und sich vom Schüsselrand löst. Nochmal mit einem Tuch bedecken und etwa 20 Minuten gehen lassen. Den Teig zusammendrücken, durchkneten und in 30 gleichgroße Stücke teilen. Jedes Stück eiförmig zu einer Maus formen und in das spitzere Ende jeweils 2 Rosinen als Augen und 2 Mandelhälften als Ohren stecken. Nicht zu dicht nebeneinander auf ein bemehltes Brett setzen und etwa 15 Minuten gehen lassen. In der Zwischenzeit das Fritierfett auf 175 Grad erhitzen. Die Mäuschen portionsweise in das heiße Fett geben und in etwa 4 Minuten rundherum goldbraun backen. Dabei dürfen stets nur so viele Mäuschen in den Topf gegeben werden, daß sie sich nicht berühren oder etwa übereinanderliegen.
Die Mäuschen mit einem Schaumlöffel herausheben, auf einer dicken Lage Haushaltspapier abfetten lassen und anschließend die Schwänzchen anbringen. Dazu jeweils an eine Seite eines etwa 10 cm langes Stückes Kordel einen Knoten machen und das kürzere Ende etwas ausfransen. Je einen Zahnstocher durch Knoten und Schnur stecken und die Schwänzchen damit in die Körper drücken. Etwas Puderzucker darüberstäuben und die Mäuschen sofort nach dem Abkühlen servieren.

Tip

Wer keine weißen Mäuse, sondern graubraune backen möchte, mischt den Puderzucker zum Bestäuben vorher mit etwas Kakao oder gemahlenem Zimt.

Biskuit-Igel

5 Eigelb, 5 EL Wasser
100 g Zucker
5 Eiweiß, 1 Prise Salz
150 g Mehl
Butter zum Einfetten
Zucker zum Bestreuen

Für Füllung und Verzierung
½ l Milch
1 Päckchen Puddingpulver (Vanille-Geschmack)
2 Eigelb
50 g Zucker
1 Prise Salz
200 g Butter
50 g Puderzucker
40 g Kakao
3 Beutel Mandelstifte (je 40 g)
300 g Kuvertüre

Eigelb mit Wasser in einer Schüssel verquirlen und schaumig schlagen. Dabei nach und nach etwa ¾ des Zuckers einstreuen. Eiweiß in einer zweiten Schüssel mit der Prise Salz zu schnittfestem Schnee schlagen, dann den restlichen Zucker langsam einrieseln lassen. Auf die Eigelbcreme gleiten lassen, das Mehl darübersieben und alles locker unterheben. Ein Backblech mit Pergamentpapier belegen, einfetten und den Teig darauf glattstreichen. Das Papier am offenen Rand des Bleches hochfalzen, damit der Teig beim Backen nicht herunterlaufen kann. Auf die mittlere Schiene des auf 200 Grad (Gas Stufe 3) vorgeheizten Ofens schieben und 10–12 Minuten backen lassen. Auf ein mit Zucker bestreutes Küchentuch stürzen, das Papier mit kaltem Wasser bepinseln und abziehen. Die Teigplatte völlig auskühlen lassen. Indessen aus starker Pappe eine Schablone für die Igel schneiden: Ein eiförmiges, etwas spitz zulaufendes Oval von etwa 8 cm Länge ausschneiden, das als Muster für die Rümpfe gilt. Auf den Biskuit legen und mit einem scharfen Messer drumherumschneiden. Die Teigreste wieder auf ein trockenes Backblech streuen und im auf 200 Grad vorgeheizten Ofen etwa 20 Minuten nachtrocknen lassen. Anschließend abkühlen und sehr fein zerbröseln. Etwas Milch mit dem Puddingpulver und den Eigelben verquirlen, den Rest mit Zucker und Salz in einem Topf aufkochen. Das angerührte Puddingpulver unter kräftigem Rühren in die kochende Milch fließen lassen, gründlich durchkochen lassen und den Topf vom Herd nehmen. In ein kaltes Wasserbad stellen und abkühlen lassen. Dabei mehrfach durchrühren, damit sich keine Haut bildet. Indessen die Butter schaumig rühren und dabei nach und nach den Puderzucker einstreuen. Rühren, bis die Butter sehr schaumig und der Zucker gelöst ist. Wenn der Vanille-Flammeri dieselbe Temperatur wie die Butter hat, sie löffelweise zufügen und dabei ständig rühren. Von dieser Creme etwa 2 gehäufte Eßlöffel abnehmen, unter die restliche Creme den Kakao und die Biskuitbrösel mischen. Die Creme dick – in Form eines Igels – auf die Biskuitplätzchen streichen. Sofort in den Kühlschrank stellen, damit die Creme wieder sehr fest wird. Anschließend die Körper der Igel mit den Mandelstiften spikken, die Köpfe jedoch frei lassen. Die Kuvertüre im heißen, aber nicht kochenden Wasserbad unter Rühren schmelzen, ebenfalls abkühlen lassen, bis sie fast wieder fest wird und die Igel damit überziehen. Die restliche Buttercreme in einen kleinen Spritzbeutel mit dünner glatter Tülle (oder in eine Pergamentspritztüte) geben und jeweils Augen und Nasenspitzen auf die Köpfe spritzen. Aus den Resten der Kuvertüre kann man anschließend noch Pupillen auf die Augen malen: Die Reste wieder schmelzen, leicht abgekühlt in eine Pergament-Spritztüte geben und jeweils in die Mitte der Buttercreme-Augen kleine Pünktchen setzen. Alles fest werden lassen und gut gekühlt servieren.

Hefeteig-Goldfische

500 g zimmerwarmes Mehl
30 g Hefe, 80 g Zucker
⅛ l lauwarme Milch
60 g weiche Butter
2 Eier
1 Prise Salz
1 unbehandelte Zitrone (Schale)
1 Fläschchen Bittermandelöl
Mehl zum Formen
Butter zum Einfetten
1 Döschen Safran (1 g)
2 EL heißes Wasser
1 Eigelb
50 g Puderzucker
Liebesperlen oder Korinthen

Das Mehl in eine Schüssel sieben und in die Mitte eine Mulde drücken. Die Hefe hineinbröckeln, mit etwas Zucker, etwas Milch und wenig Mehl vom Rand zum Vorteig verrühren. Mit einem Küchentuch bedeckt etwa 15 Minuten an einem warmen Platz gehen lassen. Dann den übrigen Zukker zusammen mit der restlichen Milch, der in Flöckchen geteilten Butter und den Eiern zufügen. Salz, Zitronenschale und Bittermandelöl in die Schüssel geben und alles zu einem glatten Teig verarbeiten. Schlagen, bis er Blasen wirft und sich vom Schüsselrand löst. Nochmal 15–20 Minuten gehen lassen, dann gründlich durchkneten und in etwa 150 g schwere, gleichgroße Stücke teilen. Von jedem Stück ein winziges Kügelchen abnehmen und zwischen den Fingern zu einer kleinen Rolle drehen. Das werden die Lippen. Die großen Teigstücke zu länglichen Fischen formen und dabei die Schwanzflosse kräftig eindrücken und leicht einkerben. Den Teig für die Lippen mit verquirltem Eigelb bestreichen, in der Mitte etwas zusammendrücken und an den Kopf des Fisches drücken. Nun den Kopf ein wenig einritzen, um ihn zu markieren und mit einer kleinen Schere in den Rumpf die Schuppen einschneiden. Die Fische auf ein gefettetes Backblech legen und dabei recht große Abstände lassen, denn sie dehnen sich noch etwas aus. Etwa 15 Minuten an warmem Platz gehen lassen. Safran im heißen Wasser auflösen, etwas abkühlen lassen und zum verquirltem Eigelb geben. Die Fische damit bestreichen und auf die mittlere Schiene des auf 220 Grad (Gas Stufe 4) vorgeheizten Ofens schieben. 15 bis 20 Minuten backen lassen, dann vorsichtig vom Blech lösen und auf einem Kuchendraht auskühlen lassen. Den Puderzucker mit ein paar Tropfen kaltem Wasser zu einer recht festen Masse verrühren und diese als Augen in kleinen Tupfen auf die Fische setzen. Jeweils eine Liebesperle oder eine Korinthe daraufsetzen und fest werden lassen.

Marshmallow-Häppchen

250 g Marshmallows
2 Tafeln Vollmilchschokolade (200 g)
2 EL Sahne
1 Päckchen Vanillinzucker
30 g Butter
125 g Corn-flakes
Kokosraspeln zum Bestreuen

Die Marshmallows grob zerschneiden und in einen Topf geben. Die Schokolade fein zerbröckeln oder auf der groben Rohkostscheibe raffeln und zusammen mit der Sahne, dem Vanillinzucker und der Butter zufügen. Den Topf auf den Herd stellen und bei sanfter Hitze so lange rühren, bis sich eine homogene Masse gebildet hat. Den Topf vom Herd nehmen und die Cornflakes untermischen. Ein Backblech mit Alufolie belegen und die noch flüssige, d.h. warme Masse mit Hilfe von zwei Teelöffeln zu kleinen Häufchen auf die Folie setzen. Möglichst schnell mit den Kokosraspeln bestreuen, so daß die dunkle Schokoladenmasse aber noch zu sehen ist. Das Blech an einen kühlen Platz oder auch in den Kühlschrank stellen und die Marshmallow-Häppchen in etwa 1 Stunde fest werden lassen. Entweder möglichst sofort servieren oder aber bis zum Servieren kalt stellen.

Tip

Wollen Sie die Häppchen aufbewahren, sollten Sie sie einzeln in Pralinenhüllen aus Papier legen und aber sie nebeneinander in eine Dose schichten, wobei Sie jeweils ein Blatt Pergamentpapier dazwischen legen, damit sie nicht aneinanderkleben können. In jedem Fall müssen sie kühl aufbewahrt sein.

Liebesperlen-Küßchen

3 Eiweiß
1 Prise Salz
150 g roter Einmachzucker
1 TL Zitronensaft
150 g Kokosraspeln
80 g fein gehackte Mandeln
20 g Mehl
Liebesperlen zum Bestäuben

Die Eiweiß mit Salz zu schnittfestem Schnee schlagen, dann nach und nach den roten Zucker einstreuen. Weiterschlagen, bis er sich gelöst hat und die Masse schön glänzt.
Die Kokosraspeln zusammen mit den Mandeln und dem gesiebten Mehl untermischen und ein Backblech mit Alufolie belegen.
Mit zwei Teelöffeln kleine makronenähnliche Häufchen auf die Folie setzen und mit Liebesperlen bestreuen. In dem auf 160–180 Grad (Gas Stufe 1–2) vorgeheizten Ofen auf die mittlere Schiene schieben und in etwa 30 Minuten schön knusprig werden lassen. Von der Folie lösen, auskühlen und nachtrocknen lassen.

Hinweis Sie können die Liebesperlen-Küßchen auch auf kleinen Back-Oblaten auf das Blech setzen. Bröckeln Sie dann die überstehenden Ränder nach dem Erkalten ab.

Götterspeise-Eistorteletts

½ Paket rote Götterspeise
¼ l Wasser, 3 EL Zucker
¼ l Sahne
8 Torteletts (fertig gekauft)
8 Kugeln Vanilleeis
3 Kiwis
Buntzucker zum Verzieren

Das Götterspeisenpulver mit Wasser verrühren und 10 Minuten quellen lassen. 2 EL Zucker zufügen und alles nach Aufschrift zubereiten, jedoch nicht kochen lassen. Auf eine Platte gießen, abkühlen und fest werden lassen. Sahne mit Zucker steif schlagen und die Torteletts innen dünn damit bestreichen. Die übrige Sahne in einen Spritzbeutel mit Sterntülle geben. Die Götterspeisenplatte mit der Unterseite kurz in heißes Wasser halten, stürzen und fein würfeln. Auf die Torteletts verteilen und je eine Eiskugel hineinsetzen. Die geschälten Kiwis in Achtel teilen, die Eiskugeln damit und mit Sahne verzieren. Mit Buntzucker bestreuen und sofort servieren.

Bananenschiffchen

2 Eiweiß, 1 Prise Salz
110 g Zucker
200 g Marzipan-Rohmasse
90 g gemahlene Mandeln
40 g Mehl
1 große Obstkuchen-Oblate
knapp ½ Eiweiß
125 g Puderzucker
Zitronensaft
250 g Schokoladen-Fettglasur
kleine Zahnstocher aus Holz
5 kleine Bananen

Eiweiß mit Salz zu schnittfestem Schnee schlagen, dann nach und nach den Zucker einrieseln lassen. Schlagen, bis die Masse recht fest und stark glänzend ist. Marzipan-Rohmasse sehr fein zerbröseln und zusammen mit den gemahlenen Mandeln und dem Mehl untermischen. Diese Masse in einen Spritzbeutel mit großer, glatter Tülle füllen und 10 Schiffchen (jeweils in Länge der Bananen) auf ein mit Pergamentpapier oder Alufolie belegtes Backblech spritzen. In dem auf 150 Grad (Gas Stufe 1) vorgeheizten Ofen auf die mittlere Schiene schieben und etwa 30 Minuten backen lassen. Die Schiffchen dann sofort vom Blech lösen und die Unterseiten der Länge nach ein wenig eindrücken. Abkühlen und nachtrocknen lassen. Die Obstkuchen-Oblate in kleine Dreiecke als Segel schneiden. Eiweiß verschlagen und nach und nach den Puderzucker einstreuen. So lange weiterrühren, bis eine dicke, recht feste Masse entsteht. Mit ein paar Tropfen Zitronensaft würzen und die Segel damit dick überziehen. Jeweils an einer Seite der Segel einen Zahnstocher in den Guß legen und diesen antrocknen lassen. Die Bananen schälen und längs halbieren. So zurechtschneiden, daß sie genau in die Schiffchen passen und sofort mit dem restlichen Zitronensaft bestreichen. Danach abtrocknen, in die Schiffchen legen und mit der aufgelösten, nicht mehr heißen Fettglasur überziehen. Die Segel mit Hilfe der Zahnstocher in die Bananen stecken.

Weihnachten

Bûche de Noël Weihnachts-Baumstamm

5 Eigelb, 5 EL kaltes Wasser
100 g Zucker, 5 Eiweiß
1 Prise Salz, 150 g Mehl
Butter zum Einfetten
Zucker zum Bestreuen

Für Füllung und Verzierung
150 g Schokolade
100 g Puderzucker
4 Eigelb, 2 EL Cognac oder Rum
250 g weiche, zimmerwarme Butter
1 Prise Salz
1 EL gehackte Pistazien
Puderzucker zum Bestäuben

Für den Teig die Eigelb mit dem Wasser in einer Schüssel schaumig schlagen und nach und nach etwa ¾ des Zuckers einstreuen. Schlagen, bis die Masse weißschaumig und sehr cremig ist. Eiweiß in einer zweiten Schüssel mit der Prise Salz zu schnittfestem Schnee schlagen, dann den restlichen Zucker langsam einrieseln lassen. Den Eischnee auf die Eigelbcreme gleiten lassen, das Mehl darübersieben und alles locker unterheben. Ein Backblech mit Pergamentpapier belegen und dieses am offenen Blechrand zusammenfalten, damit der Teig beim Backen nicht herunterläuft. Das Papier mit Butter einfetten und den Biskuit darauf verstreichen. Sofort auf die mittlere Schiene des auf 200 Grad (Gas Stufe 3) vorgeheizten Ofens schieben und 10–15 Minuten backen lassen. Ein Küchentuch auf die Arbeitsfläche legen und gleichmäßig mit Zukker bestreuen. Die Biskuitplatte darauf stürzen, das Blech abnehmen und das Pergamentpapier mit kaltem Wasser bestreichen. Sofort abziehen und den Biskuit zusammen mit dem Tuch aufrollen. Abkühlen lassen. Für die Buttercreme die Schokolade zerbröckeln und unter Rühren im heißen, aber nicht kochenden Wasserbad auflösen. Aus dem Wasserbad nehmen und wieder abkühlen lassen. Sie darf zum Schluß noch nicht wieder fest sein, aber auch nicht mehr als Körpertemperatur aufweisen.
Nun mit dem Handrührgerät auf höchster Schaltstufe sehr schaumig schlagen und dabei nach und nach wechselweise den Puderzucker und die Eigelb zusammen mit dem Cognac oder Rum hinzufügen. Anschließend flöckchenweise die weiche Butter und die Prise Salz untermischen und weiterschlagen, bis die Masse sehr schaumig und locker ist. Die Biskuitrolle wieder auseinanderdrehen und etwa die Hälfte der Creme darauf glattstreichen. Nun mit Hilfe des Tuches erneut zur Rolle formen und die übrige Buttercreme in einen Spritzbeutel mit Sterntülle geben. Rolle und Spritzbeutel für etwa 2 Stunden in den Kühlschrank geben. Als »Rinde« dicht nebeneinander der Länge nach parallele Linien spritzen. Erneut für etwa 3 Stunden kühlen, dann ein oder zwei Scheiben abschneiden und als »Äste« anlegen.
Die gehackten Pistazien mit Puderzucker bestäuben und als »Moos und Schnee« stellenweise auf den Baumstamm streuen. Kalt stellen.

Tip

Statt mit reiner Schokoladenbuttercreme können Sie die Masse auch mit 1 bis 2 TL Instant-Kaffeepulver vermischen. Geben Sie es zusammen mit dem Puderzucker bzw. den Eigelben hinein. Und wenn Sie sich die Arbeit des Spritzens sparen wollen, können Sie den Baumstamm nach dem Füllen und Rollen auch rundherum mit der restlichen Creme bestreichen und die Rillen mit einer Gabel einziehen.

Christbaumschmuck

3 Eiweiß, 1 Prise Salz
150 g Zucker, ½ TL Zitronensaft
150 g Mehl, Speisefarben
Butter zum Einfetten
Liebes- und Silberperlen
Buntzucker und gehackte Pistazien, kandierte Früchte zum Verzieren

Eiweiß mit der Prise Salz zu schnittfestem Schnee schlagen, dann nach und nach den Zucker einstreuen. Weiterschlagen, bis er gelöst und die Masse sehr fest und schaumig ist. Den Zitronensaft untermischen. Das Mehl darübersieben und locker, aber gründlich unterheben. Die Masse in kleine Portionen teilen und mit Speisefarben beliebig einfärben; einen Teil dabei weiß lassen. Ein Backblech mit Pergamentpapier belegen und einfetten. Nun nacheinander Kreise, Sterne, Herzen, Brezeln, Schleifen und ähnliche Formen spritzen. Dabei sollten Sie jedoch nur solche Motive wählen, bei denen man bequem eine Schleife oder einen Faden zum Aufhängen ziehen kann. Die einzelnen Figuren nun noch beliebig mit Perlen, Buntzucker, gehackten Pistazien oder fein zerschnittenen kandierten Früchten bestreuen oder auch einfarbig lassen und sofort in dem auf 200 bis 220 Grad (Gas Stufe 3–4) vorgeheizten Herd auf die mittlere Schiene schieben. 8 bis 10 Minuten backen lassen, dann sofort vorsichtig vom Blech lösen und auf einem Kuchendraht auskühlen lassen. Erst wenn sie völlig abgekühlt sind, Schleifen durchziehen.

Hinweis Selbstverständlich können Sie die einzelnen Figuren auch nach dem Backen noch schmücken: Malen Sie mit flüssiger, abgekühlter Kuvertüre Ornamente darauf und bestreuen Sie sie ebenfalls nach Wunsch mit buntem Zuckerwerk.

Lebkuchen-Baumschmuck

Bereiten Sie dazu die halbe Teigmenge vom Hexenhaus (Rezept Seite 256), rollen Sie ihn am nächsten Tag knapp ½ cm dick aus und stechen Sie beliebige Figuren aus und backen Sie sie 10–15 Minuten bei 200 Grad (Gas Stufe 3). Lösen Sie sie danach sofort vom Blech und lassen Sie sie auf einem Draht abkühlen. Nun mit Zuckerguß (mit Speisefarben getönt) üppig bemalen und mit buntem Zuckerwerk hübsch verzieren. Zum Aufhängen können Sie entweder jeweils ein kleines Loch hineinbohren, um den Faden durchzuziehen oder aber Sie »kleben« die beiden Fadenenden jeweils mit feuchten Back-Oblatenstückchen an.

Springerle

500 g Puderzucker
4–5 Eier (je nach Größe)
abgeriebene Schale 1 ungespritzten Zitrone
1 Prise Salz
1 TL gemahlener Anis
2 EL weißer Rum
500 g Mehl, 1 TL Backpulver
Mehl zum Ausrollen und Bestäuben
Butter oder Margarine zum Einfetten

Den Puderzucker mit den Eiern sehr schaumig rühren, dann die abgeriebene Zitronenschale zusammen mit Salz und Anis untermischen. Jetzt den Rum tropfenweise zufügen und zum Schluß das mit Backpulver gemischte Mehl darübersieben. Alles gründlich einarbeiten, bis die Masse kein Mehl mehr aufnehmen kann. Nun nach Wunsch bis zu 1 Stunde ruhen lassen, dadurch klebt er beim Formen nicht so leicht, läßt sich allerdings auch nicht mehr so einfach formen. Am besten probieren Sie es mit einer kleinen Menge sofort, um zu testen, welches für Sie die bessere Methode ist. Den Teig portionsweise auf der bemehlten Fläche etwa 2 cm dick ausrollen, hauchdünn mit Mehl bestäuben und die ebenfalls nur hauchdünn bemehlten Model aufdrücken, so daß die Reliefe deutlich ausgeprägt werden. Die Model dann abnehmen bzw. den Teig herausklopfen und das Mehl mit einem Pinsel entfernen. Auf einem gefetteten, bemehlten Blech 24 Stunden trocknen lassen, dann auf der Mittelschiene des auf 150 Grad (Gas Stufe ½ bis 1) vorgeheizten Ofens ca. 30 Minuten backen. Sollten Sie dabei Farbe bekommen, ein Pergamentpapier darüberdecken. Auf einem Kuchendraht auskühlen lassen.

Zimtsterne

500–550 g ungeschälte Mandeln (je nach Größe der Eier)
5 Eiweiß, 1 Prise Salz
1 TL Zitronensaft, 450 g Puderzucker
100 g Marzipan-Rohmasse
2 TL gemahlener Zimt
Butter oder Margarine zum Einfetten

Die Mandeln durch die Mühle drehen. Eiweiß mit Salz zu schnittfestem Schnee schlagen. Nach und nach den Zitronensaft und 350 g Puderzucker zufügen und weiterschlagen, bis die Masse sehr fest und stark glänzend ist. Etwa 5 EL davon abnehmen und beiseite stellen. Marzipan-Rohmasse fein zerbröseln und zusammen mit Mandeln und Zimt untermischen. Sehr vorsichtig, aber gründlich zu einem festen Teig arbeiten. Die Arbeitsfläche mit Puderzucker bestäuben und den Teig in jeweils kleinen Mengen darauf gut ½ cm dick ausrollen. Sterne ausstechen, mit dem übrigen Eischnee bestreichen und die Sterne auf ein, mit dünn gefettetem Pergamentpapier belegtes Backblech setzen. Auf die mittlere Schiene des auf 150 Grad (Gas Stufe ½ bis 1) vorgeheizten Ofens schieben und in etwa 30 Minuten mehr trocknen als backen lassen. Auf einem Kuchendraht völlig auskühlen lassen.

Mandel-Spekulatius

300 g Butter, 250 g Zucker
1 Päckchen Vanillinzucker, 1 Ei
1 Päckchen Spekulatiusgewürz
450–500 g Mehl (nach Größe des Eies)
Mehl zum Bestäuben
100–125 g blättrige Mandeln
Butter zum Einfetten

Butter mit Zucker, Vanillinzucker und Ei schaumig rühren, bis sich der Zucker gelöst hat. Spekulatiusgewürz und gesiebtes Mehl zufügen, erst unterrühren, dann kräftig durchkneten. Den Teig in Folie verpackt mindestens 2 Stunden in den Kühlschrank legen. Die Spekulatiusmodel sorgfältig mit Mehl ausstäuben und das überschüssige Mehl abschütteln. Den Teig portionsweise hineindrücken und mit einem dünnen Messer sehr glatt abschneiden. Die Arbeitsfläche gleichmäßig mit den blättrigen Mandeln bedecken und die Spekulatius durch kräftiges Schlagen aus den Modeln lösen. Die Mandelblättchen leicht andrücken und die Spekulatius auf ein leicht gefettetes Backblech legen. Auf der Mittelschiene des auf 200 Grad (Gas Stufe 3) vorgeheizten Ofens ca. 10 Minuten backen. Sofort vom Blech lösen und auf einem Kuchendraht auskühlen lassen.

Tip

Wer den Plätzchen einen besonderen Glanz verleihen möchte, kann sie vor dem Backen noch dünn mit Milch bestreichen.

Pfeffernüsse

4–5 Eier (je nach Größe)
500 g Zucker
abgeriebene Schale 1 ungespritzten Zitrone
½ TL gemahlener Zimt
je 1 Messerspitze gemahlener Ingwer, Piment, Kardamom und Koriander
1 Messerspitze geriebene Muskatnuß
knapp 1 TL frisch gemahlener weißer Pfeffer
1 Messerspitze Hirschhornsalz
1 EL Cognac oder Rum
750 g Mehl
Mehl zum Formen
Butter oder Margarine zum Einfetten

Die Eier schaumig schlagen und nach und nach den Zucker einrieseln lassen. Anschließend die Gewürze und danach das in Cognac oder Rum gelöste Hirschhornsalz untermischen. Das Mehl sieben, teilweise unterrühren, den Rest unterkneten. Den Teig zugedeckt über Nacht an einem kühlen Ort ruhen lassen. Am nächsten Tag kleine Kugeln im Durchmesser von etwa 2 cm rollen und leicht in Mehl wälzen. Auf ein gefettetes Backblech setzen und im auf 180 Grad (Gas Stufe 2) vorgeheizten Ofen auf die mittlere Schiene schieben. In etwa 20 Minuten hellgelb backen lassen, dann vom Blech lösen und auskühlen lassen.

Hinweis Nach dem Erkalten können die Pfeffernüsse zusätzlich mit einem nicht zu dicken Zuckerguß bestrichen werden.

Hexenhäuschen

10 Eier, 400 g Zucker
900 g Honig
500 g gemahlene Haselnüsse
1 TL Salz
½ TL gemahlener Zimt
knapp ½ TL gemahlene Nelken
1 Prise gemahlener schwarzer Pfeffer
2 kg Mehl
20 g Natron
5–6 EL Kakao
Mehl zum Kneten
Butter oder Margarine zum Einfetten
600 g Puderzucker
2 Eiweiß
ein paar Tropfen Zitronensaft
buntes Zuckerwerk zum Verzieren

Die Eier in einer sehr großen Schüssel mit dem elektrischen Handrührgerät sehr schaumig schlagen. Erst danach nach und nach den Zucker einrieseln lassen und so lange weiterarbeiten, bis die Masse weißschaumig ist. Anschließend unter ständigem Weiterschlagen den Honig in einem dünnen Strahl zufließen lassen. Die Haselnüsse mit allen Gewürzen mischen und locker unterheben. Das Mehl mit Natron und Kakao gemischt auf den Teig sieben und so weit wie möglich unterarbeiten. Die Arbeitsfläche mit Mehl bestäuben, den Teig daraufgeben und alles sehr kräftig durchkneten. Die Masse dann zur Kugel formen und für mindestens 2 Tage (besser aber noch länger) im Kühlschrank durchziehen lassen; er läßt sich danach viel leichter verarbeiten. Vor dem Backen nach dem Muster auf Seite 311 Schablonen schneiden. Den Teig dritteln und jedes Drittel noch einmal sehr kräftig durchkneten; er muß glatt und homogen werden. Dann nacheinander jedes Drittel auf einem gefetteten Blech etwa fingerdick ausrollen und auf die mittlere Schiene des auf 200 Grad (Gas Stufe 3) vorgeheizten Ofens schieben. Etwa 15 Minuten backen, sofort die Schablonen auf den noch heißen Kuchen legen und mit einem sehr scharfen Messer exakt ausschneiden. Die Schnittflächen müssen sehr glatt sein. Die einzelnen Teile danach nebeneinander auf ein großes Kuchengitter legen und möglichst über Nacht auskühlen lassen. Am nächsten Tag den Puderzucker sieben und die Menge wieder halbieren. Nacheinander (je nach Bedarf) ein Eiweiß mit ein paar Tropfen Zitronensaft zum Puderzucker geben und so lange rühren, bis ein sehr fester, stark glänzender Guß entsteht. Nun sämtliche Kanten der Seitenflächen damit bestreichen und diese auf den »Untergrund« stellen. Stützen Sie dabei alle Seiten ab, damit das Haus nicht »windschief« wird und umbinden Sie die Teile sicherheitshalber noch einmal. Erst wenn diese »Wände« fest stehen, kann auf dieselbe Weise das Dach angebracht werden. Auch dieses wieder fest antrocknen lassen und erst danach mit der zweiten Puderzuckermasse mit den Verzierungen beginnen. Dazu muß der Guß wieder ebenso fest angerührt werden, wie beim ersten Mal. Verwenden Sie ihn tropfenweise, um Zuckerwerk anzukleben und/oder geben Sie ihn in eine kleine Pergamenttüte, um das Haus zu bemalen oder um Eiszapfen vom Dach herunterlaufen zu lassen.

Weihnachtsstollen mit Mandel-Kirschfüllung

600 g zimmerwarmes Mehl
40 g Hefe
knapp ¼ l lauwarme Milch
125 g Zucker
1 Päckchen Vanillinzucker
1 Ei, 2 Eigelb, 200 g weiche Butter
50 g weiche gesalzene Butter
2 Prisen Salz
Schale einer unbehandelten Orange
je 1 Prise gemahlene Nelken, Muskatblüte und Kardamom
1 Fläschchen Bittermandelaroma
je 80 g Korinthen und Rosinen
je 60 g Zitronat und Orangeat
70 g gehackte Mandeln
100 g geschälte Mandelkerne
1 Päckchen kandierte rote Kirschen
250 g Marzipan-Rohmasse
2 Vanilleschoten
2–3 EL Kirschwasser
ca. 125 g Puderzucker
Mehl zum Bestäuben und Formen
Butter oder Margarine zum Einfetten
100–125 g Butter zum Bestreichen
2–3 Päckchen Vanillinzucker
Puderzucker zum Bestäuben

In seine Mulde drücken und die zerbröckelte Hefe darin mit etwas Milch, etwas Zucker und nur wenig Mehl vom Rand zum Vorteig verrühren. 15–20 Minuten gehen lassen. Dann die restliche Milch mit dem übrigen Zucker, dem Vanillinzucker, Ei und Eigelben sowie der in Flöckchen geteilten Butter (auch der gesalzenen) zufügen. Die Gewürze und das Bittermandelaroma zufügen und alles zu einem glatten Teig arbeiten. Schlagen, bis er Blasen wirft und sich vom Schüsselrand löst. Nochmal in 25–30 Minuten bis zur doppelten Höhe aufgehen lassen. Zwischenzeitlich Korinthen und Rosinen in heißem Wasser waschen und sehr gut trockenreiben. Mit dem fein gewürfelten Zitronat und Orangeat sowie den gehackten und den ganzen Mandeln mischen und mit etwas Mehl bestäuben. Die kandierten Kirschen halbieren oder grob würfeln. Die Marzipan-Rohmasse zerbröckeln, das ausgeschabte Mark der Vanilleschoten zusammen mit Kirschwasser und dem Puderzucker zufügen und zu einer glatten Masse verkneten. Die Kirschen untermischen und alles zu einer glatten Rolle formen. Den Hefeteig nach dem Aufgehen zusammendrücken, kräftig durchkneten, die Früchtemischung einarbeiten und auf der bemehlten Arbeitsfläche zu einem dicken Oval ausrollen. An den beiden Längsseiten sollte sich jeweils ein kleiner Wulst zeigen. Die Marzipanrolle in die Mitte legen und den Teig darüber zusammenklappen, so daß die Marzipanrolle völlig bedeckt ist. Den Teig an beiden Seiten mit den Handkanten zusammendrücken und den Stollen auf einem gefetteten Blech 20–30 Minuten gehen lassen. Dann auf der unteren Schiene des auf 200 Grad (Gas Stufe 3) vorgeheizten Ofens ca. 1 Stunde backen. Anschließend den Stollen so lange mit der flüssigen Butter bestreichen, bis die Oberfläche kein Fett mehr aufnehmen kann. Mit Vanillinzucker und Puderzucker dick bestäuben.

Früchtebrot

1 kg Brotteig (für Mischbrot, mit Sauerteig) vom Bäcker
1 kg gemischte Trockenfrüchte (wie zum Beispiel Äpfel, Birnen, Feigen, entsteinte Datteln, Pflaumen, Aprikosen und kernlose Rosinen)
reichlich ⅛ l kräftiger Rotwein
1–2 Vanilleschoten
80 g Zitronat
60 g Orangeat
100 g gemahlene Walnüsse
100 g geschälte, gemahlene Mandeln
200 g Farinzucker
70–100 g Puderzucker (nach Geschmack)
3 Glas (je 2 cl) Zwetschgenwasser
1–2 TL gemahlener Zimt
1–2 Messerspitzen gemahlene Nelken
1–2 Messerspitzen frisch gemahlener schwarzer Pfeffer
Mehl zum Ausrollen und Formen
Butter oder Margarine zum Einfetten
1 Eigelb zum Bestreichen
geschälte Mandeln zum Verzieren

Den Brotteig, wenn nötig, bei Ihrem Bäcker vorbestellen. Für die Füllung die Trockenfrüchte abwiegen und mit Ausnahme der Datteln miteinander mischen. Den Rotwein in einem Topf zusammen mit den ausgeschabten Vanilleschoten (das Mark aufheben) aufkochen, die gemischten Früchte hineingeben und 5 Minuten kochen lassen. Herausnehmen, trockentupfen und zusammen mit den Datteln (ohne die Vanilleschoten) fein würfeln. Zitronat und Orangeat ebenfalls in kleine Würfel schneiden. Beides zusammen mit den Nüssen, Mandeln, Farin und Puderzucker sowie dem ausgeschabten Vanillemark zu den Früchten geben und miteinander vermischen. Dabei nach und nach das Zwetschgenwasser und die Gewürze einarbeiten. Die Mischung danach zu einer kugelförmigen oder brotlaibähnlich länglichen Masse zusammendrücken. Den Brotteig leicht durchkneten und auf der mit Mehl bestäubten Arbeitsfläche gut 1 cm dick ausrollen, so daß die Fläche reichlich groß genug ist, um die Früchte darin einwickeln zu können. Die Früchtemischung in die Mitte des Teiges geben und diesen von allen Seiten darüber zusammenschlagen. Die doppelt liegenden Teigstreifen dazu mit etwas lauwarmem Wasser bestreichen, damit sie mühelos zusammenbacken können. Alle Ränder danach sehr sorgfältig zusammendrücken. Den Früchtebrot-Laib nun vorsichtig umdrehen und mit den »Nahtstellen« nach unten auf ein gefettetes Backblech legen. Das Eigelb verquirlen und die Oberfläche damit bestreichen. Diese anschließend mit den geschälten Mandeln hübsch und üppig dekorieren und die Früchte dabei ein wenig festdrücken. Das Blech auf die untere Schiene des auf 180 Grad (Gas Stufe 2) vorgeheizten Ofens schieben und etwa 2 Stunden backen lassen. Die Temperatur dann abschalten, die Ofentüre etwas öffnen und das Früchtebrot ein wenig ausdampfen lassen. Danach auf einen Kuchendraht schieben und völlig abkühlen lassen – möglichst für 24 Stunden oder aber auch für längere Zeit.

Weihnachts-Orangen-Torte

5 Eigelb, 5 EL kaltes Wasser
220 g Zucker
1 Vanilleschote
5 Eiweiß
1 Prise Salz
150 g Mehl, 50 g Speisestärke
1–2 EL Kakao
½ TL Backpulver
50 g gemahlene Hasel- oder Walnüsse
Butter oder Margarine zum Einfetten
Semmelbrösel zum Ausstreuen

Für Füllung und Verzierung
ca. 2 Orangen (je nach Größe)
¼ l Milch, abgeriebene Schale 1 ungespritzten Orange
8 Eigelb, 225 g Zucker
1 Päckchen Vanillinzucker
9–10 Blatt weiße Gelatine
½ l Sahne
1–2 Päckchen Sahnefestiger
1–2 Glas (je 2 cl) Orangenlikör, wie Cointreau oder Grand Marnier
Schoko-Plättchen zum Bestreuen
kleine Makrönchen zum Belegen

Die Eigelb mit Wasser weißschaumig schlagen und dabei nach und nach etwa zwei Drittel des Zuckers einstreuen. Die Vanilleschote der Länge nach aufschlitzen, das Mark herausschaben und zufügen. Eiweiß mit Salz zu schnittfestem Schnee schlagen, dann langsam den restlichen Zucker einrieseln lassen. Auf die Eigelbcreme gleiten lassen. Mehl mit Speisestärke, Kakao und Backpulver mischen, darübersieben und alles zusammen mit den gemahlenen Nüssen locker unterheben. Eine Springform (Durchmesser 26 cm) nur am Boden einfetten und mit Semmelbröseln bestreuen. Den Teig darin glattstreichen und auf die zweite Schiene von unten in den auf 180 Grad (Gas Stufe 2) vorgeheizten Ofen schieben. 50–60 Minuten backen, dann auf einen Kuchendraht gleiten lassen. Möglichst erst am nächsten Tag einmal waagerecht durchschneiden.
Für die Füllung und Verzierung die Orangen schälen und die Filets sorgfältig aus ihren Häutchen lösen. Den dabei abtropfenden Saft auffangen. Die Milch mit der abgeriebenen Orangenschale und der »leeren« Vanilleschote aufkochen und vom Herd nehmen. Eigelb schaumig schlagen, nach und nach den Zucker (2 EL zurücklassen) und den Vanillinzucker einstreuen. Dann unter weiterem Schlagen die Milch zufließen lassen. Die Creme nun im heißen, aber nicht kochenden Wasserbad dick-cremig werden, aber nicht aufkochen lassen. Die eingeweichte, ausgedrückte Gelatine darin auflösen, die Schüssel aus dem heißen Wasserbad nehmen und in einem kalten unter Schlagen abkühlen lassen. In den Kühlschrank stellen, bis sie zu gelieren beginnt. In der Zwischenzeit die Sahne mit dem restlichen Zucker und dem Sahnefestiger steif schlagen und zusammen mit dem Orangenlikör unter die Creme ziehen, sobald diese Straßen zieht. Gut ein Drittel der Creme auf dem ersten Tortenboden verstreichen, den zweiten auflegen und etwas Creme in einen Spritzbeutel mit Sterntülle füllen. Mit der nun noch übrigen Creme Oberfläche und Rand bestreichen und mit Schokoladenplättchen bestreuen. Mit Makrönchen und Orangenfilets verzieren.

Ostern

Traditionelles für Frühstück und Kaffeetafel

Österliche Joghurt-Mango-Torte

100 g Butter oder Margarine
100 g Zucker
2 Päckchen Vanillinzucker
1 Ei, 1 Prise Salz
100 g Mehl, ½ TL Backpulver
40 g gemahlene Mandeln
Butter oder Margarine zum Einfetten
Semmelbrösel zum Ausstreichen
9 Blatt weiße Gelatine
2 vollreife Mangos
600 g Joghurt
300 g Crème fraîche
100 g Puderzucker
Saft ½ Zitrone
1 Glas (2 cl) Rum, ¼ l Sahne
1 Päckchen Sahnefestiger
50 g fein gehackte Pistazien
12 oder 16 österliche Figuren aus Fondant-, Schokoladen- oder Geleemasse

Die Butter in einer Schüssel schaumig rühren und dabei nach und nach den Zucker zusammen mit 1 Päckchen Vanillinzucker, Ei und Salz zufügen. So lange rühren, bis die Masse weißschaumig und sehr cremig ist; auch Zucker und Salz müssen sich jetzt gelöst haben. Das Mehl mit Backpulver mischen, sieben und zusammen mit den gemahlenen Mandeln unterheben.
Eine Springform (Durchmesser 26 cm) mit Butter oder Margarine einfetten und mit Semmelbröseln ausstreuen. Den Teig einfüllen und die Oberfläche glattstreichen. Auf die mittlere Schiene des auf 180 bis 200 Grad (Gas Stufe 2–3) vorgeheizten Ofens schieben und den Boden in etwa 20 Minuten goldbraun backen lassen. Den Springformrand lösen, den Boden auf einen Kuchendraht stürzen und völlig auskühlen lassen – am besten über Nacht.
Am nächsten Tag die Gelatine nach Packungsaufschrift in kaltem oder lauwarmem Wasser einweichen und quellen lassen. Die Mangos entlang des flachen Kerns durchschneiden, das Fruchtfleisch vom Kern ablösen und die übrigen Stücke abschälen. Das gesamte Fruchtfleisch klein zerschneiden und im Mixer (mit dem elektrischen Zerhacker oder einem Mixstab) zu feinem Mus pürieren. Joghurt mit Crème fraîche, Puderzucker und Zitronensaft verrühren, bis der Puderzucker gelöst ist, dann das Mangopüree untermischen und alles mit dem Rum abschmecken. Die Gelatine im heißen, aber keinesfalls kochenden Wasserbad unter Rühren völlig auflösen, unter weiterem Rühren auf Handwärme abkühlen lassen und nun etwa 2 Eßlöffel der Joghurtmasse hineinrühren. Diese Mischung unter kräftigem Rühren oder Schlagen in die übrige Joghurtcreme gießen und diese dann in den Kühlschrank stellen.
In der Zwischenzeit den Tortenboden auf eine Platte legen und einen sehr festen, doppelt oder dreifach gelegten, Alufolienring (oder auch den Springformring) drumherum schließen.
Sobald die Joghurtcreme beginnt, fest zu werden, in die vorbereitete Tortenform gießen und die Oberfläche glattstreichen. Die Torte in den Kühlschrank stellen und schnittfest werden lassen. Vor dem Servieren die Sahne steif schlagen und dabei den restlichen Vanillinzucker mitsamt dem Sahnefestiger untermischen.
Den Ring (Alufolie oder Springform) von der Torte lösen und den Tortenrand mit einem Teil der Sahne gleichmäßig bestreichen. Die sehr fein gehackten Pistazien an diesen Rand werfen, bis er durchgehend hellgrün aussieht. Die übrige Sahne in einen Spritzbeutel mit großer Sterntülle geben. Auf der Tortenoberfläche 12 oder 16 Stücke markieren und jedes davon am Rand mit einem dicken Tupfer bespritzen. Jeweils eines der österlichen Zucker- oder Schokoladenstücke aufsetzen und die Torte nun möglichst bald servieren, denn die meisten dieser Figuren »färben leicht aus«, sobald sie mit Feuchtigkeit, sprich Sahne, in Verbindung gebracht werden.

Osterlämmchen

75 g zimmerwarme Butter oder Margarine
100 g Marzipan-Rohmasse
50 g Zucker
1 Päckchen Vanillinzucker
1 Prise Salz
2 Eier
3 Tropfen Bittermandelöl
1 TL Zitronensaft
120 g Mehl
30 g Speisestärke
½ Päckchen Backpulver
80 g geschälte, gemahlene Mandeln
Butter oder Margarine zum Einfetten
Semmelbrösel zum Ausstreuen
2 Sultaninen oder Rosinen
Puderzucker zum Bestäuben

Die Butter in kleine Flöckchen teilen, die Marzipan-Rohmasse fein zerbröseln und beides zusammen in eine Schüssel geben. Von Hand oder mit dem elektrischen Handrührgerät schaumig rühren, dann nach und nach im Wechsel Zucker, Vanillinzucker, Salz und Eier zufügen. Rühren, bis sich Salz und Zucker gelöst haben. Den Teig mit Bittermandelöl und Zitronensaft aromatisieren.
Mehl, Speisestärke und Backpulver miteinander mischen, auf den Teig sieben und gemeinsam mit den Mandeln locker, aber gründlich untermischen.
Eine Osterlamm-Form sehr sorgfältig – am besten zwei- bis dreimal – mit Butter oder Margarine einfetten und mit Semmelbröseln ausstreuen. Den Teig einfüllen und die Form entsprechend der Gebrauchsanleitung fest verschließen. Auf der mittleren Schiene des auf 200 Grad (Gas Stufe 3) vorgeheizten Ofens das Osterlamm in ca. 45 Minuten gar und goldbraun backen lassen. Zur Probe kann man seitlich durch die durch die sich fast unmerklich öffnende Form mit einem Holzstäbchen hineinstechen; beim Herausziehen dürfen sich keine rohen Teigteilchen mehr erkennen lassen. Das Lämmchen dann aus dem Backofen nehmen, nur sehr kurz ausdampfen lassen, dann aus der Form lösen und auf einen Kuchendraht stürzen. Völlig erkalten lassen. Vor dem Anrichten die beiden Sultaninen oder Rosinen als Augen in den Kuchenteig drücken (wobei auch einmal Stecknadeln oder winzige Holzstäbchen zu Hilfe genommen werden können) und das Lämmchen rundherum sehr dick mit Puderzucker überstäuben.

Gründonnerstags-Brezeln

500 g zimmerwarmes Mehl
30 g Hefe, 20 g Zucker
⅛ l lauwarme Milch
⅛ l lauwarmes Wasser, 1 kräftige Prise Salz
60 g weiches Schweineschmalz
Mehl zum Formen
Butter oder Schmalz zum Einfetten

Außerdem
⅛ l Wasser, 1 EL Salz
grobkörniges Salz zum Bestreuen

In das Mehl eine Mulde drücken. Die zerbröckelte Hefe darin mit dem Zucker, der Milch und etwas Mehl vom Rand verrühren und mit einem Tuch bedeckt etwa 20 Minuten an einem warmen Platz gehen lassen. Wasser, Salz und das in Flöckchen geteilte Schmalz zufügen und alles zu einem glatten Teig verkneten. Schlagen bis er Blasen wirft und sich vom Schüsselrand löst. Noch 30 Minuten gehen lassen, dann auf der bemehlten Fläche durchkneten. In 20 Portionen teilen und jedes Stück zu einem knapp 40 cm langen Strang rollen, der an beiden Enden dünner als in der Mitte ist. Zu Brezeln formen und auf ein gefettetes Backblech legen. 10 Minuten gehen lassen. Mit dem im Wasser gelösten Salz bestreichen und mit dem groben Salz bestreuen. Im auf 220 Grad (Gas Stufe 4) vorgeheizten Ofen auf der mittleren Schiene 30 Minuten backen. Dabei nach 20 Minuten noch 1–2mal bepinseln.

Fastenwähen aus der Schweiz

500 g zimmerwarmes Mehl
20 g Hefe
1 TL Zucker
¼ l lauwarme Milch
125 g weiche Butter
2 kräftige Prisen Salz
Mehl zum Formen

Außerdem
1 Eigelb, 2 EL Milch
Kümmel und grobkörniges Salz
Butter zum Einfetten

In das Mehl eine Mulde drücken. Die Hefe darin mit Zucker und etwas Milch, sowie etwas Mehl vom Rand verrühren und in etwa 15 Minuten aufgehen lassen. Die weiche Butter in Flöckchen auf dem Rand verteilen, mit Salz bestreuen und den Teig mit der übrigen Milch glatt verarbeiten. Schlagen, bis er Blasen wirft und sich vom Schüsselrand löst. Etwa 20 Minuten aufgehen lassen. Auf bemehlter Fläche gründlich durchkneten und in etwa 25 Stücke teilen. Diese zu Kugeln formen und oval ausrollen. 15 Minuten ruhen und ein wenig aufgehen lassen. Flachdrücken, mit einem scharfen Messer 4 längliche Einschnitte machen und den Teig dann so auseinanderziehen, daß ein X im Kreis zu sehen ist. Eigelb mit Milch verquirlen, die Stücke damit bestreichen und jeweils die Hälfte davon mit Kümmel und mit grobem Salz bestreuen. Auf einem gefetteten Backblech auf die mittlere Schiene des auf 250 Grad (Gas Stufe 5) vorgeheizten Ofens schieben und die kleinen Wähen in etwa 5 Minuten goldbraun backen. Ablösen und auf einem Kuchendraht auskühlen lassen.

Safranzopf

500 g zimmerwarmes Mehl
30 g Hefe, 100 g Zucker
gut ⅛ l lauwarme Milch
100 g Butter, 2 Döschen Safran
1 Vanilleschote
125 g gemahlene Mandeln
80 g gehackte Mandeln
2 Eier, 2 Eigelb
Mehl zum Formen
Butter zum Einfetten

Außerdem
1 Eigelb, 2 EL Sahne
40 g gehackte Mandeln oder je 30 g gehackte Pistazien und Hagelzucker

In das Mehl eine Mulde drücken. Die Hefe darin mit etwas Zucker, etwas Milch und wenig Mehl vom Rand verrühren. Etwa 15 Minuten gehen lassen. Butter mit Safran in die restliche Milch geben. Die Vanilleschote aufschlitzen, das Mark herausschaben und mit der Schote in der Milch erhitzen, bis die Butter gelöst ist, abkühlen. Die Vanilleschote herausfischen. Diese Mischung zusammen mit Mandeln sowie Eiern und Eigelb zum Vorteig geben und alles zu einem glatten Teig verarbeiten und gut schlagen. Dann bis zur doppelten Höhe aufgehen lassen. Den Teig nun zusammendrücken und auf der bemehlten Arbeitsfläche kräftig durchkneten. Anschließend in 3 gleichgroße Stücke teilen und je zu einer 50 bis 60 cm langen Rolle drehen. 3 Stränge zum Zopf flechten und auf dem gefetteten Backblech etwa 20 Minuten aufgehen lassen. Eigelb mit Sahne verquirlen, den Zopf damit bestreichen und mit den gehackten Mandeln bestreuen. Auf die zweite Schiene von unten in den auf 200–220 Grad (Gas Stufe 3–4) vorgeheizten Ofen schieben und etwa 35 Minuten backen.

Osternest

1 Teigrezept wie für den Safranzopf
Mehl zum Formen, 1 Eigelb
Butter zum Einfetten
Milch zum Bestreichen
125 g Puderzucker
1 TL Zitronensaft
40 g gehackte Pistazien
30 g Hagelzucker

Den Teig nach dem zweiten Aufgehen teilen: Dazu zwei Drittel abnehmen und in 4 gleichgroße Stücke teilen. Jedes dieser Stücke in gleichmäßige Stränge rollen und daraus einen Viererzopf flechten. Zum Kreis zusammenlegen, mit Ei bestreichen und gut andrücken. Den restlichen Teig halbieren und jede Hälfte ebenfalls zum Strang rollen. Diese beiden Rollen (ca. 50–60 cm) nun miteinander verschlingen. Den Kreis auf ein gefettetes Blech legen, mit verquirltem Ei bestreichen und die Girlande darauflegen. Mit Eigelb bepinseln und auch zum Kreis schließen. Etwa 20 Minuten gehen lassen. Den Rest vom Eigelb mit etwas Milch verschlagen und das gesamte Nest dünn damit bestreichen. Im auf 220 Grad (Gas Stufe 4) vorgeheizten Ofen auf der unteren Schiene etwa 25–30 Minuten backen. Abgekühlt mit Zucker-Zitronenguß bestreichen und mit Pistazien und Hagelzucker bestreuen.

Colomba di Pasqua
Italienische Ostertaube

400 g zimmerwarmes Mehl
20 g Hefe, 70 g Zucker
⅛ l lauwarme Milch
1 Beutel (40 g) gehackte Mandeln
4 Eigelb
1 kräftige Prise Salz
½ unbehandelte Zitrone (Schale)
125 g weiche Butter
30 g Zitronat, 30 g Orangeat
Mehl zum Formen
Butter zum Einfetten

Außerdem
30 g Zucker, 2 EL Wasser
40 g Puderzucker
1 Beutel (40 g) blättrige Mandeln
4 große Rosinen oder Sultaninen

Für den Teig das Mehl in eine große Schüssel sieben, in die Mitte eine Mulde drücken und die Hefe hineinbröckeln. Mit etwas Zucker, etwas Milch und wenig Mehl vom Rand zum Vorteig verrühren und mit einem Tuch bedeckt etwa 15 Minuten an einem warmen Platz gehen lassen. In der Zwischenzeit die Mandeln in eine trockene Pfanne geben und unter Rühren bei nicht zu starker Hitze hellgelb rösten. Sie dürfen keinesfalls braun werden, sonst könnten sie nach dem Backen leicht bitter schmecken. Aus der Pfanne nehmen und auf einem flachen Teller abkühlen lassen. Die Eigelb zusammen mit Salz, Zitronenschale und der weichen, in Flöckchen geteilten Butter zufügen. Den restlichen Zucker mit der übrigen Milch ebenfalls zugeben und alles zu einem glatten Teig verarbeiten. Schlagen, bis er Blasen wirft und sich vom Schüsselrand löst. Nochmal mit einem Tuch bedeckt etwa 20 Minuten gehen lassen. Indessen Zitronat und Orangeat in sehr feine Würfelchen schneiden und mit den abgekühlten Mandeln mischen. Den Teig zusammendrücken, durchkneten und die vorbereiteten Früchte einarbeiten. Nochmal etwa 20 Minuten gehen lassen. Dann den Teig halbieren und jede Hälfte zu einer Taube formen: Dazu von jeder Teighälfte gut ⅓ abnehmen und zu einer 18–20 cm langen, nicht zu breiten Rolle formen. Die größeren Teigstükke jeweils zu einer etwas breiteren, ca. 22–24 cm langen Rolle drehen. Ein großes Backblech oder zwei Springformen mit Butter einfetten und die Teigstränge in Taubenform darauflegen: Zuerst die schmale Rolle hinlegen, in der Mitte etwas flachdrücken und mit Wasser bestreichen. Die größere Rolle quer darüberlegen und die Ränder gut andrücken. Den Teig nun mit den Händen noch ein wenig nachformen und mit jeweils einem mehrfach gefalteten, eingefetteten Streifen Alufolie umlegen, damit die Tauben ihre Form behalten. Ein letztes Mal etwa 30 Minuten aufgehen lassen. In dieser Zeit den Zucker mit dem Wasser unter Rühren kochen lassen, bis er sich gelöst hat und klar ist. Abkühlen lassen. Die aufgegangenen Tauben damit bestreichen und mit Puderzucker bestäuben. Die Mandelblätter als Federn dicht darauflegen und an einer schmalen Seite jeweils zwei Rosinen oder Sultaninen als Augen eindrücken. Die Tauben auf die unterste Schiene des auf 180 Grad (Gas Stufe 2) vorgeheizten Ofens schieben und etwa 45 Minuten backen. Auf je einen Kuchendraht legen und abkühlen lassen. Erst dann die Alufolienstreifen abziehen.

Kulitsch
Russisches Osterbrot

750 g zimmerwarmes Mehl
1 Würfel Hefe (42 g)
150 g Zucker
¼ l lauwarme Milch
200 g Butter
5 Eigelb
1 kräftige Prise Salz
1–2 Döschen Safran
2–3 EL Rum
1 unbehandelte Zitrone (Schale)
1 Msp. gemahlener Kardamom
125 g Rosinen
70 g Korinthen
150 g gehackte Mandeln
Mehl zum Bestäuben und Ausrollen
Butter zum Einfetten
1 Ei, 2 EL Wasser oder Milch

Das Mehl in eine Schüssel sieben und in die Mitte eine Mulde drücken. Die Hefe hineinbröckeln und mit etwas Zucker, etwas Milch und wenig Mehl vom Rand zum Vorteig verrühren, der nicht zu flüssig sein soll. Ein Hauch Mehl vom Rand darüberstäuben und den Vorteig mit einem Tuch bedeckt 45–60 Minuten gehen lassen. Die Butter in einer Schüssel schaumig rühren und dabei nach und nach den restlichen Zucker, die Eigelb und das Salz zufügen. Rühren, bis die Masse schaumig und der Zucker gelöst ist. Den Safran im Rum auflösen und zusammen mit der Zitronenschale und dem Kardamom unterrühren. Diese Mischung zusammen mit dem übrigen Mehl unter den aufgegangenen Vorteig arbeiten und kräftig durchkneten, bis der Teig sehr elastisch ist. Die Rosinen und Korinthen in einem Sieb unter heißem Wasser waschen und in einem Tuch gründlich trockenreiben. Mit gut der Hälfte der gehackten Mandeln mischen, mit etwas Mehl bestäuben und unter den Teig kneten. Nochmal mit einem Tuch bedeckt etwa 2 Stunden an einem warmen Platz gehen lassen, bis der Teig sein Volumen verdoppelt hat. Den Teig dann nochmal durchkneten und etwa fingerdick auf der bemehlten Arbeitsfläche ausrollen. Mit Hilfe eines Tellers (oder eines kleineren Springformbodens) eine runde Platte von 20 cm Durchmesser ausschneiden, die nächste Platte ausschneiden, so daß sie etwas kleiner ist als die erste. Auf diese Weise den gesamten Teig in runde, immer kleiner werdende Platten ausschneiden und diese auf einem gefetteten Backblech pyramidenartig aufschichten.
Den Kulitsch nun nochmal etwa 30 Minuten gehen lassen, dann mit dem mit Wasser oder Milch verquirlten Ei bestreichen und mit den restlichen Mandeln bestreuen.
Auf die untere Schiene des auf 220 Grad (Gas Stufe 4) vorgeheizten Ofens schieben und etwa 45 Minuten backen. Sollte die Oberfläche dabei zu schnell dunkel werden, kann die Temperatur etwas heruntergeschaltet werden. Auf einem Kuchendraht abkühlen lassen und anschließend – wie eine Torte – keilförmig aufschneiden.
Nach Wunsch Butter dazu reichen.

Backen ohne Ofen

Die Auswahl ist in der Tat viel größer, als man es sich vorstellen kann

Butter-Waffeln

125 g Butter
40 g Zucker
1 Päckchen Vanillinzucker
abgeriebene Schale von ½ Zitrone
1 Prise Salz
3 Eier
250 g Mehl
1 TL Backpulver
¼ l Milch
Öl zum Einfetten

Butter schaumig rühren und nach und nach Zucker und Vanillinzucker einstreuen. Zitronenschale, Salz und die Eier zufügen und den Teig glattschlagen. Das Mehl mit dem Backpulver mischen und durchsieben. Nun löffelweise abwechselnd mit der Milch zugeben und den Teig geschmeidig rühren. Die fertige Masse muß dickflüssig vom Löffel fallen. Das Waffeleisen erhitzen und mit Öl auspinseln. Waffeln bei mittlerer Hitze je nach Gerät in 4–5 Minuten goldgelb backen.

Tip

Sind Sie ein Freund besonders knuspriger Waffeln, dann ersetzen Sie die Milch am besten durch die gleiche Menge Wasser.

Schoko-Nuß-Waffeln

125 g Butter
50 g Zucker
4 Eier
1 Prise Salz
150 g Mehl
1 TL Backpulver
1 EL Kakao
⅕ l Sahne
100 g gemahlene Haselnüsse
Öl zum Einfetten

Die Butter zusammen mit dem Zukker, den Eiern und einer Prise Salz schaumig rühren. Mehl, Backpulver und Kakao sieben und abwechselnd mit der Sahne zugeben. Den Teig geschmeidig rühren und zum Schluß die gemahlenen Haselnüsse unterziehen. Im heißen und gefetteten Waffeleisen in ungefähr 5–7 Minuten ausbacken.

Wein-Hefe-Waffeln

375 g zimmerwarmes Mehl
25 g Hefe
50 g Zucker
⅜ l lauwarme Milch
125 g Butter
⅛ l Weißwein
4 Eier, 1 Prise Salz
abgeriebene Schale einer Zitrone
Öl zum Einfetten

Das Mehl in eine Schüssel sieben und in die Mitte eine Vertiefung drücken. Die Hefe hineinbröckeln und mit 1 EL Zucker, ⅛ l lauwarmer Milch und etwas Mehl vom Muldenrand zum Vorteig rühren. Ein Küchentuch über die Schüssel legen und an warmem Ort 15 Minuten gehen lassen, bis sich der Vorteig verdoppelt hat und Blasen zeigt. Die Butter verflüssigen und zusammen mit dem restlichen Zucker und der Milch, Weißwein, Eiern, Salz und abgeriebener Zitronenschale zugeben. Alles von der Mitte aus sehr gut verrühren. Dann den Teig so lange schlagen, bis er sich vom Rand löst und Blasen wirft. Die Schüssel nun mit einem feuchten Tuch abdecken, damit der Teig keine Kruste bildet und nochmals 30 Minuten gehen lassen.
Das Waffeleisen erhitzen und mit Öl bepinseln. Den Teig portionsweise darauf verstreichen und die Waffeln je nach Gerät in 5–7 Minuten goldgelb backen.

Tip

Zum Einfetten des Waffeleisens kann anstelle des Öls auch eine Speckschwarte verwendet werden. Diese Methode war früher üblich und wird auch heute noch gern praktiziert, weil die Waffeln dadurch ein besonders herzhaftes Aroma bekommen. Schneiden Sie zu diesem Zweck die Schwarte großzügig vom Speck, sie wird dann mit Hilfe einer Gabel über das heiße Eisen gezogen, wobei ihr Fett austreten kann.

Zimt-Waffeln

50 g Butter oder Margarine
100 g Puderzucker
1 Ei
1 Glas (2 cl) Mandellikör
250 g Mehl
½ TL gemahlener Zimt

Butter oder Margarine mit Zucker, Ei und Likör schaumig rühren. Das Mehl sieben und zusammen mit dem Zimt nach und nach unterarbeiten. Den Teig je nach Größe der Waffeln auf bemehlter Unterlage ausrollen, ins heiße, gefettete Waffeleisen legen und goldbraun backen.

Hinweis Diese Waffeln gelingen am besten in gußeisernen Waffeleisen. Ersatzweise tut's auch ein elektrisches, das aber speziell für trockene Waffeln oder Hörnchen ausgerüstet sein muß.

Variation

Nicht nur bei der Wahl des Teigrezepts hat der Waffelliebhaber viele Möglichkeiten, auch die Beilagen und Füllungen bieten ihm eine große Vielfalt: Mögen Sie sie »pur«, so können Sie die Waffeln mit Puderzucker, normalem Haushaltszucker, Zimt- oder Vanillinzucker bestreuen. Sahne oder Schlagrahm eignen sich gut zum Füllen zweier aufeinanderliegender Waffeln. Gut passen auch Konfitüren aller Art. Sie können ohne große Vorbereitung schnell auf den Tisch gezaubert werden. Obst kann in frischer Form, als Kompott oder flambiert dazu serviert werden. Besonders delikat sind auch Beerenkaltschalen, die mit den jeweiligen Obstlikören abgerundet werden. Dikken Sie die Flüssigkeit jedoch mit etwas Speisestärke an. Und warum sollte nicht auch die phantasievolle Palette zauberhafte Eis-Coups dieses Gebäck zieren? Zum Beispiel ›Waffeln à la Birne Helene‹ mit Vanille-Eis, Birnen und Schokoladensauce.

Hinweis Da Waffeln am besten frisch aus dem Eisen schmecken, sollten alle Beilagen schon vor dem Backen vorbereitet werden.

Backen ohne Ofen

Weiße Schokoladen-Torte mit Orangen

3 kleine ungespritzte Orangen
5 EL Zucker
5 EL Wasser
250 g Kokosfett
300 g weiße Schokolade
3 Eier, 200 g Puderzucker
4 cl Grand Marnier
14 runde gefüllte Schokoladenkekse

Orangen waschen und in ca. 3 mm dicke Scheiben schneiden. Zucker im Wasser auflösen und die Orangenscheiben 5 Minuten darin kochen. Herausnehmen, abkühlen lassen und in Würfel schneiden. Dabei die kleineren Scheiben zur Dekoration zurückbehalten. Kokosfett schmelzen und wieder auf Zimmertemperatur abkühlen lassen. Schokolade zerbröckeln und im warmen Wasserbad ebenfalls verflüssigen. Eier mit Puderzucker und Grand Marnier zu einer schaumigen Masse schlagen, dann Schokolade und Kokosfett nach und nach unterziehen. Eine kleine Springform (Durchmesser 20 cm) mit Pergamentpapier auslegen, den Boden mit 7 Schokoladenkeksen bedecken und ein Drittel der Creme darübergeben. Die nächste Schicht bilden Orangenwürfel, die wieder mit einem Drittel der Creme bedeckt werden. Es folgen die übrigen Kekse und der Rest der Creme. Die Torte mit Pergamentpapier abdecken und mit einem runden Brett beschwert in 3–4 Stunden im Kühlschrank fest werden lassen. Das Pergamentpapier vorsichtig von der Torte lösen, die Creme notfalls mit einem Messer glattstreichen und mit den restlichen Orangen verzieren.

Schokoladen-Kekskuchen

250 g Kokosfett
4 Eier
200 g Puderzucker
50 g Kakaopulver
2 cl Nußlikör
50 g gemahlene Haselnüsse
250 g viereckige Butterkekse
100 g ganze Haselnüsse
50 g gehackte Haselnüsse

Kokosfett bei schwacher Hitze schmelzen und wieder auf Zimmertemperatur abkühlen lassen. Eier schaumig schlagen und nach und nach den Puderzucker zugeben. Kakaopulver, Nußlikör und gemahlene Haselnüsse unterziehen, das halbwarme Kokosfett vorsichtig unter Rühren zufließen lassen.
Eine Kastenform mit Pergamentpapier auslegen und den Boden mit einer Schicht Butterkekse bedecken. Einen Teil der Schokoladenmasse darübergießen und wieder Kekse auflegen. Auf diese Weise fortfahren, bis die Hälfte der Schokoladenmasse und der Kekse verbraucht ist. Dann eine Schicht Kekse durch ganze Haselnüsse ersetzen und mit Creme bedecken. Wieder mit Keksen und Creme fortfahren, bis alles eingefüllt ist. Die oberste Schicht sollte aus Schokolade bestehen. Den Kuchen für 2 Stunden in den Kühlschrank stellen. Danach aus der Form heben und das Pergamentpapier abziehen. Die gehackten Haselnüsse in einer Pfanne anrösten und noch heiß über Oberfläche und Rand streuen.

Himbeer-Pfannkuchen-Torte

50 g Mandeln
300 ml Milch
4 Eigelb
100 g Zucker
150 g Mehl
4 Eiweiß
1 Prise Salz
Butter zum Backen

Für Füllung und Verzierung
¼ l Milch
200 g Zucker
abgeriebene Schale einer Zitrone
4 Eigelb
8 Blatt weiße Gelatine
400 g Himbeeren
250 g Quark
½ l Sahne
Pistazien zur Dekoration

Mandeln mit der Milch im Mixer pürieren und zusammen mit Eigelb und der Hälfte des Zuckers verschlagen. Mehl sieben und nach und nach einrühren. Eiweiß mit Salz und dem restlichen Zucker zu schnittfestem Schnee schlagen und locker unter den Teig heben. Die Butter in einer Pfanne erhitzen und aus der Masse 6 cm große Pfannkuchen backen. Herausnehmen und das an ihnen haftende Fett mit Haushaltspapier abtupfen. Die Pfannkuchen nebeneinander auf einem Kuchendraht ausbreiten und erkalten lassen.
Für die Füllung die Milch mit dem Zucker, der abgeriebenen Zitronenschale und den Eigelben unter ständigem Rühren kurz aufkochen lassen. Vom Herd nehmen. Die Gelatine in Wasser einweichen, leicht ausdrücken und in der heißen Milch auflösen. Diese Masse kaltstellen. In der Zwischenzeit die Himbeeren verlesen. Besonders schöne zur Dekoration zurückbehalten. Die übrigen Himbeeren abspülen und im Mixer pürieren. Um das Aroma zu heben, kann man beim Pürieren etwas Zukker hinzugeben. Anschließend den Quark unterrühren. Die Sahne steif schlagen und beim Erstarren der Milch das Himbeer-Püree und die Schlagsahne unterrühren. Eine Springform mit Pergamentpapier auskleiden und den Boden mit einer Schicht Pfannkuchen auslegen. Darüber einen Teil der Himbeercreme geben und wiederum mit Pfannkuchen abdecken. So verfahren, bis beides aufgebraucht ist. Die Torte für mindestens 2 Stunden in den Kühlschrank stellen und völlig fest werden lassen. Auf eine Platte stürzen und das Pergamentpapier abziehen. Pistazien hacken und die Ränder der Pfannkuchen damit bestreuen. Die zurückbehaltenen Himbeeren vorsichtig abspülen, trockentupfen und in diese »Kränze« setzen.

Tip

Die Creme kann natürlich auch mit anderen Früchten bereitet werden. Besonders gut passen dazu Preiselbeeren, Erdbeeren und Heidelbeeren. Da Preiselbeeren meist schon gesüßt im Handel erhältlich sind, muß die Zuckermenge für die Füllung dann entsprechend reduziert werden.

Erdbeer-Marzipan-Torte

2 Päckchen Sahnepuddingpulver
¾ l Milch
6 EL Zucker
2 Eigelb
2–3 Blatt weiße Gelatine
100 g Marzipan-Rohmasse
2 Becher Sahne (à 250 g)
2 Eiweiß
500 g Erdbeeren
100 g blättrige Mandeln
4 EL Eierlikör
3 dunkle Biskuitböden

Puddingpulver mit etwas Milch, Zucker und Eigelben verquirlen. Die restliche Milch aufkochen, vom Herd nehmen und das Puddingpulver hineinrühren. Unter weiterem Rühren ca. 2 Minuten kochen lassen und wieder vom Herd nehmen. Die nach Packungsaufschrift eingeweichte und ausgedrückte Gelatine unter Rühren darin auflösen. Die Marzipan-Rohmasse mit einer Gabel zerdrükken und den Pudding löffelweise hineinrühren. Abkühlen lassen und dabei häufig durchrühren, damit sich keine Haut bilden kann. Die Erdbeeren abspülen, trockentupfen, entkelchen und halbieren. Mandeln in einer trockenen Pfanne goldbraun anrösten und abkühlen lassen. Einen Tortenboden auf eine Kuchenplatte legen, dünn mit der Marzipancreme bestreichen und die Hälfte der Erdbeeren auflegen. Den nächsten Boden mit einem 4 cm kleineren Durchmesser ausschneiden, auf die Erdbeeren legen und wieder mit Creme bestreichen. Die Hälfte der Mandeln darauf verteilen. Aus dem letzten Boden eine Platte ausschneiden, deren Durchmesser 8 cm kleiner ist als die erste und diese auflegen. Rundherum mit der restlichen Creme bestreichen und mit den Erdbeeren und Mandeln verzieren.

Schokoladen-Rum-Torte

2 Tafeln Zartbitter-Schokolade
3 Becher Sahne (à 250 g)
1 Glas Rumtopffrüchte (740 g)
1 EL Speisestärke
3 helle Biskuitböden
1 EL Zucker
2 Päckchen Sahnefestiger
Kakao zum Bestäuben

Die Zartbitter-Schokolade in die Sahne bröckeln und im heißem Wasserbad unter Rühren auflösen. Abkühlen lassen und über Nacht zugedeckt in den Kühlschrank stellen. Die Rumfrüchte abtropfen lassen, die Flüssigkeit auffangen und halbieren. Eine Hälfte zum Kochen bringen, von der übrigen etwa 2 EL abnehmen und die Speisestärke damit verquirlen. In die Flüssigkeit rühren, unter weiterem Rühren aufkochen lassen und leicht abgekühlt auf einem Boden verstreichen. Die Früchte darüber verteilen und den nächsten Boden auflegen. Die Schoko-Sahne mit Zucker und Sahnefestiger steif schlagen, den zweiten Boden damit überziehen und den dritten auflegen. Etwas Schoko-Sahne in einen Spritzbeutel füllen, die Torte rundherum damit bestreichen und die Oberfläche mit Kakao bestäuben. 12 oder 16 Stücke markieren und jedes mit einem Tupfer bespritzen.

Fritierte Sonntagstorte

500 g Mehl, 1 Prise Salz
1 Päckchen Vanillinzucker
½ unbehandelte Zitrone (Schale)
2 Eier, 3 Eigelb
1 Glas (2 cl) Cognac oder Weinbrand
100 g Butter, 175 g Zucker
Mehl zum Formen
Pflanzenfett oder Öl zum Fritieren

Außerdem
⅛ l Wasser
1 unbehandelte Orange (Schale und Saft)
250 g Zucker
80 g kandierte Kirschen
40 g Zitronat
2 Beutel gehackte Mandeln (80 g)
2 Glas (je 2 cl) Orangenlikör
1 Glas (2 cl) Cognac oder Weinbrand
je 1 Prise gemahlener Zimt und Ingwer

Für die Verzierung
1 EL Butter
1 Eiweiß
250 g Puderzucker
20 g abgezogene Mandelhälften
40 g kandierte Kirschen

Das Mehl mit Salz und Vanillinzucker mischen, auf die Arbeitsfläche sieben und in die Mitte eine Mulde drücken. Die abgeriebene Zitronenschale zusammen mit den Eiern, Eigelben und dem Cognac oder Weinbrand hineingeben und die in Flöckchen geteilte Butter mitsamt dem Zucker auf den Rand streuen. Alle Zutaten bröselig hacken und von außen nach innen zu einem glatten Teig kneten. Zu einer Kugel formen und für etwa 30 Minuten in den Kühlschrank legen. Dann auf der leicht bemehlten Arbeitsfläche etwa 1½ cm dick ausrollen und in etwa 2 cm große Quadrate schneiden. Das Fritierfett auf 175–180 Grad erhitzen und die Teigstückchen portionsweise in jeweils 4–5 Minuten darin goldbraun backen. Dabei sollten jeweils nur so viele Stücke hineingegeben werden, daß sie sich nicht berühren und dabei aneinanderbacken können. Die Stükke herausheben und auf einer dicken Lage Haushaltspapier abfetten lassen. Das Wasser mit Orangensaft und -schale sowie dem Zucker in einem Topf unter Rühren schmelzen und aufkochen lassen. Den Topf vom Herd nehmen, die Kirschen und das Zitronat in feine Würfel schneiden und zusammen mit den Mandeln, dem Alkohol und den Gewürzen hineinrühren. Abschmecken und die Teigstückchen untermischen. Mit beiden Händen vorsichtig durchheben, bis die Flüssigkeit fast vollständig aufgesogen ist. Eine Springform (Durchmesser 26 cm) sorgfältig mit Alufolie auslegen, die Kuchenmischung hineingeben und die Oberfläche glattstreichen. Nach Wunsch ein wenig beschweren. Über Nacht im Kühlschrank abkühlen und fest werden lassen. Für die Garnierung die Butter schmelzen und wieder abkühlen, jedoch nicht fest werden lassen. Eiweiß mit den Schneebesen des Handrührgerätes verschlagen und dabei nach und nach den Puderzucker einstreuen. So lange weiterarbeiten, bis die Masse sehr schaumig und fest ist. Nun in einem dünnen Strahl die Butter zufließen lassen. Die Torte aus der Folie nehmen und mit der Glasur überziehen. Mit Mandelhälften und Kirschen verzieren.

Rheinländer Muzen

70 g Butter, 1 Prise Salz
50 g Zucker
1 Ei, 2 EL Rum
250 g Mehl
5 EL Milch
Mehl zum Ausrollen
Fett (am besten Schweineschmalz) zum Fritieren
Puderzucker zum Bestäuben

Die Butter in einem Topf unter Rühren bei sehr sanfter Hitze schmelzen, aber keinesfalls Farbe nehmen lassen. Nun sofort vom Herd nehmen und Salz, Zucker, Ei und Rum unterrühren. Das Mehl in eine Rührschüssel sieben und in die Mitte eine Mulde drücken. Die Buttermischung hineingeben und alles zusammen mit der Milch zu einem Teig verrühren. Das gesamte Mehl läßt sich dabei allerdings nicht unterrühren und muß möglichst schnell, aber gründlich untergeknetet werden. Die Arbeitsfläche hauchdünn mit Mehl bestäuben und das Fritierfett (oder noch besser das Schweineschmalz) auf 175 bis 180 Grad erhitzen. Den Teig portionsweise auf der Mehlschicht etwa 3 mm dick ausrollen und mit einem scharfen Messer oder mit einem Teigrädchen in Streifen schneiden und diese zu Rauten mit einer Seitenlänge von etwa 6 cm ausschneiden. Die Teigstückchen portionsweise (niemals zu viel – sie dürfen sich nicht berühren, sondern müssen »schwimmend« ausgebacken werden – auf einmal) in das heiße Fett geben und unter Wenden in knapp 5 Minuten goldbraun backen lassen. Mit dem Schöpflöffel herausheben und auf Haushaltspapier abfetten lassen. Noch lauwarm sehr dick mit Puderzucker überstäuben und auf einem Kuchendraht (niemals übereinanderlegen, sonst werden sie weich) auskühlen lassen.

Brandteig-Fettgebäck

¼ l Wasser
1 Prise Salz
80 g Butter oder Margarine
220 g Mehl
4–5 Eier (je nach Größe)
½ Fläschchen Bittermandelaroma
Fett zum Fritieren
Puderzucker zum Bestäuben

Wasser mit Salz und Butter oder Margarine in einem Topf zum Kochen bringen, vom Herd nehmen und das Mehl auf einmal hineinschütten. Unter Rühren wieder auf den Herd stellen und so lange weiterrühren, bis sich ein glatter Kloß und am Topfboden eine weiße Haut gebildet hat.

Den Brandteig dann in eine Schüssel geben und sofort ein Ei unterrühren. Abkühlen lassen, bis er nur noch handwarm ist. Dann nach und nach die anderen Eier zufügen. Jeweils das nächste Ei erst dann hineingeben, wenn das vorhergegangene völlig homogen mit dem Teig verbunden ist.

Nach dem vierten Ei die Teigprobe machen: Mit dem Holzlöffel etwas Teig aus der Schüssel heben; er muß nun stark glänzen und in langen, spitzen Zapfen am Löffel hängen. Ist dieses noch nicht der Fall, das fünfte Ei ganz oder nur zur Hälfte untermischen. (Bei einem halben Ei werden Eigelb und Eiweiß vorher verquirlt, um die Masse auch halbieren zu können.) Erst ganz zum Schluß den Teig mit dem Bittermandelaroma würzen.

Das Fritierfett auf 175–180 Grad erhitzen und den Teig in einen Spritzbeutel mit großer Sterntülle füllen.

Dabei muß darauf geachtet werden, daß sich keine Luftbläschen bilden; das Fett könnte sonst spritzen, sobald es mit dem Teig in Berührung kommt. Zum Spritzen des Teiges den Spritzbeutel senkrecht über das erhitzte Fett halten und zu Spiralen, Schleifen, Kringel oder anderen beliebigen Formen hineindrücken. Die Teigstreifen dann jeweils mit einem Messer oder einer Schere abschneiden und goldgelb werden lassen. Herausheben. Auf Haushaltspapier abfetten lassen und mit Puderzucker übersieben. Möglichst ganz frisch – am besten sofort nach dem Abkühlen – servieren.

Birnenkrapfen mit Korinthen

¼ l Milch, 1 Prise Salz
80 g Butter, 250 g Mehl
6–7 Eier (je nach Größe)
50 g Korinthen
2 vollreife, aber noch nicht zu weiche Birnen, Saft ½ Zitrone
Fett zum Fritieren
Puderzucker zum Bestäuben

Milch mit Salz und Butter in einem Topf zum Kochen bringen. Sobald sich das Fett gelöst hat und die Milch aufwallt, den Topf vom Herd nehmen und das Mehl auf einmal hineinschütten. Den Topf wieder auf den Herd stellen und die Masse so lange rühren, bis sich ein glatter Kloß gebildet hat und sich am Topfboden eine weiße Haut zeigt. Den Teig dann sofort in eine Schüssel geben und ein Ei darunterrühren. Bis auf Handwärme abkühlen lassen. In der Zwischenzeit die Korinthen in ein Sieb gießen und unter heißem Wasser waschen. Anschließend in einem Küchentuch sehr trocken reiben. Die Birnen schälen, vierteln und entkernen. Die Viertel in sehr feine Schnitze oder Stifte teilen und sofort mit dem Zitronensaft beträufeln, damit sie sich nicht braun verfärben. Dann unter Folie oder zugedeckt beiseite stellen. Die übrigen Eier nacheinander in den Teig rühren und dabei das folgende Ei erst dann zugeben, wenn das vorherige völlig mit dem Teig vermischt ist. Nach dem sechsten Ei wieder die Probe machen. Wenn der Teig stark glänzt und in langen, spitzen Zapfen am Löffel hängt, kann auf das letzte Ei verzichtet werden; andernfalls wird es untergerührt. Zum Schluß die Korinthen zusammen mit den Birnen untermischen und das Fritierfett auf 175–180 Grad erhitzen. Mit zwei, kurz in das heiße Fett getauchten, Eßlöffeln vom Teig kleine Krapfen abstechen, in das heiße Fett gleiten lassen und unter Wenden goldbraun ausbacken. Mit einem Schaumlöffel herausnehmen und auf Haushaltspapier abfetten lassen. Noch lauwarm dick mit Puderzucker übersieben.

Tip

Nach dem Rezept Birnenkrapfen mit Korinthen können Sie selbstverständlich auch andere Krapfen zubereiten: Verwenden Sie statt der Birnen einmal Äpfel, Ananasstreifen (vorher gut trockentupfen) oder kleine Zwetschgenstückchen. Die Korinthen können Sie durch Sultaninen oder Rosinen ersetzen, und wer mag, kann auch ein paar gehackte Mandeln oder Nüsse zufügen. Weitere Geschmacksnuancen ergeben sich, wenn Sie die Krapfen in mit Zimt oder Vanillinzucker vermischtem Zucker wenden, statt sie mit Puderzucker zu bestäuben. Und wer's ganz besonders üppig liebt und nicht auf die schlanke Linie achten muß, der schneidet die Krapfen nach dem Erkalten in der Mitte durch und füllt sie mit nur ganz leicht gesüßter Schlagsahne und/oder Vanille- bzw. Schokoladeneis.

Muzenmandeln

65 g Butter oder Margarine
2 Eier, 2 Eigelb
Saft ½ Zitrone, 1 EL Rum
1 Prise Salz, 190 g Puderzucker
1 Päckchen Vanillinzucker
2–3 TL Rosenwasser
50 g Marzipan-Rohmasse
3 EL Dosenmilch, 500 g Mehl
knapp 1 TL Backpulver
Mehl zum Ausrollen
Fett (am besten Schweineschmalz) zum Fritieren
Puderzucker zum Bestäuben

Die Butter oder Margarine in einem Topf bei sehr sanfter Hitze schmelzen, jedoch nicht erwärmen oder gar bräunen lassen. Vom Herd nehmen und beiseite stellen. Die Eier mit Eigelb, Zitronensaft, Salz, Vanillinzucker und Rum in einer Schüssel schaumig schlagen und dabei nach und nach den Puderzucker einstreuen. Wenn nötig sollte er dafür vorher gesiebt werden, denn er darf keine Klümpchen enthalten. Alles mit dem Rosenwasser verrühren, bis eine cremige Masse entsteht. In einer weiteren Schüssel die zerbröselte Marzipan-Rohmasse mit der Dosenmilch glattrühren. Das Mehl mit dem Backpulver mischen, auf die Arbeitsfläche sieben und in die Mitte eine Mulde drücken. Die Eiermasse zusammen mit der Marzipanmasse in die Mitte geben und alles von außen nach innen zu einem glatten Teig verkneten. Dabei erst zum Schluß nach und nach die flüssige Butter oder Margarine unterarbeiten. Den Teig zu einer Kugel formen, in Folie oder in einer Plastiktüte in den Kühlschrank legen und mindestens 30 Minuten darin ruhen lassen. Anschließend auf der nicht zu dick bemehlten Arbeitsfläche gut ½ cm dick ausrollen und mit dem Muzenmandelausstecher die kleinen, mandelähnlichen Gebäckstücke ausstechen. Das Schmalz (oder auch ein anderes Fritierfett) auf 180 Grad erhitzen und die Muzenmandeln in kleinen Portionen darin unter häufigem Umdrehen goldbraun werden lassen. Das dauert je nach Größe der Portionen etwa 5 Minuten. Die Muzenmandeln danach mit einem Schaumlöffel herausheben und auf einer dicken Lage Haushaltspapier völlig abtropfen lassen. Sehr dick mit Puderzucker bestäuben oder auch in (auf einem Suppenteller verteilten) Puderzucker wenden. Auf einem Sieb oder Kuchendraht völlig auskühlen lassen und möglichst dann sofort servieren.

Rosenküchlein

125 g zimmerwarme Butter oder Margarine
1 Prise Salz, 100 g Zucker
1 Päckchen Vanillinzucker
3 Eier
2 EL Cognac oder Weinbrand
500 g Mehl
½ TL Backpulver
Mehl zum Ausrollen
1 Eiweiß zum Bestreichen
Fett zum Fritieren
½ Glas (ca. 225 g) Brombeer- oder dunkles Johannisbeergelee
Puderzucker zum Bestäuben

Die Butter oder Margarine in einer Schüssel rühren, bis sie cremig ist und »knirscht«. Erst dann nach und nach Salz, Zucker, Vanillinzucker und Eier wechselweise zufügen und weiterrühren, bis sich Zucker, Salz und Vanillinzucker völlig gelöst haben. Zwischenzeitlich den Cognac oder Weinbrand zufügen. Mehl mit Backpulver mischen, auf den Teig sieben und so weit wie möglich unterrühren. Danach mit (möglichst gekühlten Händen) sehr schnell durchkneten, bis sich keine Mehlreste mehr zeigen. Zur Probe können Sie wieder die Schnittprobe machen: Den Teig zur Kugel formen, in der Mitte durchschneiden und prüfen, ob beide Schnittflächen einen völlig homogenen Teig aufweisen. Den Teig nun wieder zur Kugel formen, in Alufolie wickeln oder in eine Plastiktüte geben und für mindestens 45 Minuten in den Kühlschrank legen. Anschließend auf der leicht mit Mehl bestäubten Arbeitsfläche 2–3 mm dick ausrollen und jeweils gleichviel runde Plätzchen im Durchmesser von 4, 5, 6 und nach Wunsch auch 7 cm Durchmesser ausstechen. Jedes Plätzchen danach vom äußeren Rand mehrmals (in möglichst gleichmäßigen Abständen) 1 bis 1,5 cm tief (je nach Durchmesser) einschneiden. Das Eiweiß verquirlen, die Plätzchen in der Mitte damit beträufeln oder bestreichen und die Plätzchen der Größe nach pyramidenförmig aufeinandersetzen. Die Plätzchen in der Mitte entweder mit der Fingerspitze oder mit dem Holzlöffelstiel leicht zusammendrücken. Das Fritierfett zwischenzeitlich auf 175 bis 180 Grad erhitzen. Je nach Topfgröße 2 bis 3 Rosenküchlein auf einmal hineingeben und unter einmaligem Wenden in 5 bis 7 Minuten goldgelb und knusprig werden lassen. Mit dem Schaumlöffel herausheben und auf einer mehrfach gefalteten Schicht Haushaltspapier sehr gründlich abtropfen lassen.

Danach nebeneinander auf einen Kuchendraht legen und die Mitten jeweils mit einem dicken Klecks Brombeer- oder Johannisbeergelee füllen. Die Rosenküchlein mit Puderzucker dick überstäuben, völlig auskühlen lassen und nun möglichst frisch servieren.

Pistazien-Eistorte

Für den Baiserboden
3 Eiweiß, 1 Prise Salz
150 g Zucker
½ TL Zitronensaft

Für die Eisschichten
750 ml Vanilleeis
125 g Krokant (fertig gekauft)
500–750 ml Pistazieneis
(je nach Wunsch und Finanzlage)
mit Pistazienstückchen darin
⅛ l Sahne
1 Päckchen Vanillinzucker
gehackte Pistazien und
Zuckerblümchen zum Verzieren

Eiweiß mit Salz zu schnittfestem Schnee schlagen. Erst dann nach und nach den Zucker einrieseln lassen und weiterschlagen, bis die Masse sehr fest ist und einen starken Glanz zeigt. Zum Schluß den Zitronensaft zufügen und die Baisermasse in einen Spritzbeutel mit großer glatter Tülle geben. Einen Springformboden (Durchmesser 24 cm) mit Pergamentpapier belegen und die Baisermasse spiralförmig aufspritzen. Die Oberfläche nach Wunsch glattstreichen und den Boden auf die mittlere Schiene des auf 130 Grad (Gas Stufe ½) vorgeheizten Ofens schieben. In 3–4 Stunden mehr trocknen als bakken, dabei aber nicht bräunen lassen. Den Boden dann vom Papier ablösen und auf einem Kuchendraht nachtrocknen und auskühlen lassen. Das Vanilleeis ein wenig antauen lassen. Zwischenzeitlich eine Springform (Durchmesser 24 cm) mit Alufolie oder Pergamentpapier auskleiden. Das nun weiche, aber nicht geschmolzene Vanilleeis mit dem Krokant vermischen, in die Springform geben und die Oberfläche glattstreichen. Im Gefrierer wieder etwas fest werden lassen, dann den völlig kalten Baiserboden auflegen und erneut in den Gefrierer stellen. Nun das Pistazieneis antauen lassen und ebenfalls cremig rühren. Über den Baiserboden verteilen und im Gefrierer alles wieder vollständig fest werden lassen. Vor dem Servieren die Sahne mit Vanillinzucker steif schlagen und in einen Spritzbeutel mit großer Sterntülle geben. Die Eistorte aus der Form lösen, auf eine Platte gleiten lassen und die Oberfläche gitterartig mit der Sahne bespritzen. Mit den gehackten Pistazien bestreuen und mit den Zuckerblümchen verzieren. Nun sofort servieren, bevor die Torte weich wird.

Schnelle Mokkaeis-Torte

1 000 ml Mokkaeis
3 dünne Biskuitböden (fertig gekauft)
6 EL Cognac oder Kaffeelikör
½ l Sahne
2 Päckchen Vanillinzucker
2 Päckchen Sahnefestiger
3–4 EL Krokant
1 EL Buntzucker oder Zuckerstreusel

Das Mokkaeis ein wenig zerkleinern und nur leicht antauen lassen. Zwischenzeitlich die Biskuitböden mit dem Cognac oder Mokkalikör gleichmäßig beträufeln und diesen etwas einziehen lassen. Das Eis dann rühren, bis es gerade streichfähig ist. Einen Biskuitboden auf eine Tortenplatte legen und mit der Hälfte des Eises dick bestreichen. Die Oberfläche glätten und den zweiten Boden auflegen. Leicht andrücken und das restliche Eis darauf verteilen. Die Oberfläche wieder glattstreichen und den dritten Boden auflegen. Die Torte in den Gefrierer stellen und völlig durchfrosten lassen. Erst unmittelbar vor dem Servieren die Sahne steif schlagen, mit dem Vanillinzucker und Sahnefestiger nach Packungsaufschrift vermischen und in einen Spritzbeutel mit großer Sterntülle füllen. Rand und Oberfläche der Torte üppig mit Sahnestreifen verzieren, mit Krokant und Buntzucker oder Zuckerstreusel bestreuen.

Hinweis Soll die Torte längere Zeit vor dem Servieren garniert werden, bespritzen Sie sie wie angegeben mit der Sahne und stellen Sie sie dann wieder in den Gefrierer. Lassen Sie die Sahne vor dem Servieren jedoch anschmelzen. Streuen Sie erst jetzt Krokant und Buntzucker darüber; sie könnten sonst beim Antauen der Sahne abfärben.

Eis-Gugelhupf aus drei Sorten

750 ml Erdbeer-Sorbet
750 ml Zitronen-Sorbet
750 ml Vanilleeis
1 dünner Biskuitboden (fertig gekauft)
4 EL Himbeergeist oder Cognac
⅛ l Sahne
1 Päckchen Vanillinzucker

Eine Gugelhupfform in den Gefrierer stellen und vorkühlen. Die Eissorten aus dem Gefrierer nehmen und nur so lange antauen lassen, bis sie gerade streichfähig werden. Da die einzelnen Eissorten nicht gemeinsam, sondern erst nacheinander gebraucht werden, sollten Sie auch nacheinander aus der Kälte geholt werden. Zuerst also das Erdbeer-Sorbet. Sobald es sich durchrühren oder streichen läßt, die Gugelhupfform aus dem Gefrierer nehmen, das Sorbet hineinfüllen und die Oberfläche sehr sorgfältig glattstreichen. Auch den Rand der Form säubern, damit kein Eis dort festfrieren und die Schichten später verunzieren kann. Die Form nun in den Gefrierer stellen, bis die Eis-Oberfläche wieder fest ist und sich das Zitronen-Sorbet streichen läßt. Dieses als nächste Schicht einfüllen und wieder für eine glatte Oberfläche und einen sauberen Rand sorgen. Wenn sich auch hier eine feste Oberfläche gebildet hat, das Vanilleeis cremig rühren und als letzte Schicht in die Form füllen. Erneut glätten und im Gefrierer völlig durchfrieren lassen. Kurz vor dem Servieren den Tortenboden auf eine Platte legen, die Eisform nur ganz kurz darauf stürzen und den inneren und den äußeren Rand der Form anzeichnen. Die Form wieder kühlen, den Biskuit zum Ring ausschneiden. Diesen mit Himbeergeist oder Cognac tränken. Die Gugelhupfform sekundenlang in heißes Wasser tauchen, auf den Ring stürzen und die Form ablösen. Die Torte sofort wieder in den Gefrierer stellen. Sahne mit Vanillinzucker steif schlagen, in einen Spritzbeutel mit Sterntülle füllen und den Gugelhupf damit der Form entsprechend verzieren.

Gegrillte Schichttorte

250 g Butter oder Margarine
125 g Marzipan-Rohmasse
7 Eigelb
180 g Zucker
abgeriebene Schale 1 ungespritzten Zitrone
Saft ½ Zitrone
200 g Mehl
80 g Speisestärke
2 Glas (je 2 cl) Slibowitz
7 Eiweiß
1 Prise Salz
Butter oder Margarine zum Einfetten
¼ l Sahne
1–2 Päckchen Vanillinzucker
ca. ½ Glas Pflaumenmus (225 g) zum Verzieren
nach Wunsch blättrige Mandeln

Die Butter oder Margarine in Flöckchen teilen, das Marzipan zerbrökkeln und beides zusammen sehr cremig rühren. Dabei nach und nach im Wechsel mit den Eigelben den Zukker einstreuen. Zwischenzeitlich mit der abgeriebenen Zitronenschale und dem Zitronensaft aromatisieren. Nun so lange rühren, bis sich der Zucker völlig gelöst hat und der Teig eine sahnig-cremige Konsistenz zeigt. Das Mehl mit der Speisestärke mischen, über den Teig sieben und zusammen mit dem Slibowitz unterrühren. Eiweiß mit Salz zu völlig schnittfestem Schnee schlagen und sehr locker, aber gründlich unter den Teig heben. Einen Springformboden (Durchmesser 26 cm) mit Butter oder Margarine einfetten und etwa 3 Eßlöffel Teig darauf glatt und gleichmäßig verstreichen. Mit möglichst großem Abstand zu den Heizstäben unter den vorgeheizten Grill schieben und so lange garen lassen, bis sich die Oberfläche goldbraun färbt. Nun wieder 2 bis 3 Eßlöffel Teig darauf verstreichen und auf dieselbe Art garen. So fortfahren, bis der gesamte Teig aufgebraucht ist, wobei immer darauf zu achten ist, daß die Schichten untereinander und auch partiell in den einzelnen Schichten gleich dick sind, damit sie an allen Stellen gleichzeitig garen können, ohne stellenweise zu stark zu dunkeln oder gar zu verbrennen. Die fertige Torte danach vom Springformboden ablösen und auf einem Kuchendraht vollständig auskühlen lassen; am besten sogar über Nacht. Am nächsten Tag (oder kurz vor dem Servieren) die Sahne steif schlagen, mit dem Vanillinzucker süßen und die Torte rundherum damit bestreichen. Die übrige Sahne in einen Spritzbeutel mit Sterntülle geben und auf dem äußeren Tortenrand 12 oder 16 kleine Kreise damit spritzen. Jeweils einen möglichst dicken Klecks Pflaumenmus hineingeben und nach Wunsch diesen noch mit ein paar Mandelblättchen bestreuen. Wer mag, kann auch den Tortenrand noch mit Mandelblättchen bestreuen.

Tip

Noch raffinierter wird diese Torte, wenn Sie sie – sehr vorsichtig – einmal waagerecht halbieren, mit Schlagsahne bestreichen, etwas Pflaumenmus darauf verteilen und wieder zusammensetzen. Verziert wird sie wie oben angegeben.

Frischkäse-Torte mit Früchten

250 g Löffelbiskuit
100 g Butter oder Margarine
100 g gehackte Haselnüsse
200 g Doppelrahmfrischkäse
Saft von 2 Zitronen
160 g Zucker
2 Päckchen Vanillinzucker
1 Päckchen Zitronen-Götterspeise
⅛ l Wasser
2 Becher Sahne (à 200 g)
500 g Erdbeeren

Die Löffelbiskuits in einem Plastikbeutel mit einem Nudelholz zu Bröseln zerkleinern. Eine Tasse Brösel zurückbehalten. Butter oder Margarine verflüssigen und mit Keksbröseln und Haselnüssen mischen. Diese Masse als Boden in eine Springform (Durchmesser 28 cm) drücken. Für die Füllung den Doppelrahmfrischkäse mit dem Zitronensaft, dem Zukker (2 EL zurücklassen) und der Hälfte des Vanillinzuckers gut verrühren. Die Götterspeise zusammen mit dem Zucker ins Wasser einstreuen und 10 Minuten quellen lassen. Dann erhitzen und rühren, bis sich alles aufgelöst hat. Vom Herd nehmen und abkühlen lassen, bis die Flüssigkeit nur noch gerade eben lauwarm ist. Dann löffelweise in Käsecreme geben und gut unterrühren. In den Kühlschrank stellen, bis die Masse beginnt, Straßen zu ziehen. In der Zwischenzeit die Sahne zusammen mit dem restlichen Vanillinzucker steifschlagen und unter die Creme ziehen. Die Erdbeeren abspülen, trockentupfen, entkelchen und etwa ¾ davon je nach Größe ganz oder halbiert unter die Creme heben. Den Springformrand dünn fetten und den Rand mit einem Pergamentpapierstreifen auslegen. Die Masse in die Springform füllen und in 3–4 Stunden im Kühlschrank erstarren lassen. Eine beliebige Schablone auflegen und mit Bröseln bestreuen. Dann die Schablone herunternehmen und die bröselfreien Stellen mit den restlichen Erdbeeren verzieren. Zum Schluß vorsichtig den Springformrand und den Pergamentstreifen abziehen.

Variation

Zur Abwechslung kann diese Torte auch mit Waldmeister- oder Kirschgeschmack zubereitet werden. Man verwendet dann Waldmeister-Götterspeise und kann, um das Aroma noch zu intensivieren, 2 EL Waldmeistersirup hinzugeben. Stattdessen wird jedoch nur der Saft einer Zitrone verwendet. Kirschgeschmack wird durch Kirsch-Götterspeise erreicht, die mit 2 CL Kirschlikör abgerundet wird. Die Zitronensaftmenge wird auch in diesem Fall um die Hälfte reduziert. Als Früchte werden dann Kirschen verwendet. Zur Kirschfüllung paßt ein Boden, der Schokolade enthält, besonders gut. Dabei wird nur die Menge der Nüsse durch Schokoladenstreusel ersetzt. Die Butter darf dann aber nicht verflüssigt werden, da sich die Schokoladenstreusel auflösen können. Die Zutaten für den Boden sollten zwischen den Handflächen verrieben werden, bis alle Zutaten gut miteinander vermischt sind.

Kalorienarme Bäckerei

Der süße Genuß, dem keine Reue folgt

Pfeffer-Erdbeer-Biskuit

5 Eigelb, 50 g Zucker
½ TL flüssiger Süßstoff
Schale einer ungespritzten Zitrone
5 Eiweiß
80 g Mehl, 20 g Speisestärke
Zucker zum Bestreuen
2 EL grüner Pfeffer, eingelegt
1 000 g Erdbeeren
500 g Magerquark
¼ l teilentrahmte Milch
Saft und Schale einer ungespritzten Zitrone
flüssiger Süßstoff
6 Blatt weiße Gelatine
1 Päckchen Schlagschaum oder Schlagfit
¼ l teilentrahmte Milch

Die Eigelbe und die Hälfte des Zuckers gut schaumig rühren. Flüssigen Süßstoff und abgeriebene Zitronenschale zugeben. Die Eiweiße fast steif schlagen, langsam den restlichen Zucker einrieseln lassen und so lange weiterschlagen, bis der Eischnee völlig steif ist. Den Eischnee auf die Eigelbmasse geben. Das Mehl und die Speisestärke vermischen und darübersieben. Beides mit einem Rührlöffel vorsichtig unter die Eigelbmasse heben. Ein Backblech vollständig mit Pergamentpapier oder Backfolie auslegen und den Biskuitteig gleichmäßig darauf verstreichen. Bei 200 Grad (Gas Stufe 3) im vorgeheizten Backofen 10–15 Minuten goldgelb backen. In der Zwischenzeit mit Zucker bestreutes Küchentuch vorbereiten. Die Teigplatte darauf stürzen. Möglichst rasch, aber vorsichtig das Papier abziehen und den Teig sofort mit dem Tuch aufrollen. Grünen eingelegten Pfeffer aus dem Glas nehmen und gut abtropfen lassen, am besten mit einem Küchenkrepp trokkentupfen. 1 TL Pfefferkörner zurücklegen und den Rest im Mörser zerstoßen, zwischen zwei Küchenbrettchen zerdrücken oder durch die Kräutermühle geben. Die Erdbeeren verlesen, waschen und entkelchen. Große Erdbeeren vierteln oder halbieren. Einige kleine Erdbeeren zur Dekoration zurückbehalten. Erdbeeren mit dem Pfeffer mischen und 10 Minuten ziehen lassen. Für die Füllung den Magerquark mit der Milch, Zitronensaft und -schale verrühren und mit Süßstoff abschmekken. Gelatine in kaltem Wasser einweichen, ausdrücken und unter ständigem Rühren bei mittlerer Hitze auflösen. Zur Quarkmasse geben und gleichmäßig unterrühren. Schlagschaum oder Schlagfit mit der Milch nach Vorschrift zubereiten und unter den Quark ziehen. Den Biskuitteig entrollen und mit der Masse bestreichen. Einen Teil der Creme zum Verkleiden der Rolle zurücklassen. Erdbeeren zusammen mit dem Pfeffer auf der Quarkmasse verteilen und den Teig zur Rolle wickeln. Mit der restlichen Quarkcreme bestreichen und mit Erdbeeren und den ganzen Pfefferkörnern verzieren.

Variation

Sollten Sie keinen grünen Pfeffer zur Hand haben, kann auch schwarzer verwendet werden. Er bietet zwar nicht den gleichen farblichen Kontrast, hat aber ebenfalls das pfeffrige Aroma. Er wird genau wie der grüne Pfeffer behandelt, zur Dekoration sollten jedoch keine ganzen Körner verwendet, sondern der Pfeffer geschrotet werden.

Kirsch-Melone

3 Eiweiß
2 Eigelb
2 EL trockener Magerquark
½ TL flüssiger Süßstoff
¼ l Wasser
⅛ l Rotwein
8 EL Kirschsirup
flüssiger Süßstoff
8 Blatt rote Gelatine
500 g Kirschen
1 Eigelb
1 Becher Joghurt aus entrahmter Milch (à 150 g)
⅛ l Maracujasaft
1 kleine Honigmelone (ca. 150 g)
flüssiger Süßstoff
1 Eiweiß
6 Blatt weiße Gelatine

Eiweiß steif schlagen, Eigelb mit Magerquark und Süßstoff cremig rühren und unter den Eischnee ziehen. Eine Springform (Durchmesser 22 cm) leicht ausfetten, den Teig einfüllen und im vorgeheizten Backofen bei 150 Grad (Gas Stufe ½ bis 1) etwa 30 Minuten backen. Aus der Form nehmen und auf einem Küchendraht auskühlen lassen. Wasser, Rotwein und Kirschsirup mischen und mit Süßstoff abschmecken. Gelatine in Wasser einweichen, ausdrücken und vorsichtig unter Rühren erhitzen, bis sie sich völlig aufgelöst hat. Gelatine in die Kirschflüssigkeit geben und gut verrühren. Ein Drittel des Gelees in eine runde Schüssel (Durchmesser ca. 22 cm) füllen, in den Kühlschrank stellen und erstarren lassen.

In der Zwischenzeit die Kirschen waschen, entstielen und entsteinen. Ist das Gelee im Kühlschrank fest geworden, eine zweite mit Wasser gefüllte Schüssel (Durchmesser um 2 cm kleiner als die erste) darauf stellen. Einen Teil der Kirschen in den Zwischenraum legen, das restliche Gelee erhitzen und verflüssigen und einen Teil davon über die Kirschen gießen. Wieder im Kühlschrank erstarren lassen und so fortfahren, bis beides aufgebraucht ist. Für den Kern Eigelb mit Joghurt verquirlen und Maracujasaft unterrühren. Honigmelone halbieren und aus der Hälfte Kugeln ausstechen. Das restliche Fruchtfleisch herauslösen und zusammen mit eventuell mißratenen Kugeln im Mixer pürieren. Das Püree unter die Creme ziehen und nach Belieben mit flüssigem Süßstoff abschmecken. Eiweiß zu Schnee schlagen und gleichmäßig unter die Masse heben. Die Gelatine nach Vorschrift einweichen, auflösen und unter die Melonencreme rühren. Melonenkugeln vorsichtig unterziehen. Das Kirschgelee aus dem Kühlschrank nehmen und das Wasser vorsichtig aus der kleinen Schüssel schöpfen. Stattdessen etwas heißes Wasser einfüllen, schwenken und die kleine Schüssel vorsichtig auslösen. In die so entstandene Mulde die Melonenjoghurtcreme einfüllen und für 2–3 Stunden in den Kühlschrank stellen. Die Kugel kurz vor dem Servieren auf den Teigboden stürzen.

Kalorienarme Bäckerei

Mandelmakronen

4 Eiweiß
100 g Puderzucker
100 g gemahlene Mandeln
3 TL Kakao
1 Msp. Ingwer
abgeriebene Schale einer ungespritzten Orange
30 kleine runde Backoblaten

Eiweiß zu steifem Schnee schlagen. Dann nach und nach den Puderzukker darübersieben und stets weiterschlagen, bis der Zucker eingearbeitet ist. Mandeln mit Kakao, Ingwer und der Orangenschale unterheben. Oblaten auf einem Backblech verteilen und mit zwei Teelöffeln kleine Teighäufchen daraufsetzen. Bei 160 Grad (Gas Stufe 2) auf mittlerer Schiene 15–20 Minuten backen.

Vanillekipferl

75 g gemahlene Haselnüsse
220 g Mehl
1 Päckchen Vanillinzucker
2 TL flüssiger Süßstoff
1 Eigelb
100 g kalte Butter
2 Päckchen Vanillinzucker
2 EL Puderzucker

Haselnüsse, Mehl und Vanillinzucker auf einer Arbeitsfläche mischen. Süßstoff, Eigelb und die kalte Butter in Flöckchen darübergeben. Alle Zutaten rasch zu einem Teig verkneten und in Alufolie eingewickelt 1 Stunde im Kühlschrank ruhen lassen. Danach zu einer Rolle formen und in 40 Stücke zerteilen. Zu Röllchen drehen und zu Kipferln biegen. Auf ein mit Backpapier ausgelegtes Blech setzen und bei 180 Grad (Gas Stufe 2) ca. 15 Minuten backen. Den Vanillinzucker und den Puderzucker mischen, sieben und die noch warmen Kipferl darin wenden.

Spritzgebäck

75 g Butter
4 TL flüssiger Süßstoff
1 Ei
1 Prise Salz
abgeriebene Schale einer ungespritzten Zitrone
4 Tropfen Bittermandelaroma
4 Tropfen Rumaroma
150 g Mehl
50 g Speisestärke
4 EL Milch

Butter zusammen mit dem Süßstoff schaumig rühren. Ei, Salz, abgeriebene Zitronenschale, Bittermandel- und Rumaroma zugeben und unterrühren. Mehl und Speisestärke sieben und eßlöffelweise abwechselnd mit der Milch zufügen. In einen Spritzbeutel mit Sterntülle füllen und s-Förmchen oder Ringe auf ein mit Backpapier ausgelegtes Kuchenblech spritzen. Die Plätzchen bei 200 Grad (Gas Stufe 3) in ca. 20 Minuten goldgelb backen. Auf einem Kuchendraht abkühlen lassen.

Käsekuchen mit Guß

100 g Margarine
½ TL flüssiger Süßstoff
200 g Mehl
½ TL Backpulver
Margarine zum Einfetten
1 große runde Backoblate
20 g Butter
750 g Magerquark
1 Päckchen Vanillepudding
4 EL Mehl
Schale einer Zitrone
½ l teilentrahmte Milch
flüssiger Süßstoff
50 g Butter, 50 g Zucker
2 Eigelb, 2 Eiweiß

Margarine mit dem Süßstoff verrühren und das Mehl mit dem Backpulver darübersieben. Alles schnell zu einem glatten Teig verkneten. Eine Springform (Durchmesser 26 cm) leicht ausfetten und so mit dem Teig auskleiden, daß ein 3 cm hoher Rand entsteht. Die Ränder der Backoblate mit Wasser bepinseln und auf den Boden legen. Butter verflüssigen und unter den Quark ziehen. Vanillepuddingpulver und Mehl darüberstreuen und vorsichtig unterrühren, damit keine Klümpchen entstehen. Abgeriebene Zitronenschale und die Milch zugeben. Die Masse mit flüssigem Süßstoff abschmecken und in die Form füllen. Für den Guß Butter, Zucker und Eigelb schaumig rühren. Die Eiweiß zu Schnee schlagen und unter die Eiermasse geben. Den Guß gleichmäßig über der Käsemasse verteilen. Die Torte bei 200 Grad (Gas Stufe 3) 30–40 Minuten backen. In den letzten 15 Minuten mit Pergamentpapier abdecken.
Die Torte 5–6 Stunden, am besten über Nacht auskühlen lassen.

Kirschen-Quark-Torteletts

3 Eiweiß
500 g Quark
3 Eigelb
flüssiger Süßstoff
abgeriebene Schale einer Zitrone
50 g Mehl
Margarine zum Einfetten
Semmelbrösel zum Ausstreuen
300 g Magerquark
1 Ei
Saft einer Zitrone
abgeriebene Schale ½ Zitrone
25 g gemahlene Haselnüsse
1 EL Mehl
flüssiger Süßstoff
24 Kirschen

Eiweiß schnittfest schlagen, Quark mit Eigelb verrühren und mit Süßstoff und Zitronenschale abschmekken. Mehl unterrühren und vorsichtig den Eischnee unterheben. 6 Tortelettförmchen leicht ausfetten, mit Semmelbröseln bestreuen und den Teig einfüllen.
Bei 180 Grad (Gas Stufe 2) 10–15 Minuten vorbacken. Leicht abkühlen lassen und stürzen. Magerquark mit Ei und Zitronensaft verrühren. Abgeriebene Zitronenschale, Haselnüsse und Mehl unterrühren. Mit Süßstoff abschmecken und auf den wieder in die Förmchen gesetzten Tortelettes verteilen. Kirschen entsteinen und auf jedes Tortelett 3 Stück setzen. Nochmals 15 Minuten bei 200 Grad (Gas Stufe 3) backen.

Gemischte Beeren-Charlotte

ca. 30 Löffelbiskuits
½ l Weißwein
½ Zimtstange
2 Gewürznelken
9 Blatt weiße Gelatine
2 Glas (je 2 cl) Maraschino
flüssiger Süßstoff zum Abschmecken
100 g Walderdbeeren
(ersatzweise kleine Erdbeeren)
100 g Blaubeeren oder Johannisbeeren
100 g helle Weintrauben
100 g Himbeeren
100 g Brombeeren

Mit einem Teil der Löffelbiskuits eine Springform (Durchmesser 22 cm) auslegen und den Rand der Form mit einem Pergamentpapierstreifen auskleiden. Etwa ⅛ l Weißwein mit der Zimtstange und den Nelken aufkochen lassen, durch ein Sieb gießen und die vorher nach Packungsaufschrift eingeweichte Gelatine unter Rühren darin auflösen. Den übrigen Wein zusammen mit dem Maraschino untermischen und die Flüssigkeit mit ein paar Tropfen Süßstoff abschmecken. Abkühlen lassen, bis die Masse beginnt, Straßen zu ziehen. In der Zwischenzeit die Beeren verlesen und vorsichtig in kaltem Wasser waschen. Auf einem Sieb abtropfen lassen. Die Erdbeeren dann entkelchen und größere Früchte halbieren oder vierteln. Die Blaubeeren oder Johannisbeeren von den Stielen streifen und die Weintrauben häuten, halbieren und entkernen. Himbeeren und Brombeeren entstielen, ohne das Fruchtfleisch zu verletzen. Sobald die Geleemasse beginnt, fest zu werden, einmal kräftig durchschlagen, dann die Früchte locker untermischen. In die vorbereitete Form füllen und bis zum endgültigen Schnittfestwerden in den Kühlschrank stellen. Vor dem Servieren den Springformrand und das Pergamentpapier entfernen. Die übrigen Löffelbiskuits halbieren und kurz in einer trockenen Pfanne oder im heißen Backofen erwärmen und senkrecht an den Geleerand drücken. Auf einer Tortenplatte anrichten und wie eine Torte in Stücke zerteilen.

Tip

Zur Beeren-Charlotte kann eine Weinschaumsauce gereicht werden: Hierzu ⅛ l vollmundigen Weißwein (etwa eine gute Spätlese) mit 3 Eigelb im heißen, aber nicht kochenden Wasserbad schlagen, bis die Masse dickschaumig und cremig ist. Nach Geschmack mit flüssigem Süßstoff nachsüßen.

Bunte Schokoladen-Weintorte

4 Eigelb, 125 g Zucker
1 Vanilleschote, 4 Eiweiß
1 Prise Salz, 60 g Mehl
40 g Speisestärke, 30 g Kakao

Für Füllung und Verzierung
½ Ananas (ca. 500 g)
150 g Erdbeeren, ¼ l Weißwein
1 Päckchen Instant-Schokoladencreme, ½ l teilentrahmte Milch
3 Beutel Schlagschaum oder Schlag-fit

Für den Teig Eigelb schaumig schlagen und dabei nach und nach etwa die Hälfte des Zuckers einstreuen. Die Vanilleschote der Länge nach aufschlitzen, das Mark herausschaben und zufügen. Eiweiß mit Salz zu schnittfestem Schnee schlagen, den restlichen Zucker einrieseln lassen und weiterschlagen, bis der Schnee ganz weiß und stark glänzend ist. Auf die Eigelbcreme gleiten lassen. Mehl mit Speisestärke und Kakao mischen, darübersieben und alles locker unterheben. Eine Springform (Durchmesser 22–24 cm) mit Backpapier auslegen, den Teig einfüllen und glatt verstreichen. Auf der mittleren Schiene des auf 180 Grad (Gas Stufe 2) vorgeheizten Ofens in 25–30 Minuten backen. Dann auf einen Kuchendraht stürzen, das Backpapier abziehen und die Torte auskühlen lassen. Während dieser Zeit die Füllung zubereiten. Dazu die Ananas sorgfältig schälen, den harten Kern in der Mitte entfernen und das Fruchtfleisch in kleine Schnitze teilen. Die Erdbeeren kurz in kaltem Wasser waschen, sehr gut trockentupfen, dann die Stielansätze entfernen. Sehr große Früchte halbieren oder vierteln. Die ganzen Früchte mehrfach mit einer Nadel einstechen. Erdbeeren und Ananas mit dem Wein begießen und zugedeckt ziehen lassen. Die Torte einmal waagerecht durchschneiden, einen Tortenboden auf eine Platte und den anderen beiseitelegen. Die Instant-Schokoladencreme mit ⅜ l Milch in 2–3 Minuten zur Creme verschlagen. Die Früchte auf einem Sieb abtropfen lassen, ¼ l Saft abmessen und unter ständigem Schlagen unter die Schokoladencreme mischen. Für ca. 10 Minuten in den Kühlschrank stellen. Den übrigen Saft auf den unteren Tortenboden träufeln. Die restliche Milch in eine Schüssel gießen und den Schlagschaum oder Schlag-fit nach Packungsaufschrift hineinschlagen. Sobald diese Masse steif ist, unter die Schokoladencreme heben. Den beträufelten Boden mit Ananasstücken und Erdbeeren belegen und dabei ein paar besonders schöne Stücke zum Verzieren abnehmen. Die Hälfte der Creme darauf verstreichen, den zweiten Boden aufsetzen und diesen auf der Oberfläche und auch am Tortenrand mit Creme überziehen. Die restliche Creme in einen Spritzbeutel mit Sterntülle geben. Auf der Tortenoberfläche 12 oder 16 Stücke markieren und jedes mit einem dicken Cremetupfer bespritzen. Mit den übrigen Früchten verzieren und die Torte bald servieren.

Kiwi-Torteletts

40 g Butter oder Margarine
3 EL Zucker
1 Päckchen Vanillinzucker
abgeriebene Schale einer ungespritzten Zitrone
1 Prise Salz
einige Tropfen flüssiger Süßstoff
60 g Mehl
½ TL Backpulver
Butter oder Margarine zum Einfetten
Semmelbrösel zum Ausstreuen

Außerdem
2 Eiweiß, 1 Prise Salz
2 EL Zucker, ½ TL Zitronensaft
2–3 Kiwis (je nach Größe)

Butter oder Margarine cremig rühren und nach und nach den Zucker zusammen mit Vanillinzucker, Zitronenschale und Salz zufügen. Rühren, bis die Masse schaumig und der Zukker gelöst ist. Mit etwas Süßstoff nachsüßen. Mehl mit Backpulver mischen, darübersieben und schnell, aber gründlich unterrühren. 4 oder 6 Tortelettförmchen (je nach Größe) leicht einfetten und mit Semmelbröseln ausstreuen. Den Teig einfüllen, glattstreichen und auf einem Kuchendraht in dem auf 180 Grad (Gas Stufe 2) vorgeheizten Ofen auf die mittlere Schiene schieben. 10–15 Minuten backen, dann auf einen Kuchendraht stürzen und leicht abkühlen lassen. Während die Torteletts backen, Eiweiß mit Salz zu schnittfestem Schnee schlagen. Nach und nach den Zucker einrieseln lassen und so lange weiterschlagen, bis der Schnee sehr fest und stark glänzend ist. Zum Schluß den Zitronensaft untermischen. In einen Spritzbeutel mit kleiner Sterntülle geben. Die Kiwis schälen und in Scheiben schneiden, diese nach Wunsch halbieren oder vierteln. Die Kiwis dicht auf den Torteletts verteilen und rundherum einen engen Kreis aus Baisertupfern spritzen. In den auf 200–220 Grad vorgeheizten Ofen schieben und überbakken, bis die Eischneemasse goldgelb geworden ist. Dann herausnehmen, abkühlen lassen und möglichst sofort danach servieren; sie schmecken frisch am besten.

Hinweis Zu den Kiwi-Torteletts kann Schlagschaum gereicht werden, der mit etwas abgeriebener Zitronenschale aromatisiert wurde. Und wer nicht auf die Kalorien oder Joule achten muß, serviert kalte, nur ganz leicht gesüßte Schlagsahne dazu.

Quark-Charlotte mit Himbeeren

3 Eigelb
3 EL lauwarmes Wasser
60 g Zucker, 3 Eiweiß
1 Prise Salz, 75 g Mehl
1 Päckchen Backpulver
Zucker zum Bestreuen
300 g Himbeeren
250 g Magerquark
Saft und Schale 1 Zitrone
3–4 EL teilentrahmte Milch zum Verrühren
1–2 TL flüssiger Süßstoff
6 Blatt weiße Gelatine
⅛ l teilentrahmte Milch
1 Packung Schlag-fit oder Schlagschaum

Eigelb mit Wasser schaumig schlagen, dann nach und nach etwa 40 g Zucker einstreuen. Schlagen, bis die Masse weißschaumig und der Zucker gelöst ist. Eiweiß mit Salz zu schnittfestem Schnee schlagen, den restlichen Zucker danach einrieseln lassen. Auf die Eigelbcreme gleiten lassen. Mehl mit Backpulver darübersieben und alles locker unterheben. Ein Backblech mit Pergament- oder Backpapier belegen, den Teig darauf verstreichen und auf der mittleren Schiene des auf 200 Grad (Gas Stufe 3) vorgeheizten Ofens 10–12 Minuten backen. Auf ein mit Zucker bestreutes Küchentuch stürzen, das Papier abziehen und den Teig zusammen mit dem Tuch zur Rolle wickeln. Abkühlen lassen. Indessen die Himbeeren nur sehr kurz waschen, trockentupfen und entstielen. Quark, Zitronensaft und Milch verrühren, so daß eine geschmeidige Masse entsteht. Zitronenschale zugeben und mit Süßstoff abschmecken. Gelatine in kaltem Wasser einweichen, ausdrücken und unter Rühren bei mittlerer Hitze auflösen. Gleichmäßig unter die Quarkmasse ziehen. Schlagschaum oder Schlag-fit zusammen mit der Milch nach Packungsvorschrift zubereiten und unter die Quarkcreme rühren. Mit einem Teil der Masse den Biskuit dünn bestreichen, wieder aufrollen und ca. 1–1,5 cm breite Scheiben schneiden. Eine runde, glatte Schüssel damit auslegen, dabei 5–6 für den Boden zurückbehalten. Nun eine Schicht Quarkcreme in die mit Biskuitscheiben vorbereitete Schüssel füllen und darauf eine Lage Himbeeren verteilen. Diese wieder mit Quarkmasse bedecken. So fortfahren, bis beides verbraucht ist. Mit einer Schicht Quark enden und die restlichen Scheiben darauflegen. Die Charlotte für eine Stunde in den Kühlschrank stellen und vor dem Servieren auf eine Platte stürzen.

Quark-Stollen

1 unbehandelte kleine Orange
½ unbehandelte Zitrone
5 EL Zucker
12 EL Wasser
500 g Magerquark
500 g Mehl
1 Päckchen Backpulver
2 Eier, 100 g Zucker
1 Prise Salz
50 g gehackte Mandeln
je 3 Tropfen Bittermandel- und Rumaroma
Margarine zum Einfetten
Semmelbrösel zum Ausstreuen
4 EL halbfette Margarine
5 EL Puderzucker
1 Päckchen Vanillinzucker

Orange und Zitrone waschen und in dünne Scheiben (ca. 5 mm) schneiden. Zucker zusammen mit dem Wasser erhitzen, bis sich der Zucker verflüssigt hat. Orangen- und Zitronenscheiben darin 3–4 Minuten kochen. Herausnehmen und dabei den Zucker abtropfen lassen. Etwas abkühlen lassen und anschließend in kleine Würfel schneiden. Magerquark abtropfen lassen. Dies geht am besten, wenn er auf einem Küchenkrepp wie ein Fladen verteilt wird. Das Papier dann 3–4mal erneuern, bis der Quark trocken ist. Mehl mit Backpulver sieben und eine Mulde hineindrücken. Quark, Eier, Zucker, Salz, Mandeln, Zitronen- und Orangenwürfel sowie die Aromen hineingeben. Alle Zutaten zu einem Teig verkneten. Ein Backblech leicht einfetten mit Semmelbröseln bestreuen. Den Teig zu einem Stollen formen, auf das Blech setzen und bei 200 Grad (Gas Stufe 3) auf mittlerer Schiene ca. 60 Minuten backen. Den fertigen Stollen vom Blech nehmen, auf einen Kuchendraht legen und noch heiß mit der zerlassenen Margarine bestreichen. Puderzucker und Vanillinzucker mischen und über den Stollen sieben.

Quitten-Apfel-Strudel

750 g Quitten
150 g Mehl
½ TL Salz
1 Ei
1 EL Schmalz
60 ml lauwarmes Wasser
750 g Äpfel
Saft einer Zitrone
flüssiger Süßstoff
Mehl zum Ausrollen
30 g flüssige Butter
2 EL Zucker
1 TL gemahlener Zimt

Die Quitten waschen und auf einem Drahtgitter (mit einer Schale darunter) 45 Minuten bei 200 Grad (Gas Stufe 3) im Backofen garen. In der Zwischenzeit den Strudelteig zubereiten. Das Mehl auf ein Kuchenbrett sieben, eine Mulde hineindrücken und Salz, Ei, Schmalz und lauwarmes Wasser zugeben. Alle Zutaten von der Mitte aus zu einem Teig verrühren und dann kräftig durchkneten. Mehrmals auf die Arbeitsfläche werfen und nochmals gründlich kneten. In Pergamentpapier einschlagen und 30 Minuten in einem heißen trockenen Topf ruhen lassen. Inzwischen die Äpfel waschen, schälen und von braunen Stellen befreien. Kerne und Spelzen herausschneiden. Die Apfelviertel in ca. 2 mm dicke Schnitze schneiden, mit dem Zitronensaft beträufeln und zudecken. Quitten aus dem Backofen nehmen, leicht abkühlen lassen und die Schale abziehen. Das Fruchtfleisch mit einem Löffel vom Kern abkratzen. Durch ein Sieb streichen oder im Mixer pürieren. Das Quittenmus mit flüssigem Süßstoff recht süß abschmecken. Den Teig auf einem bemehlten Küchentuch ausrollen und hauchdünn ausziehen. Mit flüssiger Butter bestreichen, dabei 1 EL für die Strudeloberfläche zurückbehalten. Das Quittenmus auf den ausgezogenen Teig streichen. Die Apfelschnitzen gleichmäßig auf der ganzen Fläche verteilen. Dabei ringsherum einen 2 cm breiten Rand freilassen. Zucker und Zimt miteinander vermischen und über die Apfelschnitze streuen. Die Ränder einschlagen, damit die Flüssigkeit der Füllung nicht ausläuft. Den Teig mit Hilfe des Tuches zum Strudel rollen und vorsichtig auf ein mit kaltem Wasser abgespültes Blech legen. Mit der restlichen Butter bestreichen. Bei 220 Grad (Gas Stufe 4) 45 Minuten backen, bis sich die Oberfläche knusprig bräunt.

Tip

Der Strudel schmeckt besonders lekker, bildet kalte Quittensahne den kühlen Kontrast zum ofenfrischen Apfelstrudel. Dazu gleich zu Anfang eine Quitte mehr im Ofen mitgaren und das Fruchtfleisch pürieren. Eine Packung Schlagschaum oder Schlagfit mit ¼ l Milch nach Vorschrift zubereiten und das Quittenmus sehr locker unterziehen.

Preiselbeerstrudel

140 g Mehl
½ TL Salz
1 EL Öl
80 ml lauwarmes Wasser
5 Eiweiß
2 EL Zucker
Saft einer halben Zitrone
200 g Preiselbeeren aus dem Glas
20 g gehackte Haselnüsse
abgeriebene Schale einer Zitrone
Mehl zum Ausrollen
30 g Butter

Mehl in eine Schüssel sieben und eine Vertiefung in die Mitte drücken. Salz und Öl hineingeben und lauwarmes Wasser langsam zugießen. Alle Zutaten verrühren und dann gründlich durchkneten. 20–30mal auf die Arbeitsfläche werfen und dann nochmals kräftig durchkneten. (Der Teig muß beim Durchschneiden völlig glatt sein). Den Strudelteig in Pergamentpapier einwickeln und in einem heißen trockenen Topf, in dem vorher Wasser gekocht wurde, 30 Minuten ruhen lassen. In der Zwischenzeit die Preiselbeerfüllung zubereiten. Die Eiweiße zu Schnee schlagen. Dann den Zucker einrieseln lassen und ungefähr 1 Minute weiterschlagen, mit dem Zitronensaft genauso verfahren. Preiselbeeren im Glas durchrühren und mit den gehackten Haselnüssen und der abgeriebenen Zitronenschale unter die Eischneemasse heben. Ein großes Küchentuch mit Mehl bestäuben und das Mehl glattstreichen. Den Strudelteig mit einem bemehlten Nudelholz möglichst dünn darauf ausrollen. Mit den Handrücken den Teig greifen und weiter ausdehnen. Die Ränder mit den Fingerspitzen auseinanderziehen. Die Butter verflüssigen, Teig dünn damit bestreichen. Die Preiselbeermasse gleichmäßig darauf verteilen und 3 cm Breite dabei aussparen. Ränder nach innen schlagen, damit beim Backen die Füllung nicht herausläuft. Den Teig mit Hilfe des Küchentuches zum Strudel rollen. Ein Kuchenblech mit kaltem Wasser abspülen und den Strudel vorsichtig darauflegen. Mit der restlichen Butter bepinseln. Den Strudel bei 180 Grad (Gas Stufe 2) 40–50 Minuten goldbraun backen.

Variation

Mit frischen Preiselbeeren zeigt sich der Strudel noch kalorienärmer. Da diese jedoch häufig schwer zu haben sind, können auch rote Johannisbeeren verwendet werden. Dann muß jedoch die Zuckermenge auf 3 EL erhöht werden.

Tip

Die Strudel sind nicht nur schlanke Zwischenmahlzeiten, sondern für alle gedacht, die während einer Schlankheitskur nicht gern auf Süßes auch als Hauptmahlzeit verzichten möchten. Zwei Stücke sättigen und haben nicht mehr als 200–300 Kalorien.

Pikante Bäckerei und Brote

Auf Parties sind sie der absolute Hit, aber auch die eigene Familie freut sich stets darüber

Pizza

500 g Mehl
⅛ l lauwarmes Wasser
½ TL Zucker
20 g Preßhefe oder 1 Päckchen Trockenhefe
1 Zwiebel
10 g Butter oder Margarine
1–2 EL Öl, ½ TL Salz
1 große Dose geschälte Tomaten
1 Tube Tomatenmark
Salz, frisch gemahlener weißer Pfeffer
je 1 Prise zerriebener Oregano und Basilikum
1 rote Paprikaschote
2 gelbe Paprikaschoten
1–2 Zucchini, 2 große Zwiebel
200 g gekochter Schinken
450 g Mozzarella
Öl zum Einfetten
100 g ungarische Salami
Salz, grob zerstoßener schwarzer Pfeffer
eingelegter grüner Pfeffer
Basilikum und Oregano zum Bestreuen
4 EL Öl zum Bepinseln

Mehl in eine Schüssel geben und eine Vertiefung in die Mitte drücken. 4 EL vom lauwarmen Wasser abnehmen, Zucker und Hefe darin auflösen und mit Mehl vom Rand zum Vorteig anrühren. 15 Minuten an warmem Ort gehen lassen, bis der Teig Blasen bildet. Inzwischen die Zwiebel schälen, fein würfeln, in der ausgelassenen Butter oder Margarine glasig dünsten und leicht abkühlen lassen. Das restliche Wasser, Öl und Salz zum Vorteig geben und alle Zutaten zu einem glatten Teig verkneten. Mit einem Küchentuch bedeckt 30 Minuten an warmem Ort gehen lassen. In der Zwischenzeit den Belag zubereiten. Tomaten abtropfen lassen und durch ein Sieb streichen. Mit Tomatenmark, Salz, Pfeffer, Oregano und Basilikum würzen. Die Paprikaschoten vierteln, von Kernen und Rippen befreien und in feine Streifen schneiden. Zucchini waschen und in ½ cm breite Scheiben schneiden. Zwiebeln schälen und in Ringe teilen. Schinken in Streifen und Mozzarella in Scheiben schneiden. Ein Kuchenblech mit Öl bepinseln und den Teig darauf ausrollen. 5 Minuten ruhen lassen und den Teig nochmals in die Ecken drücken. Mit dem Tomatenpüree bestreichen und mit Paprika, Zucchini, Zwiebelringen, Schinken und Salami belegen und den Mozzarella darauf verteilen. Mit Salz, schwarzem und grünem Pfeffer, Basilikum und Oregano würzen und mit Öl bepinseln. Im auf 200 Grad (Gas Stufe 3) vorgeheizten Ofen ca. 30 Minuten backen.

Piroggen

100 ml lauwarmes Wasser
½ TL Zucker, 20 g Hefe
230 g Mehl, 1 TL Salz
50 g Schmalz
2 Zwiebeln
8 Scheiben roher Schinken
20 g Butter
1 Dose Champignons (à 200 g)
100 ml Weißwein
2 TL Rahmsauce (Instant)
1 Bund Petersilie
2 EL saure Sahne
frisch gemahlener schwarzer Pfeffer
50 g geriebener Emmentaler
1 Ei, 1 EL Milch
Butter oder Margarine zum Einfetten

Lauwarmes Wasser in eine Schüssel geben, den Zucker darin auflösen und die Hefe hineinbröckeln. Einige Eßlöffel vom Mehl abnehmen und mit der Flüssigkeit zum Vorteig verrühren. Den Backofen auf 50 Grad anschalten und den Vorteig dort 15 Minuten gehen lassen. Das übrige Mehl in eine Schüssel sieben und ebenfalls in den Backofen stellen. Vorteig zusammen mit Salz und Schmalz zum Mehl geben und zum glatten Teig verkneten. Mit einem Küchentuch bedeckt an warmem Ort 30 Minuten gehen lassen. Inzwischen die Füllung zubereiten. Zwiebeln schälen und fein würfeln. 2 Scheiben Schinken in dünne Streifen schneiden und beides in der ausgelassenen Butter anbraten. Die abgetropften Champignons blättrig schneiden, zu den Zwiebeln geben und 2–3 Minuten dünsten. Mit Weißwein ablöschen und mit Rahmsauce andicken. Petersilie abspülen und wiegen oder sehr fein schneiden. Den Schinken in dünne Streifen oder in Würfelchen teilen. Zusammen mit der sauren Sahne unterziehen und mit Salz und Pfeffer abschmecken. Leicht auskühlen lassen und den Käse untermischen. Den Teig 3 mm dünn ausrollen und Plätzchen von 12 cm Durchmesser ausstechen. Die Füllung darauf verteilen und den Teig zu Halbmonden zusammenklappen. Die Teigränder mit einer Gabel zusammendrücken. Ei und Milch verquirlen und die Piroggen damit bestreichen. Auf einem gefetteten Backblech ca. 15 Minuten im auf 200 Grad (Gas Stufe 3) vorgeheizten Ofen backen.

Oliventäschchen

300 g tiefgekühlter Blätterteig
1 Dose Thunfisch in Öl, 1 Zwiebel
1 kleines Gläschen mit Paprika gefüllte Oliven (50 g)
100 g Frischkäse
Salz, frisch gemahlener schwarzer Pfeffer
1 kräftige Prise zerriebener Oregano
Mehl zum Ausrollen, 1 Eigelb

Die Blätterteigscheiben nebeneinanderlegen und bei Raumtemperatur auftauen lassen. Inzwischen den Thunfisch mit einer Gabel zerpflükken. Zwiebel schälen und fein würfeln, Oliven in Scheiben schneiden. Frischkäse mit einer Gabel zerdrükken und Zwiebelwürfel, Oliven und Thunfisch mischen. Die Füllung mit Salz, schwarzem Pfeffer und Oregano abschmecken. Die Blätterteigscheiben aufeinanderlegen und auf bemehlter Unterlage zu einem 30 × 48 cm großen Rechteck ausrollen. Einen 3 cm breiten Streifen abschneiden und 6 Quadrate aus dem Rechteck schneiden. Die Füllung darauf verteilen. Die Ränder der Quadrate mit Eigelb bestreichen und gut zusammendrücken. Aus dem Streifen 6 kleine Kreise ausstechen, mit Eigelb bestreichen und auf die ebenfalls mit Eigelb bestrichenen Täschchen setzen. Aufs kalt abgespülte Blech legen und 10 Minuten ruhen lassen. Bei 200 Grad (Gas Stufe 3) 25 Minuten auf mittlerer Schiene backen.

Pikante Bäckerei und Brote

Kümmelstangen

400 g Mehl
4 EL lauwarmes Wasser
1 TL Zucker
20 g Preßhefe oder 1 Päckchen Trockenhefe
1 TL Salz, 4 EL saure Sahne
2 EL Öl, 100 ml Wasser
1 Eigelb, 2 TL Kondensmilch
2–3 EL Kümmel, 2 EL grobes Salz
Mehl für das Blech

Mehl in eine Schüssel sieben und eine Vertiefung in die Mitte drücken. Wasser, Zucker und die zerbröckelte Hefe hineingeben. Mit etwas Mehl vom Rand zum Vorteig verrühren und 15 Minuten an warmem Ort gehen lassen.
Salz, saure Sahne, Öl und lauwarmes Wasser zugeben und alle Zutaten zu einem glatten Teig verkneten. In einer Schüssel mit einem Küchentuch bedeckt 30 Minuten an warmem Ort gehen lassen. Aus dem Teig eine Rolle formen und in 8 Stücke schneiden. Daraus Stangen mit einem Durchmesser von 2,5 cm rollen. Auf der Oberfläche mit dem Finger 3–4 Mulden eindrücken. Eigelb und Kondensmilch verquirlen und die Stangen damit bestreichen. Salz und Kümmel in die Mulden streuen. Auf einem bemehlten Blech 20–25 Minuten im auf 220 Grad (Gas Stufe 4) vorgeheizten Ofen backen.

Zwiebel-Käse-Stangen

3 Platten tiefgekühlter Blätterteig
1 Zwiebel
10 g Butter oder Margarine
75 g Cheddar (Chester)
1 Ei
½ TL Salz
weißer Pfeffer
Paprika edelsüß
Mehl zum Ausrollen

Die Blätterteigplatten nebeneinander bei Zimmertemperatur auftauen lassen. Zwiebel schälen, sehr fein würfeln und in der ausgelassenen Butter oder Margarine goldbraun braten. Den Käse reiben. Das Ei mit einer Gabel verschlagen und mit Salz, Pfeffer und Paprika würzen. Eine Blätterteigplatte auf eine bemehlte Arbeitsfläche legen und mit etwas verquirltem Ei bestreichen. Die Hälfte der Zwiebelwürfel und des Cheddars darauf verteilen. Die zweite Blätterteigplatte ebenfalls mit Ei bepinseln und mit dieser Seite auf Käse und Zwiebeln legen. Nun auch die Oberfläche mit Ei bestreichen und die übrigen Zwiebelwürfel und Käseraspeln darauf verteilen. Auch die letzte Platte, die einseitig mit Ei bestrichen ist, daraufsetzen. Den Blätterteig mit einem bemehlten Nudelholz auf die doppelte Größe ausrollen. 3 cm breite Streifen schneiden, mit Eigelb bestreichen und darauf achten, daß es nicht an die Schnittkanten kommt.
Die Streifen zu Spiralen drehen und auf einem mit kaltem Wasser abgespülten Backblech ca. 10 Minuten ruhen lassen.
Dann im auf 200 Grad (Gas Stufe 3) vorgeheizten Ofen in 8 bis 10 Minuten goldbraun backen.
Sofort vom Blech lösen und auf einem Kuchendraht abkühlen lassen. Möglichst frisch servieren.

Zwiebelbrötchen mit Speck

400 g Roggenmehl (Type 1370)
100 g Weizenmehl (Type 405)
200 g Sauerteig (s. S. 312/313)
15 g Preßhefe oder ½ Päckchen Trockenhefe
125 g durchwachsener Speck
1 EL Öl
2 große Zwiebeln
1 TL Salz
1 TL Kümmelsamen
6 EL Wasser
Mehl zum Bestäuben und Formen

Roggen- und Weizenmehl in einer Schüssel mischen und eine Mulde in die Mitte drücken. Den Sauerteig hineingeben und die Hefe darin zerbröckeln. Mit Mehl vom Rand zum Vorteig verrühren und 15 Minuten gehen lassen.
In der Zwischenzeit den Speck würfeln und im heißen Öl auslassen. Zwiebeln schälen, ebenfalls würfeln und im Fett glasig dünsten. Zwiebeln, Speck und Fett erkalten lassen und zusammen mit dem Salz, Kümmel und dem Wasser zum Vorteig geben. Alles zum glatten Teig verarbeiten. Eine Teigkugel formen und in ausgemehlter Schüssel 1 Stunde gehen lassen. Anschließend den Teig gut durchkneten, zur Rolle formen und in 8 Stücke schneiden. Die Teigstückchen ebenfalls durchkneten, zu Kugeln formen und auf ein bemehltes Backblech setzen. Mit einem Küchentuch bedecken und nochmals 30 Minuten gehen lassen. In der Zwischenzeit den Backofen auf 200 Grad (Gas Stufe 3) vorheizen und die Brötchen 30–40 Minuten darin backen.

Frühlingsbrötchen

200 g Weizenmehl (Type 405)
3 TL Backpulver
1 Msp Salz, 30 g Butter
100 g Kräuterfrischkäse
1 Bund Schnittlauch
(ca. 3 EL Röllchen)
8 EL Milch, Mehl zum Formen
Butter oder Margarine zum Einfetten
2 EL Kondensmilch

Mehl zusammen mit dem Backpulver in eine Schüssel sieben und mit dem Salz mischen. Butter und Kräuterfrischkäse in Flöckchen daraufsetzen und mit der Hand zu einer krümeligen Masse verarbeiten. Schnittlauch abspülen und in kleine Röllchen schneiden. Zusammen mit der Milch in die Schüssel geben und alles zu einem Teig verkneten. Eine Rolle daraus formen und in 6 Stücke schneiden. Jedes Teigstück nochmals gut durchkneten und zum Brötchen formen. In der Mitte mit dem Messerrücken eine Längskerbe ziehen und auf ein gefettetes Backblech setzen. Die Oberfläche mit Kondensmilch bestreichen und im auf 200 Grad (Gas Stufe 3) vorgeheizten Ofen 20–25 Minuten backen.

Variation

Leinsamenbrötchen: Aus dem gleichen Rezept können Leinsamenbrötchen hergestellt werden. Dabei wird der Kräuterfrischkäse durch Frischkäse ersetzt und der Schnittlauch durch 4–5 EL Leinsamen. Die Oberfläche der Brötchen wird mit Leinsamen bestreut.

Erdnuß-Geflügeltorte

200 g Mehl
1 Ei
½ TL Salz
50 g Erdnußmus
100 g Butter

Für die Füllung
400 g Hühnerbrust
3 EL Mehl
1 TL Paprika edelsüß
1 TL Curry
3 EL Öl
2 EL trockener Sherry (Fino)
1 Dose Sojabohnenkeimlinge
1 kleine Dose Bambussprossen
1 kleine Dose Ananas
50 g gesalzene Erdnüsse
1 Ei
1 Eigelb
3 EL Sahne
frisch gemahlener
weißer Pfeffer
gemahlener Ingwer
Paprika rosenscharf
Cayennepfeffer
1 TL Sojasauce
Butter oder Margarine zum Einfetten

Mehl auf eine Arbeitsfläche sieben, eine Mulde in die Mitte drücken und Ei, Salz und Erdnußmus hineingeben. Die kalte Butter in Flöckchen auf den Rand setzen und alle Zutaten mit gekühlten Händen rasch zu einem Teig verkneten. In Alufolie eingewickelt eine Stunde im Kühlschrank ruhen lassen. In der Zwischenzeit den Belag zubereiten.
Die Hühnerbrust häuten und das Fleisch von den Knochen lösen. In 2,5 cm große Würfel schneiden. Mehl, Paprika und Curry mischen, auf einen Teller sieben und die Fleischstücke darin wenden. Im heißen Öl von allen Seiten anbraten und mit dem Sherry ablöschen. Sojabohnenkeimlinge und Bambussprossen abtropfen lassen. Bambussprossen und Ananas in Stücke schneiden und zusammen mit 1 EL Saft und den Erdnüssen zum Fleisch geben. Alles 10 Minuten auf kleiner Flamme köcheln lassen. Vom Herd nehmen und die mit Ei und Eigelb verquirlte Sahne unterziehen. Mit Salz, Pfeffer, Curry, Ingwer, Paprika, Cayennepfeffer und Sojasauce abschmecken.

Eine Springform (Durchmesser 26 cm) mit Butter oder Margarine ausfetten. Den Teig hineindrücken, so daß ein 2 cm hoher Rand entsteht. Den Boden mehrfach mit einer Gabel einstechen. Einen Bogen Pergamentpapier hineinlegen und den Kuchen mit getrockneten Hülsenfrüchten (Erbsen, Bohnen, Linsen) füllen. 15–20 Minuten im auf 200 Grad (Gas Stufe 3) vorgeheizten Ofen vorbacken. Die Früchte und das Pergamentpapier entfernen.
Den Belag auf dem Boden verteilen und weitere 15–20 Minuten bei gleicher Temperatur backen.

Tip

Soll's einmal schneller gehen, kann der Boden auch aus Blätterteig bestehen, dessen Platten mit Erdnußmus bestrichen, übereinandergelegt und dann ausgerollt werden.

Hasenpastete

1 Hasenrücken, 2 Hasenkeulen
3–4 EL Öl
1 große Zwiebel, 1 Knoblauchzehe
2 Bund Suppengrün
1 EL Tomatenmark
2 Wacholderbeeren, 4 Pfefferkörner
1 Nelke, ½ Lorbeerblatt
1 kräftige Prise zerriebener Thymian
¾ l Wasser
⅛ l Rotwein
600 g Mehl, 1–1½ TL Salz
300 g kalte Butter, 1 Ei
ca. 10 EL eiskaltes Wasser
1 EL Butter zum Braten
300 g Bardierspeck
250 g mageres Schweinefleisch
480 g frischer Speck
180 g Champignons
je 100 g Pistazien und Pinienkerne
Salz, frisch gemahlener schwarzer Pfeffer, 2 EL Gin
2 TL Pastetengewürz (Fertigprodukt)
Mehl zum Ausrollen
1 Eigelb zum Bestreichen
⅛ l entfettete Fleischbrühe
⅛ l Portwein
5–6 Blatt weiße Gelatine

Die Rückenfilets und das übrige Fleisch von Rücken und Keule ablösen und beiseite legen. Alle Knochen und Abfallstücke zerkleinern und mit 2–3 EL Öl auf der Fettpfanne in dem auf 250 Grad (Gas Stufe 5–6) vorgeheizten Ofen unter Wenden kräftig braun rösten. Zwiebel, Knoblauch und Suppengrün putzen, zerkleinern und ebenfalls bräunen. Tomatenmark und Gewürze zufügen, mitrösten und mit etwas Wasser ablöschen. Dieses verkochen lassen und noch 1–2mal ablöschen. Danach alles mit dem übrigen Wasser und Wein in einen Topf geben und bis auf wenige Eßlöffel einkochen lassen. Dabei sehr oft abschäumen. Indessen Mehl mit Salz, der in Flöckchen geteilten Butter, Ei und Wasser zu einem glatten Teig verkneten und zugedeckt in den Kühlschrank stellen. Öl und Butter erhitzen und die Filets darin kurz anbraten, abkühlen lassen. Anschließend in etwas Bardierspeck einwikkeln. Schweine- und Hasenfleisch mit frischem Speck zweimal durch den Fleischwolf (feinste Scheibe) drehen, durch ein Sieb streichen und kühlen. Auf Eis rühren, bis die Masse glänzt. Die geputzten, zerkleinerten Pilze mit Pistazien, Pinien, dem kalten Fond, Gin und Gewürzen zufügen. Den Teig ausrollen und eine Pastetenform damit auskleiden. Mit Bardierspeck auslegen und die Masse mit den Filets dekorativ hineingeben. Den Speck drumherum schließen, mit dem Teig abdecken und einen Kamin einstechen. Die Teigreste als Garnierung auflegen. Mit verquirltem Eigelb bestreichen und in den auf 220 Grad (Gas Stufe 4) vorgeheizten Ofen schieben. Nach etwa 15 Minuten auf 180 Grad (Gas Stufe 2) herunterschalten und in 60–70 Minuten garen. Brühe mit Portwein und nach Aufschrift gelöster Gelatine verrühren und beim Gelieren durch den Kamin in die Pastete gießen. Dabei dürfen stets nur kleine Mengen nach und nach zugefügt werden, damit sie sich in alle Zwischenräume verteilen und diese ausfüllen können. Die Pastete zum Festwerden wieder kalt stellen.

Pikante Bäckerei und Brote

Vol-au-vent

600 g tiefgekühlter Blätterteig
2 Eigelb
200 g Frühlingszwiebeln
50 g Butter, 200 g Champignons
½ Tasse Weißwein
½ l Fleischbrühe
400 g Goldbarschfilet
Saft ½ Zitrone, 200 g Krabben
2 EL Crème fraîche, 2 EL Sahne
1 Bund Dill, 3 TL Kapern
3 EL trockener Wermut
Salz, frisch gemahlener weißer Pfeffer
2 EL Speisestärke

Blätterteig nach Aufschrift auftauen lassen. In der Zwischenzeit eine runde Schüssel (Durchmesser ca. 15 cm) mit Alufolie auskleiden und mit Papier- oder Aluschnitzeln oder auch mit Osterwolle füllen. Die Alufolie über dieser Füllung zusammenlegen und die Ränder gut festkneifen. Die so entstandene Halbkugel aus der Schüssel nehmen. Ein Drittel des Blätterteigs zu einer runden Platte (ca. 25 cm Durchmesser) ausrollen. Ein Kuchenblech kalt abspülen und die Platte darauflegen. Die Aluhalbkugel mit der Rundung nach oben auf den Teig setzen. Den übrigen Teig zu einer runden Platte (Durchmesser mindestens 25 cm) ausrollen, über die Halbkugel legen und den Rand der beiden Teigplatten gut zusammendrücken. Den überstehenden Teig mit einem scharfen Messer rundherum im gleichen Abstand abschneiden. Es sollte ein Rand von 4 cm entstehen. Die Teigreste ausrollen, daraus einen 4 cm breiten Streifen schneiden und mit etwas verquirltem Eigelb auf den Teigrand kleben. Nun das ganze Pastetenhaus mit Eigelb bestreichen und dabei etwas für die Verzierungen zurücklassen. Die Teigreste zu Sternen, Blüten, Blättern, Streifen oder beliebigen anderen Formen ausstechen und auf das Pastetenhaus legen. Ebenfalls mit Ei bestreichen. Das Pastetenhaus etwa 15 Minuten an einem kühlen Platz ruhen lassen, dann im auf 220 Grad (Gas Stufe 4) vorgeheizten Ofen 20–25 Minuten auf der mittleren Schiene backen. Für die Füllung die Frühlingszwiebeln von Grün und Wurzelansätzen befreien und in etwa 30 g heißer Butter glasig werden lassen. Die Champignons putzen, waschen, abtrocknen und je nach Größe halbieren oder vierteln. Zu den Zwiebeln geben und ebenfalls anbraten. Mit Weißwein ablöschen und mit der Brühe aufgießen. Zugedeckt 10 Minuten leise köcheln lassen. Inzwischen den Fisch in 2 cm große Würfel schneiden und mit Zitronensaft beträufeln. Die Krabben schälen. Fisch und Krabben in der restlichen zerlassenen Butter zart anbraten. Crème frîche und Sahne in die Champignonmasse rühren, mit gehacktem Dill und den Kapern würzen und mit Salz und Pfeffer abschmecken. Mit der Speisestärke andicken. Erst zum Schluß den Fisch mit den Krabben untermischen, 5 Minuten durchziehen lassen und kräftig abschmecken. Nach Ende der Backzeit das Pastetenhaus aus dem Ofen nehmen und nur sehr kurz ausdampfen lassen. Mit einem sehr scharfen, spitzen Messer einen kleinen Deckel ausschneiden und die Alufolie mitsamt dem übrigen Füllmaterial vorsichtig – ohne den Rand zu zerstören – herausziehen. Das Fischragout einfüllen, den Deckel wieder aufsetzen und das Pastetenhaus sofort servieren.

Herrentorte

8 Eigelb
4 EL Sahne
½ TL Salz
frisch gemahlener weißer Pfeffer
geriebene Muskatnuß
150 g Mehl
1½ TL Backpulver
80 g gemahlene Nüsse oder Mandeln
60 g geriebener Emmentaler
8 Eiweiß
Butter oder Margarine zum Einfetten
Semmelbrösel zum Ausstreuen

Für Füllung und Verzierung
200 g Salatgurke, Salz
200 g Butter
500 g Speisequark
200 g Doppelrahmfrischkäse
500 g gekochter Schinken
½ Tasse Milch, weißer Pfeffer
Paprika edelsüß
400 g Gorgonzola
4 EL Sahne, 4 EL Whisky
100 g gemahlene Walnüsse
grob zerstoßener schwarzer Pfeffer
12 Walnußhälften

Eigelb mit Sahne in einer Schüssel verquirlen. Salz, Pfeffer und geriebene Muskatmuß zufügen und alles so schaumig wie nur eben möglich schlagen. Das Mehl mit dem Backpulver mischen, darübersieben und die gemahlenen Nüsse oder Mandeln zusammen mit dem geriebenen Käse zufügen. Eiweiß zu schnittfestem Schnee schlagen, auf den Teig gleiten lassen und alles locker, aber gründlich unterheben. Eine Springform (Durchmesser 24 cm) mit Butter oder Margarine einfetten und mit Semmelbröseln ausstreuen. Den Teig einfüllen, glattstreichen und etwa 35 Minuten im auf 200 Grad (Gas Stufe 3) vorgeheizten Ofen backen. Auf einen Kuchendraht gut auskühlen lassen. Anschließend zweimal waagerecht durchschneiden. Für die Füllung gut die Hälfte der Salatgurke fein raspeln, mit Salz bestreuen und etwa 15 Minuten ziehen lassen, damit sich die überschüssige Flüssigkeit sammelt. Die Gurkenstücke danach auspressen. Butter schaumig rühren, Quark und Frischkäse untermischen. Vom Schinken 2 Scheiben zur Seite legen, den Rest zerkleinern und mit der Milch im Mixer pürieren. Zusammen mit den Gurken unter die Käsecreme heben und mit Salz, Pfeffer und Paprika abschmecken. Gorgonzola mit einer Gabel fein zerdrücken oder durch ein Sieb streichen. Mit Sahne und Whisky völlig glattrühren. Die gemahlenen Walnüsse untermischen und die Creme mit Salz und reichlich Pfeffer abschmecken. Ein Drittel der Schinkencreme auf den ersten Tortenboden verteilen, glattstreichen und den zweiten auflegen. Diesen mit der Gorgonzolacreme bestreichen und mit dem letzten Boden bedecken. Rand und Oberfläche der Torte mit der restlichen Schinkencreme gleichmäßig bestreichen. Die Torte mit dem zurückgelassenen Schinken, den Nüssen und der restlichen, in dünne Scheiben geschnittenen Gurke verzieren und kalt stellen.

SPARR
D'ALSACE
Pinot blanc

Knoblauchfladen

150 g Roggenmehl (Type 1370)
150 g Weizenmehl (Type 405)
5 EL lauwarmes Wasser
15 g Hefe, 1 TL Zucker
3 Knoblauchzehen
20 g Butter oder Margarine
1 TL Salz, 1 Msp. Piment
2 TL eingelegter grüner Pfeffer
⅛ l Weißwein
grobes Salz zum Bestreuen
Mehl für das Blech

Roggen- und Weizenmehl in einer Schüssel mischen und eine Mulde in die Mitte drücken. Wasser hineingeben und mit Hefe, Zucker und etwas Mehl vom Rand einen Vorteig anrühren. 15 Minuten an warmem Ort stehen lassen, bis der Teig Blasen wirft. In der Zwischenzeit die Knoblauchzehen schälen und durch eine Presse drücken oder sehr fein hacken. Das Fett in einer Pfanne zerlassen und den Knoblauch darin anbraten, bis er goldgelb ist. Danach leicht abkühlen lassen. Knoblauch und Fett zusammen mit Salz, Piment, abgetropftem Pfeffer und Weißwein zum Vorteig geben. Alles zu einem Teig verkneten und 1 Stunde an warmem Ort zugedeckt ruhen lassen. Danach den Teig auf bemehlter Unterfläche zu einem 1 cm dicken Fladen ausrollen. Die Oberfläche mit einem Messerrücken rautenförmig einkerben und mit grobem Salz bestreuen. Den Backofen auf 200–220 Grad (Gas Stufe 3–4) vorheizen und den Fladen in der Zwischenzeit auf bemehltem Blech mit einem Küchentuch bedeckt ruhen lassen. Dann 30–45 Minuten backen.

Hinweis Der Fladen schmeckt besonders gut zum Wein. Am besten frisch aus dem Ofen, leicht abkühlen lassen und mit einer Kräuter-Knoblauch-Butter oder mit Frischkäse servieren.

Variation
Aus dem Rezept können auch Fladenringe gebacken werden. Dazu den Teig in vier gleiche Stücke aufteilen und ausrollen. Mit einem Glas (Durchmesser ca. 7 cm) die Mitte herausstechen und aus diesem Teig einen weiteren Ring formen. Die Oberfläche strahlenförmig einkerben und bei gleicher Temperatur, jedoch 10 Minuten kürzer, backen.

Sesam-Nuß-Ähre

500 g Weizenmehl (Type 405)
4 EL lauwarmes Wasser
25 g Preßhefe oder 1 Päckchen Trockenhefe
2 EL Zucker, 75 g Haselnüsse
50 g Sesam, 60 g Butter
½ TL Salz, ¼ l lauwarme Milch
50 g Sonnenblumenkerne
Butter oder Margarine zum Einfetten
3 EL Milch, 1 TL Zucker

Das Mehl im Backofen leicht vorwärmen, in eine Schüssel sieben und in die Mitte eine Mulde drücken. Das lauwarme Wasser hineingießen, die Hefe hineinbröckeln und den Zucker einrieseln lassen. Mit etwas Mehl vom Rand zu einem dünnen Teig verrühren und 15 Minuten an warmem Ort gehen lassen. In der Zwischenzeit die Haselnüsse in Scheiben schneiden und zusammen mit den Sesamkörnern in etwa 10 g ausgelassener Butter anrösten. (Dabei aufpassen, da sie plötzlich braun werden und leicht verkohlen. Sie schmecken dann bitter). Nüsse und Sesam zusammen mit dem Fett leicht abkühlen lassen. Nun die übrige Butter in Flöckchen auf den Mehlrand setzen, Salz darauf streuen, Milch, Haselnüsse, Sesam und Sonnenblumenkerne zugeben (einen Teil davon zur Dekoration zurückbehalten) und alle Zutaten zu einem glatten Teig kneten und zur Kugel formen. In eine Schüssel legen, mit einem Küchentuch bedecken und an warmem Ort 1 Stunde gehen lassen. Den Teig nun zusammenschlagen und nochmals gut, das heißt 3–4 Minuten durchkneten. Eine Rolle formen, in 10–12 gleiche Stücke schneiden und einzeln durchkneten. Die Teigstücke wie Rüben formen und die Spitzen abrunden (sie werden beim Backen sonst leicht braun). Ein Blech einfetten und die Teigteilchen in Form einer Ähre zusammensetzen. Sie sollten jedoch nicht direkt aneinandergelegt werden, sondern einen Abstand von 1 cm haben, da der Teig beim Backen noch aufgeht. Den Ofen auf 200 Grad (Gas Stufe 3) vorheizen und die Ähre in der Zwischenzeit zugedeckt nochmals an warmem, zugfreiem Ort gehen lassen. Die Milch mit dem Zucker verrühren und den Teig damit bestreichen. Mit den restlichen Haselnußscheiben, Sesamkörnern und Sonnenblumenkernen bestreuen und 45 Minuten backen.

Hinweis Dieses Brot paßt gut auf den Frühstückstisch und kann zu einzelnen Brötchen zerteilt werden.

Tip

Allen, die gern Selbstgemachtes verschenken, kann diese Ähre als Anregung dienen. Dieser Weißbrotteig eignet sich bestens für Brote mit besonders ausgefallenen Formen. Da Brot gern zu Einzugsfesten verschenkt wird, können zum Beispiel die Initialen der Gastgeber gebacken werden und mit verschiedenen Nußsorten oder Gewürzen verziert werden. Dasselbe gilt für Brotzöpfe und -kränze oder ein Brotrad, das sich aus vielen kleinen Brötchen zusammensetzt. Wird das Werk aus mehreren Teigstücken gebacken, sollte der Teig nicht zu dicht aneinander gelegt werden, da er noch aufgeht und die Form dann nicht mehr so gut zu erkennen ist.

Kräuter-Kabanossibrot

600 g Weizenmehl (Type 405)
¼ l lauwarme Milch
40 g Preßhefe oder 1½ Päckchen Trockenhefe, 1 TL Zucker
1 Bund Schnittlauch
1 Bund Petersilie, 1 Bund Dill
125 g Kabanossi
1 TL Salz, ½ TL Thymian
Mehl zum Bestäuben
300 g tiefgekühlter Blätterteig

Weizenmehl in eine Schüssel sieben und im Backofen leicht vorwärmen. Eine Vertiefung in die Mitte drücken. 5 EL von der lauwarmen Milch ab-

nehmen, hineingießen und die Hefe hineinbröckeln. Zucker einrieseln lassen und alles mit Mehl vom Muldenrand zum Vorteig verrühren.
15 Minuten gehen lassen, bis der Teig Blasen wirft. In der Zwischenzeit die Kräuter abspülen und sehr gut trokkentupfen. Schnittlauch in kleine Röllchen schneiden, Petersilie und Dill hacken oder sehr fein schneiden. Die Kabanossi in Scheiben teilen, dann halbieren oder vierteln. Die Kräuter mit Kabanossi, Salz, Thymian und der restlichen Milch zum Mehl geben und alles zum Teig verkneten. In einer ausgemehlten Schüssel 1 Stunde zugedeckt an warmem Ort gehen lassen. In der Zwischenzeit den Blätterteig auftauen lassen. Nach dem Aufgehen den Kräuterteig nochmals gut durchkneten und halbieren. Auf bemehlter Unterlage zu zwei gleichgroßen Rechtecken ausrollen. Dabei ebenfalls das Nudelholz mit Mehl bestäuben. Mit dem Blätterteig auf die gleiche Weise verfahren. Die Platten werden dabei aufeinandergelegt und ausgerollt. Die drei Rechtecke sollten die gleiche Größe haben und werden dann aufeinandergelegt, wobei der Blätterteig die mittlere Schicht bildet. Nun die Teigplatten weiter aufeinander ausrollen und zusammenfalten. Wiederum zum dünnen Teig ausrollen und zusammenlegen. So lange fortfahren, bis beide Teigarten miteinander vermischt sind. Den Teig zu einem länglichen Laib formen und möglichst nicht dabei kneten. Den Laib mit einem Küchentuch bedeckt nochmals 30 Minuten gehen lassen. Auf bemehltem Blech 80–90 Minuten im auf 200 Grad (Gas Stufe 3) vorgeheizten Ofen backen.

Sauerteig

1 EL Zucker, ½ l Wasser
20 g Hefe
250 g Roggenmehl (Type 997)
50 g Roggenmehl (Type 997)

Zucker im lauwarmen Wasser auflösen und die Hefe hineinbröckeln. 250 g Mehl hineinrühren und in eine Schüssel, am besten in einen Steinguttopf geben. Mit einem feuchten Küchentuch abdecken und an warmem Ort ungefähr 12 Stunden gehen lassen. Das Gefäß nicht zu klein wählen, da der Sauerteig gerade am Anfang stark aufgeht. (Daher zur Sicherheit das Gefäß zusätzlich in eine größere Schüssel stellen). Der Sauerteig sollte weniger als die Hälfte des Topfes ausfüllen. Auf keinen Fall darf das Gefäß fest verschlossen werden, da sonst das sich bildende Gas nicht entweichen kann. Bei der Sauerteiggärung entstehen Kohlensäure und Alkohol, die den Teig auftreiben. Außerdem werden Milch- und Essigsäure gebildet. Daher sind Roggenbrote immer etwas säuerlich. Um diesen Geschmack zu intensivieren, wird nach 12 Stunden nochmals Mehl (50 g) eingerührt, was die Grundlage zu neuer Säurebildung bietet. Der Sauerteig sollte nun etwas kühler stehen. Nach ungefähr einem Tag riecht der Sauerteig nach Apfelwein. Er ist jetzt fertig und hat seine volle Triebkraft und Würze und kann zum Backen verwendet werden. Er ist im Kühlschrank aufbewahrt noch eine Woche haltbar.

Roggenbrot mit Joghurt

800 g Roggenmehl
(Type 1370 oder 1150)
200 g Weizenmehl
250 g Sauerteig (selbst hergestellt)
oder
150 g Sauerteig
(Vom Bäcker + 100 ml Wasser)
2 Becher Vollmilchjoghurt (je 150 g)
⅛ l Wasser, 1 EL Salz
1 TL gemahlener Kümmel
Mehl zum Bestäuben und Formen

Wird Sauerteig vom Bäcker verwendet, muß er vorher mit dem Wasser zu einem glatten Brei verrührt werden. Das Roggenmehl und Weizenmehl in eine Schüssel geben, eine Vertiefung hineindrücken und den Sauerteig hineingießen. Mit einem Viertel des Mehles zu einem Vorteig verrühren und 30 Minuten gehen lassen. Joghurt, Wasser, Salz und Kümmel zugeben und zum Teig verarbeiten. Aus der Schüssel nehmen und auf bemehlter Unterlage weiterkneten, bis der Teig glänzend wird. Zur Kugel formen, in eine ausgemehlte Schüssel legen und 12–18 Stunden gehen lassen. Das Brot läßt sich daher am besten abends vorbereiten und kann dann über Nacht gehen.

Der auf fast das Doppelte aufgegangene Teig wird nun zusammengeschlagen. Das heißt, daß der Teig so aus der Schüssel genommen wird, daß ein Teil der Luft entweichen kann. Man greift dabei am besten mit den Fingern in den Teig und drückt ihn zusammen. Er wird dann auf stark bemehlter Unterfläche weitergeknetet, wobei noch ein Teil dieses Mehles mit eingearbeitet wird. Da nicht jedes Mehl gleich ist, auch wenn immer dieselbe Type verwendet wird, ist manchmal mehr oder weniger Mehl zum Einarbeiten nötig. Die Mehlunterlage wird so oft ergänzt, bis der Teig nicht mehr auf der Unterlage kleben bleibt. Das Mehl dabei stets sorgfältig einkneten. Einen Brotkorb mit einem Küchentuch auslegen, mit Mehl bestreuen und den zum runden Laib geformten Teig hineinlegen. Die Zipfel des Tuches darüberschlagen und nochmals eine Stunde gehen lassen.

Auf ein bemehltes Backblech setzen und bei 220 Grad (Gas Stufe 4) im vorgeheizten Backofen 70–80 Minuten backen. Das Brot wird anschließend aus dem Ofen genommen und die Probe gemacht: ist es durchgebacken, so muß es beim Klopfen auf die Unterseite hohl klingen.

Variation

Das Rezept läßt sich vielseitig abwandeln: Anstelle von oder zusätzlich zum Kümmel, der übrigens auch als Kümmelsamen zugegeben werden kann, können Gewürze wie Fenchel, Anis, Kardamom und Pfeffer verwendet werden. Ebenso läßt sich die Flüssigkeit durch Wasser ersetzen, die Kruste wird dann glänzender. Statt Joghurt kann auch Buttermilch oder Kefir genommen werden.

Pikante Bäckerei und Brote

Quiche Fromage

250 g Mehl
1 Eigelb
1 Prise Salz
80 g Butter oder Margarine
75 ml kaltes Wasser
200 g Emmentaler
100 g Greyère
¼ l Milch
⅛ l Sahne
1 EL Speisestärke
1 Eigelb
Salz, frisch gemahlener weißer Pfeffer
Mehl zum Ausrollen
Butter oder Margarine zum Einfetten

Mehl auf ein Kuchenbrett geben und eine Vertiefung hineindrücken. Das Eigelb mit dem Salz in die Mulde geben. Butter oder Margarine in Flöckchen auf dem Rand verteilen. Alle Zutaten mit einem Messer bröselig hacken. Nun tropfenweise das Wasser hinzufügen und alles schnell zu einem glatten Teig verkneten. Zu einer Kugel formen und in Pergamentpapier oder Alufolie eingewickelt mindestens 30 Minuten im Kühlschrank ruhen lassen.
In der Zwischenzeit den Käsebelag zubereiten. Emmentaler und Greyère raspeln. Die Milch zusammen mit der Sahne erhitzen. Dabei 2 EL Milch zum Anrühren der Speisestärke zurücklassen. Den geraspelten Käse in die heiße Sahne-Milch geben und so lange rühren, bis sich der Käse gelöst hat. Speisestärke in kalter Milch verquirlen und in die Käsemasse rühren. Kurz aufkochen lassen und vom Herd nehmen. Eigelb unterziehen und mit weißem Pfeffer und wenig Salz abschmecken.
Den Quicheteig aus dem Kühlschrank nehmen und auf bemehltem Untergrund zu einer runden Platte von ca. 30 cm Durchmesser ausrollen. Eine gefettete Springform (Durchmesser 28 cm) mit dem Teig so auslegen, daß ein 1–1,5 cm hoher Rand gebildet wird. Den Boden mehrfach mit einer Gabel einstechen und im auf 200 Grad (Gas Stufe 3) vorgeheizten Ofen 15 Minuten vorbacken. Dann die Käsemasse hineinfüllen und weitere 10–15 Minuten backen.

Zwiebel-Speck-Kuchen

250 g Mehl, ⅛ l Milch
20 g Hefe oder 1 Päckchen Trockenhefe
½ TL Zucker
75 g Butter oder Margarine
1 Prise Salz
Butter oder Margarine zum Einfetten
1 000 g Zwiebeln
100 g magerer Speck, 4 EL Öl
2 Becher saure Sahne (je 150 g)
2–3 Eier, 1–2 TL Kümmel
Salz, frisch gemahlener schwarzer Pfeffer

Mehl in eine Schüssel geben und eine Vertiefung in die Mitte drücken. Milch erwärmen und lauwarm in die Mulde gießen. Die Hefe hineinbröckeln, Zucker einstreuen und mit etwas Mehl vom Rand verrühren. An warmem Ort ca. 15 Minuten gehen lassen. (Am besten den Backofen auf 40 Grad einschalten und die Schüssel mit dem Vorteig hineinstellen.) Hat sich der Vorteig verdoppelt, die zerlassene, aber nicht heiße Butter oder Margarine und Salz zugeben. Alles zu einem Teig verarbeiten und solange schlagen, bis der Teig Blasen wirft. Weitere 15 Minuten gehen lassen, dann auf einem gefetteten Backblech ausrollen und gehen lassen.
Inzwischen die Zwiebeln schälen und grob hacken. Mageren Speck in Würfel schneiden und im heißen Öl auslassen. Zwiebelwürfel hinzufügen und glasig dünsten. Vom Herd nehmen und etwas abkühlen lassen. Saure Sahne und Eier miteinander verquirlen und unter die Zwiebel-Speck-Masse rühren. Mit Kümmel, Salz und Pfeffer abschmecken und auf dem Hefeteig verteilen.
Etwa 45 Minuten im auf 200 Grad (Gas Stufe 3) vorgeheizten Backofen auf der Mittelschiene backen.

Rustikale Lauchtorte

15 g Hefe
100 ml lauwarme Milch
½ TL Zucker
100 g Weizenmehl
100 g Roggenmehl
60 g weiche Butter oder Margarine
1 Prise Salz
1 Msp gemahlener Kümmel
Butter oder Margarine zum Einfetten
200 g Cabanossi, 1 EL Öl
1 000 g Lauch, 6 EL Weißwein
3 Eier
1 Eigelb
¼ l saure Sahne
Salz, gemahlener Piment
gemahlener und grob zerstoßener schwarzer Pfeffer
1 Eigelb zum Bestreichen

Hefe in die lauwarme Milch bröseln, den Zucker und etwa 2 EL vom Weizenmehl unterrühren. Roggen- und Weizenmehl in einer Schüssel vermischen. Den Backofen auf 40 Grad einstellen und die Schüssel mit Mehl und die mit dem Vorteig hineinstellen. Nach etwa 15 Minuten hat sich der Vorteig verdoppelt und wird zusammen mit 40 g der weichen Butter oder Margarine, Salz und gemahlenem Kümmel dem Mehl zugegeben. Alle Zutaten nun zu einem glatten Teig verarbeiten und 1 Stunde an einem warmen Ort gehen lassen.
Eine Springform (Durchmesser 26 cm) einfetten. Den Hefeteig nochmals durchkneten, ausrollen und die Form damit so auskleiden, daß der Teig etwa 3 cm über den Rand steht.
Während der Teig geht die Füllung zubereiten. Dazu die Cabanossi in 1 cm breite Scheiben schneiden. Die restliche Butter oder Margarine mit dem Öl erhitzen und die Wurstscheiben scharf darin anbraten. Lauch putzen, waschen und in Ringe schneiden. Zur Wurst geben und ebenfalls anbraten. Mit Weißwein ablöschen und zugedeckt 10 Minuten dünsten. Dann leicht abkühlen lassen. Eier, Eigelb und saure Sahne verquirlen und unterziehen. Mit Salz, Pfeffer und Piment abschmecken.
Die Masse in die ausgelegte Form füllen. Den überstehenden Teig etwas einschneiden und locker über den Rand der Füllung nach innen klappen. Den Teigrand mit verquirltem Eigelb dünn bestreichen und nochmals 10 Minuten gehen lassen.
Im auf 220 Grad (Gas Stufe 4) vorgeheizten Ofen 40–50 Minuten auf der zweiten Schiene von unten backen. Mit zerstoßenem Pfeffer bestreuen.

Quarkblätterteigröllchen à la Chinoise

200 g Butter oder Margarine
250 g Magerquark
2 EL Hefeflocken
je 1 Prise Salz, Curry und Paprika
100 g Vollkornmehl (Weizen)
350 g Weizenmehl
2 große Zwiebeln
3 EL Öl
75 g Rinderhack
75 g Schweinehack
1 große Stange Porree (Lauch)
200 g Weißkohl
100 g Champignons
200 g Sojabohnenkeimlinge
Salz, frisch gemahlener schwarzer Pfeffer, Sojasauce
1 kleine Prise Thymian
Mehl zum Ausrollen
100 g Gouda
100 g Erdnußkerne, gesalzen
1 Eigelb
1 EL Wasser
Öl zum Einfetten

Butter oder Margarine mit dem Quark gut verrühren, Hefeflocken, Salz und Gewürze zufügen. Vollkornmehl und Weizenmehl darübersieben und unter die Masse arbeiten. Diesen Teig am besten über Nacht, mindestens aber 4 Stunden im Kühlschrank ruhen lassen.
Für die Füllung die Zwiebeln schälen, würfeln und im heißen Öl glasig dünsten. Hackfleisch zugeben, anbraten und dabei mit einer Gabel zerkrümeln. Lauch putzen, waschen und in feine Ringe, den vorbereiteten Weißkohl in feine Streifen und die Champignons blättrig schneiden. Zusammen mit den Sojabohnenkeimlingen zum Hackfleisch geben. Alle Zutaten anbraten und halb gar dünsten und mit Salz, Pfeffer, Thymian und Sojasauce würzen.
Den Teig auf bemehlter Unterlage dünn ausrollen und in 8–10 Teile von 15 × 20 cm ausradeln. Die Füllung darauf verteilen. Käse in ½ cm große Würfel schneiden, mit den gesalzenen Erdnüssen mischen und auf die Gemüsemasse geben. Eigelb mit Wasser verquirlen, die Teigränder damit bestreichen und vorsichtig aufrollen. Ränder fest zusammendrücken. Die Gebäckstücke mit verquirltem Eigelb bestreichen, auf ein geöltes Blech legen und im auf 220 Grad (Gas Stufe 4) vorgeheizten Backofen 30 Minuten auf der Mittelschiene backen.

Variation

Zur Abwechslung kann auch eine große Roulade gebacken werden, die man mit einem frischen Salat als Hauptgericht reicht – zum Beispiel Salat aus Endivien oder Chinakohl mit Äpfeln vermischt mit einer Marinade aus Joghurt, pürierten Bananen und Curry.

Tip

Wem dieser Quarkblätterteig zu aufwendig ist oder wer dieses Gericht schnell auf den Tisch zaubern will, hat die Möglichkeit, auch tiefgekühlten Blätterteig zu verwenden.
Für vier kleine Röllchen oder eine große Roulade werden ca. 600 g tiefgekühlter Blätterteig benötigt.

Banitza

1 Paket tiefgekühlter Blätterteig (300 g)
300 g Schafskäse
2 Eier
1 Becher saure Sahne (200 g)
1 Bund Dill
1 Bund Petersilie
½ TL zerriebener Oregano
schwarzer Pfeffer
1 Prise Zucker
50 g grob gehackte Pistazien
Mehl zum Ausrollen
10 g Butter
1 Eigelb

Die Blätterteigscheiben nebeneinander legen und bei Zimmertemperatur auftauen lassen.
In der Zwischenzeit die Käsefüllung zubereiten. Dazu den Schafskäse würfeln und mit einer Gabel zerdrükken. Eier und saure Sahne zugeben und mit dem Schneebesen zu einer geschmeidigen Masse verrühren.
Die Kräuter abspülen und trockenschwenken. Dill fein schneiden, die Petersilie hacken.
In die Käsemasse geben und mit Oregano und Pfeffer und Zucker abschmecken. Zuletzt die Pistazien unterziehen, dabei 1 EL zur Dekoration zurückbehalten.
Eine flache, runde feuerfeste Auflauf- oder Pastetenform (Durchmesser 26 cm) oder eine entsprechend große ovale oder viereckige, mit kaltem Wasser ausspülen.
Die Blätterteigscheiben aufeinanderlegen und auf bemehlter Arbeitsfläche ein 30 × 60 cm großes Rechteck ausrollen. Einen Kreis von 30 cm ausschneiden und die Form damit auslegen. Bei Verwendung von ovalen oder rechteckigen Formen, diese auf den Teig legen und mit einem scharfen Messer im Abstand von 2 cm die Form herumfahren.
Den Blätterteig mit flüssiger Butter bestreichen und die Käsemasse hineinfüllen.
Eine zweite runde Platte mit einem Durchmesser von 26 cm ausschneiden und über die Füllung legen. Die Ränder gut zusammendrücken und die Oberfläche mit Eigelb bestreichen. Aus den Teigresten Streifen ausrädeln und als Muster auf den Teigdeckel legen. Mit Eigelb bestreichen und darauf achten, daß es nicht an die Kanten kommt. Die restlichen Pistazien fein hacken und die Banitza damit bestreuen.
Im auf 200 Grad (Gas Stufe 3) vorgeheizten Ofen auf der Mittelschiene 40–50 Minuten backen.

Hinweis Die Banitza bläht sich zunächst im Ofen auf, fällt dann jedoch wieder etwas zusammen und wird als flache Pastete warm serviert.

Tip

Die Banitza kann auch in Form von kleinen Täschchen gebacken werden, wie sie häufig in Griechenland zu bekommen ist.
Dazu den Teig dünn ausrollen und in Quadrate schneiden. Die Füllung darauf verteilen und zu dreieckigen Täschchen falten und die Ränder sehr gut andrücken.

Krabbentorte

300 g Mehl
1 Eigelb
½ TL Salz
3 EL kaltes Wasser
180 g Butter
250 g frische Champignons oder aus der Dose
150 g Gruyère
150 g Walnüsse
¼ l Sahne
2 Glas (je 2 cl) Portwein
1 TL Speisestärke
1 EL Wasser
1 Ei
Salz, weißer Pfeffer
400 g frische Krabben oder Krabbenfleisch aus der Dose
40 g Butter
Butter oder Margarine für die Form

Mehl auf eine Arbeitsfläche geben, eine Vertiefung in die Mitte drücken und Eigelb, Salz und kaltes Wasser hineingeben. Butter in Flöckchen auf den Rand setzen. Alle Zutaten mit einem Messer zerhacken und mit gekühlten Händen rasch zu einem glatten Teig verarbeiten. Den Teig in Alufolie oder Pergamentpapier eingewickelt im Kühlschrank ruhen lassen bis der Tortenbelag bereitet ist.
Champignons waschen und putzen. Die Hälfte der Pilze blättrig schneiden und die andere durch den Fleischwolf drehen oder im Mixer pürieren. Gruyère und die Hälfte der Walnüsse reiben. Die übrigen Nüsse grob zerkleinern. Sahne erhitzen, den Käse einstreuen und die Hälfte des Portweins zugeben. Bei milder Hitze so lange rühren, bis sich der Gruyère gelöst hat. Speisestärke im kalten Wasser auflösen, in die Sauce rühren und kurz aufkochen. Das Champignonpüree, die blättrig geschnittenen Champignons und die geriebenen Walnüsse unter die Käsesahne ziehen und kurz köcheln lassen. Von der Herdstelle nehmen und mit einem Ei legieren. Mit etwas Portwein, Salz und weißem Pfeffer abschmecken. Die Walnußstückchen unterziehen und 1 EL zurückbehalten.
Krabben schälen oder aus der Dose nehmen und abtropfen lassen. Die Butter erhitzen und die Krabben leicht darin anbraten. Mit dem restlichen Portwein ablöschen.
Eine Springform oder Pastetenform (Durchmesser 26 cm) einfetten und den Teig hineindrücken. Einen 2 cm hohen Rand ziehen und im Abstand von 2 cm mit den Fingerspitzen einkerben, so daß ein gezackter Rand entsteht. Den Boden 15 Minuten im auf 180 Grad (Gas Stufe 2) vorgeheizten Ofen auf der mittleren Schiene vorbacken.
Käsemasse einfüllen und die Krabben darauf verteilen. Die restlichen Walnußstückchen darüberstreuen. Bei gleicher Temperatur weitere 15 Minuten backen.

Variation

Eine schnellere Variante für Eilige ist die Krabbentorte mit Blätterteig. Dieser muß zwar auftauen, kann aber dann sehr schnell verarbeitet werden. Man benötigt dazu 300 g Tiefkühlblätterteig, dessen Platten man nebeneinander auftauen läßt. Auf bemehlter Unterlage die Blätterteigscheiben aufeinandergelegt zu einem 30 cm großen Quadrat ausrollen. Einen Kreis von 25 cm Durchmesser ausschneiden und auf ein gefettetes Blech legen. Aus den Teigresten 1–2 cm breite Streifen schneiden und als Rand aufeinanderlegen. Dabei die Oberfläche stets mit Eigelb bestreichen und darauf achten, daß es nicht über die Kanten läuft. Der Rand kann sonst nicht hoch gehen. Es sollten 3–4 Streifen übereinanderliegen. Diesen Boden 20 Minuten bei 200 Grad backen. Die Füllung in der Zwischenzeit wie oben bereiten und einfüllen. Nur wenige Minuten im Ofen überbacken.

Artischocken-Spinattorte

200 g Mehl, 10 g Hefe
½ TL Zucker
6 EL lauwarme Milch
6 EL Öl, ½ TL Salz
1 Msp. Muskat, 4 Eier
500 g frischer Spinat
1 Zwiebel, 2 Knoblauchzehen
100 g magerer Speck, 30 g Butter
3 EL Weißwein
4 EL Crème fraîche
Salz, weißer Pfeffer
1 Dose Artischockenherzen (200 g)
Butter oder Margarine zum Einfetten
2 EL Öl

In das Mehl eine Vertiefung drücken. Hefe hineinbröckeln und Zucker einrieseln lassen. Milch hineingießen und mit etwas Mehl vom Muldenrand einen Vorteig anrühren. An einem warmen Ort etwa 15 Minuten gehen lassen. Öl, Salz und Muskat zugeben und den Teig schlagen, bis er sich vom Schüsselrand löst. Mit einem Tuch bedeckt nochmals 20 Minuten gehen lassen.
Die Eier in 10 Minuten hart kochen. Den Spinat verlesen, waschen und von den Stielen befreien. Auf einem Sieb abtropfen lassen. In der Zwischenzeit die Zwiebel schälen und fein würfeln. Die Knoblauchzehen schälen und durch die Knoblauchpresse geben oder mit einem breiten Messer und einer Prise Salz zerdrükken. Mageren Speck in kleine Würfel schneiden und in der heißen Butter auslassen. Zwiebelwürfel und Knoblauch zugeben und glasig dünsten. Mit Weißwein ablöschen. Den Spinat hineingeben und zusammenfallen lassen. Crème fraîche unterziehen und mit Salz, weißem Pfeffer und Muskat abschmecken. Eine Springform (Durchmesser 26 cm) einfetten, den Teig hineindrücken und einen 2 cm hohen Rand ziehen. Nochmals 5 Minuten ruhen lassen. Dann im auf 220 Grad (Gas Stufe 4) vorgeheizten Ofen 15 Minuten auf mittlerer Schiebeleiste backen. Inzwischen die Artischocken aus der Dose nehmen und abtropfen lassen.
Die Spinatmasse auf dem Boden verteilen. Eier in Scheiben schneiden und einen Kranz als Rand legen. Es folgt nach innen ein Ring aus Artischockenherzen und die Mitte wird mit Artischockenherzen und Eischeiben wechselweise ausgefüllt. Der Spinat sollte dabei nicht völlig überdeckt werden, sondern als grüner Boden sichtbar sein. Eischeiben und Artischockenherzen mit Öl bepinseln und im heißen Ofen in 5–10 Minuten erhitzen. Dann sofort servieren.

Torta Pasqualina

500 g Mehl
1 TL Salz
6–7 EL Olivenöl
knapp ¼ l lauwarmes Wasser

Für die Füllung
750 g fricher oder 450 g tiefgekühlter Blattspinat
Salz
1 Dose Artischockenherzen (ca. 300 g)
1 Zwiebel
1 Knoblauchzehe
40 g Butter oder 4 EL Olivenöl
250 g Quark
2 EL saure Sahne oder Crème fraîche
frisch gemahlener schwarzer Pfeffer
geriebene Muskatnuß
60 g geriebener Parmesankäse
Mehl zum Ausrollen
Butter zum Einfetten und Bestreichen
6 Eier

Für den Teig Mehl mit Salz gemischt auf die Arbeitsfläche geben und in die Mitte eine Mulde drücken. Das Öl hineingeben und nach und nach das Wasser zufügen. Alles zu einem sehr glatten Teig kneten und diesen »werfen« (d. h. mit leichtem Schwung auf die Arbeitsfläche fallen lassen), bis weder Blasen noch Mehlklümpchen übrigbleiben. Den Teig zur Kugel formen und unter einen heißen Topf (vorher Wasser darin kochen) etwa 30 Minuten ruhen lassen, damit das Mehl quellen kann.
In der Zwischenzeit für die Füllung den Spinat putzen, verlesen und in kaltem Wasser gründlich waschen. Abtropfen lassen und in reichlich sprudelnd kochendem, gesalzenem Wasser etwa 2 Minuten blanchieren. Herausnehmen und in eiskaltem Wasser blanchieren. Abtropfen lassen und gründlich ausdrücken. Danach grob hacken.
Die abgetropften Artischockenherzen und die geschälte Zwiebel fein würfeln. Den geschälten Knoblauch zerdrücken. Butter oder Öl erhitzen und Zwiebeln und Knoblauch darin glasig braten. Den Spinat mit den Artischocken zufügen und unter Rühren dünsten, bis die austretende Flüssigkeit verdampft ist. Die Masse darf jedoch nicht anbrennen. Den Topf vom Herd nehmen und die Mischung leicht abkühlen lassen. Quark und saure Sahne oder Crème fraîche einrühren und alles mit Salz, Pfeffer, Muskat und etwa 40 g Parmesan kräftig abschmecken.

Den Teig in 10 Stücke teilen und jedes davon auf der bemehlten Arbeitsfläche zu einer runden Platte (Durchmesser 24 cm) ausrollen. Eine Springform in gleicher Größe einfetten und nacheinander 5 Teigplatten hineinlegen, die jeweils mit flüssiger Butter bestrichen werden, bevor die nächste aufgelegt wird. Die Spinatmischung darauf verteilen und gut fingerbreit vom Rand entfernt mit einem Löffel 6 Mulden eindrücken. Jeweils ein Ei hineinschlagen und mit dem restlichen Parmesan bestreuen. Die 5 übrigen Teigplatten ebenfalls mit Butter bestrichen einschichten und die letzte sehr dick mit Butter bepinseln. Auf der mittleren Schiene des auf 200 bis 220 Grad (Gas Stufe 3–4) vorgeheizten Ofens etwa 55 Minuten backen. Noch heiß oder leicht abgekühlt servieren.

Teigarten

Mürbeteig

Die Grundzutaten des Mürbeteiges – Mehl, Fett, Zucker und manchmal Ei – lassen sich nach festen Schemen berechnen, ohne die vielen Variationsmöglichkeiten einzuschränken.

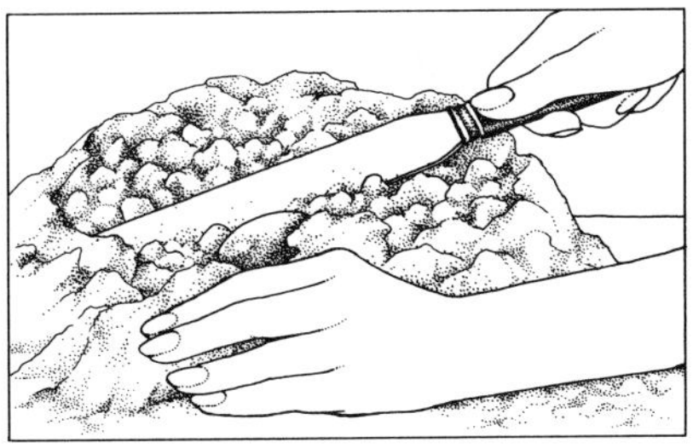

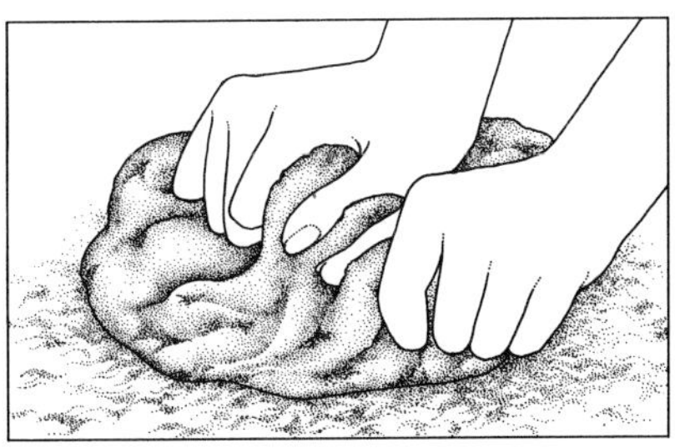

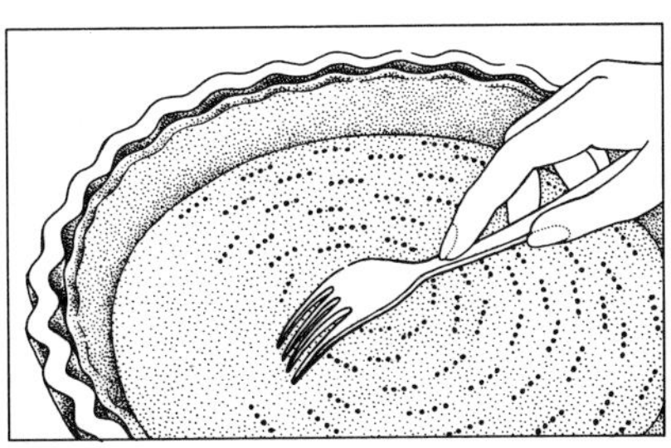

Für den feinsten aller Mürbeteige werden gleiche Teile Mehl und Fett verarbeitet mit der Hälfte oder höchstens ¾ der Fettmenge an Zucker. Eier müssen nicht hinein. Er ist ideal für feine Torten und zarte Kekse.
Nicht ganz so fein, aber sehr häufig für Obstkuchen und Torteletts verwendet, wird die folgende Mischung: 3 Teile Mehl, 2 Teile Fett und 1 Teil Zucker, wobei meistens Eigelb zugefügt wird – pro 250 g Mehl 1 Dotter.
Besonders knusprig wird der dritte Teig, den man gern zu Kleingebäck verarbeitet: 4 Teile Mehl, 2 Teile Fett und 1 Teil Zucker, der – je nach Rezept – auf bis zu ¾ der Fettmenge erhöht werden kann. Hinzu kommt immer 1 ganzes Ei pro 250 g Mehl und hin und wieder zusätzlich 1 Eigelb. Außerdem gibt es auch noch pikante, also ungesüßte Mürbeteige.
Voraussetzung für alle ist die richtige **Arbeitsweise,** die jedoch kinderleicht ist. Als erstes müssen alle Zutaten kalt sein, denn das im Fett emulgierte Wasser darf sich erst durch die Backhitze verflüchtigen, wodurch der Teig gelockert wird (Backpulver ist dazu nicht nötig). Aus demselben Grund wird Mürbeteig auch stets mit kalten, d. h. *gekühlten Händen* geknetet. Man hält sie dazu für längere Zeit unter kaltes Wasser, trocknet sie ab und knetet dann so schnell, daß der Teig glatt ist, bevor sich die Hände wieder erwärmt haben.
Um diese Zeit zu verkürzen und den Teig somit nicht so lange mit der Handwärme in Verbindung zu bringen, werden alle Zutaten vorher mit 1 oder auch *mit 2 Messern* so lange *gehackt,* bis sie sich bröselig miteinander vermischt haben. Wird mit 1 Messer gehackt, sollte mit der anderen Hand der Mehlrand immer wieder so zusammengeschoben werden, daß das Ei nicht auf die Arbeitsfläche rinnen kann. Beim Hacken mit 2 Messern empfiehlt es sich, alle Zutaten in eine flache Schüssel zu geben.
Geknetet wird dagegen am besten auf der Arbeitsfläche. Greifen Sie dazu mit den ausgestreckten Fingern beider Hände seitlich unter den Teig, heben Sie ihn von hinten zur Mitte und drücken Sie ihn von vorn mit den Handballen wieder zusammen. Arbeiten Sie dabei sehr schnell und nur so lange, bis alle Mehlreste von der Arbeitsfläche verschwunden sind und der Teig äußerlich glatt aussieht, Machen Sie dann die Probe: Formen Sie den Teig zur Kugel und schneiden Sie ihn mitten durch. Sind weder Mehlspuren, noch Luftbläschen zu erkennen, drücken Sie beide Hälften wieder zusammen und legen Sie ihn, in Folie oder eine Plastiktüte verpackt (damit er nicht austrocknet), in den Kühlschrank.

Noch ein Wort zu den **Zutaten** selbst: Das *Mehl* sollten Sie in jedem Fall sieben, einmal, um eventuelle Klümpchen zu zerteilen, und zum anderen, um Luft darunterzumischen. Daß das *Fett* gekühlt sein muß, ist klar, ganz gleich, für welches Fett Sie sich entscheiden. Lediglich, wenn Sie mit den Knethaken des Handrührgerätes oder der Küchenmaschine arbeiten, darf das Fett weich sein. Jedoch muß auch dieser Teig gekühlt werden. Butter oder Margarine haben beide hervorragende Backeigenschaften und unterscheiden sich nur im Geschmack. Wenn Sie einen Teil des Fettes durch Schmalz ersetzen möchten, wird das Gebäck besonders herzhaft. Öl ist jedoch nicht für Mürbeteige geeignet.

Kleines Backlexikon

Beim *Zucker* sollten Sie für Mürbeteig einen feinkristalligen verwenden, er löst sich schneller. Grobe Kristalle schmelzen erst beim Backen und bleiben manchmal als kleine Flecken sichtbar. Außerdem brauchen Sie mehr als von feinkristalligem Zucker, dieser süßt schneller und dadurch intensiver.

Wird im Rezept *Ei oder Eigelb* angegeben, sollte es ebenfalls kühl sein. Dabei handelt es sich natürlich immer um frische Eier. Doch kann man auch manchmal hartgekochtes Eigelb mitverarbeiten: Sehr fettreiche Mürbeteige können »brandig« werden, d.h., sie fallen wie Streusel (auch eine Form des Mürbeteiges) bröselig auseinander. In diesem Fall knetet man durchpassiertes, hartgekochtes Eigelb darunter und erhält so die nötige Bindung.

Selbstverständlich wird Mürbeteig *gewürzt bzw. aromatisiert:* In jedem Fall gehört eine Prise Salz hinein, sie rundet – wie der Zukker bei pikanten Gerichten – den Geschmack ab. Ferner können Sie abgeriebene Zitronen- oder Orangenschale, Zimt, Muskat, Vanillemark oder Vanillinzucker sowie Backöle verwenden. Auch etwas Rum, Cognac oder Obstbranntwein bieten sich an. Alkohol lockert außerdem den Teig. Dasselbe geschieht, wenn Sie etwas saure Sahne oder Quark untermischen. Beide sind außerdem – wie Alkohol, Zitronensaft und Ei – die einzigen Flüssigkeitsmengen, die zum Mürbeteig verwendet werden (Ausnahme: Eiswasser bei Pastetenteigen, die auch zu den Mürbeteigen gehören, mehr darüber Seite 331).

Ganz gleich, für welche würzenden Zutaten Sie sich entscheiden, auch sie werden nach festen Regeln zugefügt: Alles, was trocken ist, mischt man mit dem Mehl, alles Flüssige oder Halbflüssige mit dem Ei. Wird kein Ei verwendet, gibt man die flüssigen Ingredienzen stattdessen in die Mehlmulde.

Wollen Sie Mürbeteig mit *Mandeln oder Nüssen* zubereiten, werden diese – fein gehackt oder gemahlen – mit dem Mehl vermischt. Dabei kann das Mehl bis zur Hälfte durch Mandeln oder Nüsse ersetzt werden. Werden Teile des Mehles durch *Speisestärke* ersetzt (bis zu höchstens einem Drittel der Mehlmenge austauschbar), erhalten Sie einen sehr feinporigen, leicht sandigen Mürbeteig.

Unabhängig von der Art des Mürbeteiges muß er zwischen dem Kneten und Formen oder Ausrollen stets **gekühlt** werden. Dazu legt man ihn für mindestens 30 Minuten zugedeckt oder eingewickelt in den Kühlschrank. Werden jeweils nur kleine Mengen verarbeitet, bleibt der übrige Teig solange im Kühlschrank.

Mürbeteig soll beim Backen keine Blasen bilden. Darum werden die Böden vor dem Backen mehrfach mit einer Gabel eingestochen, so daß die Luft entweichen kann (bei hohen Rändern wird »blindgebacken«, siehe Seite 309).

Einfetten der Formen oder des Bleches ist bei fettreichen Mürbeteigen (in den Rezepten angegeben) nicht nötig, doch müssen sie nach dem Backen noch heiß aus den Formen gelöst werden, denn erkaltendes Fett wirkt wie eine Klebeschicht. Zum Abkühlen gehören sie deshalb auf einen Kuchendraht.

Rührteig

Für unsere Großmütter war ein Rührteig nur dann richtig, wenn

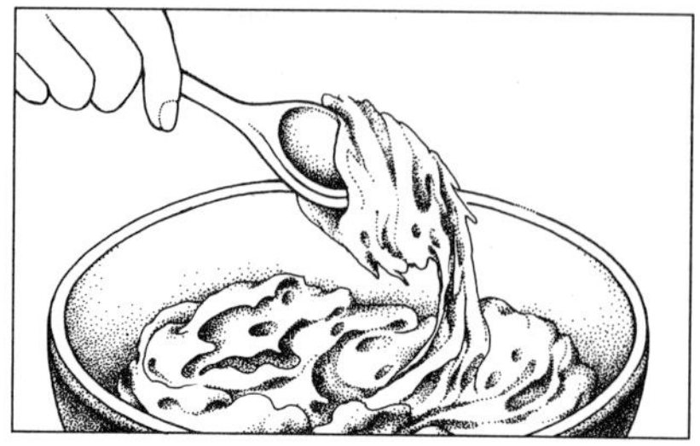

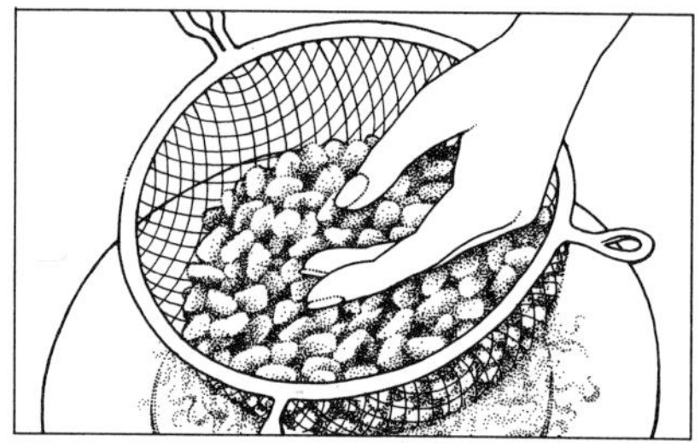

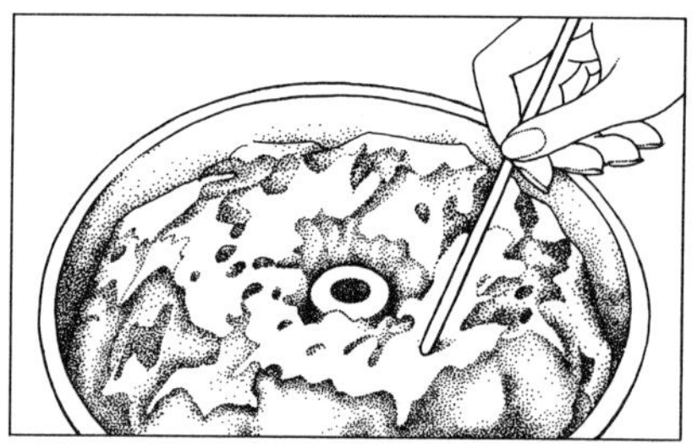

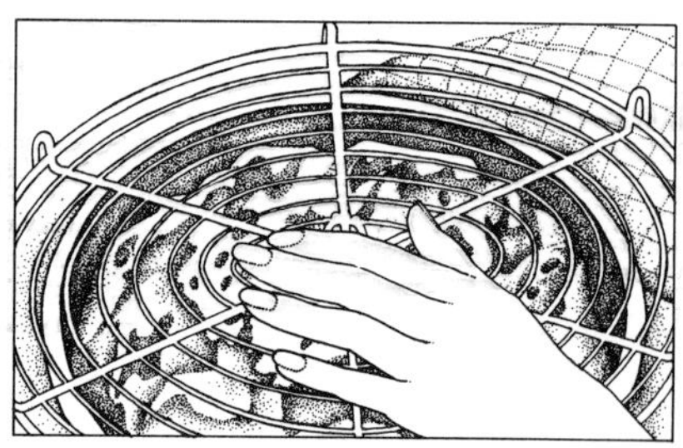

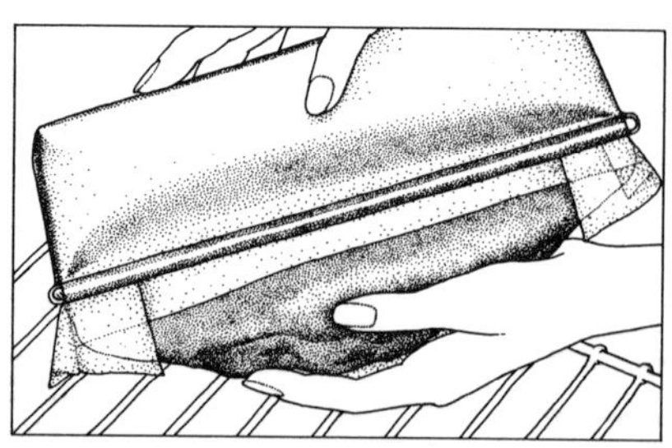

er mindestens 1 Stunde in derselben Richtung gerührt wurde. Erstklassige Zutaten waren damals mindestens ebenso Voraussetzung wie heute in unserer Wohlstandsgesellschaft. Nun, 1 Stunde lang muß heute niemand mehr rühren, denn elektrische Hilfen, wie Handrührgerät und Küchenmaschinen, erleichtern und beschleunigen diese Arbeit und bringen ein besonders gleichmäßiges Ergebnis. Geblieben aber sind die Zutaten, aus denen der Teig – wie bei unseren Großmüttern – gerührt wird.

Grundsätzlich handelt es sich um 4 **Zutaten,** die – je nach Rezept – erweitert, nie aber verringert werden können, nämlich Fett, Zukker, Eier und Mehl.
Werden alle zu gleichen Teilen verwendet, erhält man den edelsten aller Rührteige, den Eischwer- oder Gleichgewichtskuchen. Dieser kann durch Gewürze und Aromen verfeinert werden und braucht kein Backpulver. Wird hier das Mehl bis zur Hälfte durch Speisestärke ersetzt, bekommt man den feinporigen Sandkuchen.
Auf *Backpulver* können Sie bei den Rührteigen verzichten, bei denen die Fett-Zucker-Eiermenge größer als die Mehlmenge ist, z. B. je 250 g Fett und Zucker, 6–8 Eier, 500 g Mehl und ein paar Tropfen Flüssigkeit. Wird im Verhältnis zu Fett, Zucker und Eiern mehr Mehl verwendet, braucht der Teig Backpulver, um locker zu werden. Zum Beispiel: auf je ca. 200 g Fett und Zucker, 4–5 Eier und ca. 500 g Mehl brauchen Sie 1 Päckchen Backpulver und etwas Flüssigkeit.
Das sollten Sie im einzelnen über die Zutaten wissen: Grundbedingung Nr. 1 ist die, daß alle Zutaten dieselbe Temperatur haben müssen, wobei *Zimmerwärme* gemeint ist. Holen Sie darum möglichst schon 1–2 Stunden vor Beginn der Arbeit das Fett und die Eier aus dem Kühlschrank und das Mehl aus der Speisekammer. Dasselbe gilt für Milch oder alle weiteren Zutaten. Das *Fett* kann sowohl Butter als auch Margarine sein, wobei ein Teil davon durch Schmalz ersetzt werden kann. Öl und Kokosfette eignen sich nicht zum Rührteig. Für den Rührteig muß das Fett weich und geschmeidig sein, darf jedoch nicht erhitzt oder geschmolzen werden. Dann kann es nicht mehr genügend Luft aufnehmen, um den Teig zu lockern. In jedem Fall sollten Sie es lange rühren, bis es sahnig ist bzw. bis es »knirscht«. Da man das Knirschen nur beim Rühren mit dem Holzlöffel hören kann, verlassen Sie sich lieber auf Ihre Augen. Das Fett muß weißlich hell, sehr weich und äußerst geschmeidig sein. Geben Sie erst jetzt nach und nach *Zucker* und Eier hinein und rühren Sie weiter, bis der Zucker völlig gelöst ist und die Masse sehr cremig und wieder weißlich ist. Je mehr *Luft* Sie in dieser Zeit einarbeiten, desto lokkerer und duftiger wird der fertige Rührteig. Anders ausgedrückt: Die Luft, die der Teig jetzt nicht aufnimmt, fehlt ihm später zum Aufgehen.
Die *Eier* dürfen jeweils nur einzeln hineingegeben werden, wobei das nächste Ei immer erst dann folgen darf, wenn sich das vorhergehende völlig mit der Fett-Zucker-Masse vermischt hat, da sonst diese zarte Fett-Zucker-Mischung gerinnen könnte. Das kann auch passieren, wenn die Eier noch zu kalt sind. Sie können die Mischung wieder cremig rühren, wenn Sie die Schüssel dabei in ein warmes, nicht heißes Wasserbad stellen. Das Fett darf dabei allerdings nicht zu schmelzen beginnen. Ein zweiter Trick: Streuen Sie ein wenig Mehl auf die geronnene Masse, verrühren Sie sie gründlich damit und fügen Sie die weiteren Eier erst hinzu, wenn der Teig wieder völlig glatt und homogen ist.
Gewürze, wie Salz, Vanillinzukker, Vanillemark, Zitronenschale u. ä., werden ebenfalls jetzt untergemischt. Erst danach kommt das *Mehl* hinzu, das immer gesiebt werden sollte. Wird es mit Backpulver und/oder Speisestärke oder Kakao im Rezept angegeben, mischen Sie diese Zutaten vor dem Sieben. Ist *Flüssigkeit* nötig, arbeitet man sie im Wechsel mit dem Mehl unter den Teig. Hierbei sollten Sie jedoch nur so lange rühren, bis alle Zutaten vermischt sind, nicht länger, sonst wird der Teig zäh. Er darf weder zu fest noch zu flüssig sein. Machen Sie darum die Teigprobe: Heben Sie einen Teil davon mit dem Rührlöffel aus der Form. Er muß »schwer reißend«, also zähflüssig vom Löffel fallen.
Wollen Sie *Trockenfrüchte, Nüsse o. ä.* zufügen, werden sie in einem Sieb mit Mehl vermischt, wobei das überschüssige Mehl wieder herausrieselt. Dieses »Mehlieren« verhindert das Absinken der Früchte. Werden die Eier getrennt verarbeitet, hebt man den steif geschlagenen Eischnee erst ganz zum Schluß locker unter den Teig, ohne jedoch dabei zu rühren.
Anschließend sollte Rührteig sofort gebacken werden. Das ist besonders wichtig, wenn er mit Backpulver zubereitet wurde, denn dieses beginnt sofort zu treiben, wenn es mit Flüssigkeit in Berührung kommt.

Gebacken wird Rührteig immer in gefetteten, mit Bröseln ausgestreuten oder mit Papier ausgelegten **Formen,** die nur zu etwa ¾

Kleines Backlexikon

gefüllt sein dürfen, damit der Teig nicht über den Rand steigt.
Machen Sie nach Ende der vorgegebenen Backzeit immer die Gar- oder Stäbchenprobe: Stechen Sie mit einem Holzstäbchen in die dickste Stelle und prüfen Sie, ob sich Teigreste daran befinden. Bleibt das Stäbchen teigfrei, ist der Kuchen gar.

Nach dem Backen sollten Sie den Kuchen ein paar Minuten ausdampfen lassen.
Zum *Stürzen* legen Sie bei großen, runden Formen einen Kuchendraht auf die Form, drehen beides um und heben die Form ab. In der Kastenform gebackenen Kuchen stürzen Sie am besten aus der Form auf die Hand (ziehen das Papier ab) und legen ihn mit der Unterseite auf den Kuchendraht.

Biskuitteig

Landläufig nennt man ihn zwar Teig, doch wird dieses feine Backwerk, das aus Eiern, Zucker, Mehl und sonst nur Luft besteht, in der Fachsprache »Masse« genannt. Die *Luft* ist das einzige Lockerungs- und Treibmittel für Biskuit. Sie wird beim Schlagen in winzigen Bläschen in die Masse verteilt, wodurch diese ihr üppig-schaumiges Volumen erhält. Beim Backen dehnt sich die Luft zusätzlich aus, steigt nach oben und trägt damit den »Teig« in die Höhe. Dazu sind *frische Eier* notwendig, die noch viel Luft tanken können. Sie sollten kühl sein und müssen bei den meisten Biskuit-Rezepten getrennt verarbeitet werden. Dabei müssen Sie darauf achten, daß kein Eigelb in das Eiweiß läuft, da das im Dotter enthaltene Fett den Eischnee nicht schnittfest werden läßt.
Normalerweise wird für einen

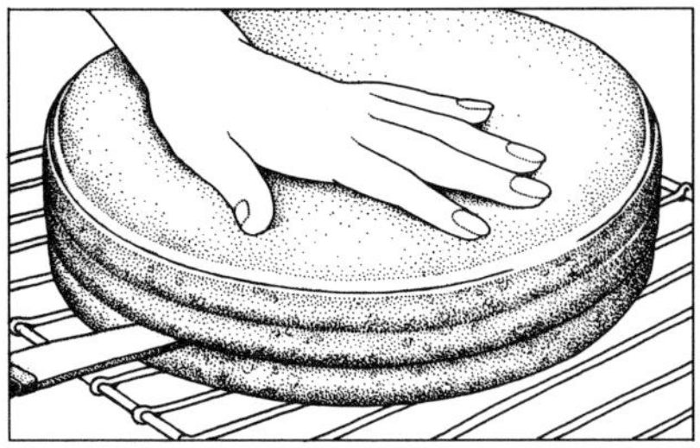

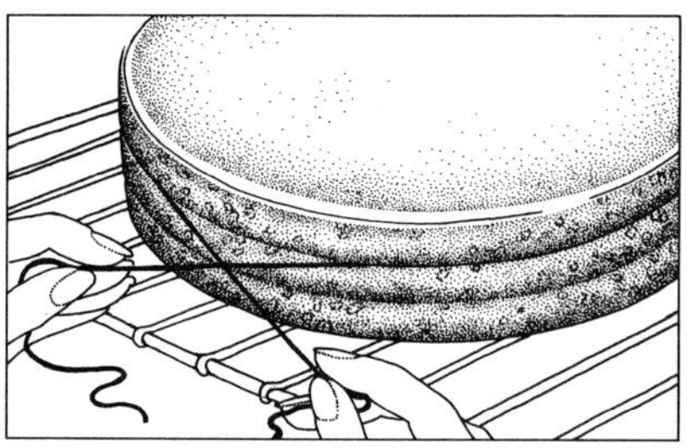

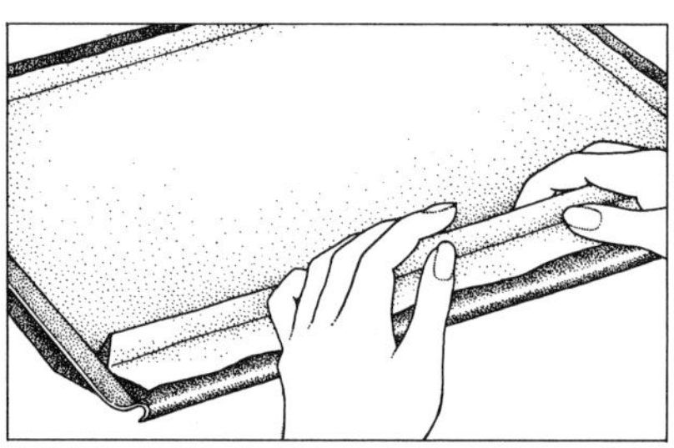

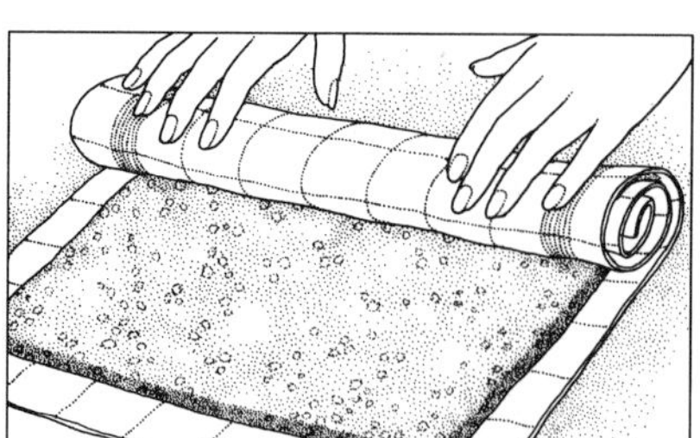

Biskuit zuerst Eigelb mit etwas Wasser verschlagen, wobei heißes oder kaltes Wasser verwendet werden kann. Jedoch ist kaltes Wasser wesentlich unproblematischer, denn Eiweißreste am Eigelb können durch heißes Wasser gerinnen, was zu weißen Stippen führt, die sich auch später nicht mehr lösen. Unter weiterem Schlagen wird anschließend etwa ¾ der Zuckermenge eingestreut und so lange weitergearbeitet, bis der Zucker gelöst und die Masse dickschaumig, glänzend und sehr feinporig geworden ist. Als nächstes wird Eiweiß schnittfest geschlagen, wobei man den restlichen Zucker nach und nach unterschlägt. Der Schnee wird zusammen mit dem gesiebten Mehl sehr locker unter die Eigelbcreme gehoben. Dabei können Sie ausschließlich Mehl verwenden, Sie können es aber auch mit Speisestärke vermischen, in diesem Fall wird der Biskuit feinporiger. Ein Teil des Mehles (manchmal die gesamte Menge) kann auch durch gemahlene Nüsse oder Mandeln ersetzt werden, was den Teig besonders saftig werden läßt. Zum Unterheben eignen sich Holzlöffel mit Loch, Teigspatel oder Schneebesen, nicht aber das elektrische Handrührgerät. Bei dieser Arbeit darf in keinem Fall durch den Teig gerührt werden.

Beim einfachen Biskuit werden die gleichen Zutatenmengen verwendet: Auf 1 Ei von 60 g rechnet man 60 g Zucker und 60 g Mehl. Backpulver ist nicht nötig, wenn genügend Luft hineingeschlagen wurde. Jedoch gibt es bei weniger gründlich geschlagenen oder recht mehlreichen Biskuitmassen die Sicherheit, daß sie locker und luftig werden. Wenn Sie mehr Eigelb als Eiweiß verwenden, wird der Teig feinporiger, kräftiger in der Farbe und etwas fester. Wol-

len Sie dagegen einen sehr leichten, lockeren Biskuit, nehmen Sie mehr Eiweiß als Eigelb.
Noch leichter wird Biskuit bei folgenden Mengen: 1 Ei von 60 g, 30 g Zucker und 30 g Mehl.

Für alle Biskuit-Gebäcke, die nicht extrem hoch werden müssen, wie etwa für Rollen, Tortenböden und Torteletts, können Sie auch den Blitzbiskuit zubereiten: Schlagen Sie Eiweiß zu schnittfestem Schnee, lassen Sie den Zukker einrieseln, mischen Sie dann die nur verquirlten Eigelb zusammen mit dem Mehl darunter und backen Sie die Masse sehr schnell ab.
Zweite Blitz-Methode: Schlagen Sie die ganzen Eier zusammen mit Wasser und Zucker sehr schaumig, sieben Sie das Mehl darauf und heben Sie es locker darunter.

Wünschen Sie einen ganz besonders weichen, saftig und leicht klebrig wirkenden Biskuit, sollten Sie die nächste Arbeitsweise anwenden, den warmen Biskuit: Schlagen Sie die ganzen Eier mit Wasser und Zucker im warmen Wasserbad dickcremig und heben Sie das gesiebte Mehl neben dem Herd unter. Auch hier gibt es Varianten: Schlagen Sie Eigelb und Zucker im Wasserbad und heben Sie dann das steifgeschlagene Eiweiß mit dem Mehl unter. Oder schlagen Sie zuerst das Eiweiß schnittfest und arbeiten Sie dann im Wasserbad Eigelb, Zukker und später das Mehl darunter. Sie sehen also, es gibt fast ungezählte Wege, die allesamt zum lockeren, saftigen Biskuit führen.

Doch der saftigste von allen ist der »Butter-Biskuit«, den man auch Wiener Masse nennt: Hierbei werden die ganzen Eier mit dem Zucker zunächst im Wasserbad dickschaumig aufgeschlagen und dann wieder kalt geschlagen. Unter diese Masse wird zuerst das Mehl und dann flüssige, handwarme Butter gemischt.
Biskuit wird sehr häufig als Torte in der Springform gebacken. Die Form darf nur am Boden eingefettet und bestreut werden, wogegen der Rand niemals Fett abbekommen sollte, denn es würde beim Backen schmelzen und beim Herunterlaufen den aufgehenden Teig am Rand wieder herunterziehen.
Sehr frischer Biskuit läßt sich recht schlecht teilen, er bröselt leicht. Lassen Sie darum die Torte mindestens 4–6 Stunden auskühlen, besser noch über Nacht. Zum Durchschneiden sollten Sie stets zuerst rund um den Rand die gewünschten Schichten einkerben und dann entweder mit einem großen Messer waagerecht vom Rand zur Mitte hin schneiden oder aber die einzelnen Böden mit einem Faden durchtrennen. Legen Sie in diesem Fall einen starken Zwirn in die eingekerbten Rillen, kreuzen Sie ihn an der vorderen Seite wie zum Knoten und ziehen Sie ihn dann gleichmäßig zusammen. Heben Sie die so entstandene Platte mit einem Blatt Pergamentpapier oder einem speziellen Torteneiler-Blech ab.
Für eine Biskuitrolle legen Sie das Blech mit einem großen Blatt Pergamentpapier aus und falzen dieses am offenen Blechrand kräftig hoch, damit der Teig beim Backen nicht herunterlaufen kann. Nach dem Backen stürzen Sie die Teigplatte samt Papier auf ein mit Zucker bestreutes Tuch, feuchten das Papier an, ziehen es ab und rollen nun die Teigplatte zusammen mit dem Tuch ein, so daß Sie sie nach dem Abkühlen wieder auseinanderrollen können, ohne daß sie bricht.

Brandteig

Unter allen Teigarten nimmt er eine Sonderstellung ein, denn er muß vor dem Backen gekocht oder »abgebrannt« werden, wie es in der Fachsprache heißt. Brandteig besteht aus Wasser, Fett, Mehl und relativ vielen

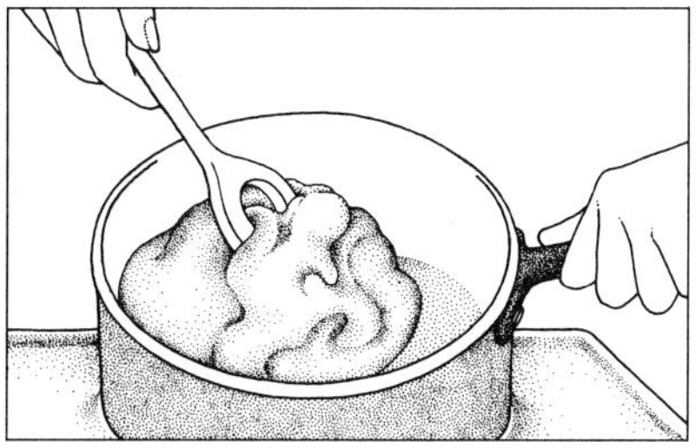

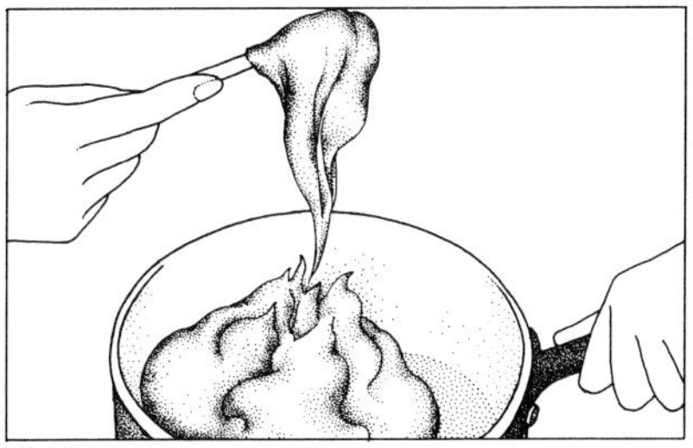

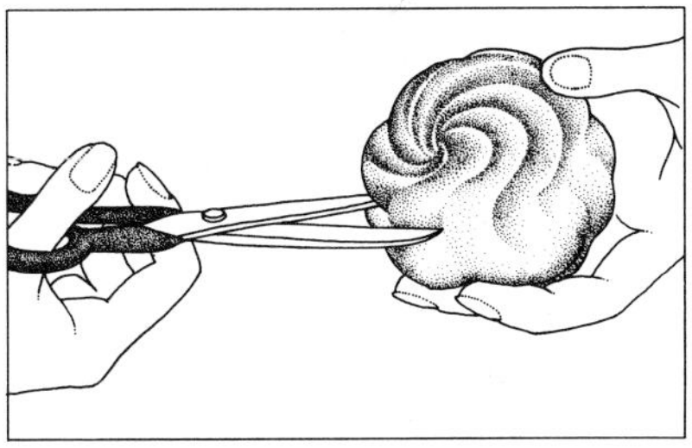

Eiern, die dafür sorgen, daß der Teig luftig aufgeht. Hin und wieder gibt man ein wenig Zucker in den Teig, doch ist diese Menge immer sehr gering, da der Zucker beim Abbrennen leicht karamelisieren und verbrennen könnte.

Wiegen und messen Sie vor Beginn der Arbeit alle Zutaten ganz exakt ab, denn das Mengenverhältnis der einzelnen Zutaten zueinander ist bei dieser Teigart besonders wichtig.
Geben Sie dann das *Wasser* zusammen mit 1 Prise *Salz* und dem in Flöckchen geteilten *Fett* (ein großes Stück löst sich zu langsam) in einen Topf und lassen Sie diese Mischung nur einmal kurz aufkochen. Sie sollte nie länger kochen, da sonst ein Teil des Wassers verdampfen und das Mengenverhältnis stören könnte. Ob Sie sich dabei für Butter, Margarine, Schmalz oder auch für eine Mischung der einzelnen Fette entscheiden, ist nur wichtig für den Geschmack, nicht für das Ergebnis.
Sobald diese Mischung aufkocht, nehmen Sie den Topf vom Herd und schütten das gesamte Mehl auf einmal, nicht nach und nach, hinein. Rühren Sie das Mehl unter die Flüssigkeit, bis alles zu einem dicken Brei geworden ist. Dazu eignet sich am besten ein Holzlöffel mit Loch in der Mitte. Stellen Sie nun den Topf wieder auf den Herd und rühren Sie bei mittlerer Hitze so lange weiter, bis sich ein glatter Kloß gebildet hat und sich am Topfboden eine dünne, weiße Schicht zeigt. Hören Sie nicht vorher auf, denn gutes <u>Abbrennen</u> ist Voraussetzung für das spätere Aufblähen des Teiges. Lassen Sie den Topf aber auch nicht länger auf dem Herd, denn die Haut am Topfboden darf sich noch nicht bräunen. Dieses wäre bereits ein Zeichen dafür, daß auch der Mehl-Kleber im Teig zuviel Hitze bekommen hätte.
Geben Sie nun diesen zähen Kloß in eine Schüssel und rühren Sie sofort *1 Ei* hinein, um ihn etwas weicher und geschmeidiger zu machen. Ganz erfahrene Bäker(innen) mischen dieses Ei darunter, solange der Teig noch im Topf ist. Allerdings muß dann wirklich blitzschnell gearbeitet werden, damit sich das Ei nicht am Topfrand oder Boden erhitzen kann. Es würde sonst ausflokken, d. h. gerinnen, und somit kleine weiße Stippchen bilden, die sich auch später nicht mehr lösen können.
Der Teig muß nun ruhen und abkühlen, bis er Handwärme erreicht hat. Erst danach werden *die übrigen Eier* untergemischt – und zwar einzeln. Das ist ganz besonders wichtig: Das nächste Ei darf immer erst dann zugefügt werden, wenn sich das vorhergehende völlig mit dem Teig vermischt hat.
Je nach Größe und Frische der Eier kann ihre Menge von Rezept zu Rezept etwas variieren. Machen Sie darum die <u>Teigprobe</u>, sobald Sie das vorletzte Ei untergerührt haben: Der Brandteig hat seine richtige Konsistenz, wenn er stark glänzt und in langen, aber nicht zu weichen Spitzen vom Löffel herunterhängt. Ist dieses noch nicht der Fall, geben Sie das übrige Ei ganz oder zur Hälfte hinein. Um ein halbes Ei unterzumengen, verquirlen Sie Eigelb und Eiweiß und geben diese Mischung löffelweise hinzu. Auch wenn Sie diese Arbeit ein wenig »übergenau« finden, ist sie wichtig, denn Brandteig darf keinesfalls zuviel Ei enthalten. Ist er zu weich, geht er nicht genügend auf, sondern läuft in die Breite.
Sobald der Teig nun stark glänzt und die richtigen Spitzen bildet, sollten Sie unbedingt aufhören zu rühren, sonst geht er beim Backen nicht mehr genug auf (guter Brandteig kann sein Volumen verdoppeln und sogar verdreifachen). Aus diesem Grund empfiehlt es sich auch, den Brandteig mit dem Holzlöffel und nicht mit elektrischen Rührern zuzubereiten. Wegen ihrer Geschwindigkeit »überrührt« man ihn sonst leicht.

Brandteig wird normalerweise »in Form« gespritzt, beispielsweise bei Windbeuteln, Ringen oder Eberswalder Spritzkuchen. Doch können Sie ihn auch mit einem Löffel portionieren, müssen dann allerdings ungleichmäßige Formen in Kauf nehmen. Wird er als glatt verstrichene Fläche (wie bei der Flockentorte) gebacken, gibt's Höhen und Tiefen, d. h. er bildet unregelmäßige Blasen und Wülste.
Gebacken wird Brandteig auf gefetteten, mit Mehl bestäubten Blechen, und zwar bei recht hoher Temperatur. 220–230 Grad (Gas Stufe 4–5) ist die richtige Hitzeeinstellung. Liegt die Temperatur zu niedrig, geht der Teig nicht genügend auf, ist sie zu hoch, »plustert« er in der Anfangszeit, kann aber später leicht zusammenfallen, weil er innen noch roh ist. In jedem Fall ist unbedingt darauf zu achten, daß die Ofentür während der ersten 10 Minuten nicht geöffnet wird, dabei würde Brandteig ganz sicher zusammenfallen.
Um das Aufgehen zu verstärken, können Sie dem Brandteig-Gebäck auch »Schwaden geben«, wie der Fachmann sagt. Dazu gießt man sofort nach dem Einschieben des Bleches etwas Wasser auf den Boden des Bakkofens und läßt es verdampfen. Der dabei aufsteigende »Schwaden« hebt den Teig.

Nach dem Backen sollte das Gebäck sofort auf einen Kuchendraht gelegt werden, damit die noch enthaltene Feuchtigkeit austreten kann. Gebäckstücke, die später gefüllt werden, schneiden Sie sofort mit einer Schere auf, damit sie auch innen austrocknen können und nicht feucht bleiben.

Wollen Sie Brandteig fritieren, wie bei den Eberswalder Spritzkuchen, spritzen Sie die einzelnen Stücke jeweils auf ein Stück Pergamentpapier und lassen sie beim Eintauchen in das heiße Fritierfett heruntergleiten. Bei Krapfen stechen Sie den Teig einfach mit einem Löffel ab und geben ihn portionsweise ins Fett. Die richtige Fritierhitze liegt bei 175–180 Grad und sollte stets eingehalten werden. Wenn Sie jedoch kein Fritierthermometer besitzen prüfen Sie die Temperatur mit dem Stiel des Holzlöffels (Holzlöffelprobe): Bilden sich beim Hineintauchen kleine Bläschen am Holz, stimmt die Hitze. (Oder legen Sie ein Stückchen Weißbrot ins Fett, es muß goldgelb werden, ohne sich vollzusaugen.)

Hefeteig

In vielen Haushalten wird Hefeteig heute lieber fertig gekauft, weil man seine Zubereitung für kompliziert und »risikoreich« hält. Dabei muß man sich lediglich an ein paar Grundregeln halten und der Hefe die nötigen Lebensbedingungen schaffen. Hefepilze sind Kleinstlebewesen, die, wie Bakterien und Schimmelpilze, überall in der Natur vorkommen und sich bei günstigen Bedingungen vermehren können. Sie brauchen dazu Feuchtigkeit, Nahrung, Wärme und Luft. **Hefe** wird in verschiedenen Formen angeboten: frisch, zu Würfeln geformt, als Bäckerei- oder Preßhefe und als Trockenhefe. *Frische Hefe* erkennt man an der gleichmäßig gelblich-grauen Farbe und der festen, glatten Oberfläche. Sie muß sich schichtweise zerbröckeln lassen, darf aber nicht bröckelig aus dem Papier

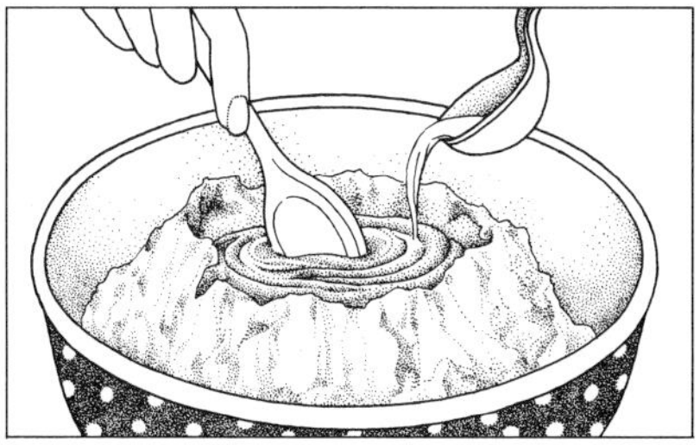

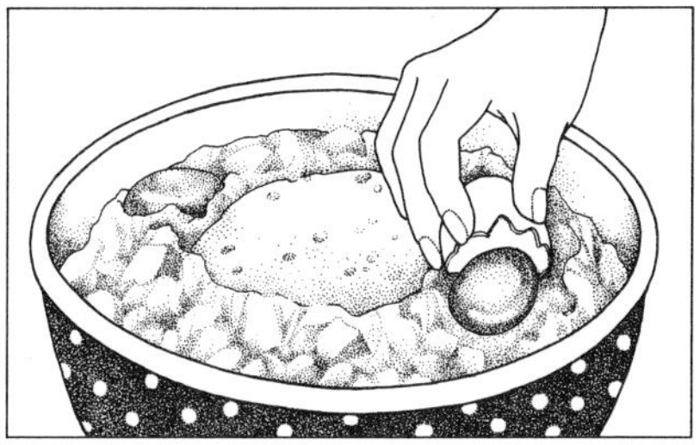

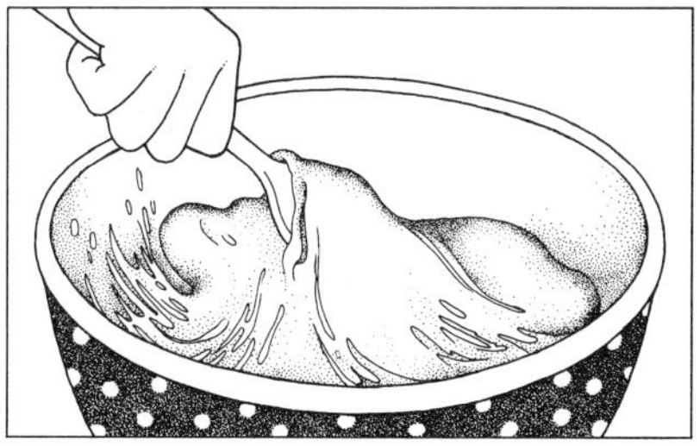

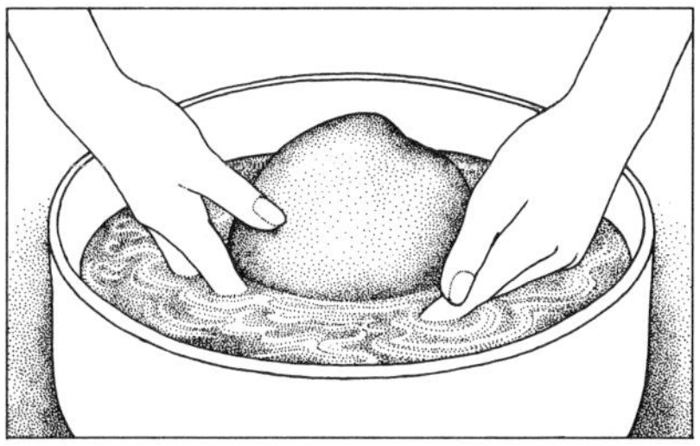

kommen und keine dunklen Ränder oder Risse aufweisen. Denn dann ist sie zu alt und hat ihre Treibkraft teilweise oder sogar ganz verloren. Eine schmierige oder angeschimmelte Oberfläche ist ebenfalls eindeutiges Zeichen für verdorbene Hefe. Auch am Geruch kann man das Alter der Hefe erkennen: Frisch riecht sie fein-säuerlich und ein wenig obstig, ist sie alt, geht dieser Duft in einen unangenehmen, leicht modrigen Geruch über. Frische Hefe ist nur begrenzt lagerfähig und muß immer gut verpackt im Kühlschrank (am besten im Butterfach) aufbewahrt werden. *Trockenhefe* hält sich im Gegensatz dazu monatelang (meistens bis zu einem Jahr) »frisch«. Sie wird als Granulat oder in Pulverform, in kleinen Tütchen verpackt, angeboten, wobei ihre Menge meistens zum Lockern von 500 g Mehl berechnet ist. Je nach Art und Herstellung wird sie entweder – wie frische Hefe – zum Vorteig angesetzt oder aber lediglich mit dem Mehl vermengt, wodurch man den ersten Aufgeh-Vorgang spart. Die in diesem Buch angegebenen Rezepte lassen sich sowohl mit frischer als auch mit Trockenhefe zubereiten.

Für das **Zubereiten** von Hefeteig sollten Sie als erstes alle *Zutaten anwärmen,* denn bei Temperaturen um 35–37 Grad (also Körpertemperatur) kann sich die Hefe am besten entwickeln. Als nächstes sieben Sie das *Mehl* in eine große Schüssel, um es mit möglichst viel Luft zu mischen. Drükken Sie eine Mulde in die Mitte und verteilen Sie die *Hefe* darin. Fügen Sie ihr nun die nötige Feuchtigkeit und Nahrung zu, d. h. verrühren Sie sie mit der angegebenen *Flüssigkeit,* die lauwarm – etwa auf 30 Grad erwärmt – sein muß, mit einer Prise

Zucker – je nach Rezept – sowie mit etwas Mehl vom Rand der Mulde. Damit ist der Vorteig hergestellt. Decken Sie nun ein Küchentuch über die Schüssel und stellen Sie sie für ca. 15 Minuten an einen warmen, zugluftfreien Ort. Das kann ein Plätzchen in Heizungsnähe sein, aber auch der nur leicht angewärmte Backofen. Jedoch darf die Temperatur 50 Grad nicht übersteigen, sonst sterben die Hefezellen ab. Nun kann die Hefe »aufgehen«: Die Hefezellen teilen sich und setzen dabei Alkohol und Kohlensäure bzw. Kohlendioxyd frei. Der Alkohol sorgt dabei für den frischen, leicht säuerlichen Duft und den feinen Geschmack, während Kohlensäure und Kohlendioxyd den Teig lockern und aufgehen lassen. Der Mehlkleber umschließt die Gasbläschen, die ihren natürlichen Weg nach oben suchen. Auf diese Weise hebt sich das Teiggerüst und der Teig vergrößert sein Volumen. Seine Oberfläche zeigt nun deutlich Blasen, von denen der Fachmann sagt, daß der Teig »pustet«. Sobald er etwa doppelt so groß geworden ist, geben Sie die *übrigen Zutaten* hinzu, die allesamt auch warm sein müssen. Dabei sollten Sie stets darauf achten, daß Fett, Salz und Eigelb niemals direkt in den Vorteig geraten, sondern immer auf dem Mehlrand verteilt sind und somit erst nach und nach unter den Vorteig gemischt werden, denn sie alle drei hemmen die Teilung der Hefe. Nachdem die Hefezellen nun mit allen Zutaten vermengt wurden, benötigen sie Sauerstoff. Darum muß der Teig zuerst kräftig geknetet, dann geschlagen werden, bis er Blasen wirft und sich vom Schüsselrand löst. Zum Schlagen können Sie einen Holzlöffel verwenden, doch geht es meines Erachtens nach mit der Hand besser, weil man so die Beschaffenheit des Teiges besser »erfühlen« kann. Der Teig muß elastisch sein und darf zum Schluß nicht mehr an und zwischen den Fingern kleben. In jedem Fall wird stets vom Schüsselboden bis zum Rand hochgehoben um dann wieder zum restlichen Teig zurückzuschlagen. Nach dieser Lockerung muß der Hefeteig noch einmal ruhen, um bis zu seinem doppelten Volumen aufgehen zu können. Und auch hier braucht er einen warmen, zugfreien Platz, denn Zugluft läßt ihn zusammenfallen. Anschließend wird er zusammengedrückt, damit die inzwischen entstandenen Gase entweichen können. Dann erst formt man ihn und läßt ihn bis zum Backen ein letztes Mal gehen. Der hier beschriebene Weg ist sowohl für einfache, leichte als auch für schwere Hefeteige geeignet. »Schwere« Hefeteige sind solche, die durch einen hohen Fettanteil (oft mit viel Ei und Trockenfrüchten) das Arbeiten der Hefe erschweren, wie etwa beim Stollen. »Leichte« Hefeteige verwendet man dagegen für Blechkuchen, Brötchen und einfache Zöpfe.

Nun kennt der Fachmann aber nicht nur die »warme«, sondern auch die **»kalte Teigführung«**, genauer gesagt, zwei Methoden davon. Bei der ersten wird die Hefe in der kalten Flüssigkeit aufgelöst und sofort mit der gesamten Mehlmenge verarbeitet. Eingewickelt muß dieser Teig nun bis zu 12 Stunden im Kühlschrank ruhen, wo er trotz der niedrigen Temperatur (+3–+8 Grad) aufgeht. Nach dieser langen Ruhezeit wird er durchgeknetet und geformt und muß bis zum Backen je nach Gebäckart ca. 20 Minuten aufgehen.
Völlig anders ist die zweite Zubereitungsart, die sich für extrem fette Hefeteige anbietet: In das Mehl wird eine Mulde gedrückt, die Hefe darin mit Wasser verrührt und etwa ¾ des Mehls zusammen mit der gesamten Fettmenge (mindestens 125 g auf 500 g Mehl) daruntergearbeitet. Darauf wird der Teig zur Kugel geformt und in reichlich kaltes Wasser gegeben und so lange darin gelassen, bis die Teigkugel aufgegangen ist und an der Oberfläche schwimmt. Erst jetzt werden das restliche Mehl und die übrigen Zutaten untergeknetet, der Teig geformt und – ohne ihn aufgehen zu lassen – in den kalten (!) Ofen geschoben, so daß die Hefe treiben kann, während der Ofen aufheizt.

Hefeteige werden generell auf gefetteten Blechen (bzw. in gefetteten Formen) gebacken, je nach Rezept bei 200–220 Grad (Gas Stufe 3–4). Sie sollten nach dem Backen möglichst sofort auf einen Kuchendraht gelegt werden, damit sie ausdampfen und abkühlen können.
Ganz besonders einfach lassen sich Hefeteige übrigens mit der Küchenmaschine zubereiten, wobei Sie sich stets an die Angaben des Herstellers halten sollten.

Baiser- und Makronenmasse

Eiweiß und Zucker und sonst nichts als Luft braucht man für diese zarte, federleichte Masse, die »Baiser« heißt, »besee« gesprochen und aus dem Französischen mit »Kuß« übersetzt wird. Die Franzosen selbst nennen sie Meringue. Die Österreicher bezeichnen ihre kleinen Baisers als Schäumchen, Spanischer Wind oder auch Merinken. Und locker wie ein Schäumchen muß die süße Baisermasse sein, wenn sie gelingen soll.

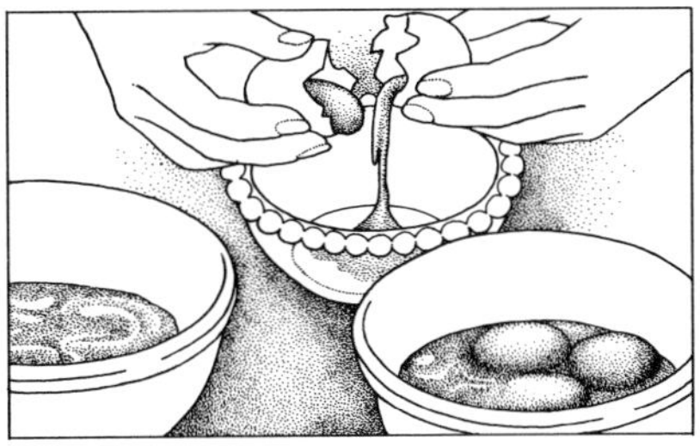

1

2

3

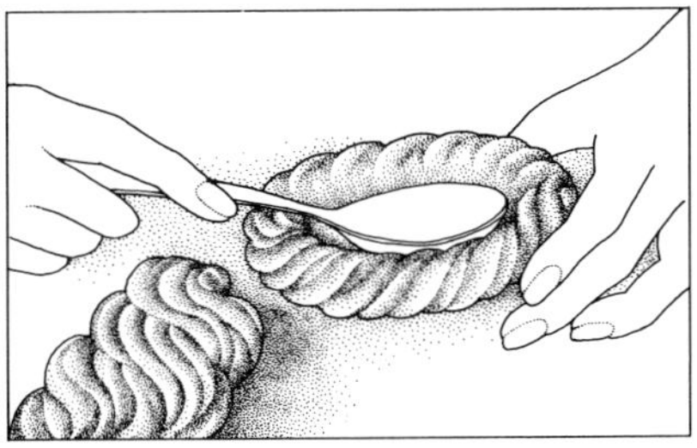

4

5

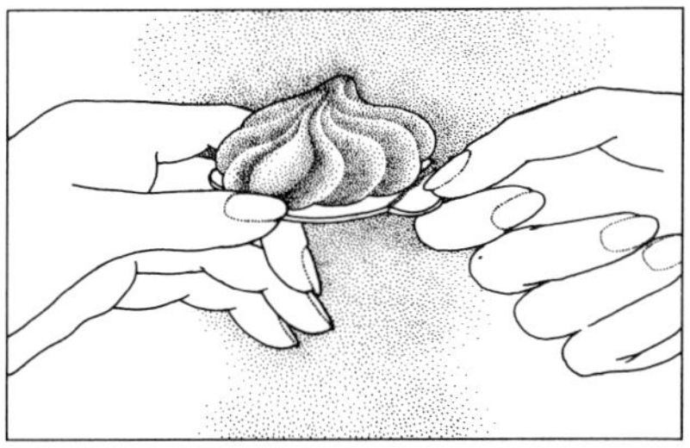

6

Sie brauchen unbedingt *frisches Eiweiß*. Kaufen Sie darum möglichst Eier mit den Kennzeichnungen »Güteklasse A« oder »Extra«, weil bei ihnen die Verpackungswoche auch garantiert die Legewoche ist. Bei den übrigen Eiern kann es passieren, daß sie beim Verpacken schon eine Woche alt sind. Ganz sicher, frische Eier zu bekommen, können Sie sein, wenn der Zusatz »Packtag gleich Legetag« auf der Packung steht. Sollten Sie die Verpackungsschachtel nicht mehr haben, machen Sie die Eier-Schwimmprobe: Legen Sie ein Ei in ein Glas mit Wasser. Sinkt es bis zum Glasboden und bleibt »quer« liegen, ist es frisch und somit für Baisers geeignet. Gleitet es aber nur teilweise ab und schwimmt schräg oder sogar senkrecht, ist es für Baisers in jedem Fall zu alt. Die Erklärung dafür ist ganz einfach: Je älter das Ei wird, desto mehr Flüssigkeit kann durch die poröse Eierschale verdunsten, die Luftkammer vergrößert sich und das Ei wird leichter.

Der zweite Frischetest für Eier ist ebenfalls ganz einfach: Schlagen Sie ein Ei auf und lassen Sie es auf einen Teller gleiten. Ist es frisch, hat es einen völlig runden Dotter, der von einem festen, sehr kompakten Eiweißring umgeben ist. Nur am äußeren Rand darf sich ein sehr schmaler, dünnflüssiger Eiweißstreifen zeigen. Mit zunehmendem Alter wird das Eigelb flacher und die Eiweißschicht dünnflüssiger. Solche Eier sind für die Baisermasse nicht mehr zu gebrauchen.
Die nächste Bedingung zum Baiser-Schlagen ist sorgfältiges *Trennen von Eigelb und Eiweiß.* Denn schon die geringste Spur von Eigelb im Eiweiß läßt die Baisermasse cremig statt schnittfest werden, was bedeutet, daß die Baisers nicht fest und formstabil werden. Schlagen Sie die Eier, die möglichst kühl sein sollten, dazu einzeln über einem Teller auf, trennen Sie sehr sorgfältig das Eiweiß vom Dotter und geben Sie das Eiweiß dann in eine und das Eigelb in eine andere Schüssel. So verhindern Sie, daß ein möglicherweise zerlaufenes Eigelb die gesamte Eiweißmenge verdirbt. Selbstverständlich müssen auch sämtliche Schüsseln und Geräte völlig fettfrei sein.

Für das **Zubereiten der Baisermasse** schlagen Sie als erstes das *Eiweiß* mit einer *Prise Salz* so lange, bis es schnittfest ist. Das bedeutet, ein Schnitt muß auch Sekunden später noch deutlich sein, ohne zu zerlaufen. Streuen Sie anschließend unter weiterem Schlagen nach und nach den *Zukker* ein. Dabei soll der Schnee immer fest bleiben und einen kräftigen Glanz bekommen. Verwenden Sie möglichst feinen Zucker, denn große Kristalle lösen sich zu langsam, so daß sich nur schlecht ein »Teiggerüst« bilden kann. Auch Puderzucker eignet sich dazu, jedoch wird die Masse leicht etwas klebrig. Sehr gut ist eine Mischung aus Kristallzucker und Puderzucker. Die Zuckermenge sollte normalerweise doppelt so groß wie die Eiweißmenge sein, damit die Masse stabil genug wird. Auch Säure unterstützt

diese Stabilität. Sie sollten darum stets *etwas Zitronensaft* unterschlagen. Er sorgt außerdem dafür, daß das Baiser nicht nur süß schmeckt.
Besonders beliebt ist Baiser in Form von Torteletts, Tortenböden und Schalen, da man sie mit frischen Zutaten kontrastreich füllen und belegen kann. Für **Tortenböden und Torteletts** zeichnen Sie auf ungefettetem Pergamentpapier oder Alufolie einen großen oder mehrere kleine Kreise vor. Die Baisermasse füllen Sie in einen Spritzbeutel mit großer Tülle. Für Tortenböden spritzen Sie den großen Kreis spiralförmig aus und setzen nach Wunsch Tupfer auf den Rand. Für Torteletts spritzen Sie bei den kleinen Kreisen als erstes außen herum dicke Tupfer, setzen dann einen Klecks in die Mitte und verstreichen ihn als Boden. Um Baiserschalen zu bekommen, spritzen Sie breite Spiralen auf das Papier, wozu immer eine sehr große Sterntülle gebraucht wird.
Nun muß die Masse mehr trocknen als backen. Dazu schiebt man sie 4–5 Stunden in den auf höchstens 100 Grad (bei stärkerer Hitze bräunen sie) vorgeheizten Ofen und hält die Tür durch einen hineingeklemmten Holzlöffel (kein Plastik) einen Spalt breit offen, damit die austretende Feuchtigkeit entweichen kann. Sehr gut trocknet Baiser im Heißluftherd.
Nach dem Backen wird sofort das Papier oder die Folie abgelöst, wozu das Papier leicht angefeuchtet werden kann. Bei den Baiserschalen müssen die Unterseiten sofort mit einem Löffel etwas eingedrückt werden, denn nach dem Abkühlen bröckelt die Masse. Zum Nachtrocknen sollte Baiser-Gebäck stets auf einen Kuchendraht gelegt werden.
Untergruppen der Baisermasse sind die Makronen- und Japonaismassen. Sie werden wie Baiser aus Eiweiß, Salz, Zucker und Zitronensaft geschlagen und anschließend mit Mandeln, Nüssen und/oder Kokosraspeln vermischt. Hin und wieder kommt auch etwas Marzipan, Mehl oder Speisestärke, seltener auch Fett (Butter oder Öl) sowie Schokolade dazu.
Um Makronen zu backen, setzen Sie die Masse mit 2 Teelöffeln auf kleine Backoblaten oder Sie verwenden dazu auch den Spritzbeutel. Nach dem Abkühlen werden die überstehenden Oblatenränder vorsichtig abgebröckelt.

Strudelteig

Strudel ist das ideale Gebäck für all die Feinschmecker, die »viel Füllung, aber nur wenig Teig« wünschen. Denn der hauchdünn ausgezogene Teig ist das Geheimnis jedes guten Strudels, ganz gleich, wo immer er gebacken wird. Im gesamten süddeutschen Raum ist er ebenso zu Hause wie in Österreich. Die böhmische Küche kennt mindestens so viele Rezepte wie die ungarische. Und auch die Südtiroler lieben dieses saftige Backwerk sowohl als Dessert als auch zum Nachmittagskaffee. Je nach Region, Jahreszeit und persönlichen Vorlieben werden Strudel mit den unterschiedlichsten Füllungen zubereitet, so daß ein und derselbe Teig immer

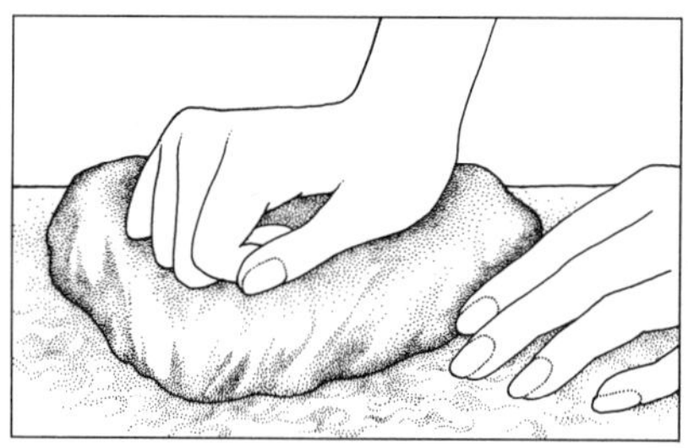
1

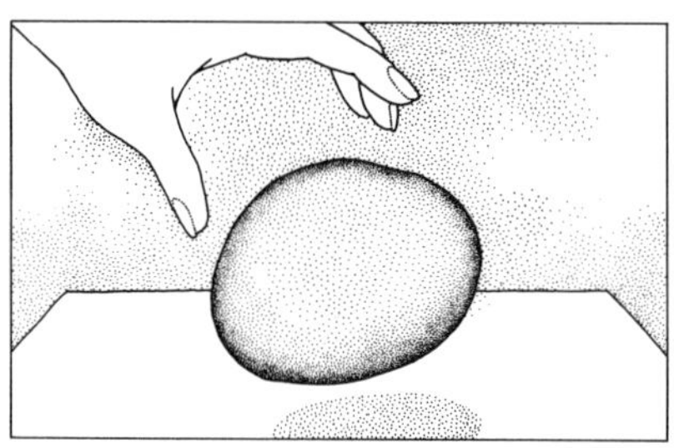
2

3
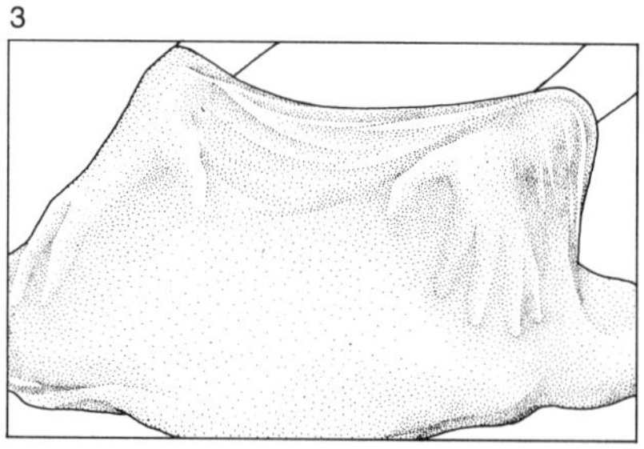

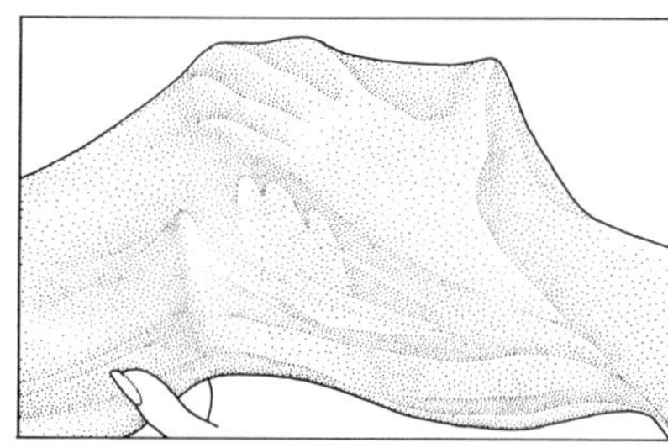
4

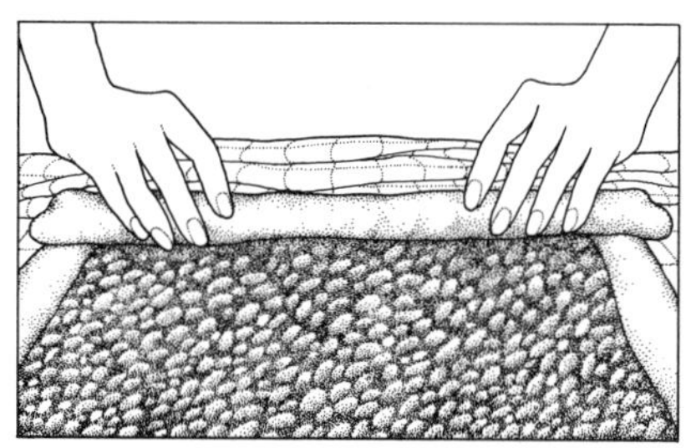
5

6
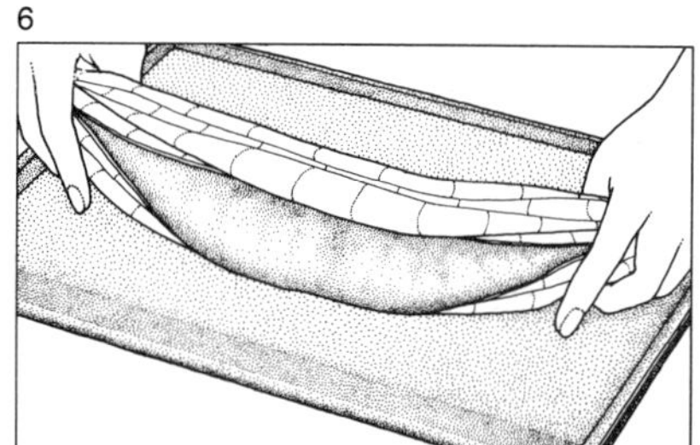

wieder anders schmecken kann. Jedoch gibt es auch beim Teig Unterschiede.

Bei jedem Strudel sind Mehl, Fett, Wasser und die obligatorische Prise Salz die Grundzutaten. Aber schon beim *Fett* scheiden sich die Geister: Die einen nehmen nur Öl, die anderen nur Butter (oder Margarine) und die dritten schwören auf Schmalz. Wieder andere mischen die Fette miteinander. Manche geben auch *Ei* in den Teig und sparen dann am Wasser. Das Ei verbessert zweifelsohne Geschmack und Farbe des Strudels und läßt ihn beim Backen ganz besonders knusprig werden. Aber leider erschwert es das Ausziehen des Teiges, denn er reißt dadurch leichter. Wer Eigelb verwendet, sollte in jedem Fall auch etwas Essig oder Zitronensaft untermischen, denn die Säure aktiviert den Mehlkleber, wodurch sich der Teig leichter verarbeiten läßt. Dasselbe empfiehlt sich auch, wenn sehr helles *Weizenmehl* (wie etwa Type 405) verwendet wird, denn Sie wissen ja, je höher die Typenbezeichnung, desto dunkler und klebereicher ist das Mehl. Die Type 550 eignet sich prima zum Strudelbacken.

Für die **Zubereitung** eines elastischen Teiges müssen als erstes alle *Zutaten angewärmt* werden. Etwa 1 Stunde in Heizungsnähe ist angebracht. Werden feste Fette, wie Butter, Margarine oder Schmalz, verwendet, müssen sie entweder geschmolzen und auf Handwärme abgekühlt oder aber sehr weich in kleine Flöckchen geteilt werden, damit sie sich gut mit den übrigen Zutaten verbinden können.
Sieben Sie das angewärmte Mehl in eine Schüssel, geben Sie Salz, Wasser und Fett (evtl. plus Ei) in die Mitte und verrühren Sie diese Zutaten von der Mitte aus, bis der Teig zäh und klebrig ist. Anschließend muß er gründlichst *geknetet* werden. Das kann in einer breiten, flachen Schüssel geschehen, doch ist es auf der schwach bemehlten Arbeitsfläche leichter. Dazu wird der Strudelteig mit dem Handballen einer Hand kräftig zusammengedrückt und gleichzeitig vom Körper weggeschoben. Anschließend gibt man ihm eine kleine Drehung und wiederholt diese beiden Arbeitsgänge so lange, bis der Teig völlig glatt und elastisch ist und nicht mehr klebt. Die zweite Hand brauchen Sie lediglich, um die Arbeitsfläche hin und wieder mit etwas Mehl zu bestäuben.
Bei diesem gesamten Arbeitsgang ist es ratsam, den Teig zu Beginn des Knetens etwas weicher zu lassen und während des Knetens immer wieder ein wenig Mehl auf die Fläche zu stäuben, bis der Teig die richtige Konsistenz hat. Denn Flüssigkeit unter einen zu festen Teig zu arbeiten, bedeutet eine große Kraftanstrengung und bringt nur selten den gewünschten Erfolg. Fühlt sich der Teig elastisch und völlig glatt an, sollte er *»geworfen«* werden, um mögliche Mehlspuren und/oder Luftbläschen zu entfernen. Heben Sie dazu den zur Kugel geformten Strudelteig 20–30 cm hoch und lassen Sie ihn mehrmals mit viel Schwung auf die Arbeitsfläche fallen. Zur Probe schneiden Sie die Kugel dann am besten durch: Wenn der Teig auch innen völlig glatt und homogen ist, formen Sie ihn erneut zur Kugel und lassen ihn *ruhen.*
Spülen Sie dazu eine Schüssel mehrfach mit heißem Wasser aus, bis sie durchgewärmt ist, oder verwenden Sie einen Topf, in dem Sie Wasser kochen lassen. Trocknen Sie das Gefäß nun aus und stülpen Sie es über die Teigkugel, die nun etwa 30 Minuten ruhen muß, damit das Mehl quellen kann. (Sie können den Teig aber auch in eine Plastiktüte geben, diese verschließen und etwa 30 Minuten am warmen Platz ruhen lassen. Auch bei dieser Methode trocknet die Oberfläche nicht aus.)
Anschließend muß der Teig nochmals durchgeknetet und danach *ausgerollt* werden. Dazu bestäubt man ein übergroßes Küchentuch (oder noch besser eine einfache Tischdecke) mit etwas Mehl und gibt den flachgedrückten Teig in die Mitte. Nun wird er in alle Richtungen so dünn wie eben möglich ausgerollt und danach *ausgezogen.* Reiben Sie dazu die Hände mit etwas Mehl ein und schieben Sie sie – mit den Handflächen nach unten – dicht nebeneinander unter den Teig, bis Sie in der Mitte der Teigplatte angekommen sind. Bewegen Sie sie nun mit dem darüberliegenden Teig zum Rand hin, wobei Sie beide Hände wieder voneinander entfernen sollten. Wiederholen Sie diesen Vorgang, bis der Teig so dünn ist, daß Sie fast durchsehen können. Man sagt, man müsse durch einen guten Strudelteig die Zeitung lesen können. Wenn Sie allerdings sehr lange Fingernägel haben, sollten Sie den Teig entweder mit geschlossenen Fäusten oder mit den geöffneten Handflächen nach oben (die Fingerspitzen nach unten gespreizt) ausziehen. Kleiner Tip: Der Teig reißt nicht so leicht, wenn Sie ihn zwischendurch mit etwas flüssigem Fett bestreichen, das hält ihn geschmeidig und verhindert das Austrocknen der Oberfläche.
Schneiden Sie zum Schluß die dickeren Ränder ab (mit einer scharfen Schere) und **füllen** Sie den Strudel nach Rezept. Dabei

sollten Sie an allen Seiten einen kleinen Rand frei lassen. Schlagen Sie diesen Rand über die Füllung, so daß beim Zusammenrollen keine Füllung herausquellen kann, und wickeln Sie den Strudel auf: Heben Sie das Tuch an der vorderen Teigkante etwas an und halten Sie den Teig mit den Fingerspitzen dabei fest. Mit den Handballen drücken Sie das Tuch leicht gegen den Teig. Lassen Sie die Fingerspitzen vom Teig los, sobald er sich beim Heben über die Füllung rollt. Nun das Tuch langsam – ohne ruckartige Bewegungen – immer weiter schräg nach oben ziehen, bis der ganze Strudel zusammengerollt ist. Das Tuch an beiden Querseiten fassen und den Strudel direkt auf das Blech oder in die Form gleiten lassen.
Strudel schmecken warm oder gerade abgekühlt, müssen aber in jedem Fall frisch serviert werden, da später der Teig durchfeuchten und somit langweilig schmecken könnte.

Blätterteig

Wer früher frisches Blätterteig-Gebäck auf den Tisch bringen wollte, mußte sich sehr viel Zeit nehmen, um den Teig zuzubereiten. Heute ist es wesentlich einfacher geworden, denn Blätterteig wird in erstklassiger Qualität von der Tiefkühlindustrie angeboten und muß vor der Verarbeitung lediglich auftauen.

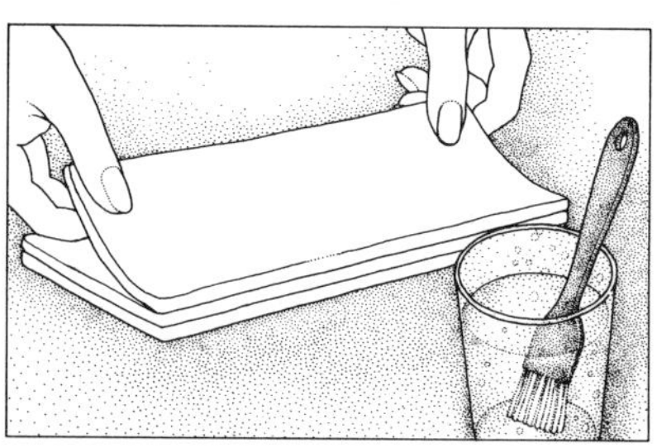

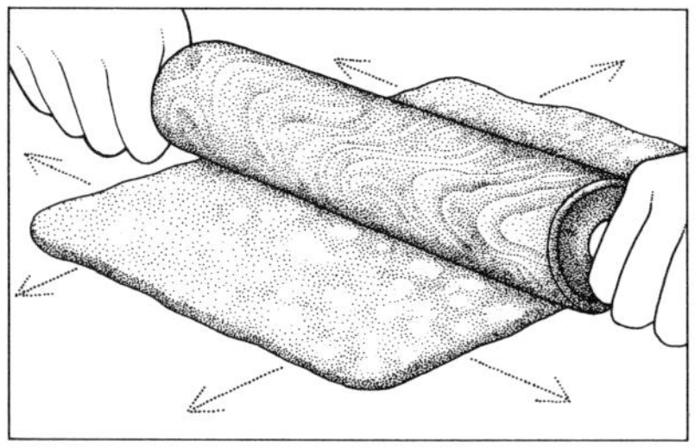

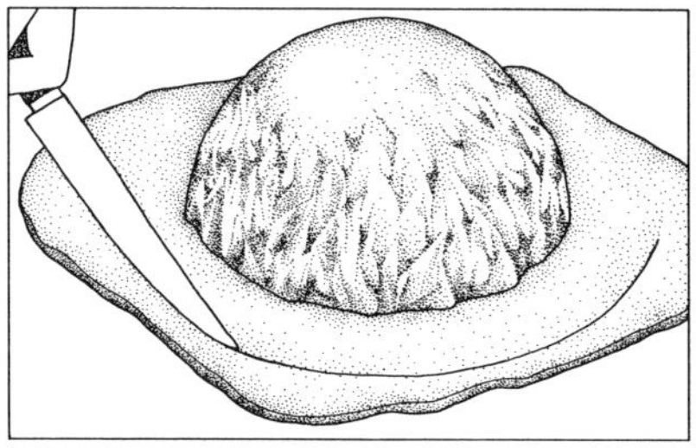

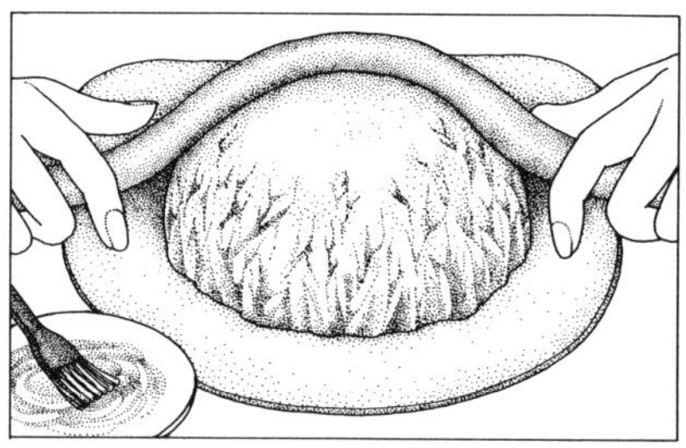

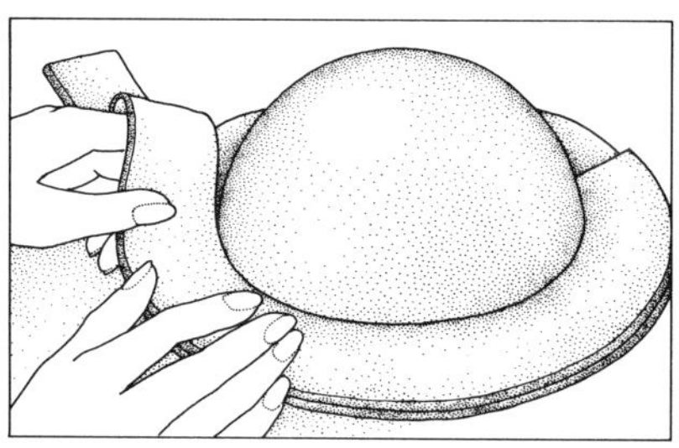

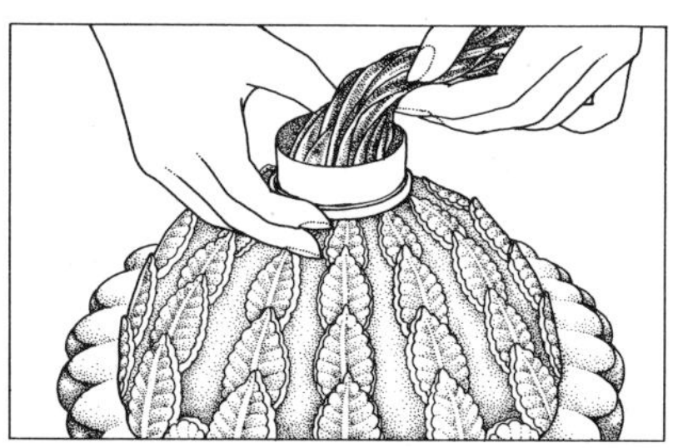

Generell sind die **Bestandteile** von Blätterteig ein einfacher Nudelteig (Mehl, Salz, Wasser), der mit etwa derselben Menge Butter verarbeitet werden muß. Eben dieses *Verarbeiten* ist das Geheimnis des Blätterteiges: Beide Grundbestandteile, der einfache Mehl-Wasser-Teig und die Butter, müssen als hauchdünne, übereinanderliegende Schichten zusammengebracht werden. Und das gleich mehrfach, denn guter Blätterteig weist mindestens 144 Lagen, je nach Art des gewünschten Gebäcks oft sogar 243 einzelne Lagen auf! Um diese blättrigen Schichten zu bekommen, rollt man normalerweise den »Nudelteig« gleichmäßig aus, legt einen flachen Butterblock in die Mitte, schlägt den Nudelteig drumherum und rollt beides mit gleichmäßigem Druck aus. Nun muß dieser Teig nach bestimmten Mustern wieder zusammengefaltet, ausgerollt, erneut gefaltet und wieder ausgerollt werden, was man in der Fachsprache »tourieren« oder *Touren geben* nennt. Insgesamt braucht der Blätterteig 4–5 solcher Touren, wobei man wieder zwischen einfachen und doppelten unterscheidet. Hinzu kommt, daß der Blätterteig zwischen allen Arbeitsgängen im Kühlschrank ruhen muß, damit sich die einzelnen Schichten nicht miteinander verkleben können. Sie sehen also, daß es zwangsläufig mehrere Stunden in Anspruch nimmt, den Teig zuzubereiten. Daß dabei äußerst exakt und gleichmäßig gearbeitet werden muß, versteht sich fast von selbst. Lassen Sie sich diese langwierige Arbeit lieber von der Industrie abnehmen, denn hier arbeiten Spezialmaschinen schneller und gleichmäßiger und sichern somit in jedem Fall den Backerfolg.

Lassen Sie bei **Tiefkühl-Blätterteig** die gefrorenen Blätterteigplatten in etwa 20 Minuten nebeneinander liegend auftauen und bestreichen Sie sie danach mit etwas kaltem Wasser, damit sie zusammenhalten. Legen Sie sie jetzt übereinander und rollen Sie sie auf der schwach bemehlten Fläche mit gleichmäßigem Druck zur gewünschten Größe und Stärke aus. Bewegen Sie dazu die Teigrolle stets von rechts nach links und umgekehrt über den Teig und rollen Sie anschließend von vorn nach hinten und zurück. Auf diese Weise sorgen Sie dafür, daß der Blätterteig nicht einseitig »schnurrt«, d. h. sich nicht einseitig zusammenzieht. Da Blätterteig beim Backen generell etwas schrumpft, empfiehlt es sich, die einzelnen Stücke etwas größer auszuradeln als die endgültige Form sein soll. Werden mehrere Platten (etwa für eine Torte) zusammengesetzt, sollten Sie sie nach dem Backen auf die gewünschte Größe zuschneiden.
Das »Schnurren« kann man aber auch teilweise verhindern, indem man den fertig ausgerollten und geformten Teig bis zum Backen kühlt, 15 bis 30 Minuten, je nach Rezept.

Gebacken wird Blätterteig immer auf einem mit kaltem Wasser benetzten Blech, wobei das Wasser durch die Backhitze verdampft und somit den Teig »hebt«. Profis gießen zusätzlich etwas Wasser auf den Backofenboden. Beim Backen des Blätterteiges dehnt sich das Fett aus und setzt das emulgierte Wasser frei. Dieses (wie auch das Wasser vom Blech) verdampft, treibt nach oben und nimmt die über ihm liegenden Teigschichten mit: Der Teig blättert. Werden diese Schichten allerdings zerdrückt oder verknetet, verbindet sich die Feuchtigkeit mit dem Mehlkleber und verhindert die Blätterung. Aus demselben Grund muß Blätterteig mit scharfem Messer (Teigrädchen oder Ausstechformen) geteilt werden, auch hier dürfen die Schichten nicht zusammengepreßt werden. Das Eigelb zum Bestreichen darf ebenfalls nicht zwischen die Schichten laufen; sie würden sonst zusammenbakken.
Die Backhitze sollte beim Blätterteig bei 200–230 Grad (Gas Stufe 4–5) liegen. Zu niedrige Temperatur läßt das Fett schmelzen, wodurch es sich mit dem Mehl verkleben würde. Zu starke Temperaturen machen die Oberfläche hart, bevor der Teig blättern kann.
Ein wahres Prunkstück aus Blätterteig ist das Pastetenhaus oder Vol-au-vent von Seite 283. Seine Herstellung ist einfacher als es scheint: Kleiden Sie zuerst eine möglichst runde, glatte Schüssel mit Alufolie aus, füllen Sie sie danach mit Papier- oder Folienschnitzen randvoll. Pressen Sie dieses Füllmaterial zu einer festen Halbkugel und legen Sie sie in die Mitte des ausgerollten Teiges (ca. halbe Teigmenge). Rollen Sie als nächstes den übrigen Teig aus, bestreichen Sie den Teigrand rund um die Kugel mit Eigelb und legen Sie die zweite Teigplatte darüber. Drücken Sie den Rand an und radeln Sie ihn nicht zu schmal aus. Auch er wird mit Eigelb bestrichen und mit einem zusätzlichen Streifen belegt.
Nach dem Andrücken wird er hübsch eingeschnitten oder ausgestochen und dann kann das Pastetenhaus verziert werden: Teigreste zu mehreren kleiner werdenden Plätzchen ausschneiden und (mit Eigelb bestrichen) als Deckel setzen und in beliebigem Muster auflegen.
Nach dem Backen den Deckel ablösen und die »Füllung« herauszupfen. Kleiner Tip: Schützen Sie dabei den zarten Teigrand mit einem passenden Ausstechförmchen, damit er nicht zerbricht.

Quark- und Plunderteige

Auf dieser Seite finden Sie gleich 4 Teige, die sich zwar in der Herstellung unterscheiden, aber gleichzeitig viele Gemeinsamkeiten aufweisen: Sie bekommen beim Backen eine lockere, duftige Struktur, ihr Aroma ist sehr frisch und angenehm säuerlich und alle lassen sich äußerst vielseitig verarbeiten.
Der einfachste von allen ist der Quark-Mürbeteig: Fast gleiche Teile von Quark, Fett und Mehl werden sehr schnell und sehr kalt miteinander verknetet, wobei das Mehl stets mit etwas Backpulver vermischt sein sollte. Die Arbeitsweise ist fast identisch mit der des klassischen Mürbeteiges, d. h. alle Zutaten werden zuerst bröselig gehackt und anschließend sehr schnell – mit gekühlten Händen – verknetet. Allerdings muß bei diesem Teig fast noch schneller gearbeitet werden, damit die Feuchtigkeit des Quarks sich weder mit dem Mehlkleber noch mit dem Backpulver verbinden kann. Und natürlich darf auch hier die Butter niemals zu weich werden. Darum bieten sich gerade hier die Knethaken des elektrischen Handrührgerätes besonders an. Auch der Quark-Mürbeteig muß vor dem Formen und Backen an einem kühlen Platz ruhen.
Noch feiner wird dieser Teig, wenn Sie ihn zum Quark-Blätterteig umfunktionieren: Sobald der Teig glatt geknetet ist, rollen Sie ihn auf der schwach bemehlten Arbeitsfläche etwa fingerdick zu einem geraden Rechteck aus und

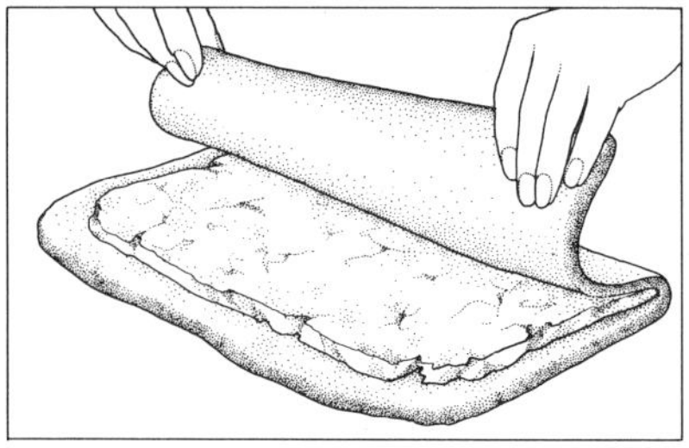

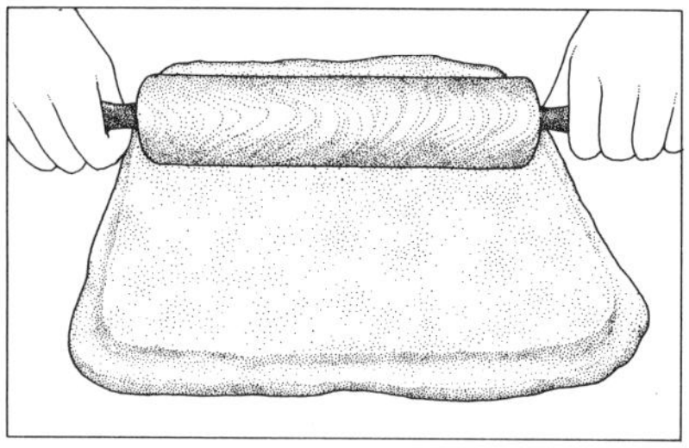

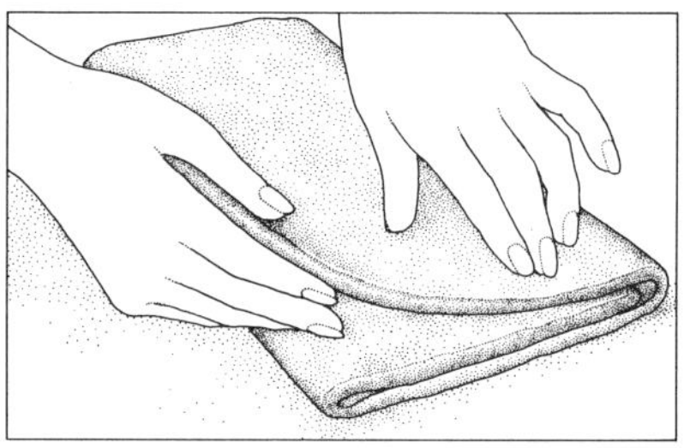

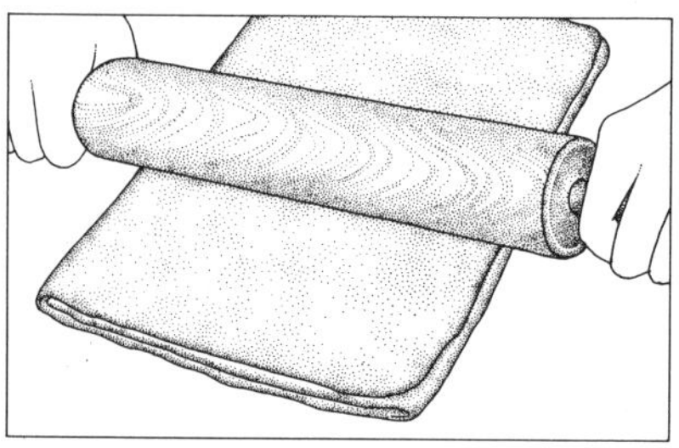

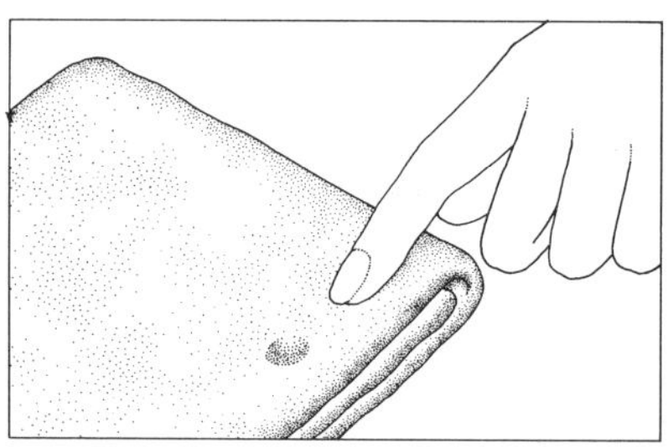

falten ihn dreifach übereinander, genauso, wie es links beim Plunderteig gezeigt wird. Kühlen Sie ihn nun ein paar Minuten, rollen Sie ihn wieder aus (siehe ebenfalls links) und falten Sie ihn erneut. Wiederholen Sie diese »Touren« noch ein- bis zweimal und lassen Sie den Teig dann für mehrere Stunden, am besten über Nacht im Kühlschrank, zugedeckt ruhen. Der Quark-Blätterteig wird wie echter Blätterteig auf einem kalt abgespülten Blech bei recht hoher Temperatur gebacken, damit er »blättrig« aufgehen kann.
Der einfachste und schnellste aller Quarkteige ist der Quark-Öl-Teig. Quark und Öl werden miteinander verschlagen und unter das mit Backpulver gemischte Mehl geknetet. Dieser Teig braucht keine langen Ruhe- und Kühlzeiten, darf jedoch beim Kneten und Verarbeiten ebenfalls nicht zu warm werden. Durchschnittlich rechnet man doppelt so viel Mehl wie Quark, wobei – je nach Feuchtigkeitsgehalt des Quarks – noch etwas Milch zugefügt werden kann. Zur Geschmacksverbesserung und zur optimalen Bräunung fügt man hin und wieder Ei oder Eigelb hinzu. Und wenn man süßes Gebäck herstellen möchte, kann man den Zucker gleich mit dem Quark mischen, damit er sich besser löst.

Bei allen genannten Quark-Teigen können Sie zwischen sämtlichen Fettgehaltsstufen wählen: *Magerquark* lockert sehr stark, ist natürlich kalorienärmer und sehr bekömmlich. *Sahnequark* dagegen läßt ihn besonders »rund« und saftig schmecken und sorgt außerdem dafür, daß der Kuchen nach dem Backen nicht so schnell trocken wird.
Ganz gleich, für welchen Quark Sie sich auch entscheiden, achten Sie in jedem Fall auf seinen Wassergehalt, der von Paket zu Paket schwanken kann. Demzufolge müssen Sie manchmal die Mehlmengen (bzw. die Flüssigkeitszufuhr) etwas variieren, denn alle diese Teige sollen zwar elastisch sein, dürfen aber keinesfalls an den Händen kleben.

Im Gegensatz zu allen bisher genannten Teigen enthält der Plunderteig normalerweise keinen Quark. (Allerdings gibt es auch hier Ausnahmen, wie Sie auf Seite 156/157 sehen können).
Der typische Plunderteig besteht aus einem Hefeteig, in den – wie beim Blätterteig – schichtweise Butter eingerollt wird. Dazu wird als erstes die gut gekühlte Butter in Flöckchen geschnitten, mit etwas Mehl verknetet (das gibt ihr Bindung) und zwischen Pergamentpapier zu einem flachen, rechteckigen Block ausgerollt, der in den Kühlschrank gelegt werden muß. Anschließend rollt man einen Hefeteig (nach dem Aufgehen und Durchkneten) zu einem gut doppelt so langen Rechteck aus, legt die Butter (ohne Papier) auf eine Hälfte und schlägt den Teig darüber. Damit sich beide Teigschichten gut miteinander verbinden, sollten die Ränder leicht angefeuchtet und sorgfältig angedrückt werden. Dieser Teig muß etwa 30 Minuten kühlen, bevor er mit leichtem, gleichmäßigem Druck zu einem langen, schmalen Rechteck ausgerollt wird. Legen Sie danach das erste Teigdrittel zur Mitte und schlagen Sie das letzte Drittel ebenfalls darüber. Lassen Sie den Teig nun wieder kühlen und rollen Sie ihn wieder zu seinen schmalen Seiten hin zur dreifachen Länge aus. Daraufhin wird er wieder gefaltet, gekühlt und ausgerollt, so daß Sie insgesamt

3–4 »Touren« erhalten. Je häufiger Sie tourieren, desto feinblättriger wird das Gebäck, während es bei weniger Touren sehr hoch und manchmal auch etwas blasig werden kann. Um die Anzahl der einzelnen Touren nach den Ruhezeiten noch genau zu wissen, empfiehlt es sich, jeweils vor dem Kühlen mit leichtem Daumendruck die entsprechende Anzahl von Punkten einzudrücken.
Beim Tourieren, wie auch später beim Formen des Teiges, sollten Sie stets auf zwei Dinge achten: Die einzelnen Schichten dürfen niemals zerstört werden, und der Teig muß kühl bleiben, da auch sonst die Schichten verkleben könnten. Beim Schneiden des Plunderteiges sollten Sie ein scharfes Messer oder Teigrädchen verwenden, um die Schichten nicht zusammenzudrücken. Doch bevor Sie den Teig schneiden, muß er auf die gewünschte Größe und Stärke ausgerollt werden. Und hier gilt dasselbe wie beim Blätterteig: Rollen Sie stets in alle Richtungen, denn auch Plunderteig kann »schnurren«. Würden Sie nur in eine Richtung rollen, könnte es passieren, daß runde Plätzchen als ovale aus dem Ofen kommen.

Pasteten und Pies

Pasteten und Pies (gesprochen »pei«) haben ihre klassischen Vorbilder in der englischen Küche, wo sie warm oder kalt serviert werden. Als Teig verwendet man meistens einen sehr fetten Knetteig aus Mehl, Fett und Eiswasser; Zucker wird nur selten untergemischt.
Die *Teigzubereitung* ähnelt der des klassischen Mürbeteiges: Auch hier wird das Mehl auf die Arbeitsfläche gesiebt, mit Eiswasser und kaltem, in Flöckchen geteiltem Fett sehr schnell bröselig gehackt, durchgeknetet und gekühlt. Wie beim Mürbeteig darf auch hier das Fett nicht zu weich werden und sich das Eiswasser nicht mit dem Mehlkleber verbinden. Verwenden Sie das Fett darum immer direkt aus dem Kühlschrank und »kühlen« Sie das Wasser durch Eiswürfel. Denn die Kälte ist zum Lockern des Teiges unbedingt nötig. Sie wissen ja, das Wasser darf erst während des Backens austreten und verdampfen. Ob Sie dazu Butter, Margarine, Schmalz oder eine Mischung aus den genannten Fetten verwenden, spielt nur für

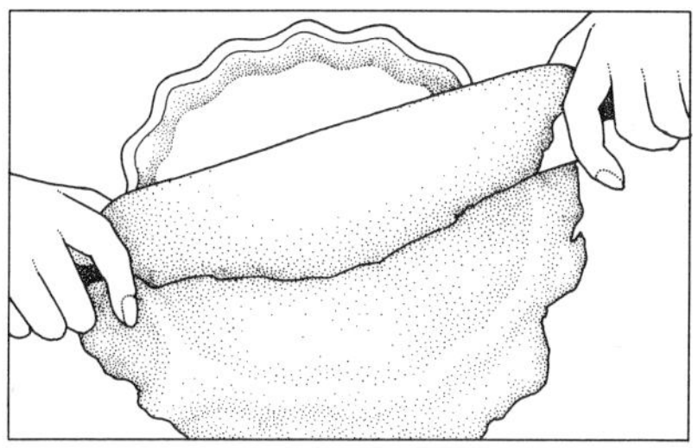

1

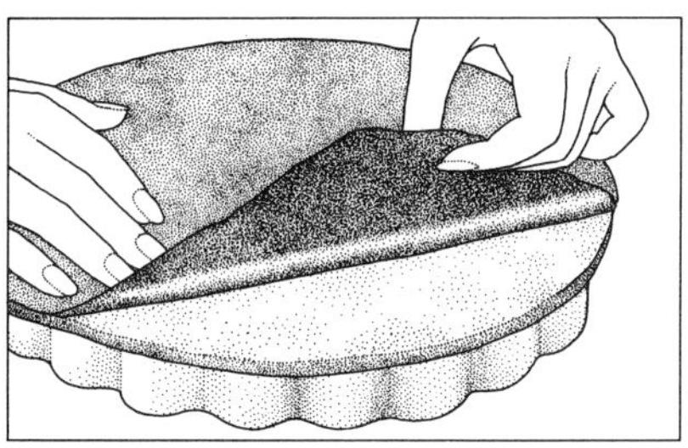

2

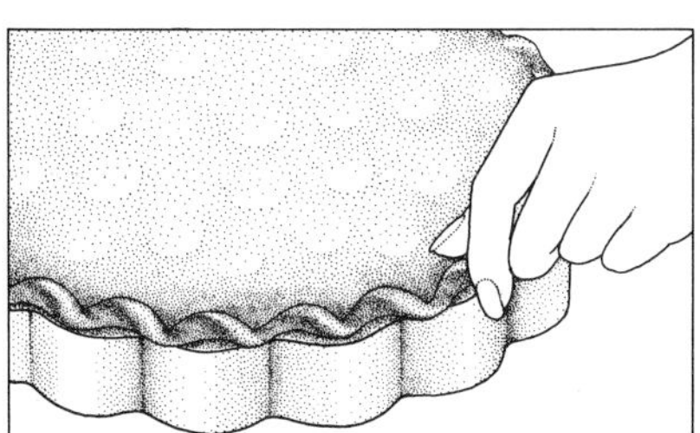

3

4

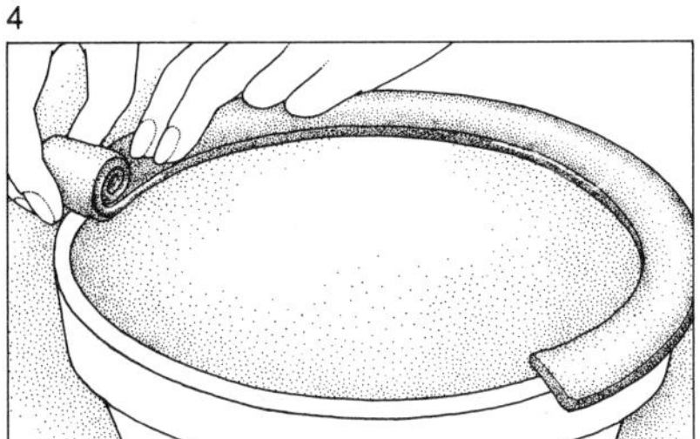

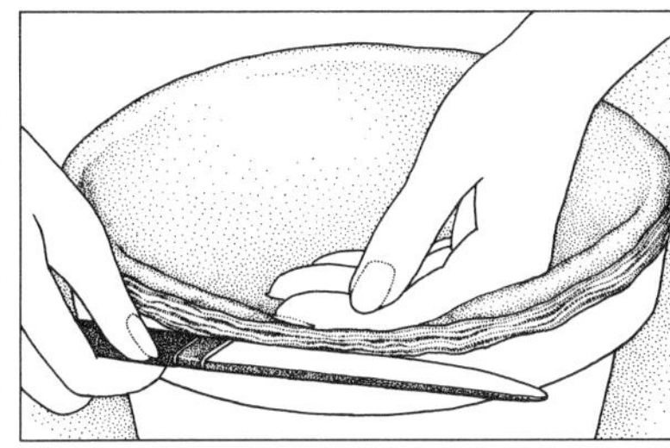

5

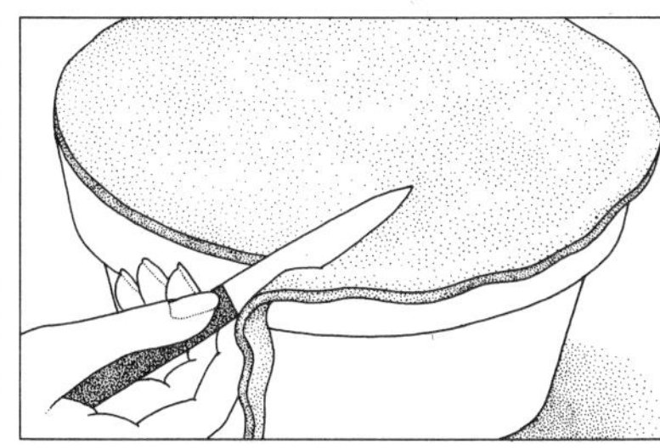

6

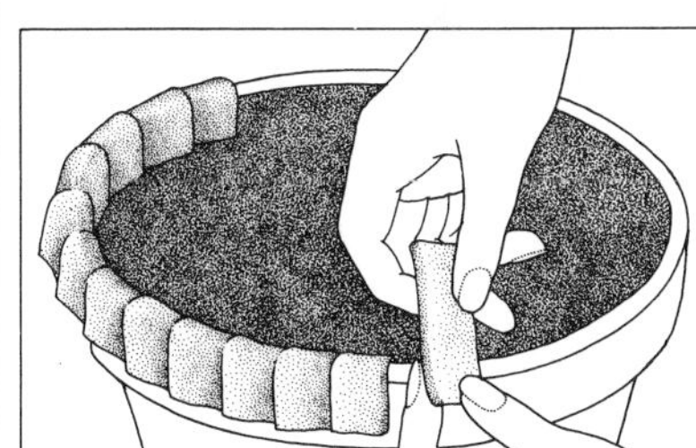

7

8

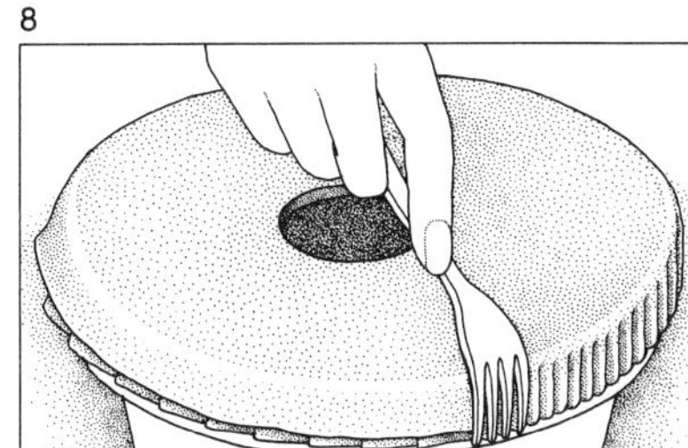

den Geschmack, nicht für das Ergebnis eine Rolle. In England verwendet man sehr häufig auch Rindertalg. Generell muß jeder Pie- und Pastetenteig mindestens 30 Minuten zugedeckt gekühlt werden. Die Schüsselkuchen, wie die Pies und Pasteten auch genannt werden, können mit oder ohne Teigboden gebacken werden. Legen Sie Wert auf den Boden, brauchen Sie eine breite, niedrige *Form.* Wollen Sie nur einen Deckel aus Teig anfertigen, bieten sich höhere Schüsseln an, die nach oben leicht breiter werden. Diese sollten einen breiten, unglasierten Rand aufweisen, damit der Teigdeckel nicht auf die Füllung rutschen kann.
Rollen Sie für Pasteten und Pies mit Teigboden zuerst knapp die Hälfte des Teiges kreisrund aus, legen Sie die Form umgekehrt darauf und schneiden Sie so den *Teigdeckel* aus, der rundherum ein paar Millimeter breiter sein sollte als der Rand der Form. Der übrige Teig wird ebenfalls ausgerollt und anschließend die *Form* damit *ausgekleidet.* Damit der Teig dabei nicht reißt, können Sie beide Platten auf bemehlter Alufolie ausrollen, diese mitausschneiden und nach dem Einlegen in die Form bzw. nach dem Auflegen des Deckels abziehen. Der Teigboden wird anschließend mehrfach mit einer Gabel eingestochen (damit er keine Blasen wirft) und dann gefüllt. Um zu verhindern, daß saftreiche Früchte ihn zu sehr durchweichen, können Sie ihn mit Backoblaten oder einer Bröselschicht abdecken, bevor das Obst eingefüllt wird. Legen Sie als nächstes den Teigdeckel auf und drücken Sie die *Teigränder* zum Wulst zusammen. Drücken Sie ihn dann zwischen Daumen und Zeigefinger mit einer leichten Drehung gegeneinander, so daß Sie ein wellenförmiges Muster erhalten. Stechen Sie nun in die Mitte des Deckels ein kleines Loch, den *Kamin,* um den Dampf beim Backen entweichen zu lassen. Wollen Sie auf den Teigboden verzichten, gibt es zwei Möglichkeiten, den *Deckel* zu *befestigen.* Die erste: Schneiden Sie den Teigdeckel 2–3 cm größer als die Öffnung der Form. Formen Sie die Reste zu einem nicht zu schmalen Streifen, den Sie auf den angefeuchteten (unglasierten!) Rand der Form legen. Füllen Sie die Fruchtmischung ein, legen Sie den Deckel auf und drücken Sie ihn gegen den Teigrand. Legen Sie dazu den Zeigefinger der einen Hand mit leichtem Druck waagerecht auf den Rand und drücken Sie eine Messerklinge ebenfalls waagerecht mehrfach in den Teig, so daß sich beide Schichten völlig miteinander verbinden können. Der jetzt noch überstehende Teig wird bis zum Schüsselrand hin abgeschnitten. Dabei muß die Klinge des Messers – der Form der Schüssel folgend – schräg nach oben und nach außen zeigen. Kerben Sie den Rand zum Schluß noch mehrfach leicht ein. Bei dieser Form wird kein »Kamin« gebraucht, da der aufsteigende Dampf den Deckel hochhebt und in der Schüssel kein Teig feucht werden kann.
Die zweite Möglichkeit den Deckel aufzulegen, ist ähnlich: Schneiden Sie zuerst wieder den Teigdeckel aus, teilen Sie die Teigreste in etwa 3 × 6 cm große Streifen, die Sie über den angefeuchteten Rand der Form hängen. Dabei müssen sie sich stets ein wenig überlappen. Zusätzlich kann man sie mit etwas kaltem Wasser bestreichen, bevor der Deckel aufgelegt wird. Auch dieser muß etwas größer als die Form sein, so daß Sie seinen Rand mit den Teigstreifen direkt an der Schüssel zu einem dicken Wulst zusammenpressen können. Drücken Sie ihn mit einer Gabel fest gegen die Form, damit er Halt und Muster bekommt. Auch dieser Deckel muß nicht, kann aber mit Kamin versehen werden.

Wichtige Handgriffe auf einen Blick

Formen von Stollen

Den Teig recht dick ovalförmig ausrollen, wobei beide Längsseiten einen kräftigen Wulst bekommen sollen. Den Teig dann so übereinanderlegen, daß die Wülste leicht versetzt nebeneinanderliegen. Dann rechts und links des Wulstes mit den Handkanten den Teig leicht einkerben.
Um zu vermeiden, daß der schwere Stollenteig beim Backen in die Breite läuft, ist es ratsam, ihn auf gefettete, an beiden Längsseiten des Stollens hochgefalzte Alufolie zu legen.

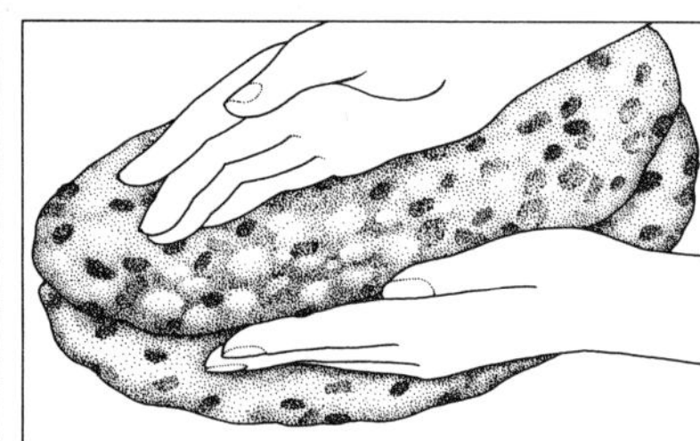

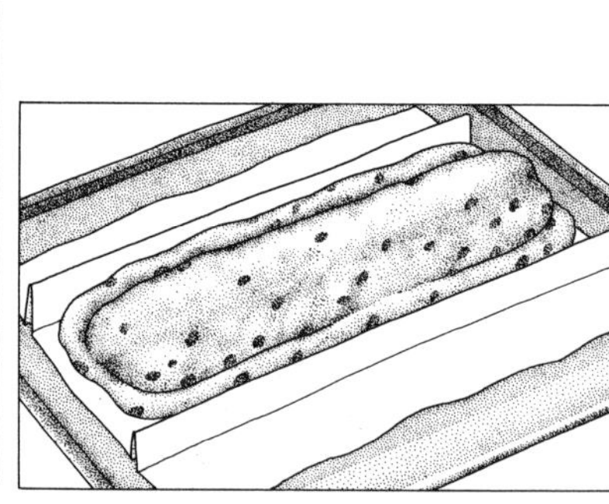

Auslegen der Formen

Da das Einfetten und Ausstreuen der Formen allein oft nicht genügt, empfiehlt es sich, sie mit Pergamentpapier auszulegen. Für eine *Kastenform* schlägt man zuerst das Papier rundherum um die Form, schneidet dann die Ecken schräg ein und die überstehenden Ränder glatt ab. Das Papier wird nun gefettet, an den Ecken zusammengenommen und so völlig faltenfrei in die Form gelegt.
Werden *Springformen* nur am Boden ausgelegt, so spannt man einen Bogen Pergamentpapier zwischen Boden und Rand der Form. Soll sie auch an den Rändern ausgekleidet werden, schneidet man als erstes einen Streifen, der etwas höher ist als der Rand der Form. Er wird nun an einer Längsseite etwa 1 cm breit eingeknickt, mehrfach eingeschnitten und senkrecht in die Form gestellt. Danach schneidet man den Boden aus Pergamentpapier, legt ihn auf die eingeschnittene Papierkante und kann nun (nach dem evtl. Einfetten) den Teig einfüllen.

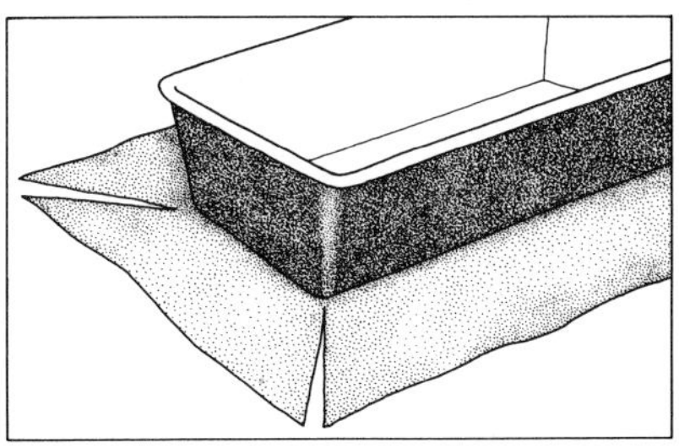

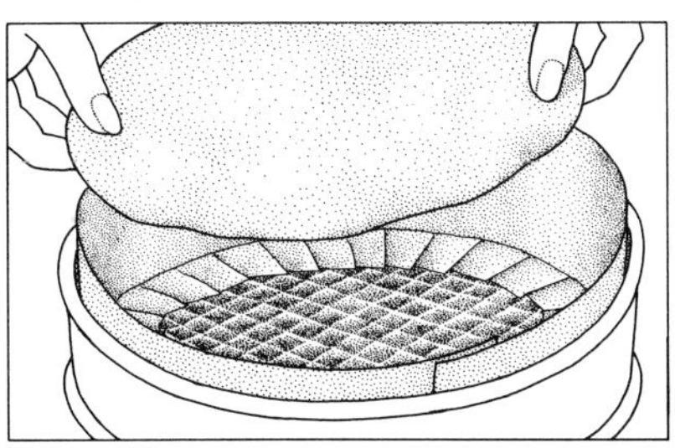

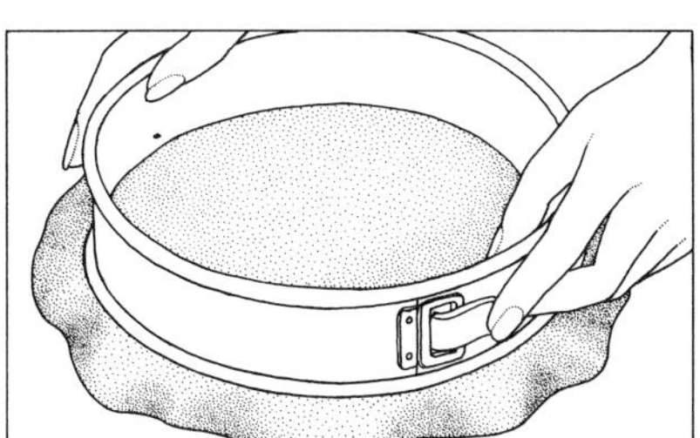

Blindbacken

Um zu verhindern, daß der Teigrand bei ungefüllten Mürbeteigböden beim Backen herunterrutscht, wird blindgebacken: Die Form laut Rezept mit dem Teig auskleiden und mit Papier auslegen. Bei runden Formen faltet man dazu ein quadratisches Pergamentpapier so lange diagonal zusammen, bis die äußere Kante nur noch etwa 2 cm breit ist. Nun mit einer Schere auf den Radius der Form kürzen und auseinanderfalten. Auf dem Teig glatt verstreichen und die Form bis zur oberen Kante des Teiges mit Hülsenfrüchten füllen. Diese werden nach dem Backen herausgeschüttet und können abgekühlt wieder verwendet werden.

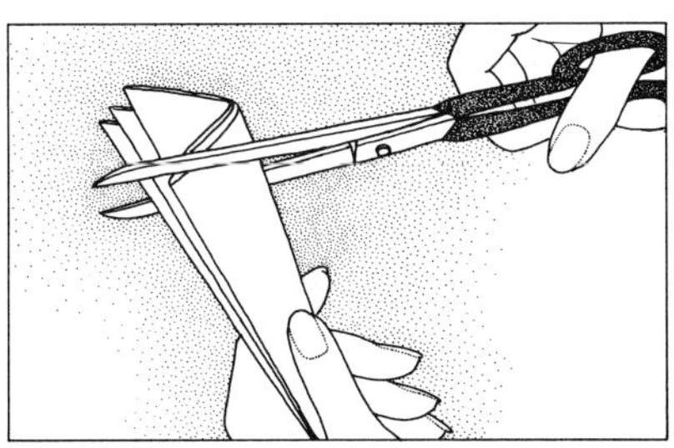

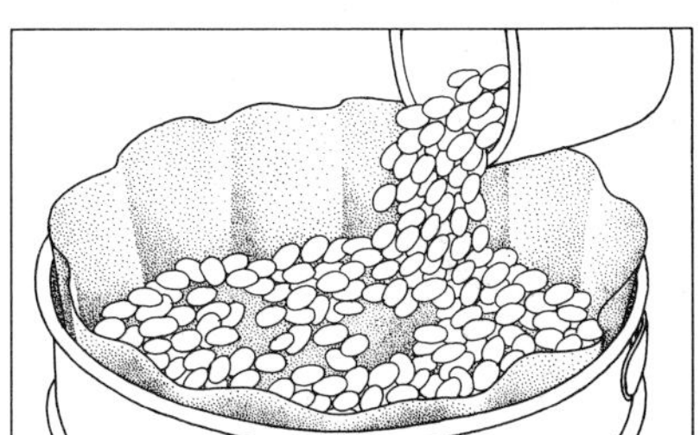

Das Flechten von Zöpfen

Ganz gleich, ob Sie nun Haare, Wollfäden oder Hefeteig zu Zöpfen flechten, die Technik ist immer dieselbe, wobei Sie beim Teig durch die Form der einzelnen Stränge auch das spätere Ergebnis beeinflussen können: Von vorn bis hinten gleichmäßig starke Stränge ergeben auch einen gleichmäßigen Zopf, während die

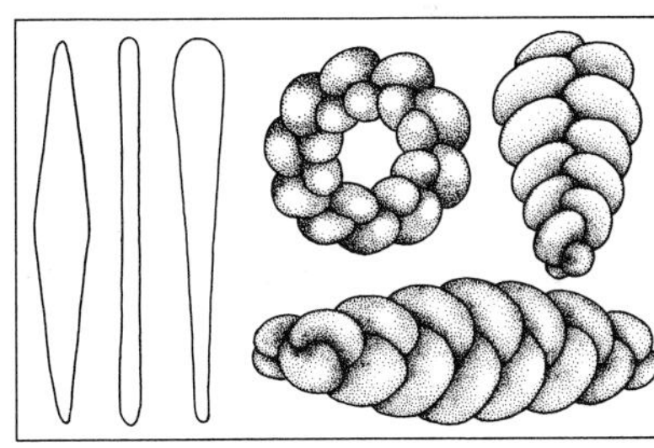

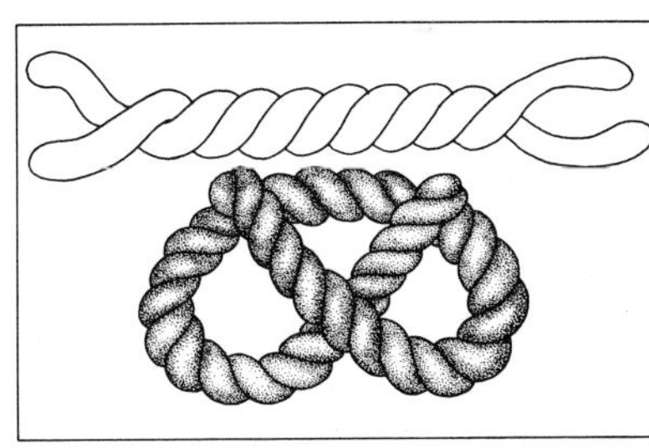

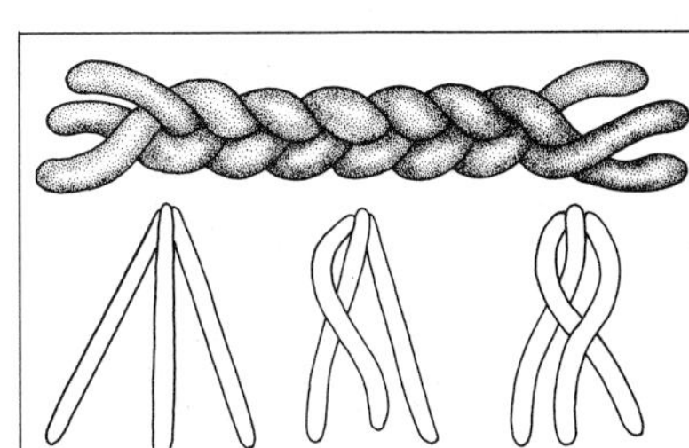

Kleines Backlexikon

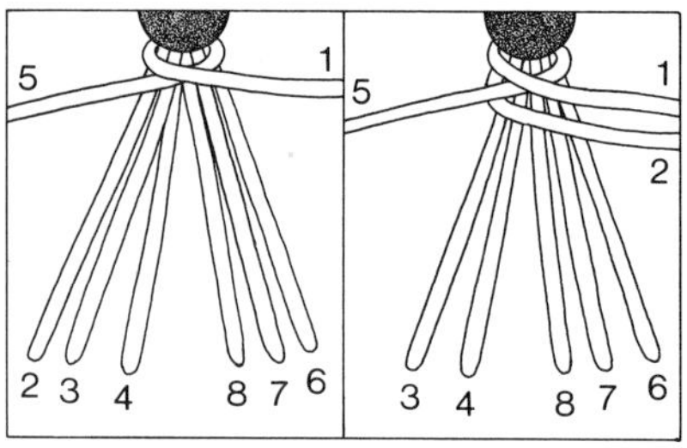

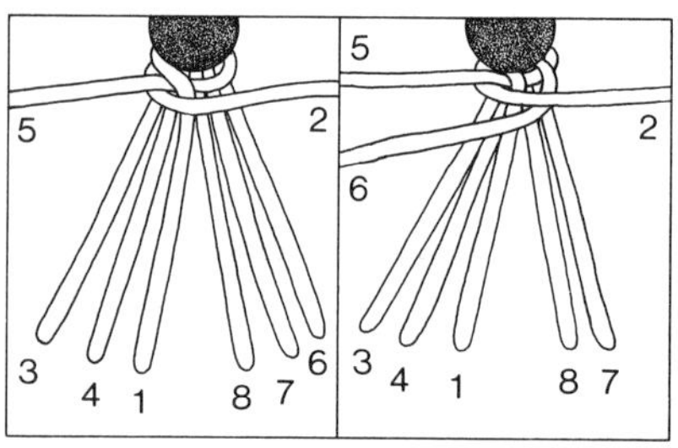

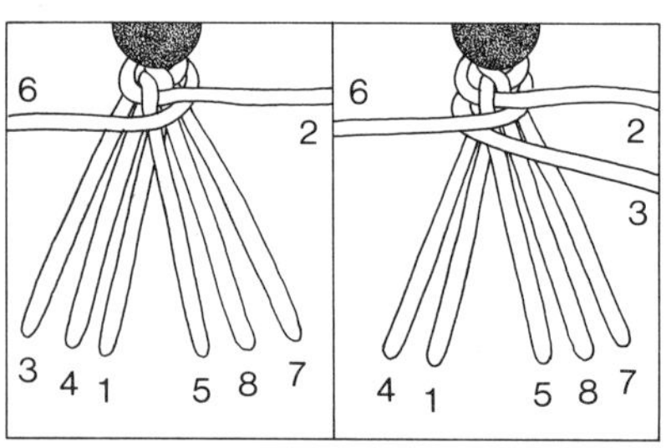

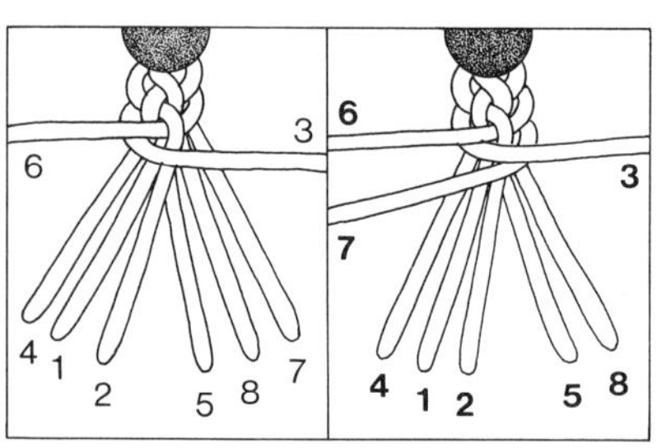

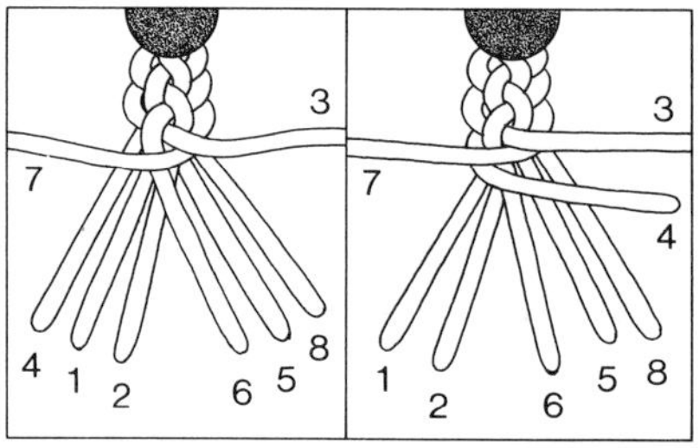

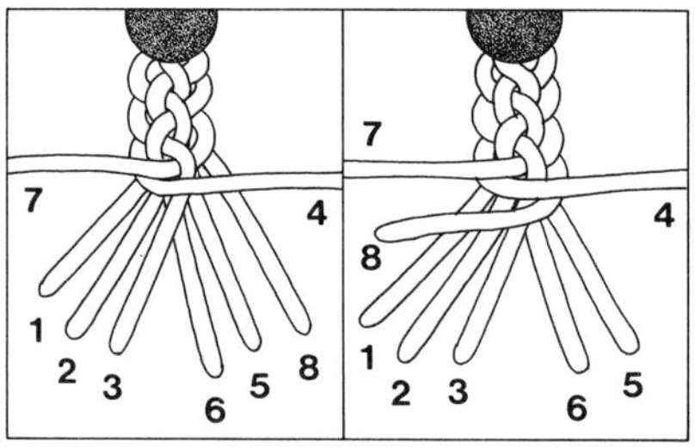

an beiden Seiten abgeflachten Stränge auch beim fertigen Zopf dünnere Enden entstehen lassen. Wollen Sie jedoch einen Zopf, der an einem Ende dick und am anderen schmal ist, müssen auch die Stränge an einer Seite dünn auslaufen.

Der einfachste aller Zöpfe ist der »gedrehte«, für den man lediglich zwei gleichstarke Stränge umeinanderwickelt.

Beim Flechten eines Dreier-Zopfes legen Sie die drei Stränge der Zeichnung gemäß übereinander und biegen jeweils die äußeren Stränge kreuzweise nach innen.

Beim Vierer-Zopf arbeiten Sie nach demselben Schema, doch müssen hier stets die beiden äußeren Stränge zur Mitte hin über die anderen gelegt werden. Etwas mehr Aufmerksamkeit verlangt der berühmte Mozartzopf (Rezept Seite 194), der aus sage und schreibe 8 Strängen gearbeitet wird. Hier sollten Sie die einzelnen Stränge jeweils mit Nummer versehen und dann exakt den Zeichnungen getreu flechten.

Der süße Elefant der Frau Schindel
(Rezept Seite 220)

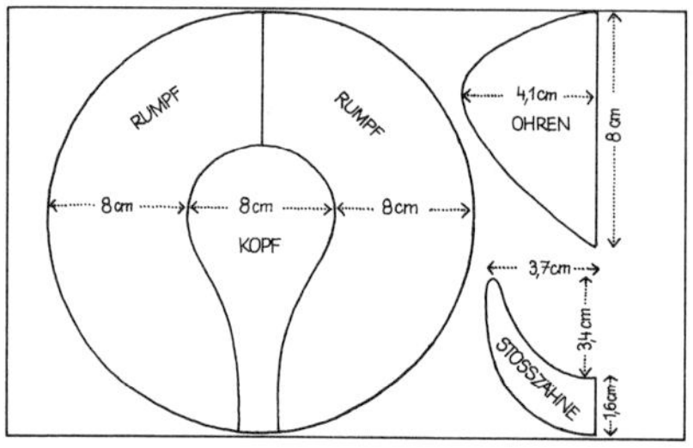

Er ist genial einfach in der Zubereitung, denn er wird restlos aus einem in der Springform gebakkenen Boden hergestellt. Ihr Durchmesser muß 24 cm haben, so daß Sie die Formen maßstabsgetreu von unserer Zeichnung abnehmen können. Die beiden Hälften werden nun zusammengesetzt und der Kopf mit dem Rüssel aufgelegt. Für die Ohren und Stoßzähne zerschneiden Sie Waffeln wie in der kleinen Zeichnung.

Hexenhaus (Rezept Seite 234)

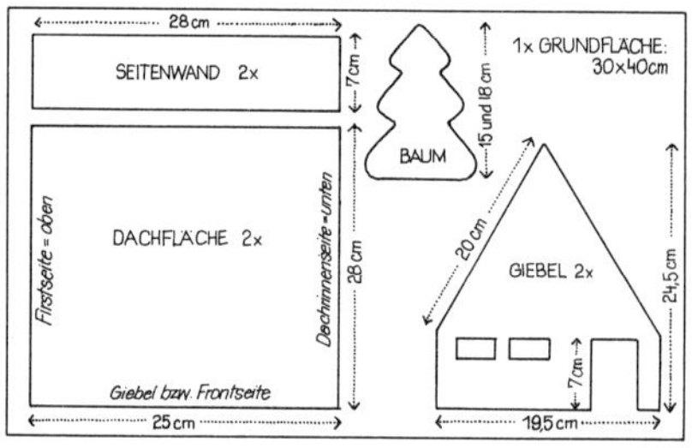

Zum Ausschneiden sollten Sie sich in jedem Fall die Grundzeichnungen als Schablone aufzeichnen und ausschneiden, damit hinterher auch alle Seiten übereinanderstimmen. Nehmen Sie dazu die Maße von den Zeichnungen ab und achten Sie beim Zusammenbauen stets darauf, daß alle Ecken wirklich rechtwinklig sind, sonst bekommt Ihr Haus nicht genügend Standfestigkeit.

Herde und andere Backgeräte

Elektro- und Gasherd

Die konventionellen und nach wie vor am meistvertretenen Backöfen sind Elektro- und Gasherde. Der Unterschied zwischen ihnen ist relativ gering, denn generell backen beide nach dem gleichen Prinzip: Gas- und Elektroherde arbeiten mit Strahlungshitze, die direkt auf das Backgut einwirkt. Es wird also in diesen Öfen auf einer Ebene gebacken.
Daher ist es wichtig, den Kuchen oder das Gebäck auf der richtigen Höhe in den Ofen zu schieben. Zu diesem Zweck gibt es bei fast allen Herden vier Schiebeleisten in verschiedenen Höhen. Als Faustregel gilt, daß über der erwarteten Kuchenhöhe ein Abstand von 15 cm bleibt. Bei weniger Zwischenraum ist die Hitze sonst zu stark und hindert den Kuchen am Gehen. Folglich gehören auf die untere Schiebeleiste alle Kuchen, die in hoher Form gebacken werden oder stark aufgehen, wie Gugelhupf und Hefezopf. Die Formen sollten jedoch immer auf einen Rost und nicht direkt auf den Boden gestellt werden. Auf die nächst höhere Schiebeleiste kommen höhere Tortenböden, Windbeutel und halbhohe Torten. Auf der dritten Schiene von unten, die als mittlere Schiebeleiste bezeichnet wird, werden Obstkuchenböden, Plätzchen und Blechkuchen gebacken. Die oberste Schiene wird beim Überbacken und Grillen verwendet.
Schieben Sie den Kuchen (wenn im Rezept nicht anders angegeben) immer in den vorgeheizten Backofen. Die Aufheizzeit ist bei den einzelnen Modellen verschieden und dauert bei Elektroöfen zwischen 10 und 20 Minuten auf 200 Grad und bei Gasöfen wenige Minuten. Der Backofen hat die entsprechende Temperatur erreicht, wenn das Kontrollämpchen erlischt.
Während beim Elektroherd die Temperaturen in Grad Celsius angegeben werden, können beim Gasherd Temperaturintervalle in Form von Stufen eingestellt werden. Bei einigen – meist älteren – Modellen ist es auch möglich, Ober- und Unterhitze getrennt zu schalten. Um in diesem Fall ganz sicher zu gehen, daß die richtige Temperatur eingestellt ist, sollten Sie die tatsächliche Hitze nachmessen. In Haushaltswarengeschäften werden zu diesem Zweck (recht preiswerte) Backofenthermometer angeboten, mit denen Sie die exakte Temperatur nachmessen können. Wenn Sie die tatsächlich gemessenen Temperaturen zusammen mit den Schaltstufen aufschreiben, können Sie alle in den Rezepten angegebenen Einstellungen spielend ablesen bzw. umrechnen.
Ähnlich sollten Sie auch vorgehen, wenn Sie einen neuen Backofen gekauft haben. Hier können Sie sich zwar fast immer auf die Angaben des Herstellers verlassen, aber trotzdem empfiehlt es sich, die Backzeiten und -temperaturen der Rezepte mit denen der Gebrauchsanleitung zu vergleichen.

Heißluftherde

Sie arbeiten mit einem Umluftsystem, das die Hitze gleichmäßig im ganzen Ofen verteilt. Das bedeutet, daß Backen auf mehreren Ebenen möglich wird. Bis zu vier Bleche können übereinander eingeschoben werden. Es spielt dabei keine Rolle, ob gleichzeitig salziges und süßes Gebäck gebakken wird. Eine Geruchs- und Geschmacksübertragung findet nicht statt. Da beim Heißluftherd die Anheizzeit entfällt und bei niedrigeren Temperaturen gebakken wird, kann bei optimaler Ofenraumausnutzung bis zu 30% Energie eingespart werden. Die niedrigen Temperaturen sind auch bestens zum Trocknen von Baisers und Makronen geeignet.

Steinbackofen

Sie lesen richtig. Mit diesem Ofen sind aber nicht die Riesengeräte unserer Großmütter gemeint, denn die recht neu entwickelten Öfen haben die Ausmaße eines Elektrogrills. Man kann darin Brote, Rührkuchen, Torten und kleine Blechkuchen backen. Die gute Hitzespeicherung der altbekannten Backhäuser ist in diesen Geräten gewährleistet.

Grill

Der Grill ist schon lange nicht mehr nur Baumkuchen und Schichttorten vorbehalten. Heute ist ein Großteil der Elektrogrills so konzipiert, daß nicht nur Fleisch gegrillt, sondern auch Kuchen darin gebacken werden können. Die neuesten Elektrogrills bieten sogar die Möglichkeit, mit Heißluft zu garen. Auch hier müssen die Temperaturen und Backzeiten des Rezepts mit der Gebrauchsanweisung verglichen werden.

Kleines Backlexikon

Backhaube

Die Backhaube ist eine relativ alte Erfindung. Es handelt sich dabei um eine Metallform, in der Rührkuchen, Tortenböden, Biskuitböden und Kastenkuchen gebacken werden können. Bleche passen nicht hinein. Einen Thermostat besitzt die Backhaube meistens nicht, lediglich ein Sichtfenster, durch das der Kuchen beim Backen beobachtet werden kann. Für den kleinen Haushalt bietet sie eine raumsparende und preiswerte Backmöglichkeit.

Friteuse

Daß nicht alles Gebackene aus dem Ofen kommen muß, zeigen Krapfen, Spritzkuchen und Berliner. Angefangen hat alles mit dem einfachen Fettopf auf dem Herd und wurde weiterentwickelt bis zur modernen Friteuse. Diese Geräte gibt es in den verschiedensten Ausführungen: Sie sind in eckiger und runder Form, mit Geruchsfilter und versenkbarem Fritierkorb im Handel. Ihr Fassungsvermögen liegt zwischen 1 und 4 Litern. Ist keine Temperaturregelung im Gerät vorhanden, ist die Anschaffung eines Fett- oder Fritierthermometers ratsam. Die Temperaturen des Fettes sollten zwischen 175 und 190 Grad liegen. Bei zu niedrigen Temperaturen saugt sich das Fritiergut voll Fett, wird schwer bekömmlich und ist dann nicht gerade linienfreundlich. Bei zu hohen Temperaturen verbrennen Gebäck und Fett. Sollten Sie jedoch nicht stolzer Besitzer eines solchen Thermometers sein, müssen Sie sich mit der Stäbchen- und Weißbrotprobe behelfen: Am Stiel eines Holzlöffels (kein Plastik), der ins heiße Fett gehalten wird, müssen sich Bläschen bilden. Oder Sie geben kleine Weißbrotwürfel ins Fett. Verfärben sie sich schnell goldbraun, ist das Fett heiß genug.
Als Fritierfette können Sie geschmacksneutrale Öle, Pflanzenfett, Schmalz oder eine Mischung verwenden. Butter und Margarine sind ungeeignet, da sie bei diesen hohen Temperaturen verbrennen.

Waffeleisen

Es gehört zu den sogenannten Klein-Backgeräten und ist sicherlich nicht nur im Haushalt mit Kindern ein beliebtes Requisit. Besonders bewährt es sich immer wieder bei überraschendem Besuch, weil Waffeln ja bekanntlich am besten »frisch aus dem Eisen« schmecken. Auch hier ist das Angebot recht groß: Waffeleisen werden in verschiedenen Größen, rund und eckig und teilweise mit Kunststoffbeschichtung angeboten.

Weitere Möglichkeiten

Im einfachsten Fall tut's auch eine herkömmliche Pfanne auf der Herdplatte. In ihr können Sie große und kleine Pfannkuchen backen und zu fantasievollen Torten zusammensetzen. Auch für Biskuit-Omeletts mit verschiedenen Füllungen ist sie bestens geeignet.
Und selbst, wer keines der genannten Geräte besitzt, muß auf selbstgemachte Kuchen nicht verzichten. Dank des breiten Angebots an Tortenböden, Torteletts, Keksen, Waffeln, Oblaten und Baisers können Sie immer wieder neue »Backwaren« auf den Kaffeetisch bringen, die – je nach Rezept – im Kühlschrank »gebakken« oder einfach belegt oder gefüllt werden.

Backformen

Wer Backformen kaufen will, steht oft hilflos vor dem Riesenangebot an verschiedenen Formen, Farben und Materialien. Achten Sie darum in erster Linie auf das Material, denn es beeinflußt das Backergebnis mehr als die Form. Generell unterscheidet man glatte, helle und dunkle, matte Formen. Erstere reflektieren die Hitze, letztere nehmen sie gründlich auf. Ganz gleich, für welche Sie sich entscheiden, alle Metallformen müssen vor dem ersten Gebrauch ausgebrannt werden: Nach dem Auswaschen und Abtrocknen sorgfältig mit Öl einfetten und leer im 220 Grad heißen Ofen (Gas Stufe 4) etwa 30 Minuten lang einbacken.

Tonformen sind eigentlich die Urväter unserer Backformen und im Zuge der Nostalgiewelle heute auch wieder »modern« geworden. Sie sind dampfdurchlässig und eignen sich nur für zuckerarme Teige (besonders gut darum für Brote), da sehr süße Teige leicht in ihnen anbacken. Tonformen müssen vor dem Füllen immer gut gewässert sein (etwa 15 Minuten) und dürfen nur in den kalten (!) Backofen geschoben werden.

Keramik- und Steingutformen garen sehr schonend und langsam, da die Hitze nur langsam durchdringen kann. Sie sind heute mit feuerfesten, bleifreien und äußerst stabilen Glasuren versehen, die fast nicht mehr reißen können. Keramik und Steingut speichern die Hitze sehr gut, so daß der Ofen in den meisten Fällen schon ein paar Minuten vor Ende der Backzeit ausgeschaltet werden kann. In jedem Fall sollten Sie sie vor dem Füllen einfetten und zum Schluß die Stäbchenprobe machen.

Weißblechformen reflektieren die Hitze und bräunen nicht sehr stark. Dieses Metall braucht relativ starke Hitze und eignet sich gut zum Backen im Gasherd.

Schwarzblechformen nehmen die Hitze auf und leiten sie gleichmäßig an den Kuchen weiter. Sie bräunen schnell und gut.

Beschichtete Formen bieten zwei entscheidende Vorteile. Die Kuchen lassen sich mühelos lösen und die Formen einfach säubern. Nicht die Kunststoffbeschichtung entscheidet über das Backergebnis, sondern lediglich Material und Beschaffenheit der Außenfläche.

Glasformen sind äußerst leicht zu reinigen und sogar spülmaschinenfest. Wie Keramikformen erhitzen sie sich langsam und geben diese Hitze auch langsam wieder ab. Sie garen darum sehr gleichmäßig und bräunen nicht stark.

Aluminiumformen kommen in unterschiedlichen Ausführungen in den Handel: als veredelte, oft goldfarbene Phantasieformen oder als praktische Einwegformen. Beide Arten garen gleichmäßig und bräumen gut, wobei die dunkleren wie Schwarzblechformen verwendet werden. Die Einwegformen (in verschiedenen Größen und Mustern) eignen sich bestens, um auf Vorrat zu backen, denn die Kuchen können darin eingefroren und wieder aufgebacken werden.

Kupferformen findet man auch heute wieder häufiger. Sie sind nicht nur dekorativ, sondern liefern auch vorzügliche Backergebnisse. Allerdings müssen sie geputzt und poliert werden und sind relativ teuer.

Gußeisenformen sind, trotz ihres relativ hohen Preises, in letzter Zeit wieder sehr gefragt. Sie bräunen gut, garen gleichmäßig und halten die Wärme ausgezeichnet. Sie sollten immer gut gefettet und niemals mit harten Putzmitteln gereinigt werden. Damit sie nicht rosten, kann man sie leicht ölen. Für welche Form Sie sich nun beim Kauf entscheiden, hängt in erster Linie davon ab, welche Kuchen Sie am häufigsten backen. Für die Grundausstattung reichen zunächst eine Napfkuchenform, eine Spring-und Kastenform sowie eine Obstkuchen- oder mehrere Tortelettformen. Speziell für den 1–2 Personen Haushalt gibt es Klein-Backformen zu kaufen.

Backbleche werden zusammen mit dem Herd geliefert und sind daher in fast jedem Haushalt vertreten. Dasselbe gilt für die vielseitig zu verwendenden Fettpfannen.

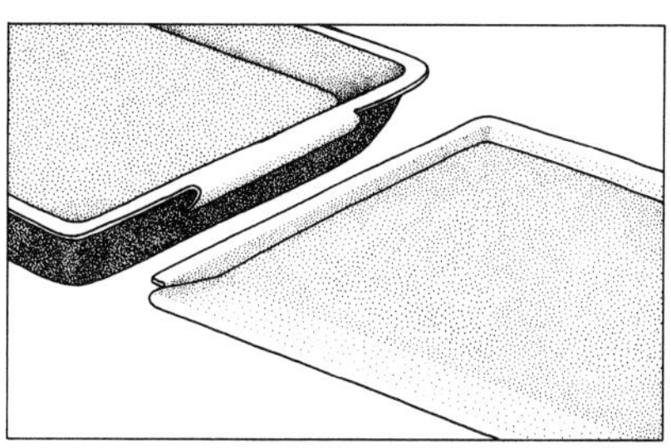

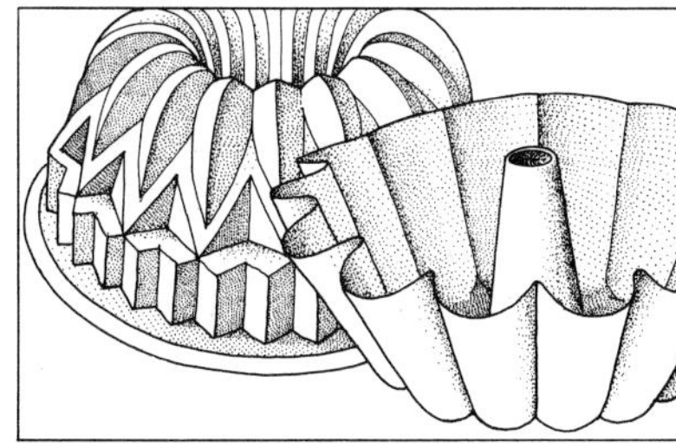

Guglhupfformen garen durch den Kamin auch von der Mitte aus.

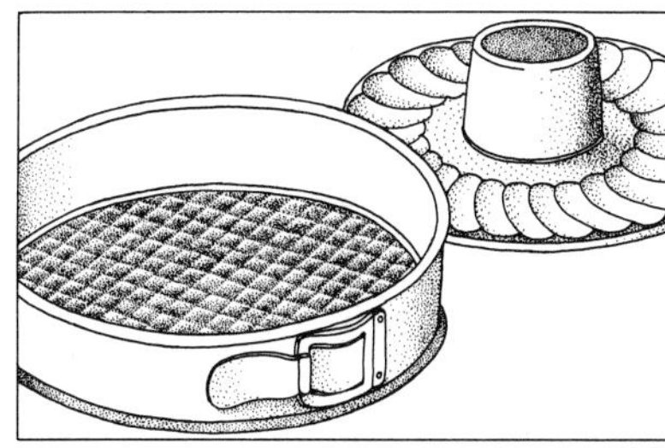

Springformen werden mit einem Ringeinsatz für Rodonkuchen angeboten.

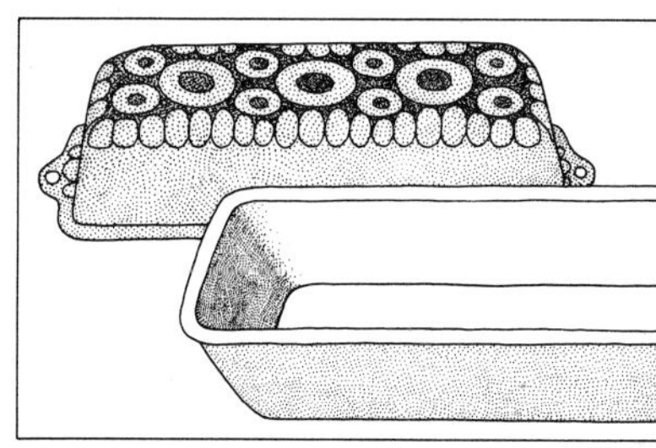

Kastenformen sind am gebräuchlichsten in den Längen von 24 bis 30 cm.

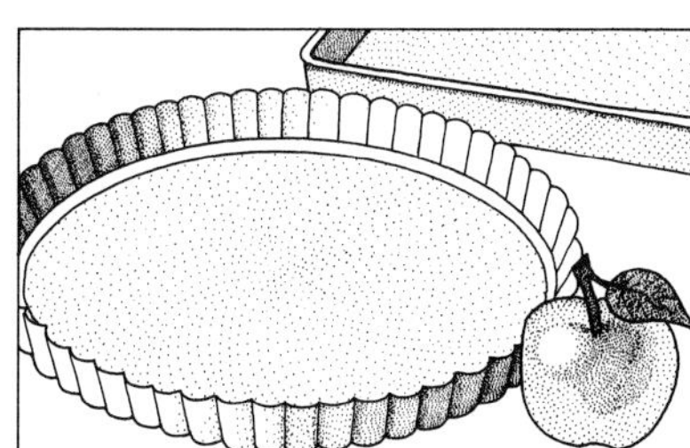

Obstkuchenformen sind rund und eckig, mit glatten und geriffelten Rändern im Handel.

Kleines Backlexikon

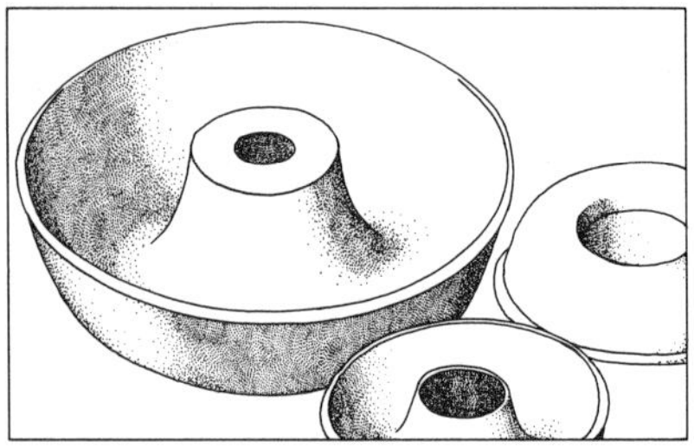

Ringformen werden für Savarins und Kranzkuchen, wie auch in Portionsgrößen gehandelt.

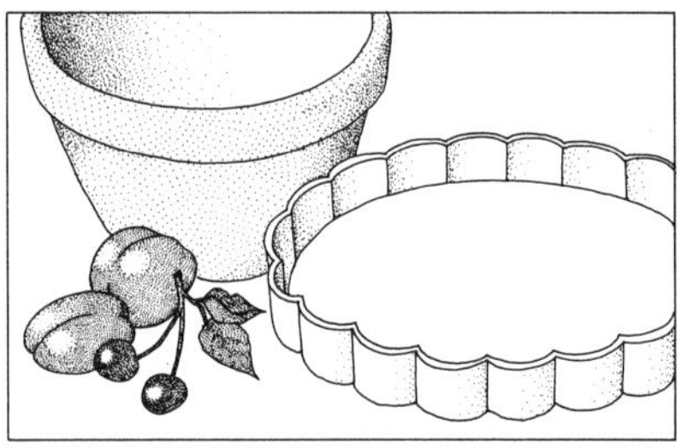

Pieformen können rund, oval oder auch rechteckig sein. Man unterscheidet flache Formen mit niedrigem Rand und hohe, nach oben breiter werdende Formen.

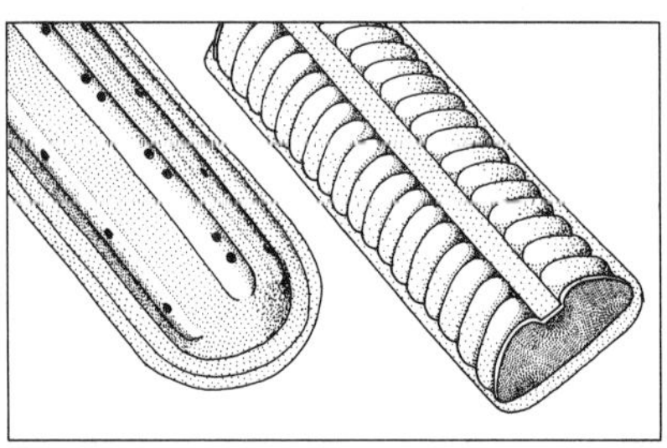

Rehrückenformen werden wie Kastenformen vorbereitet.

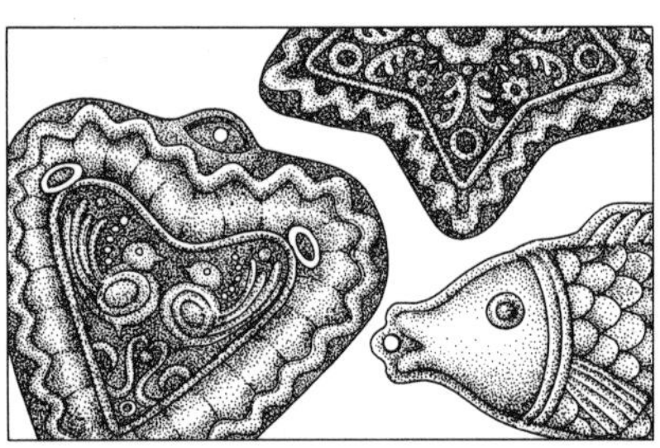

Zierformen sind in reicher Auswahl im Handel, beispielsweise als Herz, Kleeblatt, Hufeisen, Rose, Stern oder Fisch.

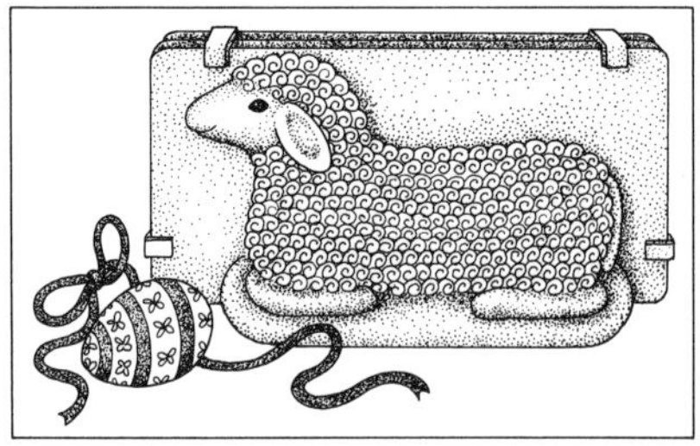

Hohlbackformen waren fast aus der Mode gekommen, doch findet man sie heute wieder häufiger. In ihnen bäckt man Osterhasen, Küken, Lämmer o. ä.

Backgeräte und Zubehör

Um richtig backen zu können, brauchen Sie genau wie beim Kochen das richtige Handwerkszeug. Dabei gibt es Geräte, die unbedingt erforderlich sind und andere, die im Laufe der Zeit angeschafft werden können. Die nachfolgende Auflistung verschiedener Backgeräte ist nach diesen Gesichtspunkten gegliedert und beginnt wie beim Backen mit dem Wiegen:

Küchenwaage Sie ist unentbehrlich für das genaue Abwiegen der Zutatenmengen und damit für das Gelingen des Kuchens. Sie sollte exakt arbeiten und auf 5 Gramm genau wiegen. Die gängigen Geräte kontrollieren Mengen bis zu 5 kg. Bei älteren Waagen reicht die Skala bis zu 10 kg, jedoch müssen sie austariert werden. Bei den modernen Waagen wird das Gewicht automatisch angezeigt. Besonders praktisch sind Waagen, bei denen die einzelnen Zutaten zugewogen werden können. Wer Platz sparen möchte, sollte sich stets für solche Waagen entscheiden, die sich an der Wand befestigen lassen.

Meßbecher sind zum Messen von Flüssigkeiten nötig, können aber auch zum Abmessen von festen Zutaten wie Zucker, Mehl usw.

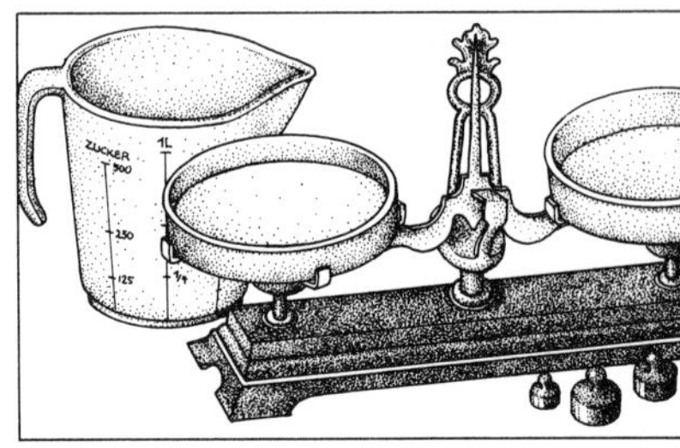

verwendet werden. Sie arbeiten jedoch nicht so exakt wie Waagen. Meßbecher sollten durchsichtig und natürlich geeicht sein.

Geeichtes Likörglas Zum Abmessen kleiner Flüssigkeitsmengen (1 und 2 cl) ist es genauer als der Meßbecher.

Rührschüssel Sie sollten mindestens zwei besitzen: eine größere, möglichst breite zum Anrühren von Teigen und einen Rührbecher, in dem Schlagsahne und Eischnee geschlagen werden können. Es ist dabei unerheblich, ob die Schüsseln aus Metall, Emaille, Steingut oder Kunststoff sind. Entscheidend ist, daß das Material hitzebeständig ist, da einige Teige über Wasserdampf geschlagen werden. Kunststoff und Metallschüsseln haben den Vorteil bruchsicher zu sein. Rührschüsseln sollten einen glatten, abgerundeten Boden und möglichst keine Rillen haben. Dort bleiben Zutaten leicht hängen und mischen sich nicht richtig mit dem

Teig. Die Arbeit wird entscheidend durch Schüsseln erleichtert, die am Boden einen rutschfesten Gummiring aufweisen. Haben Ihre Schüsseln keinen solchen Ring, können Sie sich mit einem feuchten Küchentuch, das kreisförmig zusammengerollt oder mehrfach gefaltet unter die Schüssel gelegt wird, behelfen.

Rührlöffel sollten Sie in verschiedenen Größen – mit und ohne Loch – kaufen. Dabei ist es unwesentlich, ob Sie sich für Rührlöffel aus Kunststoff oder Holz entscheiden. Rührlöffel mit Loch brauchen Sie zum Rühren von Teig und zum Unterheben, solche ohne Loch sind günstiger zum Schlagen des Teiges, da ihre Oberfläche größer ist.

Schneebesen sind zum gleichmäßigen Mischen von Cremes und Quark, zum Rühren dünner Teige und zum Unterziehen von Eischnee, Schlagsahne und Mehl unerläßlich. Schlagsahne und Eischnee werden damit nur noch relativ selten geschlagen. Schneebesen sollten aus rostfreiem Metall bestehen und hitzebeständig sein, damit sie nach Gebrauch in der Geschirrspülmaschine gereinigt werden können.

Elektrisches Handrührgerät Ein elektrisches Handrührgerät ist heute in jeder Küche unentbehrlich. Zum Handrührgerät gehören je zwei Rührbesen und Knethaken. Die Rührbesen brauchen Sie für Rührteige, Biskuit-, Baiser- und Makronenmassen sowie Schlagsahne und Cremes, die Knethaken für Mürbe- und Hefeteige oder auch zum Untermischen des Mehls bei sehr festen Rührteigen. Halten Sie sich beim Umgang mit dem elektrischen Handrührgerät stets an die Anleitungen des Herstellers und denken Sie immer daran, daß diese Geräte wesentlich schneller arbeiten. Um ein Überrühren des Teiges zu verhindern, sollten Sie selbst schwere Teige nicht länger als 8–10 Minuten bearbeiten. Normalerweise »schafft« ein elektrisches Handrührgerät Teigmengen mit einem Mehlanteil bis zu 500 g.

Siebe gehören ohnehin in jede Küche, aber allein zum Backen sollten Sie mindestens 2 vorrätig haben, ein größeres zum Abtropfen und Durchpassieren und ein sehr feines zum Überstäuben mit Mehl, Kakao und/oder Puderzucker. Der Handel bietet auch spezielle Mehlsiebe, die durch einen beweglichen Griff mit nur einer Hand geschüttelt werden können, wobei ein kleiner Schieber das Mehl gleichmäßig durch das Sieb drückt. Diese speziellen Mehlsiebe sollten Sie aber auch ausschließlich für Mehl verwenden und niemals mit feuchten Zutaten in Berührung bringen.

Zitruspresse Sie ist in den meisten Haushalten vorhanden. Es ist dabei gleich, ob sie aus Glas oder Kunststoff ist. Beim häufigen Auspressen von Zitrusfrüchten lohnt sich die Anschaffung einer elektrischen Presse, die auch als Zusatz für viele Küchenmaschinen zu haben ist.

Reibe Zum Abreiben von Zitronen- und Orangenschalen und für andere feste Substanzen wie Schokolade ist sie unerläßlich.

Mandelmühle Diese Anschaffung lohnt sich in jedem Fall, denn Mandeln und Nüsse sind frisch gemahlen wesentlich aromatischer als die bereits zerkleinert gekauften. Man kann sie zwar auch im elektrischen Zerhacker oder im Mixer fein zerkleinern, doch tritt dabei durch die hohe Umdrehungszahl und die dabei entstehende Wärme ein großer Teil des Mandel- oder Nußöls aus, das die gemahlenen Kerne leicht breiig werden läßt.

Teigschaber und Gummispatel Es gibt verschiedene Formen: Am gebräuchlichsten ist ein rechteckiger Kunststoffschaber, der sich zur einen Seite hin verjüngt. Etwas stabiler sind die ekkigen Teigschaber aus Metall, die an einer Seite eine Kunststoffkante als Griff aufweisen. Beide eignen sich für das Verteilen von schweren Teigen auf dem Backblech oder in der Form und zum Lösen des Teiges von der Arbeitsfläche. Mit dem Gummispatel mit Holzgriff können Sie Teige aus Schüsseln, Eischnee und Sahne aus Rührbechern und aus dem Mixer heben.

Teigrolle Für Blechkuchenliebhaber ist sie unentbehrlich. Ob es sich um eine herkömmliche aus Holz, um eine kunststoffbeschichtete oder eine mit Stoff bespannte handelt, ist eine ganz persönliche Entscheidung. Wichtig ist aber immer, daß sie sich leicht um die eigene Achse drehen läßt. Beim Ausrollen müssen Sie darauf achten, daß Sie den

Teig durch sanften Druck verteilen und nicht mit Gewalt flachdrücken. Sollte keine Teigrolle im Haushalt vorhanden sein, können Sie sich notfalls mit einer bemehlten Weinflasche behelfen.

Teigrädchen gibt es mit gezacktem und glattem Rand. Die mit gezacktem Rand eignen sich zum Verzieren und zum Ausschneiden von Formen. Der glatte Rand hat die gleiche Funktion wie ein scharfes Messer; man verwendet beide häufig für Mürbe-, Pasteten- und Blätterteige.

Backpinsel Sie benötigen davon gleich mehrere: einen breiten zum Einfetten von Backblechen und Kuchenformen und weitere mit möglichst weichen Borsten, zum Bestreichen des Teiges mit Ei, Wasser oder Milch, zum Glasieren und zum »Abstauben« von Mehl, Puderzucker u. ä. Gehen Sie nicht zu sparsam mit Backpinseln um. Verliert er die ersten Borsten, sollte er gleich durch einen neuen ersetzt werden, denn herausgefallene Borsten lassen sich nur sehr schlecht von einer Glasur entfernen. Wenn Sie Pinsel mit Naturborsten und hitzebeständigen Griffen wählen, können Sie sie nach Gebrauch in der Geschirrspülmaschine reinigen.

Messer Auch wenn sie sehr teuer sind, sollten Sie nur hochwertige aus rostfreiem Stahl kaufen. Zum Schälen, Zerschneiden und Hacken gibt es sicherlich die nötigen Größen und Ausführungen in Ihrer Küche, aber zum Backen sollten Sie in jedem Fall auch ein langes Tortenmesser (sie werden mit und ohne Wellenschliff angeboten) dazukaufen. Es muß mindestens so lang sein, daß Sie eine Torte waagerecht teilen können; seine Klinge muß möglichst dünn und sehr scharf sein, damit der Kuchen tatsächlich durchgeschnitten und nicht zerdrückt werden kann. Werden Sahne- oder Cremetorten damit in Stücke geteilt, tauchen Sie die Klinge zwischendurch immer wieder in heißes Wasser, damit Sie saubere Schnittkanten bekommen. Dazu eignen sich auch die elektrischen Messer ausgezeichnet, da man mit ihnen bei richtiger Handhabung niemals die Füllungen herausdrücken kann. Zum Hacken von Mürbeteigen verwenden Sie die »normalen« Messer des täglichen Bestecks.

Löffel brauchen Sie selbstverständlich nicht nur beim Kochen, sondern auch beim Backen, aber sie sind ja ohnehin in Ihrer Küche selbstverständlich. Am meisten gebraucht sind Tee- und Eßlöffel zum Abmessen und Verrühren, jedoch ist auch ein Schaumlöffel unbedingt notwendig, wenn Sie Fettgebäck zubereiten wollen. Wird es mit einem normalen Löffel herausgehoben, kann das Fritiergut nicht genügend abtropfen.

Teigpalette Sie ist beim Backen tatsächlich kein Luxus, auch wenn man sie notfalls durch ein langes Messer mit dünner Klinge ersetzen kann. Zum Abheben von Kleingebäck vom Blech ist sie ebenso nützlich wie zum Verstreichen von Cremes und Glasuren sowie zum Glätten der Tortenränder.

Kuchengitter brauchen Sie unbedingt zum Auskühlen und Ausdampfen des fertigen Gebäcks. Sie werden in runder und eckiger Form angeboten und sollten so eng gearbeitet sein, daß auch Kleingebäck nicht zwischen den Drähten hindurchfallen kann.

Holzspießchen benötigen Sie zur Stäbchenprobe, also zum Test, ob die Kuchen durchgebacken sind. Sie sollten stets recht dünn und nicht zu kurz sein.

Haushaltsschere Auch sie gehört in jede Küche. Beim Backen benötigt man sie zum Schneiden von Pergament- und Backtrennpapier ebenso wie zum Aufschneiden von Brandteiggebäck, da sich dieser Teig im heißen Zustand nur schlecht mit einem Messer teilen läßt.

Spritzbeutel Wer nicht nur gutes, sondern auch schönes Backwerk auf den Tisch bringen möchte, braucht unbedingt einen Spritzbeutel mit verschiedenen Tüllen. Sie sind aus beschichtetem Stoff und als Einmal-Spritzbeutel im Handel, wobei die ersteren natürlich eine recht lange Lebensdauer aufweisen. Sie werden stets mit einem Set aus verschiedenen glatten und Sterntüllen angeboten, so daß man sie auch vielfältig verwenden kann. Um Zucker- und Schokoladenglasuren spritzen zu können, faltet man Pergamentpapier zu einer Tüte. Ersatzweise können Sie Spritzbeutel auch aus dickwandigen Gefrierbeuteln herstellen: Schneiden Sie eine Ecke ab und stecken Sie die entsprechende Tülle hinein. Anstelle des Spritzbeutels bieten manche Hersteller auch

Früchten, Eis oder feuchten Glasuren versehene Baisers lassen sich – wie auch **Strudel** – nicht lagern, sie werden weich.

Einfrieren von Backwerk

Bei unerwartetem Kaffeebesuch und für den kleinen Kuchenhunger zwischendurch erweist sich ein Gefriervorrat an fertigen Kuchen, Torten und Gebäck als vorteilhaft. Zudem lassen sich Küchengeräte und Backofen besser ausnutzen. So paßt in eine Küchenmaschine meist die doppelte Teigmenge, in einen normalen Herd passen mindestens zwei Kastenformen und in einen Heißluftherd sogar drei Blechkuchen. Einfrieren lassen sich Torten, gebackene Kuchen, Kleingebäck, Brote und Brötchen. Nicht zum Einfrieren eignen sich Baiser, Makronen und Kuchen mit Glasuren. Sie werden wie Marzipan und Obstguß wäßrig, Krokant weicht auf und wird feucht.
Die zweite Möglichkeit ist das Einfrieren von Teigen wie Rührteig, Hefeteig, Blätterteig, Brandteig, Quark-Öl-Teig, Mürbeteig, Pasteten- und Strudelteig. Bei Hefeteig sollte vorsichtshalber die Hefemenge erhöht werden. Er sollte vor dem Einfrieren nicht gehen. Um das Austrocknen zu verhindern, wird er mit Öl bepinselt. Man kann ihn aber auch bereits belegt einfrieren. Rührteig wird am besten gleich in der entsprechenden Backform (Aluform) eingefroren.
Wichtig für die Qualität des Gefrierguts – ob als Teig oder schon gebacken – ist generell der Frischegrad, bei dem das Backwerk eingefroren wird. Ein altbackenes Brötchen wird nach dem Kälteschlaf auch durch das Aufbacke nicht mehr ofenfrisch.
Was immer Sie auch einfrieren wollen, in jedem Fall kommt es auf die richtige Verpackung an: Sie muß luft- und feuchtigkeitsundurchlässig sein, um Austrocl nen, Geruchs- und Geschmacks übertragung sowie backteriellen Verderb zu verhindern. Das Ver packungsmaterial muß fett- und säurebeständig sein und Temperaturen von –40– +60 Grad au halten. Als Verpackungsmateria eignen sich

Polyäthylenfolie Sie ist als ferti ger Beutel oder als Schlauchfoli erhältlich. Zum Einfrieren muß sie eine Mindeststärke von 0,05 mm haben. Der Vorteil liegt in der Durchsichtigkeit des Mate rials, die für eine gute Überschau barkeit im Gefriergerät sorgt. Au ßerdem können Beutel und Foli nach gründlicher Reinigung wiederverwendet werden.

Aluform und Alufolie Aluformen gibt es in jeder Größe und Form. Folien müssen eine Stärk von 0,025 bis 0,07 mm aufweisen Man friert darin vor allem Kuchen wie Hefe- und Obstkuchen ein, die im Ofen aufgebacken werden. Das Gebäck kommt dann mit der Form oder Folie in den Ofen und ist gleichzeitig vor dem Austrocknen geschützt.

Kunststoffdosen Es gibt sie in allen Formen und Größen, für Kuchenportionen bis hin zur großen Tortendose. Diese stabilen Gefäße sind vor allem für empfindliches Backwerk wie Cremetoren oder Blätterteiggebäck bestens geeignet. Viereckige Dosen sind außerdem gut stapelbar und platzsparend.

Garnierspritzen mit verschiedenen Tüllen an, die jedoch m. E. nach weniger praktisch sind, weil man sich hier nicht – wie beim Spritzbeutel – auf das eigene »Fingerspitzengefühl« verlassen kann.

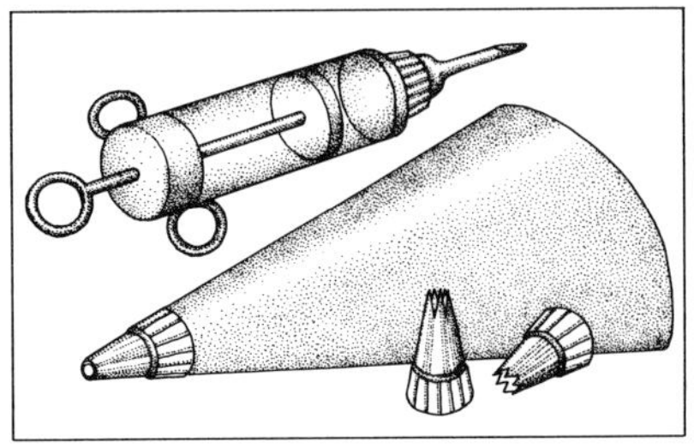

Tortenstückteiler Wer sich beim Anschneiden der Torten nicht auf sein gutes Augenmaß verlassen will oder kann, sollte sich dieses recht preiswerte Hilfsgerät leisten. Tortentückteiler werden meist aus Plastik angeboten und sind beidseitig zu verwenden: eine Seite markiert 12, die andere 16 Stücke, so daß Sie beim Schneiden mühelos diesen Linien folgen können.

Zackenkamm Er sieht aus wie ein Plastikteigschaber, der an zwei Seiten verschieden stark gezackt ist und dient zum Verzieren des Randes bei Creme- und Sahnetorten. Ersatzweise kann man dafür aber auch ein Messer mit breitem Wellenschliff verwenden.

Kuchenbrett und Marmorplatte Beide werden von den Menschen, die sie nicht besitzen, meistens abgelehnt und von denen, die sie ständig benutzen, heiß geliebt. Ein unbedingtes »Muß« sind Backbrett wie Marmorplatte also nicht. Jedoch lassen sich alle Teige auf ihnen ganz besonders gut verarbeiten, da sie eine völlig glatte Oberfläche haben, der Teig auf ihnen nicht so leicht anklebt und »schwitzt«, d.h. feucht wird, und außerdem sorgen beide (besonders die Marmorplatte) dafür, daß sich die Teige nicht zu stark erwärmen.

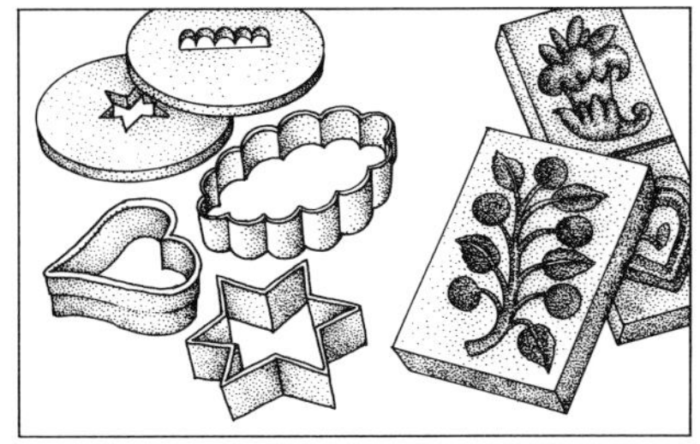

Plätzchenformer Auch hier ist das Angebot riesig und die Auswahl darum oft sehr schwer. Allein bei den

Ausstechförmchen kann man zwischen vielen Motiven und Ausführungen wählen. Auch die speziellen

Kekspressen haben eine Vielzahl von unterschiedlichen Mustern; ähnlich wie sie arbeitet man mit dem Fleischwolf und seinen entsprechenden Vorsätzen für Spritzgebäck u. ä. Auch **Gebäckspritzen** sind im Handel, die ähnlich wie die Garnierspritzen mit verschiedenen Tüllen zu handhaben sind. Für bestimmte Gebäckarten (meistens Weihnachtsgebäck) benötigen Sie Model, die meistens aus Holz, hin und wieder auch aus Metall oder Keramik angeboten werden. Während der übrigen Zeit des Jahres bieten sie, an die Wand gehängt, einen dekorativen Schmuck und lassen sich auch zum Formen von kalter Butter gut verwenden.

Elektrische Küchenmaschine Auch sie soll hier nicht unerwähnt bleiben, obwohl man sie zum Backen wirklich nicht unbedingt benötigt. Nur wer stets große Teigmengen zu verarbeiten hat (mit einem Mehlanteil von weit über 500 g), wird sie auch oft genug benützen. Andernfalls ist es ratsam, sich nur dann eine Küchenmaschine anzuschaffen, wenn man sie auch regelmäßig zum Kochen gebraucht; nur für die private Bäckerei lohnt sie sich eigentlich nicht.

Backhilfsmittel

Alufolie kann zum Auskleiden von Backblechen und Formen, zum Abdecken von Kuchen während des Backens und als seitliche Begrenzung für auf dem Blech gebackene Stollen, Strudel und Zöpfe verwendet werden. Wenn Sie keine Tortelettförmchen besitzen, können Sie diese aus doppelt gefalteter Alufolie herstellen, indem Sie die Folie über einen Flaschenboden spannen. Diese Aluförmchen sind natürlich nur für den einmaligen Gebrauch bestimmt. Da Alufolie als Verpackungsmaterial zum Frischhalten und Einfrieren bestens geeignet ist, ist es meist in jedem Haushalt vorhanden.

Pergamentpapier wird zum Auslegen von Backblechen und Kuchenformen verwendet. Sie können auch zu schnell bräunendes Backwerk damit abdecken, und auch beim Abwiegen der Zutaten ist es praktisch; sie sparen Teller und Schalen beim Abwasch und können direkt auf dem Papier wiegen. Weitere Verwendung findet Pergamentpapier beim Verzieren von Kuchen mit Zucker- oder Schokoladenguß als Spritztüte oder auch zu Schablonen geschnitten, um das Backwerk nur teilweise in bestimmten Mustern mit Puderzucker oder Kakao zu bestäuben.

Back- oder Backtrennpapier ist eigentlich die Weiterentwicklung des Pergamentpapiers und erspart das Einfetten des Backblechs und der Formen. Sie können also stets sicher sein, daß kein Backwerk »anhängt«. Außerdem erspart es die Reinigung von Formen und Blechen.

Haushaltspapier Es hat nur noch entfernt mit dem Backen zu tun, ist aber sehr nützlich, um Früchte völlig trockenzutupfen und Quark abtropfen zu lassen und natürlich zum Säubern von Formen.

Tortenspitze wird als Schmuck unter Torten und Kuchen gelegt und schützt beim Aufschneiden gleichzeitig die Tortenplatte.

Papiermanschetten gibt es in verschiedenen Größen und Farben für Petits fours, Kleingebäck, Konfekt und Pralinen.

Frischhalten von Backwerk

Wohl bei jeder Kaffeetafel bleiben Kuchen- und Tortenreste übrig, die es gilt, so frisch wie möglich zu halten. Außerdem wird häufig aus zeitlichen Gründen schon Tage vor einem Fest gebakken, wie es bei den verschiedenen Plätzchen üblich ist, die oft wochenlang in Dosen verpackt auf

Weihnachten warten. W
jedes Backwerk seinem
seiner Konsistenz entsp
verpackt aufbewahrt, ka
los Frische und Aroma

»Trockene« Kuchen (wi
chen, Marmorkuchen u
den in Alufolie gewicke
halten sich etwa 1 Woc
wenn sie kühl und troc
lagert werden. Da diese
leicht austrocknen, sollt
Anschnittstellen doppel
lie abdecken.

Hefeteiggebäck (Obstku
Zöpfe und nicht glasier
gebäck) sollte stets nur
kurze Zeit aufbewahrt v
Man wickelt es dazu eb
Alufolie, in der man es
Servieren kurz aufbäckt

Creme-, Sahne- und Ob
gehören unbedingt in d
schrank, sollten aber au
niemals länger als höch
2–3 Tage verbringen mü
Ganz wichtig ist es dabe
Geruchs- und Geschma
tragung zu schützen, wo
Alu- und Frischhaltefol
nen. Besser sind jedoch
ziellen Tortenhauben, w
Verzierungen nicht zerd

Plunder- und Blätterteig
schmecken frisch am be
Bleibt dennoch etwas üb
nen sie – wenn sie nicht
sur überzogen wurden –
kühlt und vor dem Servi
nochmals aufgebacken

Plätzchen (Weihnachts-
gebäck) werden meisten
Vorrat« gebacken, und

auf dem Gefriergut liegen. Mit der flachen Hand streicht man nun der Länge nach über diese Falzung, so daß sie fest wird und die Luft durch die noch offenen Seiten entweicht. Die offenen Seiten werden anschließend auf dieselbe Weise eingerollt und glattgestrichen.

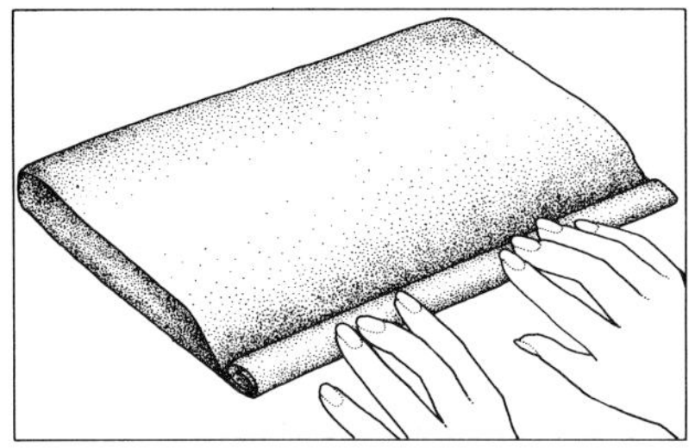

Bei der **Briefpackung,** die sich besonders gut für flache Stücke eignet, wird die Folie glatt über das einzufrierende Stück gelegt, so daß beide Lagen an einer Seite doppelt liegen. Wie bei der Blockpackung werden beide Teile zusammengerollt, festgestrichen und die noch offenen Seiten ebenso verschlossen.
Nicht so luftdicht eingefroren werden Teige, die aufgehen, also insbesondere Hefeteige, da sie beim Einfrieren und Auftauen Raum zum Gehen brauchen.
Dasselbe gilt für Dosen. Auch sie füllt man nur so, daß ein 2–3 cm breiter Rand freibleibt.
Jedes noch so kleine Päckchen sollte, bevor es »ins Eis kommt«, beschriftet werden. Das erspart langes Suchen im Gefriergerät. Aus der Beschriftung müssen Art und Menge des Gebäcks sowie das Einfrierdatum hervorgehen. Das Einfrieren selbst sollte schnell geschehen, um die Bildung großer Eiskristalle zu verhindern. Schalten Sie darum das Gefriergerät auf die kälteste Einstellung, wie Sie es ja auch beim Einfrieren von anderen Lebensmitteln tun. Verpacken Sie dabei möglichst kleine Mengen, um die Einfrier- und Auftauzeiten möglichst niedrig zu halten.
Beim Auftauen sollten Sie das Backwerk möglichst vor dem Austrocknen schützen. Kurzes Aufbacken sorgt für Frische, wobei kleinere oder flache Gebäckstücke nicht ganz aufgetaut werden müssen.

Selbstgebackene Geschenke

Sie gehören wohl zu den persönlichsten Gaben und Mitbringseln, die man sich vorstellen kann. Und einige von ihnen haben schon uralte Tradition, wie etwa das selbstgebackene Brot mit dem Salz zum Einzug ins neue Heim, die Hochzeitsstrote oder die kerzengeschmückte Torte zum Geburtstag. Doch wie bei allen Geschenken kommt es auch hier auf die Verpackung an.

Ganze Kuchen, wie Gugelhupf, Kasten- oder Obstkuchen, können – mit einer festen Unterlage versehen – in bedruckter oder besprühter Klarsichtfolie (etwa Zellophan) eingeschlagen werden, wobein ein farbig abgestimmtes Bändchen das Papier oberhalb des Kuchens zusammenrafft. Auch Alufolie ist dazu geeignet, wobei beide Materialien den Kuchen auch frisch halten. Noch aufwendiger wird das Geschenk, wenn Sie zusammen mit dem Kuchen auch die entsprechende Backform überreichen: Den Kuchen nach dem Backen aus der Form nehmen, diese reinigen und den Kuchen wieder hineinsetzen. Wollen Sie **Plätzchen, Pralinen und Konfekt** verschenken, gibt es wohl unzählige Möglichkeiten der Verpackung. Da ist einmal die große Palette der Keksdosen, die in allen Formen, Farben und Größen angeboten werden.
Selbst einfache Blechdosen werden mit selbstgemachtem Inhalt zum persönlichen Geschenk, wenn man sie mit Glanzlack besprüht oder beklebt.
Eine recht alte Form der Verpakkung sind die Spanschachteln. Sie eignen sich vor allem für Konfekt und Pralinen, die, auf Spitzenpapier, Pralinenmanschetten oder bunter Papierwolle gebettet, hineingesetzt werden. Spanschachteln können speziell für jeden einzelnen Beschenkten im Rohzustand, bemalt, lackiert oder z. B. mit Gräsern oder Tortenspitze beklebt werden.
Aber auch Alufolie, Zellophan und Tortenspitzen bieten viele reizvolle Möglichkeiten. Falten Sie beispielsweise Dreieckstüten, wie es sie früher für Bonbons gab, und hängen Sie sie nach dem Füllen der Reihe nach an einer Schnur auf. Aus Zellophan und Alufolie können kleine und große Bündelchen geschnürt werden, in denen die Leckereien nicht nur

dekorativ verpackt sind, sondern sich auch gut halten. Wer sich die Mühe macht, Plätzchen oder Pralinen einzeln als Bonbons zu verpacken, hat liebevolle Anhänger für alle möglichen Geschenke. Aus Alufolie oder extrastarken bunten Folien lassen sich auch niedliche kleine Körbe flechten.

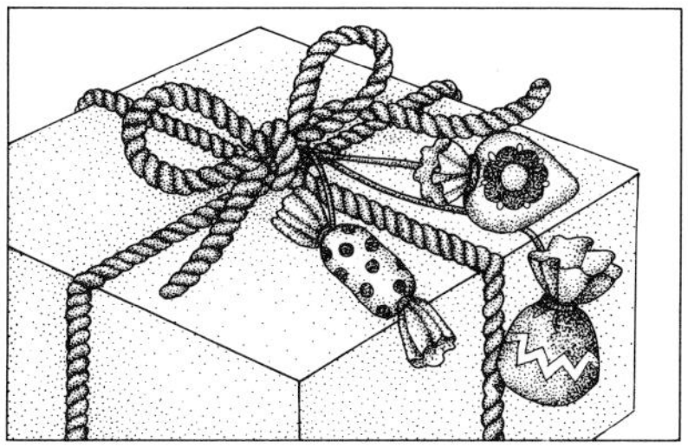

Nostalgische Pappteller in Gold und Silber, mit Zellophan überzogen, lassen nicht nur den süßen Inhalt gut zur Geltung kommen, sondern bewahren ihn auch vor dem Austrocknen.

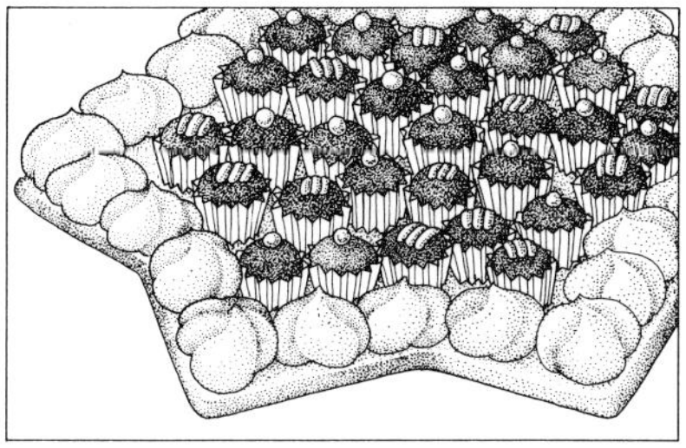

Backt man einen Stern aus Spritzgebäckteig mit einem hohen Rand aus Tupfen, kann Konfekt hineingefüllt werden und auch

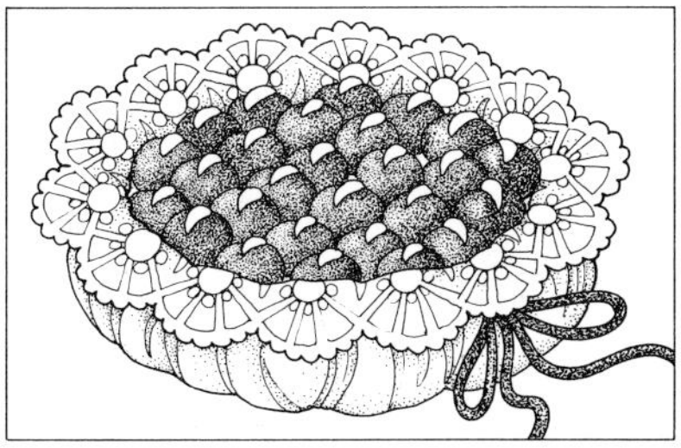

die Verpackung mitgegessen werden.
Nicht für den Vorrat, aber dekorativ verpackt sind Pralinen in einer großen Tortenspitze, die mit einer Schleife zu einem Nest zusammengebunden wird.

Sehr originell ist auch ein Bild aus Plätzchen. Das Gebäck wird in einen Bilderrahmen gelegt und mit Zellophan überzogen.
Und zum Schluß noch Geschenke, bei denen Süßigkeiten nur Beiwerk sind: Ein schönes Glas, mit Pralinen gefüllt – eine Vase mit Konfekt – ein Brotkorb mit selbstgebackenem Brot oder Brötchen.

Begriffe und Zutaten von A–Z

Abbrennen oder Abbrühen Das Kochen des Brandteiges vor dem Backen.

Abschlagen Schlagen eines Hefeteiges mit dem Rührlöffel oder der Hand, bis sich der Teig von der Schüsselwand löst und Blasen wirft.

ABC-Trieb Ammonium-Bicarbonat ist ein künstliches Triebmittel, das überwiegend in der Industrie und in Bäckereien verwendet wird. Es reagiert wie Hirschhornsalz, indem es zu Ammoniak, Wasser und Kohlendioxid, das den Teig lockert, zerfällt.

Angelika Kandiert wird die Wurzel der Angelika zum Verzieren von feinen Torten verwendet.

Anis Das Samengewürz Anis ist ganz oder gemahlen im Handel. Es hat einen sehr intensiven Geschmack und verträgt sich daher selten mit ebenso stark aromatisierenden Gewürzen. Es ist Hauptgewürz für Anisplätzchen.

Ansatz siehe Vorteig.

Aprikotieren Einen Kuchen vor dem Glasieren mit Aprikosenmarmelade bestreichen. Es können auch andere Fruchtmarmeladen verwendet werden. Durch das Aprikotieren haftet die Glasur besser auf dem Kuchen, hält ihn frischer und verhindert, daß die Glasur in den Teig eindringen kann und ihn dadurch später durchfeuchtet.

Arrak Branntwein aus Reis, Zukkerrohrmelasse oder zuckerhaltigen Pflanzensäften. Er dient zum Aromatisieren von Teigen und Glasuren.

Aufbacken Nochmaliges Backen von Kuchen und Gebäck, das durch langes Lagern an Frische verloren hat. Das Backwerk sollte im Backofen mit Alufolie bedeckt werden, um das Austrocknen zu verhindern. Gebäck mit Zuckerglasur eignet sich nicht zum aufbacken.

Kleines Backlexikon

Ausbacken siehe Fritieren.

Ausfüttern Auskleiden einer Backform mit dünnem Blätter- oder Mürbeteig.

Auszugsmehl Feines, kleiefreies Weizenmehl der Type 405, also mit geringem Mineralstoffgehalt (siehe Mehl)

Backaromen Auszüge aus verschiedenen Grundsubstanzen oder künstlich hergestellte Stoffe zum Aromatisieren von Teigen und Cremes. Es gibt Backaromen in den Geschmacksrichtungen Zitrone, Bittermandel, Rum, Arrak, Vanille und Butter. Ein Fläschchen reicht für eine Teigmenge mit 500 g Mehl. Natürliche Aromen wie Zitronenschale oder Vanilleschote sind jedoch aromatischer und den Aromen vorzuziehen.

Backen Garen von Teigen bei Temperaturen von 140–250 Grad. Beim Backen gerinnt das Eiweiß des Mehls und bildet eine feste Gerüstsubstanz des Kuchens. Die Porung entsteht durch das vom jeweiligen Triebmittel erzeugte Kohlendioxid.

Backhefe siehe Hefe.

Backoblaten Dünnes weißes Dauergebäck aus Weizenstärke und Wasser. Oblaten dienen als Unterlage für Makronen und Lebkuchen. Legt man eine große Oblate zwischen Tortenboden und Obstbelag, kann das Durchfeuchten des Bodens verhindert werden. Oblaten sind in rechteckiger und runder Form und in verschiedenen Größen erhältlich.

Backpulver Künstliches Triebmittel aus Weinstein, Natron und Stärke als Trennmittel. Kommt Backpulver mit Flüssigkeit in Berührung können Weinstein und Natron miteinander reagieren und es entsteht Kohlendioxid als Treibgas. Damit diese Reaktion nicht vor dem Backen abläuft, muß Backpulver unbedingt trokken gelagert werden. Die Menge in einem Päckchen reicht aus, um einen Teig mit 500 g Mehl zu lokkern.

Baiser, Meringe oder Meringue Trockenes Schaumgebäck aus Eischnee und feinem Zucker zum Teil mit Schokolade, geriebenen Nüssen und Likören aromatisiert. Das Wort Baiser kommt aus dem französischen und bedeutet Kuß.

Belegfrüchte oder Konfitfrüchte Mit Zuckersirup behandelte Früchte, beispielsweise Kirschen zum Verzieren von Torten und Gebäck oder gehackt als Teigeinlage. Belegfrüchte sind im Gegensatz zu Kanditen mit weniger konzentrierter Zuckerlösung nur kurz behandelt und daher weicher.

Besieben Bestreuen von Kuchen und Gebäck mit Puderzukker oder Kakao mit Hilfe eines Haarsiebes.

Bittermandelaroma Ätherisches Öl aus Bittermandeln zum Teil auch aus Pfirsich- und Aprikosenkernen, dem die Blausäure entzogen wurde.

Bittere Schokolade Schokolade mit einem Mindestgehalt von 60% Kakaoanteilen.

Blanchieren Überbrühen oder eintauchen von Gemüse in kochendes Wasser, um die Zellen aufzuschließen und die Farbe zu erhalten. Beim Backen überbrüht man ungeschälte Mandeln, um anschließend die braunen Häutchen besser entfernen zu können.

Blattgelatine siehe Gelatine.

Blechkuchen Allgemein alle süßen und herzhaften Kuchen, die auf dem Backblech und nicht in der Form gebacken werden.

Blindbacken Backen von Teigen, meist Mürbeteigen, ohne Füllung. Um zu verhindern, daß der Rand einsinkt, werden Trokkenerbsen, -bohnen oder Papierkugeln als Füllung mitgebacken und nach dem Backen entfernt. Eine andere Möglichkeit ist es, einen Pergamentpapier- oder Alustreifen an den Teigrand zu drücken. Diese Blindform kann, nachdem sie ausgekühlt ist, mit der jeweiligen Creme oder Obst gefüllt werden.

Blockschokolade Einfache und preiswerte Schokolade zum Backen. Sie wird kleingehackt, gerieben oder geschmolzen unter den Teig gezogen.

Brezensalz Grobkörniges Salz zum Bestreuen von Brezeln und anderem Laugengebäck.

Butter Aus Kuhmilch mit einem Mindestgehalt von 80% Milchfett. Sie ist das ideale Fett zum Backen und gibt ein besonders feines Aroma. Für Buttercreme und Butterplätzchen sollte stets Butter verwendet werden, ansonsten ist sie durch Margarine ersetzbar.

Buttermilch Verbleibende Flüssigkeit bei der Gewinnung von Butter. Sie hat weniger Kalorien als Vollmilch und kann statt ihr verwendet werden. Sie verleiht dem Gebäck einen säuerlichen erfrischenden Geschmack und lockert ihn zusätzlich.

Cashew-Kerne Fruchtkerne des Nierenbaumes. Die weißen, gerösteten Cashew-Nüsse sind leicht süß und haben einen mandelartigen Geschmack.

Chantilly Französische Bezeichnung für Schlagsahne.

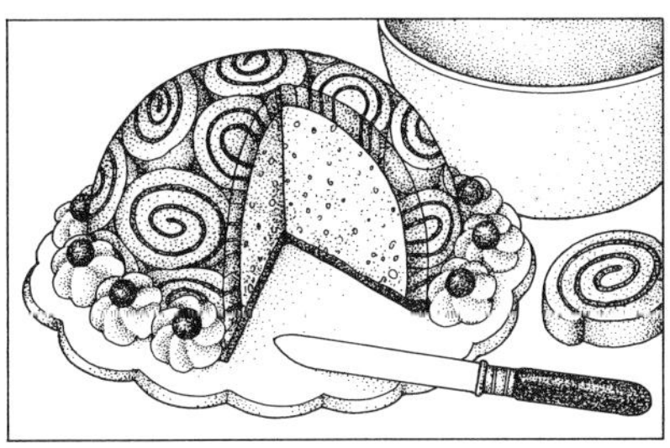

Charlotte Süßspeise, die eine Hülle aus Löffelbiskuit, Biskuit oder Waffeln und einen Kern aus Creme, Früchtepüree oder Eis besitzt.

Dauerbackwaren Gebäck mit einer relativ langen Haltbarkeit (3 Monate bis 1 Jahr). Dazu gehören Zwieback, Waffeln, Kräcker, Hart- und Mürbekekse, Oblaten und unglasierte Lebkuchen.

Dosenmilch siehe Kondensmilch.

Dressieren Einer Speise eine bestimmte Form geben. Beim Backen versteht man darunter das Formen von Gebäckstücken mit dem Spritzbeutel.

Eier Hühnereier werden in den Klassen 1–6 gehandelt, was einer Gewichtsskala von 45 g bis 70 g entspricht. Die Rezepte dieses Buches sind auf Eier der Klasse 3–4, also einem mittleren Gewicht von 55 bis 65 g ausgerichtet. Wenn Sie verschieden große Eier verwenden, sollten Sie die Eier vorher auswiegen. Vor dem Backen sollten Eier stets auf ihre Frische hin geprüft werden: Dazu werden die Eier einzeln auf einen flachen Teller geschlagen. Zieht sich ein fester Eiweißring um das Dotter, ist das Ei frisch. Je dünner dieser Ring wird, desto älter ist das Ei. Besteht das Eiklar nur noch aus dünner Flüssigkeit, sollten Sie das Ei nicht mehr zum Backen verwenden.
Beim Bereiten von Eischnee muß zunächst beim Trennen von Dotter und Eiklar darauf geachtet werden, daß kein Eigelb ins Eiweiß kommt. Eigelb ist sehr fettreich und es verhindert, daß der Schnee fest wird. Generell muß bei der Eischneebereitung darauf geachtet werden, daß keine Fettspuren an den Geräten sind. Eischnee ist fest genug, wenn ein Messerschnitt auf der Oberfläche deutlich sichtbar ist oder eine nach oben gezogene Schneespitze stehenbleibt.

Erdnüsse Sind mit Schale, geröstet und gesalzen im Handel und geben süßen und herzhaften Kuchen ein besonderes Aroma.

Erstarren Zeitpunkt, zu dem eine Speise beginnt, fest zu werden. Beim Durchrühren bleiben deutliche Streifen, sogenannte Straßen zurück.

Farinzucker Zucker, der einen Restanteil Melasse enthält und dadurch gelb bis braun und leicht feucht ist. Farinzucker wird meist für Lebkuchen und Honiggebäck verwendet.

Fett Zu den gebräuchlichsten und idealen Backfetten gehören Butter und Margarine. Sie können bis auf Blätterteig, Buttercreme und Butterplätzchen, für die Butter genommen werden sollte, beliebig gegeneinander ausgetauscht werden. Bei herzhaften Teigen wird gern Schmalz verwendet. Mit Pflanzenöl backt man Hefe- und Quark-Ölteig. Öl sollte immer einen neutralen Geschmack haben. Reines Pflanzenfett wird nicht empfohlen. Man nimmt es als Fritierfett.

Fettgebäck Gebäck, das in heißem Fett ausgebacken, also fritiert wird.

Fondantmasse Erzeugnis aus Zucker, Wasser und Glucose. Fondantmasse wird meist zum Glasieren verwendet. Sie wird in Konditoreien und im Fachhandel, seit jüngerer Zeit auch im Lebensmitteleinzelhandel in Pulverform angeboten.

Fondants Schmelzendes Zukkerkonfekt in verschiedenen Formen und Farben, zum Teil mit Schokolade überzogen.

Frangipan oder Franchipan Makronenmasse oder Mandelmasse, die mit einer Art Vanillecreme vermischt ist. Sie wird als Füllung für Torten und Törtchen verwendet.

Fritieren Ausbacken von Gebäck, Fleisch und Gemüse in heißem Pflanzenfett.

Garprobe Überprüfen des Teiges, ob er gar, also durchgebakken ist. Die bekannteste Garprobe ist die Stäbchenprobe!
Man kann damit alle Kuchen, in der Form und als Laib gebacken, überprüfen. Bei der Stäbchenprobe wird ein Holzspießchen in die Mitte des Kuchens gesteckt. Bleibt beim Herausziehen Teig daran, ist der Kuchen noch nicht durchgebacken.
Biskuitplatten sind gar, wenn bei Fingerdruck keine Druckstelle auf der Oberfläche bleibt.
Bei Plätzchen richtet man sich im allgemeinen nach ihrer Oberflächenbräunung. Sie sollten gelblich bis goldbraun sein.

Gateau ist die französische Bezeichnung für Kuchen und Torte.

Gebildgebäck Ursprünglich ein besonders geformtes Gebäck für kultische Handlungen. Heute wird der Ausdruck generell für Gebäck mit besonderen Formen verwendet.

Gelatine Produkt aus Knochenleim, das als Geliermittel dient. Gelatine ist in Blattform und pulverisiert im Handel, wobei Gelatineblätter die bessere Qualität darstellen. Es gibt farblose und rote Gelatine, beide haben die gleiche Gelierfähigkeit, rote wird meist aus optischen Gründen ver-

wendet. Gelatineblätter müssen vor dem Gebrauch zunächst eingeweicht werden. Pulverisierte läßt man im Wasser quellen. Wird Gelatine in eine kalte Speise eingerührt, wird sie vorher in einem Töpfchen bei mittlerer Hitze unter ständigem Rühren aufgelöst. Gelatine sollte auf keinen Fall zum Kochen kommen, weil dabei ein übler Geruch entsteht. Soll eine heiße Speise gelatiniert werden, können die ausgedrückten Gelatineblätter gleich eingerührt werden. Pulver sollte jedoch vorher auf der Herdplatte aufgelöst werden. Wichtig ist, daß die Gelatine beim Einrühren in eine Creme schnell und gleichmäßig verteilt wird. Es bilden sich sonst Gelatinefäden und die Speise wird nicht fest.

Gerinnen Vorgang, der eintritt, wenn Zutaten für Cremes und Teige ungleich temperiert sind oder wenn Milch sauer ist. Sind verschieden warme Zutaten verwendet worden, läßt sich durch Schlagen über Wasserdampf meistens noch eine homogene Masse herstellen.

Germ Österreichische Bezeichnung für Hefe.

Gewürze Auf die verschiedenen Gewürze wird im einzelnen eingegangen. Generell läßt sich sagen, daß möglichst frische Gewürze verwendet werden sollten. Sie sind am aromatischsten, wenn sie frisch gemahlen werden. Gewürze können mit der Reibe einer Gewürzmühle und im Mörser zerkleinert werden.

Gewürzmischung Fertige Mischungen von Gewürzen wie Honigkuchen-, Lebkuchen- und Spekulatiusgewürze.

Glucose Aus Stärke gewonnener Sirup, der in der Industrie zur Herstellung von Süßwaren verwendet wird.

Glums oder Glumse Ostpreußische Bezeichnung für Quark.

Graham-Mehl Es handelt sich dabei um Weizenschrot und hat seinen Namen von dem amerikanischen Arzt Graham, der Brot aus Weizenschrot herstellte. Heute werden als Grahambrote auch Brote bezeichnet, die einen hohen Schrotanteil haben und mit Hefegärung gebacken werden.

Glasuren Überzüge für Backwaren, die das Aussehen und den Geschmack verbessern und das Austrocknen des Kuchens verhindern sollen. Es gibt kaltgerührte Glasuren, die meist aus Puderzucker oder Kakao und Wasser, Eiklar, Zitronensaft oder Alkohol bestehen. Warmgerührte Glasuren sind auf Fettbasis hergestellt wie Schokoladen-, Nuß- und Zitronenglasur.

Hagelzucker Grobkörniger Zucker, der zum Verzieren von Backwaren verwendet wird.

Halbbittere Schokolade Schokolade mit einem Mindestgehalt von 50% Kakaoanteilen.

Haselnüsse Sie sind ganz, gehackt und gerieben im Handel. Am aromatischten sind frisch geriebene oder geröstete Nüsse. Rösten kann man Haselnüsse, indem man sie im Backofen erhitzt und anschließend die Schale abreibt. Reiben sollte man Nüsse in der Mandelmühle und nicht im Mixer. Dort tritt das Fett leichter aus und verklebt die Messer.

Hefe Ist ein biologisches Triebmittel. Bei der Hefegärung entsteht Kohlendioxid und wenig Alkohol, die den Teig treiben und dadurch lockern. Hefe ist als sogenannte Preßhefe in Würfeln im Handel. Sie sollte stets frisch verwendet werden. Frische Hefe hat einen rahmigen Bruch. Überlagerte Hefe ist bräunlich und trokken. Sie ist als Triebmittel nicht mehr geeignet. Für den Vorrat gibt es Dauerbackhefe. Sie ist ein Granulat, das direkt ins Mehl gestreut wird und das Bereiten eines Vorteiges erspart.

Hirschhornsalz Gemisch aus Ammoniumhydrogencarbonat und Ammoniumcarbaminat und ältestes Triebmittel für Lebkuchen. Beim Backen zerfällt das Salz in Ammoniak, Wasser und Kohlendioxid, das den Teig lokkert. Da auch Ammoniak entsteht, wird Hirschhornsalz nur für flaches Gebäck verwendet, damit das eher unangenehme Produkt entweichen kann. Hirschhornsalz muß gut verschlossen aufbewahrt werden, damit es durch Feuchtigkeit nicht wirkungslos wird.

Honig wird als Süßungsmittel vor allem wegen seines speziellen Aromas für Weihnachtsgebäck wie Honigkuchen und Lebkuchen verwendet. Seine Süßkraft ist geringer als die des Zuckers. Man unterscheidet Kunst- und Bienenhonig.

Ingwer Wurzel des Ingwerstrauches, ganz, pulverisiert oder kandiert im Handel. Mit Ingwer würzt man vor allem Weihnachtsgebäck. Er sollte jedoch wegen seines intensiven Aromas sparsam verwendet werden. Kandierter Ingwer kann wie andere Kanditen gehackt im Teig oder als Verzierung verwendet werden.

Instant-Kaffee Sofort löslicher Kaffeebohnenextrakt, der durch Gefriertrocknung hergestellt wird. Beim Backen wird er zum Aromatisieren von Cremes verwendet. Dabei kann das Pulver direkt in die Creme gerührt werden, ohne vorher den Kaffee zu bereiten.

Instant Kakao Gemisch aus Kakaopulver und Zuckerkristallen, die die Löslichkeit in Flüssigkeiten bedingt.

Instant-Mehl Speziell behandeltes Mehl, das sich leicht löst und keine Klümpchen bildet.

Kaffee Zum Aromatisieren von Cremes und Teigen wird sehr starker, gekochter Kaffee verwendet. Das Kaffeepulver kann nicht direkt eingestreut werden, da es sich nicht löst. Unkomplizierter ist Instant-Kaffee.

Kakao Wird aus dem Samen des Kakaobaumes gewonnen. Beim Auspressen der Bohnen erhält man die Kakaobutter, die zur Schokoladenherstellung benötigt wird und Kakaopulver. Je nach Fettgehalt unterscheidet man stark und leicht entöltes Kakaopulver. Beide Sorten können gleich verwendet werden: Als Geschmacks- und Farbstoffe für Teige, Cremes und Glasuren. Wird Kakaopulver mit anderen Zutaten zum Teig vermischt, sollte er stets durchgesiebt werden, weil er leicht Klümpchen bildet.

Kandierte Früchte In konzentrierter Zuckerlösung über mehrere Tage hinweg gekochte Früchte wie Kirschen, Ananas, Orangen, aber auch Gewürze wie Ingwerwurzel oder Blumen wie Veilchen und Flieder. Die gebräuchlichsten Kanditen für Teige sind Zitronat und Orangeat. Ganze Früchte dienen meist zum Verzieren. (Der genaue Vorgang des Kandierens wird auf den Seiten 208 beschrieben.)

Kaneel siehe Zimt.

Karamel Erhitzter und geschmolzener Zucker, der eine gelblich-braune Farbe und einen Röstgeschmack angenommen hat. Karamel wird zur Herstellung von Bonbons, Konfekt und Kuchen verwendet. Mit besonders stark gerösteten und damit braun gewordenen Karamel werden bestimmte Speisen gefärbt.

Kardamom Fruchtkapseln einer Ingwerpflanze mit parfümartigem Aroma. Kardamom ist ein typisches Weihnachtsgewürz für Stollen, Lebkuchen und Pfeffernüsse. Im süddeutschen Raum wird es auch zum Würzen von Brotteig verwendet.

Kleines Backlexikon

Karlsbader Oblaten Sind eigentlich keine Oblaten, sondern hauchdünne, knusprige Waffeln mit einer Nußfüllung.

Kartoffelmehl siehe Speisestärke.

Kneten Vermischen von Zutaten zu einem glatten Teig. Man kann mit den Händen und dem Handrührgerät kneten. Beim Kneten mit den Händen kann man die Konsistenz besser fühlen und gegebenenfalls noch Flüssigkeit oder Mehl zufügen.

Kokosraspeln oder Kokosflocken Geraspeltes Fruchtfleisch der Kokosnuß. Kokosraspeln sind Hauptbestandteil der Makronenmasse und werden ansonsten wie andere Nußarten verwendet. Wegen des hohen Fettgehaltes sind sie nur begrenzt lagerfähig.

Kondensmilch Eine durch Verdampfen von Wasser und durch Sterilisation haltbar gemachte Milch. Sie wird auch als Dosenmilch bezeichnet. Man unterscheidet nach Fettgehalt vier Sorten von 1% bis mindestens 15% Fett. Kondensmilch kann zum Backen verwendet werden, sollte dann aber auf einen Fettgehalt von 5% gebracht werden. Bei der Zubereitung von Cremes sollte aus geschmacklichen Gründen jedoch Vollmilch verwendet werden.

Koriander Ist ein Samengewürz und ganz oder gemahlen im Handel. Man würzt damit Lebkuchen, Printen und anderes Weihnachtsgebäck, außerdem Brot- und Brötchenteig. Koriander ist Bestandteil von Gewürzmischungen wie Honigkuchen- und Lebkuchengewürz.

Korinthen Getrocknete dunkle Weintrauben ohne Kerne mit feinsäuerlichem herbem Geschmack. Sie wurden ursprünglich in Griechenland hergestellt, wie der Name Korinth erraten läßt. Korinthen sollten trocken und kühl gelagert werden.

Krokant Erzeugnis aus Mandeln oder anderen Nüssen und karamelisiertem Zucker, das selbst hergestellt werden kann oder im Handel kleingehackt oder zerstoßen erhältlich ist.

Kümmel Ist ein Samengewürz und ist ganz und gemahlen im Handel. Mit Kümmel werden vor allem herzhaftes Gebäck wie Brötchen, Brot, Kümmelstangen und Speckkuchen gewürzt.

Kunsthonig Wird aus Invertzukker hergestellt und ist ein honigähnliches Erzeugnis. Kunsthonig wird beim Backen genauso wie echter Bienenhonig verwendet, also für Lebkuchen und Honigkuchen. Kunsthonig ist laut Lebensmittelgesetz kennzeichnungspflichtig und muß heute als Invertzuckercreme bezeichnet werden.

Kuvertüre Eine Schokoladenüberzugsmasse, die einen bestimmten Anteil an Kakaobutter enthält, durch die die Sorten Milch-, halbbittere und bittere Kuvertüre zustandekommt. Kuvertüre wird zum Glasieren von Kuchen verwendet, kann aber auch gerieben, gehackt oder geschmolzen unter Teige und Cremes gezogen werden.

Lebensmittelfarbe Durch das Lebensmittelgesetz zugelassene, künstlich hergestellte, ungiftige Stoffe zum Färben von Speisen. Sie vermischen sich gut mit Glasuren, Cremes, Teigen und Marzipan. Im Handel sind sie meist als Set in den Farben rot, gelb, grün und blau erhältlich.

Lebkuchengewürz Gewürzmischung für Lebkuchen und Printen. Darin enthalten sind Gewürze wie Zimt, Koriander, Kardamom, Muskatnuß und -blüte und Nelken.

Liebesperlen Kleine bunte Zukkerkugeln zum Verzieren von Torten und Plätzchen.

Madeira Dessertwein aus Trauben, die auf Madeira wachsen.

Makronenmasse Masse aus Eiweiß, Kokosraspeln, Nüssen, Mandeln und Zucker ohne Mehl. Makronenmasse wird oft auf Oblaten zu Makronen gebacken, kann aber auch zum Füllen verwendet werden.

Mandeln Es gibt süße und bittere Mandeln. Zum Backen werden nur süße verwendet, da die bitteren einen hohen Gehalt an Blausäure haben. Mandeln sind geschält, ungeschält, ganz, gestiftelt, gehobelt, gehackt und gerieben im Handel. Wegen des hohen Fettgehalts können Mandeln leicht ranzig werden, sie sollten daher nicht zu lange gelagert werden. Am aromatischsten sind frisch gemahlene Mandeln (siehe Haselnüsse).

Maraschino Feiner, farbloser Kirschlikör aus Marascakirschen.

Margarine Ist Fett auf pflanzlicher Basis und preiswerter als Butter. Sie kann außer bei Buttercreme, Butterplätzchen und Blätterteig für alle Backrezepte ebenso wie Butter verwendet werden.

Marillen Österreichische Bezeichnung für Aprikosen. Daher Marillenlikör und Marillenmarmelade.

Marzipan-Rohmasse Masse aus geriebenen Mandeln und Zucker. Marzipan-Rohmasse wird als Teigzusatz, für Füllungen, als Überzug und zum Modellieren verwendet. Hierzu wird die Rohmasse mit gleichen Teilen Puderzucker verknetet, wird dadurch weniger klebrig und kann dann weiterverarbeitet werden.

Mehl Wenn in den Rezepten von Mehl die Rede ist, ist immer Weizenmehl der Type 405 gemeint. Diese Typenbezeichnung gibt den Aschegehalt, das bedeutet, den Mineralstoffgehalt des jeweiligen Mehles an. Da sich die Mineralstoffe unter der Schale des Getreidekornes befinden, ist ihr Gehalt bei Schroten am größten, dieses Mehl ist also an nährstoffreichsten. Die Typen bei Weizenmehl sind 405, 550, 630, 812 und 1050, bei Roggenmehl 997, 1150, 1350 und 1370. Mehle mit einem hohen Mineralstoffgehalt sind dunkler. Beim Backen ist jedoch ein anderer Bestandteil des Mehles wichtiger, der sogenannte Kleber, das Mehleiweiß. Der Kleber gerinnt bei Temperaturen von 60 bis 70 Grad und bildet dann das Gerüst des Backwerks. Reis- und Maismehl haben diesen Kleber nicht, man kann deshalb auch nur Fladen aus diesen Mehlen bereiten. Weizenmehl hat besonders viel davon und deshalb ausgezeichnete Backeigenschaften. Auch Roggenmehl hat gute Backeigenschaften, ist jedoch schwerer und benötigt stärkere Triebmittel wie zum Beispiel Sauerteig bei der Brotherstellung. Auch mit Schroten kann gebacken werden. Es ist jedoch besser, sie mit einem gewissen Mehlanteil zu verarbeiten, damit das Brot oder der Kuchen nicht zu krümelig wird. Um gute Backergebnisse erzielen zu können, muß frisches Mehl verwendet werden. Es muß sich glatt und kühl anfassen, weiß sein und einen neutralen Geruch und Geschmack haben. Die beste Qualität hat Mehl vier Wochen nach dem Ausmahlen.

Mehlieren oder einmehlen Lockeres Unterheben von Mehl und anderen Zutaten in feine Teige.

Meringe oder Meringue siehe Baiser.

Milch Milch gibt es in den Fettstufen Vollmilch (3,5% Fett), teilentrahmt (1,5% Fett) und entrahmt (0,03% Fett). Der Fettgehalt ist also relativ gering und es ist daher unwesentlich, welche Sorte Sie zum Backen verwenden. Auch H-Milch hat gute Backeigenschaften. Beim Puddingkochen hat Vollmilch jedoch den Vorteil, daß sie nicht so leicht anhängt wie die weniger fetten Sorten. Ersetzen Sie Milch durch Buttermilch oder Joghurt, erhalten Sie einen säuerlichen Geschmack und durch die darin enthaltenen gasbildenden Bakterien eine zusätzliche Lockerung. Teige und Cremes müssen stets mit frischer Milch bereitet werden, weil sie sonst gerinnen und der Geschmack leidet.

Mohn Samen der Mohnpflanze. Mohn wird als Füllung und als Belag von Kuchen verwendet. Die Mohnkörner müssen vorher gequetscht werden, damit das Fett heraustritt und der Mohngeschmack zur Geltung kommt. Sie können Mohn in der Mohnmühle oder im Mixer mahlen oder fertig gequetschten Mohn kaufen. Er wird, da das Fett mit Luft in Berührung kommt, jedoch leicht ranzig. Zum Bestreuen von Brötchen und Zöpfen werden ganze Mohnkörner verwendet.

Mokkabohnen Mokkaschokolade in Kaffeebohnenform zum Verzieren von Torten und Plätzchen.

Muskatnuß Samenkern des Muskatstrauches. Muskat ist gemahlen und als ganze Nuß im Handel. Am aromatischten ist das Gewürz, wenn die Nuß frisch gerieben wird. Die Anschaffung einer Muskatreibe lohnt sich, weil eine Muskatnuß jahrelang ihr Aroma hält. Mit Muskat wird vor allem Weihnachtsgebäck gewürzt.

Muskatblüte oder Macis Orangefarbige, getrocknete Samenschale der Muskatnuß. Das Gewürz wird gemahlen für die gleichen Gebäckarten wie Muskatnuß verwendet.

Natron Beim Backen als Triebmittel verwendet. Bei Säureeinwirkung setzt es Kohlendioxid frei und treibt den Teig in die Höhe. Natron ist als weißes Pulver in der Drogerie erhältlich.

Nonpareille Französisches Wort für Liebesperlen.

Nougat Eine Masse aus gerösteten, geriebenen Haselnüssen oder Mandeln, Zucker, Schokolade und Gewürzen. Nougat wird zum Herstellen von Konfekt und Pralinen und beim Füllen von Torten verwendet.

Obers Österreichisches Wort für Sahne.

Oblaten siehe Backoblaten.

Orangeat Kandierte Schalen von Pomeranzen und anderen bitteren Apfelsinenarten. Gehackt werden sie zum Aromatisieren verwendet und sind wichtiger Bestandteil von Stollen und Königskuchen. In die jeweilige Form geschnitten dient es als Verzierung bei Torten und Plätzchen.

Orangenschale Beim Aromatisieren mit Orangenschale sollten nur unbehandelte Früchte verwendet werden. Orangenschale hat ein sehr intensives Aroma und dem ist künstliches Aroma vorzuziehen.

Palette Ein dünnes, breites Metallblatt mit Stiel. Die Palette benötigt man zum Verstreichen von Glasuren und Cremes und zum Ablösen von Kleingebäck vom Backblech.

Patisserie Französisches Wort für Konditorei und Bezeichnung für das Gebäck, das dort hergestellt wird.

Pekannüsse Die Schale der Pekannüsse sehen haselnußähnlich aus, während der Kern von der Form und dem Geschmack an Walnüsse erinnert.

Piment Beeren des Pimentbaumes sind häufiger Bestandteil von Gewürzmischungen. Beim Backen wird Piment zum Würzen von Lebkuchen, Pfeffer- und Honigkuchen verwendet.

Pinienkerne Weiße Samen der Pinie, die sehr fettreich sind und wie Nüsse geröstet oder gerieben verwendet werden können.

Pistazien Grüne Nüsse des Pistazienbaumes, die gehackt oder ganz, eventuell geröstet unter den Teig gehoben werden oder zum Verzieren dienen.

Preßhefe Die zu Würfeln gepreßte Hefe (siehe Hefe).

Rosenöl oder Rosenwasser Ätherisches Öl aus Rosenblättern zum Aromatisieren von Teigen und Marzipan.

Rosinen Luftgetrocknete helle und dunkle Weintrauben mit Kernen. Da die Weintrauben oft mit Schädlingsbekämpfungsmitteln behandelt werden, sollten Rosinen immer heiß abgewaschen werden.

Safran Teuerstes Gewürz der Welt. Besteht aus den getrockneten Staubblättern einer Krokusart. Safran wird beim Backen hauptsächlich zum Gelbfärben von Teigen und weniger zum Würzen verwendet.

Sahne Man unterscheidet saure und süße Sahne. Beim Backen wird vor allem süße Sahne verwendet. Sie dient steifgeschlagen zum Verkleiden und Verzieren von Torten und ist die Basis für Sahnecremes. Um Schlagsahne herzustellen, muß unbedingt frische Sahne verwendet werden und in einem kühlen Gefäß geschlagen werden. Schlagsahne muß einen Mindestgehalt von 30% Fett haben.

Sahnefestiger Stärkeprodukt in Pulverform, das beim Steifschlagen in die Sahne gegeben wird und als Stabilisator dient. Die Schlagsahne hält sich länger; es sollte also für Tortenfüllungen und immer dann verwendet werden, wenn ein Sahneprodukt über einen Tag frisch bleiben soll. Sahnefestiger verhindert außerdem, daß sich Flüssigkeit absetzt.

Sauerteig Gärender Teig, der als Lockerungs- und Triebmittel für Roggenteige, also beim Brotbacken eingesetzt wird. Bei der Sauerteiggärung entsteht nicht nur Kohlendioxid als Treibgas, sondern Milch- und Essigsäure, die den säuerlichen Geschmack eines Sauerteigbrotes hervorrufen. Sauerteig kann beim Bäcker bestellt oder selbst bereitet werden (siehe Seite 286/287).

Schaumgebäck siehe Baiser.

Schlagen Das Schlagen von Teig ist nicht zu verwechseln mit dem Rühren. Man schlägt den Teig mit den Händen oder mit dem Rührlöffel, wobei der Teig immer wieder hochgehoben mit dem restlichen Teig zusammen geschlagen wird (beispielsweise Hefeteig).

Schlagrahm Süddeutsches Wort für Schlagsahne.

Schmand Fette saure Sahne (ca. 20% Fctt), dic hauptsächlich im hessischen Raum hergestellt wird.

Schmant Ostpreußische Bezeichnung für Sahne.

Schmelzen Das Verflüssigen von Schokolade, Nougat oder Fett meist über dem Wasserdampf.

Schokolade Besteht aus Kakaobutter, Milch oder Sahne, Zucker und Gewürzen, mit und ohne Nüssen. Zum Backen wird Schokolade geraspelt, gehackt und geschmolzen unter den Teig gezogen. Auch zur Glasur kann sie verwendet werden. Zum Verzieren gibt es Schokoladenraspeln, -blättchen, plättchen und -streusel. Schokoladensraspeln können Sie selbst herstellen, indem Sie geschmolzene Schokolade dünn auf einem Brett ausstreichen und dann mit einem Messer abschaben.

Schwaden geben Dampf erzeugen im Backofen, indem man Wasser in den heißen Ofen schüttet. Dieses Verfahren wird vor allem beim Brotbacken angewandt.

Sesamkörner Samen des Sesamkrautes werden gemahlen Brot zugesetzt oder als ganze Körner auf Brötchen und Brot gestreut oder bei der Herstellung von Süßigkeiten verwendet.

Speisestärke Stärkeprodukt, das aus Kartoffeln oder Mais gewonnen wird. Es ist ein reines Stärkeprodukt, da alle anderen Bestandteile bei der Herstellung herausgeschlemmt werden. Stärke wird mit Mehl vermischt als Teigzutat verwendet oder dient zum Binden von Soßen, Cremes und Puddings. Stärke muß, damit sich keine Klümpchen bilden, stets kalt angerührt werden.

Spiegel gießen Methode bei der Herstellung von Gelees, um glatte Oberflächen zu erzeugen. Dazu wird eine dünne Geleeschicht in eine Form gegossen, so daß auch die Ränder damit bedeckt sind. Erst wenn diese Schicht geliert ist, wird der Rest eingefüllt.

Stäbchenprobe siehe Garprobe.

Sternanis Die sternförmigen Früchte werden zum Aromatisieren von Pfefferkuchen fein gemahlen. Sternanis ist feiner und kräftiger im Aroma als Anis.

Straßen ziehen siehe Erstarren.

Streusel Gemisch aus Butter, Zucker und Mehl, das zwischen den Händen zerrieben wird und als Kuchenbelag dient.

Sultaninen Große, helle, getrocknete Weintrauben ohne Kerne. Sie werden zum Teil mit Schwefel behandelt, was kennzeichnungspflichtig ist.

Sukkade kandierte Fruchtschalen wie Zitronat oder Orangeat.

Topfen Österreiches Wort für Quark.

Tourieren oder Touren Technik zur Herstellung von Blätter- und Plunderteig: Kalte Butter wird in den ausgerollten Teig geschlagen und beides zusammen dünn ausgerollt. Der Teig wird dann zusammengefaltet und wieder dünn ausgerollt. Dieser Vorgang wird 4–5 mal wiederholt.

Tränken Einen Teigboden oder Kuchen mit Flüssigkeiten wie Fruchtsaft, Zuckerlösung oder Likören durchfeuchten oder das Gebäck hineinlegen.

Trockenfrüchte oder Dörrobst Luftgetrocknete Früchte wie Pflaumen, Aprikosen, Birnen, Äpfel, Datteln und Feigen.

Überflämmen Kurzes Überbacken oder -grillen meist von Bai-

Kleines Backlexikon

sermassen bis sich die Eischneespitzen bräunlich färben.

Unterheben Lockeres Untermischen einer Masse unter eine andere mit Hilfe eines Kochlöffels. Der Ausdruck wird meist im Zusammenhang mit Eischnee gebraucht.

Unterziehen Langsames Einrühren und Vermischen von feinen Substanzen wie Mehl, Flüssigkeiten oder Cremes in einen Teig mit Hilfe eines Schneebesens.

Vanille Schote des Vanillebaumes, die durch Fermentation ihr Aroma erhält. Gewürzt wird mit dem Mark, das man aus der Schote schabt. Man erkennt daher eine mit echter Vanille zubereitete Speise an den schwarzen Pünktchen des Marks. Die leere Schote kann in Milch oder anderen Flüssigkeiten ausgekocht werden, um diese zu aromatisieren. Sie können sie aber auch in Zucker legen, um selbst Vanillezucker herzustellen. Der Zucker nimmt nach einigen Tagen das Vanillearoma an. Der aromagebende Stoff heißt Vanillin und kann auch künstlich hergestellt werden. Am aromatischsten und qualitativ am besten ist Bourbon-Vanille.

Vanillezucker Zucker mit einem Mindestgehalt von 5% echter Vanille. Vanillezucker ist an den schwarzen Punkten zu erkennen.

Vanillinzucker Zucker, der mit dem künstlich hergestellten Aromastoff Vanillin versehen wurde.

Veilchen, kandierte siehe kandierte Früchte.

Vorbacken siehe Blindbacken.

Vorheizen Den Backofen auf die im Rezept angegebene Temperatur anheizen. Vorheizen dauert je nach Modell 10 bis 20 Minuten.

Vorteig Teigansatz zur Lockerung eines Hefeteiges aus Mehl, Hefe, Zucker und lauwarmer Milch, in dem die Hefe bereits zu gären beginnt und Treibgase bildet.

Walnüsse Gibt es mit der Schale oder als Nußhälften im Handel. Sie werden gerieben unter den Teig gezogen oder halbiert als Verzierung verwendet.

Wasserbad Gefäß mit kochendem Wasser, über dem empfindliche Cremes und Teige geschlagen oder Schokolade, Fett oder Nougat zum Schmelzen gebracht werden. Das Wasserbad sollte nicht sprudelnd kochen, weil dann Wasser in die Creme fließen kann. Die Schüssel, in der geschlagen oder gerührt wird, sollte deshalb auch fest auf dem Topfrand sitzen.

Weinbeeren siehe Rosinen.

Wirken Rollen und Kneten von kleinen Teigstücken, um sie zu formen und eine glatte Oberfläche zu erzeugen.

Zimt Rinde des Zimtbaumes. Je nach Qualität unterscheidet man den besseren Kaneel und die mindere Qualität, die Kassia. Kaneel wird von jüngeren Bäumen gewonnen, ist daher dünner und aromatischer. Man erkennt ihn daran, daß beide Rindenseiten eingerollt sind. Kassia ist nur auf einer Seite gerollt. Zimtstangen werden zum Aromatisieren von Milch mitgekocht. Ansonsten wird zum Backen gemahlener Zimt verwendet. Zimt ist Bestandteil vieler Gewürzmischungen.

Zitronat In Salzwasser eingelegte und in Zuckerlösung gekochte Zedratfruchtschale. Die Zedratfrucht ist eine kopfgroße Zitronenart. Zitronat kommt hauptsächlich gehackt in den Handel und wird zum Aromatisieren von Teigen verwendet.

Zitrone Saft und Schale haben ein frisch säuerliches Aroma. Wird die Schale verwendet, sollten nur unbehandelte Früchte verwendet und vor Gebrauch heiß abgewaschen werden.

Zucker Zucker wird aus Zuckerrohr oder Zuckerrüben gewonnen und wird im Handel als Kristallzucker, Puder-, Würfel- und Kandis- und Hutzucker angeboten. Zum Backen wird normalerweise Kristallzucker verwendet. Kristallzucker wird in verschiedenen Feinheitsgraden angeboten. Zum Backen eignet sich feiner am besten, da er sich schnell löst und stärker süßt. Zum Besieben und für Baisermassen nimmt man Puderzucker, er ist fein und löst sich gut im Eischnee. Für Lebkuchen wird auch wegen der Farbe häufig Farinzucker verwendet.

Zuckerstreusel Bunter Zucker in Streuselform zum Verzieren von Gebäck.

Zusammenschlagen Ein Vorgang bei der Brotteigbereitung: Nach der ersten Gärung ist der Teig ums Doppelte aufgegangen, er ist großporig und enthält zu viel Luft. Sie wird dadurch entfernt, daß man mehrmals die Hand in den Teig steckt und ihn sorgfältig zusammendrückt.

Register

Fotos: C.P. Fischer, Baldham
Texte: Mechthild Piepenbrock, München

Lizenzausgabe Unipart-Verlag, Stuttgart 1983

Satz: acomp Lichtsatz KG, Wemding
Farblithos: Repro-Ludwig, Zell am See
Druck: Landshuter Druckhaus Ltd.
Bindung: Georg Gebhardt, Ansbach

ISBN 3 8122 0142 9